中经管理文库
管理学精品系列

国家自然科学基金面上项目（71771122）
江苏省社会科学基金项目（19GLB009）资助

数据驱动的营销管理决策研究

DECISION-MAKING IN DATA-DRIVEN MARKETING MANAGEMENT

李莉　杨文胜◎著

中国经济出版社
CHINA ECONOMIC PUBLISHING HOUSE
·北京·

图书在版编目（CIP）数据

数据驱动的营销管理决策研究/李莉，杨文胜著
.--北京：中国经济出版社，2022.1
ISBN 978-7-5136-6762-3

Ⅰ.①数… Ⅱ.①李… ②杨… Ⅲ.①网络营销-数据处理 Ⅳ.①F713.365.2

中国版本图书馆 CIP 数据核字（2021）第 252024 号

责任编辑 焦晓云
责任印制 马小宾
封面设计 任燕飞

出版发行 中国经济出版社
印 刷 者 北京柏力行彩印有限公司
经 销 者 各地新华书店
开　　本 710mm×1000mm 1/16
印　　张 20.75
字　　数 349 千字
版　　次 2022 年 1 月第 1 版
印　　次 2022 年 1 月第 1 次
定　　价 88.00 元
广告经营许可证 京西工商广字第 8179 号

中国经济出版社 **网址** www.economyph.com **社址** 北京市东城区安定门外大街 58 号 **邮编** 100011
本版图书如存在印装质量问题，请与本社销售中心联系调换（联系电话：010-57512564）

前　言
PREFACE

大数据环境使企业和各类组织获取用户高频、实时、全量数据成为可能，从而催生出工业互联网等新业态，也使运营和管理模式发生了颠覆性的改变，正如*Nature*和*Science*大数据专刊所指出的那样，大数据分析作为新的科学方法和技术手段，提供了继实验科学、理论科学和计算科学之后的“第四范式”。

在电子商务环境下，消费者行为呈现出许多新的变化和特点，网购服务、金融服务、搜索引擎服务等各类服务提供商的服务器端也产生了记录用户行为和交易的海量的、多源异构的、反映高频实时业务状态变化的营销大数据，包括文本、图片、视频和数值等结构化与非结构化数据。传统营销学的研究手段无法全面、有效地捕捉营销大数据和消费者行为的新特征，而大数据分析技术为这一问题的解决提供了理论与方法基础，营销大数据也因此成为营销管理研究与实践创新的试验场。

本书通过分析从多家合作企业采集的来自网络营销企业网站和各类电子商务平台的多源异构数据，吸收国内外营销管理、大数据分析与应用、消费者行为、定价决策建模、统计建模、数据挖掘、机器学习等领域的相关研究成果，熟练运用数据驱动的消费者行为建模方法、统计建模、计量经济学、C++、Python或R等高级算法语言、数据库语言、Web数据挖掘流程和算法、文本挖掘算法等基本理论和应用范式，分别从网络广告、电子优惠券、机器人与人工混合客服、在线评论四个方面阐述大数据环境下网络营销中的管理决策建模问题，以期为网络营销企业及电商平台科学制定广告投放和营销策略提供支持。

在本书撰写过程中，我们得到很多学生的支持和帮助，以及同行的建议、鼓励和指导。在此，特别感谢王丹诗、杨振怡、周天瑜、廖伟薇、管铁楠、戚文敏、王亭亭、林雨蓝和颜丹妮九位同学，他们在资料的搜集和整理方面做了很多工作；感谢姚欣林、岑咏华、范明、张跃等老师，他们对本书的一些章节提出了非常有价值的建议。此外，本书引用了大量参考文献，在此对相关作者一并致谢。

在本书的出版过程中，焦晓云编辑以极高的智慧和经验对书稿进行了细致的审核和加工，在此表示感谢。

最后，特别感谢国家自然科学基金面上项目（71771122）和江苏省社会科学基金项目（19GLB009）的资助。

限于作者的水平，书中难免存在疏漏和不足，敬请读者和同行提出宝贵意见。

李　莉

2021 年 10 月于江苏南京

目 录
CONTENTS

第 1 章
导　论
Chapter One

1.1　研究背景与问题的提出

移动互联环境下新兴技术的快速发展与应用，如大数据、物联网、云计算、可穿戴设备、人工智能、增强/虚拟现实等，催生了新模式、新业态和新群体，为社会经济生活注入了新活力，拓展了大数据应用领域，逐步推动数字经济成为当前最具活力、最具创新性、辐射最广泛的经济形态。2002—2020 年，我国数字经济在 GDP 中的占比由 10.0%提升至 38.6%，数字经济成为稳定经济增长的关键动力。其中，电子商务是增长最为快速的经济成分。中华人民共和国商务部的《中国电子商务报告 2019》① 显示，2019 年中国电子商务交易规模为 34.81 万亿元，同比增长 10.1%。其中，B2C 零售额在全国网络零售额中的比重为 78%，同比增长 22.2%，说明 B2C 电子商务逐步发展成熟，已成为零售业的重要组成部分。新冠肺炎疫情暴发以来，以网上购物、共享消费、数字支付等新业态、新模式为代表的新型消费快速发展，在保障居民基本生活服务需求、扶持商户渡过难关、助力社会抗疫等方面发挥了重要而独特的作用。

在当前的大数据环境下，用户的历史搜索、广告点击以及网络购买等行为都以数据的形式被记录，从而形成营销大数据。营销大数据使营销活动从投放、点击直至购买均有迹可循，这就为企业精准确定营销活动引致的销售收入、计量营销效益及开展实时微观的营销管理决策建模等奠定了数据基础。

① 商务部电子商务与信息化司. 中国电子商务报告 2019 [EB/OL]. http://images.mofcom.gov.cn/wzs2/202007/20200703162035768.pdf.

数字经济中的营销活动比传统营销活动更易于测量。

数据驱动的营销管理与决策呈现出高频实时、全周期沉浸式交互、跨组织整合、多主体决策等特性。本书立足于信息科学与营销管理的交叉融合，致力信息管理学科的发展与创新，面向企事业单位特别是网络营销企业的管理决策需求，将大数据技术与营销管理紧密结合，连接行为科学与设计科学，突出数据驱动的营销用户行为分析为基础的决策支持特色。

以下分别从网络广告、电子优惠券、机器人与人工混合客服、在线评论四个方面阐述互联网大数据环境下网络营销发展中存在的问题。

1.1.1 网络广告

近20多年来，互联网成为人们生活中不可或缺的一部分，吸引着越来越多的企业发布广告、开展营销活动等。艾瑞咨询的报告显示：我国网络广告的市场规模已从2010年的325.5亿元增长到2019年的6464.3亿元，年均增长率达到39.49%。其中，2019年我国广告市场整体规模近8700亿元，同比仅增长6%，而网络广告则同比增长了30.2%，占整体广告市场规模的74.3%。可见，线下传统广告存在着向网络广告转移的趋势，越来越多的企业倾向于选择网络媒体投放广告。易观智库的研究结果显示，网络广告对企业销售额的提高、运营成本的降低等具有显著的促进作用。网络广告已经成为电子商务企业乃至传统企业市场营销的重要工具。本书中，网络广告指的是运用网站或移动用户端的广告横幅、文本链接、多媒体等，在互联网（含移动网络）刊登或发布广告，通过网络传递到互联网用户（含移动用户）的一种广告运作方式，如形式多样的展示广告、搜索引擎广告（Search Engine Advertising，SEA）、电子邮件广告等。

随着网络受众的增加，网络广告的费用也在逐步提高，企业广告成本也随之攀升。我们前期对国内市场份额排在第二位的某第三方保险代理网站进行的调查显示，平均单位订单的网络广告费用高达6.5元/单，广告费用已成为该网站运营费用中的最大支出。此外，众多传统企业常常混合采用网络、电视、报纸、广播等多种媒体发布广告，但高额的广告费用并未带来公司业绩的同比增长①。因此，这些企业共同面临的问题是，在有限的资源约束条件

---

① 截至2016年4月19日，A股公布年报的801家上市公司数据显示，有78家公司的广告费用超亿元，分别来自食品饮料、商业贸易、通信、传媒、医药生物企业，其中大部分都已通过网络渠道投放广告，网络广告费用是其广告费用的重要组成部分。值得关注的是，有75家上市公司支付的广告费超过公司的净利润总额。例如，2015年一汽轿车实现净利润5294.81万元，广告费用45亿元，公司净利润仅为广告费用的1.18%（http：//news.xinhuanet.com/fortune/2016-04/20/c_128913220.html）。

下，如果广告投资不足，则难以在激烈的竞争环境下生存；如果广告投资过度，则会导致企业经济效益的下降。因此，在互联网环境下，面对类型多样、渠道繁多的网络广告，以及逐步上升的网络广告成本，开展网络营销的企业需要选择合适的网络广告渠道，结合自身企业资源、用户和市场的特征，平衡广告支出与收益之间的关系，进而确定广告投资策略。

目前，开展网络营销的企业大多对网络广告成本控制问题给予了高度的重视，一般应用网站管理工具，如Google Analytics，对网络广告的即时效应（Immediate Effect，又称短期效应）进行测评，通常考察点击率（Click Through Rate，CTR）、转化率等指标，以确定网络广告的类型和投放渠道，但并未考虑网络广告广泛存在的遗留效应（Carryover Effect，又称长期效应）和溢出效应（Spillover Effect，又称间接效应）。参考即时效应测评结果，可能使管理者的网络广告投资决策趋于短视。此外，在实践中，网络广告投资策略的确定更多的依赖经营者的管理经验，这种经验性的决策使企业管理者对于消费者的行为偏好、广告收费模式与收益之间的关联，以及网络广告对即时效应、遗留效应和溢出效应之间的差异等的把握存在很大的不确定性。如果决策不当，缺乏对多渠道网络广告效应的有效测评和对用户偏好的洞察，可能对某类网络广告或某个网络广告渠道投入过多，增加了广告支出，却不能有效地将信息传递给合适的消费者，最终导致潜在用户的流失，进而影响销售量的提高。

如何利用互联网的数据资源对多种类型网络广告的效益进行有效测评，如何在有限的资源约束下选择合适的广告投资策略，如何选择合适的网络广告渠道将促销广告信息传递给合适的客户，已成为影响网络营销企业生存和发展的至关重要的问题。

在管理实践观察与文献研究中我们发现，企业管理者的广告投资决策倾向于依赖自身经验，然后根据反映即时效应的简单统计数据不断试错改进（Trial-and-Error），进而确定广告投资渠道及投资额。这种经验性的决策并未充分考虑多种广告效应之间的影响机理和影响程度，也缺乏丰富的现实数据支持，存在很大的不确定性。

事实上，借助互联网传播的网络广告已经逐渐成为广告投放的重要渠道，同时具备多源、全过程的用户行为数据。与电视广告、报纸广告与广播广告等传统广告相比，网络广告突破了地域和时间的限制，传播范围更广、传播速度更快，具有显著的不同于传统广告的特征：①易于实现定向投放。网络广告可以借助网民的历史访问、浏览器 cookie 等数据实现用户的精确定位，投放定向广告（Targeted Advertising）。②计费模式多样。网络广告有 CPC（Cost Per Click，按点击计费）、CPA（Cost Per Action，按效果付费）、CPT（Cost Per Time，按时间付费）、CPM（Cost Per Mille，按展示付费）、CPS（Cost Per Sale，按购买量付费）等计费模式。③由于可以直接、即时对网民的广告点击、浏览、搜索等行为进行记录跟踪而非事后问卷调查，网络广告效益存在精确计量的数据基础，与传统广告相比，更易于测评。在大数据环境下，用户的历史搜索、广告点击以及网站所有浏览、访问、购买行为等都有数据记录，使得网络广告从投放、点击到购买均有迹可循，这就为企业精确地计算网络广告引致的销售收入乃至精准地计量网络广告效益奠定了数据基础。

此外，网络广告与传统广告也有相似之处：①从对消费者行为的影响来看，二者都有向消费者传递商品和品牌信息、降低搜索成本的作用（信息性广告），且都有影响消费者偏好乃至消费习惯的作用（说服性广告）。②从对消费者影响的途径来看，网络广告也存在着直接影响和间接影响（又称溢出效应）。从对消费者行为影响的时间特征来看，直接效应又分为即时效应和遗留效应。这里，即时效应是指广告展示之后短时间内对消费者行为（如广告点击、购买等）的影响；遗留效应是指广告展示之后一段时间内对消费者行为的影响；溢出效应是指消费者的某一类广告浏览和点击行为对其之后其他类型广告的浏览、点击及购买行为的影响。

从上述网络广告的特征来看，网络广告在存在多种效应的同时，具备精确计量多种效应的实时、可追溯、多源异构的大数据基础。为降低网络广告投资中存在的不确定性，研究者有必要基于网络广告的海量数据，运用数据挖掘方法为多渠道多类型的网络广告效应测评提供有效的测评工具，掌握各网络广告渠道的即时效应、遗留效应和溢出效应的影响因素、影响机理和影响程度，为网络营销企业的科学决策提供支持。

1.1.2 电子优惠券

电子优惠券作为网络营销的重要促销工具，近年来呈现出爆发态势。根据东方财富网报告[①]，2015 年春节期间，微信联合商家共发出电子优惠券

① 2015 微信春节数据报告［EB/OL］. http：//b2b. toocle. com/detail--6314383. html.

3.78亿张，总价值30亿元，领取优惠券用户达到7595万人。全球著名市场研究机构eMarketer的调查报告显示①，2015年，仅美国杂货零售行业，共计1亿2130万人赎回电子优惠券，较上年同期增长7.6%，赎回面值达到9740万美元，增长了18.4%。现实中我们也可以看到，电子优惠券已经在电子支付、餐饮（含外卖）行业、美发行业、服装行业，以及旅游休闲、家政服务、医疗保健、城市出行等领域得到广泛应用。

本书中的电子优惠券是指优惠券的电子形式，指以各种电子媒介制作、传播和使用的促销优惠凭证，主要形式有电子代金券、电子折扣券等，所使用的电子传播媒介包括互联网（Web）、手机网络（WAP）、短信、彩信、App应用等。电子优惠券在网络传播和消费者赎回（使用）的过程中，在网购服务、金融服务、搜索引擎服务等各类服务提供商的服务器端，产生了记录用户行为和交易的海量的、多源异构的、反映高频实时业务状态变化的营销大数据，包括文本、图片、视频和数值等多种结构化与非结构化数据。同时，在电子商务环境下，消费者会主动搜索并领取电子优惠券，领取后，不仅自己使用，还会进行社会化分享与传递，使得消费者行为涌现出诸多新的变化和特点。对于这些电子优惠券的新特征，传统营销学的研究手段无法全面、有效捕捉，而大数据分析技术为这一问题的解决提供了理论与方法基础。正如*Nature*和*Science*大数据专刊所指出的那样，大数据分析作为一种新的科学方法和技术手段，提供了继实验科学、理论科学和计算科学之后的“第四范式”。这使得电子优惠券大数据成为营销管理研究与实践创新的试验场。

伴随着互联网的普及，网络营销企业突破了地域的限制，扩大了营销的范围。同时，这也带来了大量的对企业产品和品牌不了解的潜在消费者，信息的不对称导致他们存在较高的感知不确定性，极易产生逆向选择，即不会购买高于市场平均价的高质量商品。为获取这类潜在消费者，网络营销企业通常会向其提供电子优惠券以促使其购买，这里电子优惠券起到了价格折扣和广告的双重作用，有助于企业更快地在质量感知不确定的市场中获得用户。现实中，我们在滴滴打车、支付宝等市场推广活动中已观察到多例商业成功案例。优惠券作为一种实施价格歧视（Price Discrimination）与市场细分（Market Segmentation）的有效营销工具，其电子形式在电子商务市场中得到

① US Mobile Coupons Stat Pack：Consumer Usage in Grocery Retail，February 2，2017［EB/OL］. https：//www.emarketer.com/Report/US-Mobile-Coupons-StatPack-Consumer-Usage-Grocery-Retail/2001975.

了广泛的应用。

相较于传统优惠券，电子优惠券具有以下优势：①传播范围更广、传播速度更快、制作和传播成本更低。互联网的发展使电子优惠券的传播突破了地域和时间的限制，并且其制作和传播成本接近于零。②效应易于精确计量与测评。每一网络营销渠道都可以直接、即时地对消费者的网页点击、浏览、搜索、购买、优惠券赎回和评论等行为进行记录，而非事后问卷调查，所形成的电子优惠券大数据为营销效应的精确计量提供了数据基础，与传统优惠券相比，电子优惠券的短期效应和长期效应都更易于测评。③易于实现定向投放。商家可以借助消费者个体的历史访问数据、浏览器 cookie 等数据，进行其个体偏好的分析与识别，从而比传统优惠券更容易实现对用户的精确定位与定向投放。

网络营销企业通常不仅在自建的电子商务网站，而且也在聚集众多消费者的电子商务平台（如天猫、苏宁易购等）通过开设网店的方式进行网络营销、投放电子优惠券，电子优惠券相关数据来源多样；企业获取的数据中既包含交易数据、用户身份数据和优惠券促销数据等结构化数据，也包含 Web 服务器日志数据和用户评论数据等非结构化数据，其中用户评论数据中又包括评分（数值数据）、评论（文本数据），甚至表情（图片数据）等多种类型数据。电子优惠券大数据的多源异构特性给数据运用和精确计量，以及优惠券效应的测评带来了挑战。

目前，开展网络营销的企业大多对电子优惠券的营销效应测评问题给予了高度的关注，一般都是应用网站管理工具，如 Google Analytics 等，通过优惠券赎回率（即优惠券赎回数占投放总量的比例）这种简单的汇总统计指标对电子优惠券的短期效应进行测评，以确定电子优惠券的定价、类型和投放渠道。这种汇总统计指标，忽略了电子优惠券大数据中丰富的评论数据、行为数据所带来的对众多消费者的行为、态度进行细致刻画的可能性，没有对消费者个体优惠券赎回行为（购买）的影响要素、变量间的关联、动力学机制进行测度，没有对优惠券对消费者偏好形成的长期影响进行测度，从而未能实现对优惠券属性与消费者行为、态度相结合的消费者个体偏好与企业促销效应的精确测评。因此，优惠券赎回率这种汇总统计指标对消费者潜在需求的挖掘不够充分，难以在电子优惠券的市场细分、用户精准定位和投放策略方面提供决策支持，可能使管理者的电子优惠券投放决策流于片面与短视。

本书基于电子优惠券相关的海量、多源异构大数据，应用数据清洗、过滤、转换、关联与整合等数据处理技术与方法，对大数据融合、行为特征提取与潜在行为意向进行研究；将文本挖掘、多种分类算法、智能算法与统计方法相结合，实现多维度、多粒度的变量提取和筛选，揭示用户行为变量、交易变量和优惠券属性变量之间的相关关系，获取影响消费者电子优惠券赎回行为的动力学机制。

1.1.3 机器人与人工混合客服

由于电子商务的无形性，与实体商场相比，消费者只能借助有限的产品信息对其质量进行判断，因此很难确定产品属性能否满足自己的需求，从而增加了购物的不确定性和风险。电商企业通常会为消费者提供在线客服支持，通过在线客服和消费者的交流降低网络销售产品不确定性所带来的风险。消费者在购物网站搜索产品信息的过程中，与在线客服的实时沟通成为了解产品信息、建立客户关系、提高购买意愿的重要因素。因此，B2C 企业越来越重视在线客服和消费者在产品销售过程中的实时交流。

长期以来，消费者主要在认知和情感两方面对网络购买环境缺乏信任。从认知上讲，买卖双方的空间距离会导致消费者对产品质量和卖方信誉的不确定性。消费者在付款前无法体验产品或服务，没有与卖方进行面对面的交流，也不知道卖方是否诚实地披露了产品的质量，以及卖方是否真正关心客户的利益，这会导致较高的感知风险和较低的购买意愿。从情感上讲，由于缺乏人际互动，网上购物体验较差。在实体店，销售人员可以确定消费者的需求并提供量身定制的服务和建议。这种适当的帮助可能给消费者带来乐趣，促使交易双方产生信任，进而促使消费者购买。因此，在网络购物环境下，消费者与系统交互，面对的是一组静态的信息，会因为缺乏互动而降低购买意愿。

在线客服有可能解决上述问题，因为客服人员可以通过同步对话来提高消费者的参与度，在一定程度上降低消费者面临的不确定性，从而有利于维护客户关系。当 B2C 网站引入实时聊天功能时，消费者可以通过单击页面上的“chat”（聊天）按钮来启动与人工客服或机器人客服的对话，了解自己感兴趣的产品以及企业提供的服务，进而做出购买决策。优质的在线客服能够通过向用户提供适当的帮助吸引并留住用户，为用户提供个性化及交互式的良好服务体验，满足用户的需求，提升用户的感知服务满意度，这会在很大程度上促使用户做出最终的购买决策，从而更好地将网站流量转化为订单量，提高企业收益。因此，越来越多的 B2C 企业将在线客服作为客户关系管理中的重要一环。随着人工智能、深度学习、自然语言处理在近几年取得的突破性进展，机器人客服（也称智能客服）与消费者交互逐渐变得可行，电商企业也期望通过使用机器人客服来提高工作效率与服务质量，降低人工客服的压力。

机器人客服是一种新型的客服系统，它通过使用多种人工智能技术（如自然语言处理、人机交互等），快速且准确地响应用户咨询的问题，从而为用户提供良好、便捷的使用体验。机器人客户系统开辟了一种新的客户服务模式，在很大程度上提高了客户服务的效率，降低了人工客服的工作压力，并使用户和企业之间的交流更加轻松与便捷。事实也证明，在电子商务领域，合理使用机器人客服能够提升客户体验。但是，目前商用的机器人客服大多数是基于常用问答向用户提供服务，因此该系统存在“问答的数量有限”“对用户自然语言的理解能力差”等不够智能的问题。在机器人客服无法进行自动应答时，消费者可以选择转接人工客服，但是这将使用户咨询的时间更长，从而导致用户满意度下降。因此，研究企业现有的机器人客服水平能否提高消费者的购买概率，可以帮助企业了解机器人客服的服务效果，以便进一步改善机器人客服的服务质量。

除了确定机器人客服的使用是否会影响消费者的购买决策外，对企业来说，更重要的是如何使用机器人与人工混合客服来促进消费者后续的购买转化。与传统交易活动相比，网络购物环境中缺乏商家与消费者之间的面对面沟通，因此在将消费者的购买意向转化为实际购买行为方面，企业的在线客服发挥着重要作用。具体来说，消费者与混合客服在实时聊天过程中产生的行为特征也会影响消费者的后续购买决策。虽然使用混合客服的消费者在决定使用该工具时可能已经形成了合理的购买倾向，但仅仅在电商网站上加入实时聊天功能可能并不会自动导致购买转化。因此，要想全面了解混合客服的效果，除了考虑是否使用混合客服外，也应该进一步探究消费者与销售者的交流特征对后续购买决策的影响，这有助于企业后续对混合客服系统（包括人工客服和机器人客服）交流策略的优化。

此外，电子商务网站为用户提供各种信息线索，包括产品的描述和图片、其他用户的评论、基于关键字的搜索引擎服务，以及基于价格、销量和评级的产品排序等，旨在帮助用户选择产品来查看，就像销售人员在实体店所做的那样。我们称用户在网页上看到的各种信息为信息线索。现有研究已经证实，网络购物情境中的各种信息线索都会影响消费者的产品质量感知和购买意愿。例如，消费者会严重依赖产品销量，因此，高销量的产品能够吸引更多的顾客，导致销量更高，相反，低销量或较少销量的产品不容易受到消费者的青睐。那么，混合客服的效果是否会受到销量的影响，也就是说，消费者通过使用混合客服是否会改变对低销量产品的购买决定，同时混合客服的效果是否会受到价格这一信息线索的影响，也是有待研究的问题。综上所述，研究网络购物环境中混合客服对消费者购买转化的影响是否会受到信息线索的调节，可以加深电商企业对客服效果的全面理解，改进企业的营销策略，同时丰富网络消费者的购买理论。

1.1.4　在线评论

随着互联网技术的迅速发展，人们可以更为便捷地进行沟通和交流。在网络环境下，大量用户交互信息已经成为当今时代重要的信息来源。这些信息包括用户对某种商品和服务的体验、评论和感想，包括用户发布的图片、评论及视频等信息。在学术研究中，这类用户在网络中发表的关于商品或服务的评论信息被称为“在线口碑”。

目前，在线口碑正潜移默化地影响着网络用户的购买行为。相关研究表明，用户在做出购买决策的过程中，越来越依赖在线口碑，在线口碑已经成为影响用户消费的关键性因素。中国互联网络信息中心（China Internet Network Information Center，CNNIC）发布的《2017年中国网络购物市场研究报告》显示，截至2017年5月，影响网络用户做出购买决策的最主要因素是商品的在线口碑，该因素所占比例已经超过71%，超过一半的用户表示，在购买商品时会关注该商品的在线口碑。在线口碑记录着消费者使用商品后的心得体会，其他网络用户在购买商品前往往会关注在线口碑并用它来辅助决策。根据商品在线口碑做出购买决策已经是网络购物的一大趋势。

由于网络购物的虚拟性，用户对网络消费的感知风险也比传统购物方式有所增加。相关研究表明：不同类型的商品会导致用户对在线口碑感知风险存在差异，这源于消费者对不同类型商品的用户体验差异。目前，相关学者依据商品信息属性的不同，将商品分为体验型商品和搜索型商品。两者的主要区别在于，消费者在享受商品或服务之前，能否根据商品详情准确获取商品质量信息。Nelson认为，对于体验型商品，用户在消费前只能从购买平台上获取商品的属性信息，这些信息很难对商品的质量指标进行准确描述，在未获取商品准确信息的情况下，用户会产生感知风险，因而用户对体验型商品的感知风险要远远大于搜索型商品。在线口碑传递的是用户体验过商品后的反馈信息，对于其他购买体验型产品的用户而言，在线口碑是进一步了解商品质量信息的有效途径，是用户获取体验型商品的卖家服务、商品质量和信誉等信息的重要来源。因此，在体验型商品的购买决策过程中，用户往往需要依靠在线口碑对商品的质量进行预估。

在商品质量预估过程中，在线口碑对用户购买决策的有效性是该领域的一个研究重点。目前，体验型商品在线口碑的有效性研究主要是通过问卷调查或者实验的方法，让受试者回忆某一次受商品口碑影响的经历，进而分析在线口碑对用户购买决策的影响。该方法通常先提出假设，然后建立回归模型进行预测和验证。该方法是目前该领域的主要研究方法，但是它依赖被试者的回忆准确性，很难对口碑信息及口碑的影响进行有效模拟，导致数据样本存在较大的局限性和主观性。

营销大数据为该类研究提供了一个新方案。购物平台中不仅储存着用户的历史搜索，网站所有浏览、访问、购买记录，也储存着大量的在线口碑信息，这就为探讨在线口碑对用户购买决策的有效性提供了数据基础。本书以某购物网站的在线口碑和销量为数据基础，利用 LSTM 模型获取在线口碑的情感极性，对负面口碑进行分析，抽取负面口碑的属性特征，同时结合评论其他特征以及商品属性特征，以商品的日销量作为目标变量，利用截面数据分析和面板数据分析方法，构建多元线性回归模型，进而探索在线口碑的影响因素及其对用户购买决策的影响程度。

1.2 国内外研究现状

1.2.1 网络广告效应测评

企业要在广告的多种类型和多个渠道之间分配自身有限的预算，需要对广告有效性进行测评。由于传统广告对消费者行为影响的直接记录难以获取，传统广告的有效性测评常采用事后调查或访谈的问卷调查、焦点小组、媒体混合模型（Media-Mix Model）等方法，并以整体销售收入作为评价指标。网络广告出现后，消费者所有的网络广告来源、点击、浏览、选择和购买行为都可以被记录，促使网络营销实践领域开始关注基于实际数据的广告有效性测评，如众多商业网站管理工具中通常将广告有效性分析集成在链接分析和页面分析中，分析指标多为点击率和转化率，只能部分地反映广告的即时效应。管理实践的发展也促进了营销学研究领域的发展。近年来，已有研究者开始关注基于点击流数据的网络广告有效性测评问题，但对商业网站来说，点击流数据通常涉及商业机密，研究者会受到数据可获得性的限制，因此这一领域的研究成果并不多见。从目前查阅的文献来看，现有的研究可以分为即时效应测评、遗留效应测评、溢出效应测评三个方面。

1.2.1.1 即时效应测评

即时效应测评主要从点击行为和购买行为两个方面展开。

（1）点击行为。网络广告提供商的网络广告有效性测评常用的指标是点击率。点击率是指广告点击量占广告展示总量的比例。学术界对点击行为的研究，不仅关注实际点击率的数值大小，而且关注用户广告点击行为的影响因素和影响机理。Chatterjee 等（2003）通过逻辑回归构建旗帜广告（Banner）点击行为的测量模型，研究广告展示时机、展示次数、会话时间间隔对点击行为的影响机理和影响程度。Nottorf（2014）在 Chatterjee 等的基础上进行扩展，采用消费者广告浏览和点击数据，运用贝叶斯混合方法与逻辑回归研究了网络广告的不同类型（展示广告、重定向广告、付费搜索广告和影像广告）对点击行为的影响。基于用户点击行为的网络广告有效性测评未考虑网络广告引致的浏览、购买等后续行为的影响，因此所得出的结果是有偏的。

（2）购买行为。网络营销企业对网络广告有效性进行测评常用的指标是购买转化率。购买转化率是指广告引致的点击用户中发生购买行为的总量占点击用户总量的比例，反映网络广告对用户购买行为即时、直接的影响。Moe 等（2004）基于 Media Metrix 公司的点击流数据，运用逻辑回归构建了基于历史访问和购买行为的用户购买转化率预测模型。事实上，用户购买行为还受多种因素的影响，已有研究者从多个不同的视角对购买行为的影响因素和影响机理进行了研究。Manchanda 等（2002）基于在线售卖健康美容等方面的非处方药的企业网站数据，通过可变、分段指数风险函数生存模型，测量了展示广告中的旗帜广告对用户购买行为的影响，结果显示，曝光数、曝光网站数、曝光网页数都会对用户购买行为产生正向影响。Rutz 和 Trusov（2011）基于 Google 和 Bing 提供的数据，运用逻辑回归结合贝叶斯方法对付费搜索广告数据（关键词、每日曝光数、点击数、转化数、平均广告位置和平均价格等）进行建模，研究了用户由点击行为向购买行为转化的影响因素。Montgomery 等（2004）基于一个在线书店的点击流数据，综合运用多项普罗比模型、层级贝叶斯模型、隐藏马尔可夫链及向量自回归模型，构建了用户购买行为发生概率的预测模型。

从上述文献来看，基于用户购买行为的网络广告有效性测评多采用网站点击流数据，对展示广告中的旗帜广告研究较多，通常采用广告展示数的汇总统计方法来进行特征提取，而非从用户单次访问（即会话）中进行提取，难以反映网络广告类型、用户偏好、网页设计和网站功能等因素对微观层面用户行为的影响。对网络营销企业而言，网络广告点击行为与企业绩效之间并无直接的关联，企业更多关注的是网络广告引致的购买行为。因此，本书借鉴前人的研究成果，基于合作网站提供的点击流数据，以用户单次会话为数据单元提取特征，并运用包含逻辑回归、多元回归、贝叶斯层级模型等在内的多种方法，构建基于购买行为的多类型、多渠道网络广告即时效应测评模型，探索用户购买行为的影响因素和影响机理。

1.2.1.2 遗留效应测评

现有研究表明，传统广告的最大影响可能不是发生在广告展示的当时，而是在一定的时间间隔之后，其影响程度可通过 Koyck 模型进行评估。网络广告遗留效应表现为消费者的本次广告点击、浏览行为对之后的广告点击或购买行为的影响。已有研究表明，网络广告的遗留效应是广泛存在的。Briggs（1997）的研究表明，如果在之前的会话中网络广告被重复展示，会促使消费者对该广告的内容、展示的品牌产生认知，这种认知将会进一步促进消费者的点击或购买行为。

不同类型网络广告具有不同特点，因而其遗留效应也存在差异。Breuer 等（2011）基于旧书零售商网站的 365 天统计数据——广告展示量、被点击量和销售量，在考虑每一种广告渠道时滞效应的基础上，通过多元回归对展示广告、电子邮件广告和比价广告的遗留效应（长期效应）和即时效应（短期效应）进行测量，结果显示，电子邮件广告具有最长的遗留效应。Breuer 等（2012）基于 Breuer 等的数据集，采用自回归模型和向量自回归模型测量了搜索引擎广告、展示广告、比价广告和优惠券/忠诚度广告四种网络广告的遗留效应和即时效应，发现遗留效应由强到弱分别是搜索引擎广告、展示广告、比价广告和优惠券/忠诚度广告。Kim 等（2011）基于韩国最大拍卖网站三个月的销售和广告数据，采用贝叶斯分析方法建立带有遗留效应因素的销售响应函数，对网络广告的遗留效应进行测评。

上述文献显示，学者们多采用多元回归、自回归等方法，基于一段时间的销售收入、广告点击量等数据测量多种网络广告的遗留效应。有学者指出，这些统计数据忽略了访问记录中消费者网络广告点击的时间点和点击时序等重要信息，无法准确反映网络广告的遗留效应。遗留效应与广告浏览时间和之后的用户点击以及购买时间有关，因而在数据特征提取层面，需要以用户会话为数据采集单元，基于单个用户的浏览、点击、购买以及过程时间数据来展开研究。本书借助合作单位数据，从用户识别和会话切分出发，获得单个用户在一段时间内的广告点击、站点访问数据，通过点击、浏览的时序信息，构建各个渠道和类型的网络广告的遗留效应测评模型。

1.2.1.3 溢出效应测评

溢出效应是指消费者对某一类广告的浏览和点击行为对其之后的其他类型广告的浏览和点击乃至购买行为的影响。Xu 等（2012）基于电子产品销售网站的点击流数据，从多种网络广告之间存在交互作用出发，建立贝叶斯层级模型，研究不同网络广告之间的溢出效应及其对购买转化率的影响。Kireyev 等（2015）基于银行数据研究展示广告和搜索广告之间的交互关系，证实了展示广告对搜索广告有明显的影响，并发现这种溢出效应通常在两周之内出现。Rutz 和 Bucklin（2011）采用贝叶斯估计方法进行估计，发现整体搜索行为会对消费者未来的品牌搜索行为（Brand Search）产生积极影响。Li 和 Kannan（2014）提出了一个测量模型，通过消费者对网络广告的接受度、消费者在广告访问后的变化情况及消费者在访问站点后的购买行为，探究访问和购买阶段的溢出效应。

总体而言，网络广告类型繁多，渠道庞杂，而且识别不同时段的同一用户访问（特别是未登录用户）在技术上有一定的难度，使得网络广告渠道的溢出效应研究较为困难，因此国内外这方面的研究均较少。本书基于前期企业数据挖掘项目的实践，采用 IP 地址、机器识别码、浏览器 cookie 等多种属性相结合的方法解决了大部分未登录用户的识别问题，并从微观用户的会话层面提取特征数据，研究多种网络广告类型之间的溢出效应，同时探索多种网络广告渠道之间的溢出效应。

有关网络广告效应的评价，还有以下研究：林宏伟和邵培基（2012）指出，网络广告还应当从投放广告的网络媒体的自身属性出发，例如服务质量、技术能力、知名度等。Rutz 和 Bucklin（2012）从用户黏性角度，结合展示广告对用户在同一个站点具体页面浏览行为、回访行为等研究网络广告对用户兴趣度的影响。针对特定的网络广告渠道，相关研究者还提出了其他具有渠道特点的网络广告效应影响因素。例如：卢向华（2013）以淘宝直通车的竞价排名数据为例，从点击量、直接销售和间接销售多维度测量竞价排名广告的绩效和投资回报率。Lambrecht 和 Tucker（2013）发现重定向广告的有效性取决于用户是否有明显的产品偏好。Agarwal 等（2011）和 Skiera 等（2013）研究了网络广告位置对搜索引擎广告收益和利润的影响。Blake 等（2015）对比了品牌关键词与非品牌关键词对 eBay 付费搜索广告的作用，发现非品牌关键词对新用户影响较大。

综观现有的网络广告效应研究，学者们大多依托网站的点击流数据：①在数据特征提取上，多采用诸如广告展示数的汇总统计方法，而忽略了访问记录中消费者网络广告点击的时间点和点击时序等重要信息，较少从用户单次访问（即会话）层面进行特征提取，难以反映网络广告、时序因素、用户偏好、网页设计和网站功能等因素对微观层面用户行为的影响。②从效应测评来看，相关研究大多侧重于网络广告某一具体效应或是某两种效应的结合研究，如网络广告即时效应和遗留效应、遗留效应和溢出效应等，较少考虑即时效应、遗留效应和溢出效应的测评模型和方法。在管理实践中，网络广告效应的准确评价需要三者的有机统一。本书根据这一现实需求，拟构建整合即时效应、遗留效应和溢出效应的网络广告综合效应测评体系，为网络营销企业提供有力的决策支持。

1.2.2 优惠券效应测评

随着网络营销带来的营销区域的扩大，企业面对的潜在市场中存在着众多不了解企业产品和品牌的陌生消费者。对于为数众多的经验商品（Experience Good）而言，网络营销借助于互联网传播的是包含文字、图像等的象征信息（Symbolic Information）与用户反馈信息（Feedback），因缺少与产品的实际接触而很难获得实意信息（Notional Information）。实意信息的缺乏极易造成消费者的质量感知不确定性，从而形成逆向选择。网络营销企业为了规避逆向选择，多采用电子优惠券等促销方式引导消费者购买，从而让消费者通过使用产品获得实意信息，降低质量感知不确定性，形成对产品质量的评价，进而影响用户偏好，促进用户形成品牌忠诚，最终达到增加销售、扩大市场份额的目的。

在电子商务市场中，电子优惠券的应用越来越广泛。企业优惠券的投放必然引致一定的营销成本，因而需要对优惠券效应进行评价。在传统营销领域的研究中，优惠券对消费者行为影响的直接数据很难获取，因而在进行优惠券营销效应的影响机理研究时，一般都是基于用户调查数据、实验数据和面板统计数据，从两个层面进行研究：①在短期效应层面，基于用户调查和实验数据获取优惠券属性特征、消费者属性特征和心理偏好特征等对消费者的优惠券赎回行为的影响；②在长期效应层面，通过企业或行业的面板统计数据构建因果关系模型，反映优惠券属性对优惠券赎回率和企业收益的影响。

1.2.2.1 基于用户调查与实验数据的优惠券短期效应研究

优惠券赎回主要是指消费者在购买时使用优惠券的行为。优惠券属性包括面值、受益形式、截止日期、传播渠道、投放规模和使用优惠券的最低必要购买量等因素；消费者人口统计学特征包括性别、年龄、受教育程度、是否被雇佣、家庭收入水平、消费者到优惠券赎回地点的距离等因素；消费者心理特征包括满意度、激励、感知、意向等因素。对于这些因素中哪些会对消费者的优惠券赎回行为产生影响，其影响机理和影响程度是怎样的，营销学者们已经进行了大量的研究，但由于传统优惠券研究中缺少对消费者行为属性的数据记录，所以多采用用户调查和实验的方法。

（1）优惠券属性方面：Lee 和 Yeu（2010）基于用户调查数据，运用结构方程模型验证了优惠券的面值和截止日期对优惠券赎回的显著影响。Wierich 和 Zielke（2014）基于优惠券设计对消费者忠诚度的影响设计了 2×2×2 实验，发现凸显客户个性化的优惠券比优惠券面值对消费者忠诚度的影响大。Venkatesan 和 Farris（2012）通过设计长达 66 周的 40 多种优惠券活动，运用多元回归方法研究零售商定制的多种优惠券活动和优惠券曝光率对客户购买决策的影响，发现曝光率及提供更多折扣的优惠券、与客户更匹配的优惠券都能有效影响优惠券赎回率。

（2）消费者人口统计学特征方面：Harmon 和 Hill（2003）采用分组数据验证性别是影响优惠券使用的重要因素，发现男性在购买在线产品和送餐服务的过程中使用更少的优惠券。Kitchen 等运用因子分析法分析消费者特征对优惠券赎回行为的影响，认为消费者的收入、受教育水平等会影响优惠券赎回。

（3）消费者心理特征方面：Swaminathan 和 Bawa（2005）基于项目反应理论（IRT）分析消费者的优惠券倾向与个人特征、优惠券类别的关系，发现品牌忠诚度、感知可用性及优惠券倾向性等个体特征与优惠券赎回倾向有关。Dickinger 和 Kleijnen（2008）运用结构方程验证了消费者的感知和态度对优惠券赎回有显著的影响。Chen 和 Lu（2011）基于计划行为理论（TPB）模型，运用结构方程验证了消费者对电子优惠券的认知行为控制和历史使用行为直接影响优惠券使用意图。Clark 等（2013）运用因子分析法分析消费者满意度、自豪感以及价值意识对优惠券赎回的影响。Achadinha 等（2014）基于技术接受模型（TAM），运用结构方程分析了消费者的经济感知、便利感知等心理变量对优惠券赎回的影响。

近年来，国内有学者开始进行优惠券赎回行为方面的研究。华中科技大学赵学峰教授的研究团队针对移动优惠券使用（赎回）意愿问题，分别基于效价理论和调节定向理论，从个人特征和动机的角度进行研究，说明使用态度和从众行为均能增强消费者对移动优惠券的使用意愿，个人创新性和个人优惠券倾向对使用意愿既有直接影响，也通过动机因素产生间接影响。此外，还有学者分析了消费者历史行为对优惠券赎回行为的影响。例如：张建同、方陈承（2017）基于一项以 5600 名分类网站顾客为对象的实验，运用逻辑回归验证了历史购买行为和电子优惠券及其交互项对网络顾客购买行为（优惠券赎回行为）均有显著正向效应，但历史浏览行为的直接效应不显著。

综上所述，对优惠券赎回行为影响因素的研究，基本沿用传统的实证研究范式——用户调查和实验方法。这些方法在研究数据的获取上存在一定的局限性，在采样上，很多研究采用方便样本和学生样本，样本的代表性难以保证，同时所获取的数据也存在一定的主观性。在大数据环境下，优惠券用户的获取和赎回、浏览、搜索、评论等行为都可以被实时、准确地记录，形成大数据资源。通过大数据融合与结构化，以及特征提取和变量提取，可以获得会话、用户和优惠券层面的反映优惠券属性、用户态度、行为特征等的数据，再运用统计建模、数据挖掘、机器学习等领域的建模方法，从多个层面揭示用户行为变量、交易变量和优惠券属性变量之间的相关关系，获取影响消费者电子优惠券赎回行为的动力学机制。大数据为传统优惠券研究范式的突破性改变提供了数据保证，大数据分析相关的理论和方法也为这一研究范式的突破性改变提供了支撑。

1.2.2.2　基于面板统计数据的优惠券长期效应研究

优惠券作为企业的促销工具，对企业营销的长期影响体现在两个方面：①可以促使消费者重复购买，影响消费者偏好；②优惠券的赎回必然会促进销售、增加收益，但同时也会增加企业的营销成本。因此，如何衡量优惠券的长期效应是企业和研究者共同关注的问题。现有的优惠券研究，常用企业或者行业的面板数据（Panel Data），以优惠券赎回率、平均客单价或者企业收益等作为反映优惠券营销绩效的汇总指标，并以该汇总指标作为目标变量，采用因果关系建模方法验证消费者属性和优惠券属性（包括优惠券面值、截止期限、发放方式、发放渠道、最低消费额等）对优惠券营销绩效的影响。

（1）优惠券属性方面：Reibstein 和 Traver（1982）基于通过报纸、杂志等传统媒介投放的优惠券面板数据，运用回归方程验证了优惠券的投放渠道与赎回率之间存在高度正相关。Inman 和 Mcalister（1994）运用多元回归方程，分析芝加哥和洛杉矶两地的优惠券面板数据，发现优惠券截止日期的临近会带来优惠券赎回的增加。Leone 和 Srinivasan（1996）基于 A. C. Nielsen 公司提供的优惠券面板数据，分析了优惠券面值对赎回率、销售增值、市场份额及品牌获利能力的影响，结果表明，制造商通过优惠券提升其市场盈利能力。Jung 和 Lee（2010）运用方差分析研究线上和线下两类优惠券的折扣形式和面值对优惠券赎回率的影响，发现优惠券的面值对优惠券赎回率有更为显著的影响。

（2）消费者属性方面：Narasimhan（1982）运用逻辑回归，分析调查1000 名消费者获得的面板数据，发现消费者使用优惠券的时间机会成本和其家庭收入都是赎回率的决定性因素。Chiang（1995）运用多元回归方程分析南达科他州洗涤剂行业的优惠券面板数据，发现消费者的感知有用性和易用性能够积极地影响优惠券赎回行为。Chiou-Wei 和 Inman（2008）运用广义矩方法（GMM）分析优惠券赎回的影响因素，发现消费者的教育、就业以及优惠券面值会对赎回率产生积极的影响，而优惠券截止日期对赎回率没有显著影响。Spiekermann 等（2011）针对地铁优惠券，从消费者地理位置角度，采用逻辑回归法进行分析后得出结论：城市中心比郊区的优惠券赎回更为敏感，偏远地区的货币优惠券激励数量对赎回率有正向影响。

上述文献显示，学者们大多以汇总的统计指标——优惠券赎回率为营销绩效指标，采用多元回归、逻辑回归等方法分析优惠券属性（如面值、截止日期等）对赎回率的影响。这种基于汇总统计指标的研究受限于所获得的指标的统计口径，无法从多个层面实现对不同种类优惠券和不同投放渠道的优惠券效应测评。在大数据环境下，完成大数据的融合与结构化以后，可以从会话、用户、优惠券种类和渠道乃至整个企业等不同层面提取多粒度的变量，这就为不同视角和不同层面的优惠券效应测评提供了数据保证。

综观现有的研究，学者们大多基于两类数据对优惠券效应进行测评：①用户调查和实验获得的数据；②企业或行业层面的面板统计数据。从数据来看，存在一定的局限性——用户调查和实验数据的客观性难以保证，而企业或行业统计数据的维度和粒度也是研究者难以控制的。从效应测评来看，由于所获得的数据难以实现多维多视角的优惠券效应测评，没有考虑不同种类优惠券和不同投放渠道的优惠券效应，因而测评结果对具体企业管理决策的支持作用较为有限。本书基于优惠券大数据所提供的丰富数据，从消费者个体和同一优惠券的消费者群体两个层面构建网络营销企业优惠券效应测评模型，为网络营销企业提供有力的决策支持。

1.2.3 客服对购买决策的影响

1.2.3.1 客服系统的作用

在电子商务网站上，消费者可以看到商家提供的产品介绍，以及其他消费者购物后留下的各种评论（正面评论、负面评论等），这也是消费者通过在线搜索获取商品信息的重要方式。对于产品介绍、用户评论没有涉及的方面，消费者可以通过电子商务平台提供的在线沟通工具获得有效的补充。

消费者（信息搜索者）通过与在线客服交流获取重要的产品信息（如质量和适用性），从而降低购买的感知风险，最终降低不确定性。Weiss 等强调了信息提供者的行为在减少信息模糊和消除不确定性方面的作用。Jiang 等证实了在线客服在提供量身定制的产品信息（如产品尺寸和颜色、交付条款、服务政策和折扣）方面的价值。卢云帆等对在线客服促进消费者购买的作用机理进行了研究，指出在线沟通能有效降低消费者购买决策中的不确定性，进而促进购买。

在线客服主要通过沟通来解决消费者信任不足的问题，为电商企业提供了与客户建立关系的机会。在线客服通过耐心地倾听客户的需求，并以专业和专注的方式做出回应，向买家发出善意的信号，是获得信任的关键因素。

在线客服通过提供信息来缓解信息不对称，有效降低购买感知风险。实时的提问和回答可以让消费者获得网站上没有显示的产品信息，更加坚信产品能够满足他们的需求，从而降低感知风险和对其他产品质量信号的需求。Basso等通过实验比较了没有实时交流的在线商店与有不同形式传播媒体的在线商店的情况，发现有网络即时通信工具的网上商店比没有这类工具的商店更能创造信任，而且这种信任会使消费者更愿意将信息分享给朋友，并重复购买产品。

1.2.3.2 人工客服对购买决策的影响

在传统购物环境中，线下购物是人与人之间密切接触和交流的过程，店铺的布局以及舒适度等都能影响消费者的购买欲望。阎巧丽认为，消费者的购买决定会受到其他人的态度和意见的影响，且周围人积极的意见和看法在很大程度上能够对消费者的购买决定产生正向影响。Crawford和Melew认为，当消费者与商家进行当面交流时，影响消费者购买欲望的因素有很多，如销售人员的仪容仪表及态度、朋友的看法和建议、产品本身的舒适度等。

电子商务交易与传统交易最大的区别是商家和消费者之间缺乏面对面的交流，因此商家在线客服的服务质量直接影响着消费者的购买意愿向实际购买行为的转化。例如，大多数消费者在淘宝上下单或付款前都会通过阿里旺旺确认产品的详细信息，那么及时、准确、耐心的在线客服可以更好地理解消费者的需求，从而帮助消费者顺利完成电子商务交易。王谢宁研究发现，93%的消费者认为电子商务网站中商品和服务的相关信息不完善，希望与在线客服进行深入的交流，并得到及时而准确的回复。Song和Zinkhan指出，客服人员的快速响应对客服质量具有重要影响，进而会影响消费者满意度。Lu等通过建立社会存在的多维模型，证明了在线客服作为一种社会存在因素有助于消费者建立对卖家的信任，从而促使消费者产生购买意愿。Tan等证实了在线客服的使用对低信誉卖家的消费者购买决策具有积极影响，认为实时聊天可以帮助消费者降低对产品质量的不确定性。可见，商家在线客服的质量对消费者在网络环境下完成购买转化具有重要影响。

综上所述，无论是线上还是线下，沟通交流都影响着消费者的购买决策。从买卖双方沟通的角度看，线下销售中销售人员的沟通方式（如双方在沟通交流过程中的内容、规则、用词和语气等）直接决定着销售能否成功。研究线上购买也发现了类似的规律，即消费者的购买决策会受到在线客服和消费者之间的沟通方式的影响。在用户决策过程的信息搜索阶段，信息提供者的行为与信息的价值有关，信息的价值则可能影响消费者后续的行为。Weiss 等概念化了信息提供者与信息价值有关的以下行为：及时性、频率和信息量。及时性是指对搜索者查询的响应速度。频率与信息搜寻者和信息提供者之间的联系数量有关。在线客服的迅速反应有助于信息寻求者立即解决其具体问题并获得对产品的全面了解。客服答复的频率对应了大量与产品质量有关的信息，这些信息有助于弱化消费者和卖方之间的信息不对称，从而降低不确定性。Ou 等发现，有效使用在线客服（如使用幽默的语言、图片或表情符号）可以促进消费者和卖方之间的相互了解，使对话类似于传统的面对面交流，营造良好的社交氛围，从而更加顺利地引导消费者完成购买转化。可见，在线客服人员在实时聊天中的行为会影响消费者后期的购买决定。

传统服务质量研究大多遵循“服务质量—顾客满意度—顾客忠诚度”的影响路径，目前大多数学者在对客服系统的服务效果进行测评时仍沿袭这一路径，以客服系统的服务质量作为前因变量，研究客服系统的服务质量对顾客满意度、顾客忠诚度等的影响。服务质量被定义为网站在多大程度上促进高效的购物。那么，客服系统的服务质量就是客服系统能够在多大程度上促进购买转化的完成。以往对服务质量的研究通常会用到 SERVQAL 模型。孙林辉等以情绪劳动理论为基础，构建含有音量和语速两个指标的多元线性回归模型，证明电子商务网站在线客服的音量、语速也会影响顾客满意度。

以往的研究证实了在线客服（多指人工客服）对消费者购买决策的积极影响，也证明了客服质量会影响后续的购买转化行为，但这些研究大多缺乏实际的业务数据，不能直观地确定在线客服能够在多大程度上促进消费者的购买转化，以及在线客服在实时聊天中的哪些行为会影响消费者后期的购买决定。本书基于企业的实际数据进行研究，可以为后续企业客服系统服务效果的测评和优化提供指导。

1.2.3.3 机器人客服的相关研究

网络购物具有方便快捷、商品丰富等优点，已经成为人们日常消费的主要方式。各大电商平台为了更好地为客户提供服务，加强与消费者的互动，都期望使用聊天机器人（也称智能客服）来提高工作效率与服务质量。机器人是指使用自然语言模拟人类对话的计算机程序或机器人实体，被广泛应用于诸多领域。近年来，人们对聊天机器人的需求越来越大，这使得该领域成为一个热门的研究方向。事实也证明，在电子商务领域，合理使用聊天机器人可以改善客户体验。机器人客服可以帮助网络消费者快捷地搜集相关产品信息，及时、准确地回答消费者在网络购物过程中提出的问题，实现卖家和买家的双向互动，降低负面评价给消费者购买决策带来的消极影响。可见，机器人客服改善了企业客户服务的流程，提高了服务响应速度，但是在帮助企业提升客户体验方面却有待加强——当用户在机器人客服中搜索不到满意的答案或建议时，就会转向人工客服进行咨询。可以预见，客服系统不断切换（从机器人到人工、从人工到机器人再到人工等）的结果将使用户咨询的时间更长，从而导致用户满意度降低。再者，用户在对服务产生不满时，倾向于使用人工客服而不是机器人客服来进行投诉及表达抱怨。机器人客服对问题的处理过于程序化，常常会增加客户的抵触情绪。

针对目前机器人客服存在的问题，不少学者提出了改进机器人客服功能的方案。郭其鑫等设计了面向电子商务用户服务领域的知识库，构建了可以生成回答的 Seq2Seq 模型，针对知识检索、闲聊及售后服务等不同类型问题，使用朴素贝叶斯分类模型来选择合适的回答策略，并在必要时自动转向人工客服。张瑞等引入情感计算技术来提高机器人客服的使用满意度，并增加人性化设计，基于情感阈值预警帮助用户确定转接人工客服的时机，使机器人客服和人工客服有效结合。马晓凯基于业务系统用户行为数据及异常日志，提出一种新的机器人客服系统设计方案，与传统应答式客服系统相比，可以更准确地判断用户问题特征和情感诉求，从而更加精确地回复用户咨询的问题。

目前，针对机器人客服的研究主要集中于对机器人客服系统的优化，尚未发现关于电商企业使用机器人客服能否提高消费者购买概率的研究。本书将电商企业使用机器人客服能否提高消费者购买概率作为主要研究问题之一，以期帮助企业对机器人客服的服务效果进行测评。

1.2.4 在线评论对购买决策的影响

在线评论是在线口碑的一种表现形式。Arndt（1967）认为，口碑是两个人或者多个人对于某种服务、商品及品牌的口头交流，这种交流是一种非商业性的群体影响。伴随网络的出现，在线口碑作为一种新的口碑形式出现，它可以通过在线论坛等方式传播给大众或者组织，是顾客对商品或企业的负向或正向评价。在线口碑的表现形式多种多样，包括在线评论、微博、Twitter及 Blog 等。与其他口碑形式相比，在线评论通常可以保存一年以上，评论信息表现出透明化和公开化的特点。同时，在线评论的表现形式很丰富，具有传播范围广、传播速度快、信息可量化等特点，被视为影响用户购买决策的最主要口碑形式。Duan 等认为，相较于其他形态的在线口碑，在线评论在影响消费者对商品和服务的体验和满意程度方面更具优势。Decher 等在研究消费者偏好的过程中也表示，在线评论应该被视为在线口碑最有效、经典的表现形式。

在线评论作为在线口碑的主要表现形式，已经成为用户获取商品有效信息的主要途径。在电子商务环境下，在线评论增强了用户与商家的紧密度，以及用户与用户之间的信息交流，为商家进行商品的完善和改进提供了依据。多年来，很多学者对在线评论提出了自己的看法。2001 年，Chatterjee 首次将在线评论引入营销学科，探讨在线评论对用户购买决策的影响。本书分别从在线评论基本要素和文本信息两个方面对现有文献进行综述。

1.2.4.1 在线评论基本要素的有效性分析

在相关研究中，学者们很早就注意到评论的基本要素对用户购买决策的影响。这些基本要素包括评论数量、评论文本长度及评论的时效性等。

评论数量对用户购买决策的影响情况还未有定论。Liu 指出，在线评论的数量会影响消费者对商品的感知，因为在线评论数量越多，消费者接触到信息的机会就越大，也就更有可能购买该商品或者使用该服务。盘英芝则指出，评论数量对销量的影响要考虑到品牌因素，如图书，评论数量对非热门图书销量的影响较小，而对热门图书销量的影响较大。由此可见，对于该类商品，品牌效应对销量的影响远远大于评论数量的影响。

对于评论文本长度，有些学者认为，评论文本长度会影响用户的购买决策，因此与商品的销量存在显著的相关关系。闫强等以豆瓣网为研究主体，对实际用户评论进行验证，得出结论：较长的评论对在线评论感知有用性具有显著的正向作用。郝媛媛等以电影的在线评论数据为研究对象，利用文本挖掘方法建立在线评论的有用性影响因素模型，结果表明，在线影评中评论平均长度越长，评论的有用性也会越显著。由此可知，在线评论的长度是影响在线口碑有效性的一大因素。周新玉（2016）对商品进行了分类，分析后得出结论：评论文本长度对销量的影响受到商品卷入度的影响，卷入度高的商品评论的文本长度与销量呈负相关关系。这可能是由于商品的评论过于冗长会导致用户的厌烦心理，进而导致用户拒绝购买。本书将探讨评论文本长度对用户购买决策的有效性影响。

任庆伟（2008）从评论的时效性出发，研究了网络背景下在线口碑的时效性与消费者购买决策之间的关系，结果发现，在线评论信息的时效性对用户购买决策的影响并不显著。付建坤等（2014）基于信息不对称理论研究评论的有用性，在研究评论的时效性对用户购买决策影响的过程中发现，对于品牌声誉低的商品，评论时效性与用户感知有用性呈负相关关系。王君珺等（2013）进行了类似实验，实验结果和付建坤的实验结果刚好相反。他们认为，对于非热门商品，在线评论的时效性影响不显著，而热门商品的评论时效性对销量的影响非常显著。

本书以某电子商务网站作为研究平台，基于体验型商品的相关评论数据，对评论数量、评论文本长度及评论的时效性等评论的基本要素对销量的影响进行分析，得出影响用户购买决策的评论要素，对以往论断进行验证。

1.2.4.2 在线评论文本信息的有效性分析

除了基本要素，在线评论的文本信息对用户的购买决策也会产生巨大的影响。这类信息包括评论情感极性、评论差异性等。

诸多文献表明：评论极性是影响用户购买决策的主要在线评论因素。Zhu等（2010）以在线评论作为实验的样本数据，得出文本的情感极性及主客观描述等评论特征会影响消费者对评论的感知有用性的结论。金立印（2007）在研究正面评论和负面评论对用户购买决策不同影响的过程中指出，在消费者制定购买决策的过程中，负面评论比正面评论的影响大得多。这一结论源于消费者理性假设，消费者在接触负面信息时，往往会对商品和服务质量产生不确定性和疑惑感，从而影响购买意愿。用户在接受负面评论时，能够完整和真实地表达个人对事物的感觉，当用户处理咨询的重点是以咨询内容为主时，用户利用负向描述方式会比正向描述方式有效得多。因此，负向信息比正向信息更具有咨询性和诊断性。

Zhang（2006）从评论的差异程度出发，研究了在线评论对商品销量的影响，发现商品的评论差异越大，商品的销量就越低。龚诗阳等（2013）对图书评论的研究也表明，评论的差异会加大用户的感知风险，对图书销量产生负向影响。但是，也有学者认为，商品的评论差异越大，商品销量的增长速度会越快。这可能是评论差异引起顾客的张望态度，顾客会因为好奇而进行消费的缘故。

严建援等（2012）基于在线评论文本内容的视角，深入研究在线评论内容对评论有效性的影响，结果表明，评论深度及评论表述的客观性与评论的有用性呈正相关关系。同时，他们指出，信息的完整性越高，评论的有用性反而越低，这可结合信息的过载理论进行分析，大批量的评论信息会干扰消费者对有效评论信息的判断。严建援等的研究弥补了以往对评论内容研究的不足，但是该方法也仅限于对评论文本内容进行量化表示，未能深入挖掘文本中所包含的信息。喻亦爽（2016）从负面评论的五个特征（客服、质量、物流、色差和尺码）分析了负向评论对销量的影响，结果表明：客服、质量和物流三者对服装销量有显著影响，而色差和尺码对服装销量无显著影响。喻亦爽的研究在评论特征提取上有很大的创新，但未能具体分析出这五个特征与其他评论特征是否存在多重共线性。

本书将对评论的情感极性、评论的差异性对用户购买决策的有效性影响进行验证和论证。由于用户在做出购买决策时更为关注商品的负面评论，本书着重对负面评论包含的属性特征进行甄别，以了解用户所关注的重点，识别影响用户购买决策的文本信息要素。

1.3 研究内容

从文献综述来看，在网络营销和大数据背景下，网络广告、电子优惠券、机器人与人工混合客服、在线评论在营销管理中都呈现出不同于传统营销的特征。为了更好地支持营销管理决策，本书基于营销大数据，从四个方面对数据驱动的营销管理决策进行建模研究。

1.3.1 数据驱动的网络广告效应测评实证建模

网络营销企业的网络广告投放、消费者行为及产出如图 1.1 所示。网络营销企业会向在线消费者投放多种形式的网络广告，借助网络广告对消费者行为的影响，为企业吸引潜在客户，带来销售量、市场份额和利润等业务产出。网络广告对消费者行为的影响主要包括：①对消费者当期的点击与购买行为的影响，即广告的即时效应；②对消费者本次访问之后的点击和购买行为的影响，即广告的遗留效应；③对消费者在多种类型广告之间或者多种广告渠道之间的跳转行为的影响，即广告的溢出效应。消费者通过点击网络广告进入企业网站后，可能形成一个由搜索、浏览、比价、讨价还价、下订单、支付、评价与反馈、跳出等若干行为构成的行为链，进而由于网络日志等工具的存在，形成包含点击流数据、浏览器 cookie 数据、反馈评价等数值与文本数据、购买记录等的数据产出。

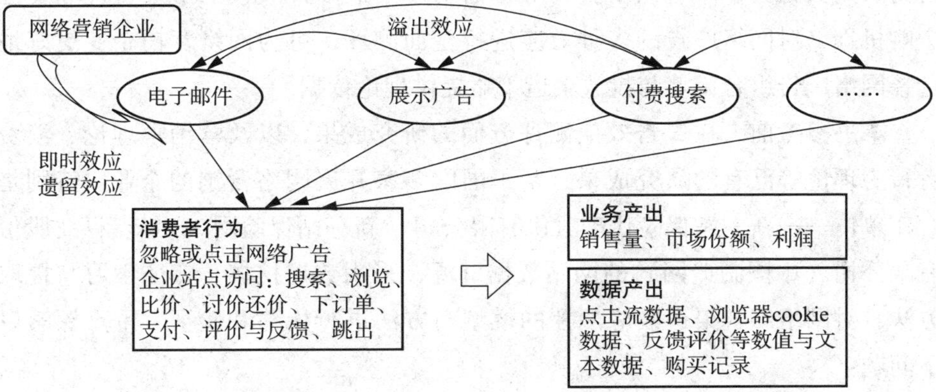

图 1.1　网络营销企业的网络广告投放、消费者行为及产出

网络广告对消费者行为存在着即时效应、遗留效应和溢出效应，不同类型的网络广告在这三种效应的强弱上可能存在显著的差异，而对网络营销企业而言，既需要关注即时效应（短期效应），也需要关注遗留效应（长期效应），还需要关注溢出效应。网络营销企业需要根据自身的广告预算考虑上述三种效应的网络广告投资组合，因此，需要进行三种网络广告效应的综合测评。如前所述，网络广告在计费方式和数据可获得性上与传统广告呈现出显著的差异：一方面，网络广告支出既包括与传统广告类似的基于展示时间的收费，常常表现为一次性投资支出，也包括传统广告无法实现的基于用户行为的收费，即随着点击量、销售量动态变化的投资支出；另一方面，随着网络广告的投放和消费者的点击，会形成包含点击流、用户 cookie、反馈评价等多种数据类型的数据流，使用户的广告来源、访问购买行为、交互数据都可以记录，为网络广告效应的精确测评提供数据基础。本书基于大数据环境下的网络广告数据，探索多渠道、多类型网络广告的多种效应的形成机理、交互影响机理，以及数据驱动的网络广告效应测评模型与方法，为企业网络广告渠道选择和类型选择提供全面的、精确的数据支撑。

我们可以从多个角度对网络广告效应进行评价。通常以消费者点击广告之后的访问行为数据为基础，采用数据挖掘方法，提取用户行为特征，获得消费者站点访问、搜索次数、浏览页面数、收藏次数和购买次数等行为数据。其中，根据单次会话切分的数据可以作为即时效应和溢出效应测评模型建立和验证的基础；用户序时访问数据可以作为遗留效应测评模型建立和验证的基础。探索来源于不同网络广告渠道、不同类型网络广告消费者的网站访问行为、购买行为、广告点击行为等，揭示多渠道多种效应的形成机理和交互影响机理，对网络广告的多种效应进行全面测评，可为网络营销企业更好地选择网络广告组合策略与投放渠道策略提供理论依据。

本书参考前人在广告效应测评方面的研究成果，以及营销学理论、消费者行为理论等已有的研究成果，基于国内多家开展网络营销的企业，特别是合作单位——新一站保险代理股份有限公司（新一站保险网）、焦点科技股份有限公司（中国制造网）的网站数据资源，采用数据挖掘、特征学习与提取方法，对网络广告渠道效应测评的模型与方法进行构建和验证，重点探索以下问题：

（1）不同类型网络广告、同一类型不同网络广告渠道的即时效应测评。主要针对不同类型网络广告中的展示广告、付费搜索广告和邮件广告，以及同一类型不同网络广告渠道，如百度、360 搜索、搜狗等付费搜索广告渠道，依据合作网站提供的数据资源，对用户点击广告进入网站后的行为模式进行建模，以即时效应——购买转化为目标构建测评模型，探索广告、网站具体功能、网站响应内容对购买转化行为的影响，最后对购买可能性进行预测。具体包括：①基于会话切分的用户特征学习和特征提取；②结合网站网页内容特征和用户行为特征，探索网络广告的即时效应测量模型的构造；③应用逻辑回归进行实证验证，分析和揭示网络广告即时效应的形成机理、影响因素和影响程度。

（2）不同类型网络广告的遗留效应测评。我们主要测评展示广告、付费搜索广告和邮件广告等主要网络广告的遗留效应，即网络广告的本次点击行为对后期访问和购买行为的影响。具体包括：①基于 IP 地址、cookie 和机器识别码等多种特征的用户识别；②基于会话切分与用户识别的用户时序行为特征提取；③运用时间序列分析和自相关分析等方法验证遗留效应的存在，并测定其强度，进而对不同类型网络广告的遗留效应进行对比，揭示不同网络广告在遗留效应上的差异，识别具有高遗留效应的网络广告。

（3）不同网络广告渠道之间的溢出效应测评。在现实中，消费者点击某一个广告后，可能不会立即购买，但该广告可能会刺激该消费者点击随后的其他广告，最终产生实际购买。这种网络广告之间的溢出效应，在现有的网站管理工具中均未加以考虑，目前理论研究涉及的也较少。这里，不同网络广告渠道包括企业网站外部的多种广告发布渠道（如搜索引擎、门户网站、电子邮件等）和企业网站本身，因为企业网站也常常会发布产品广告、向用户推送产品信息等。因此，溢出效应的测评包括两部分内容：①企业网站外部的多种广告渠道之间的溢出效应测评；②外部广告渠道与内部广告渠道之间的溢出效应测评。对溢出效应的测评，有助于揭示不同广告渠道之间以及内部和外部广告渠道之间的交互影响机理，识别具有高溢出效应的网络广告。

1.3.2　数据驱动的电子优惠券营销效应测评实证建模研究

网络营销企业的电子优惠券投放渠道、消费者行为及多源异构大数据产出如图1.2所示。网络营销企业通过企业网站、第三方平台、短信和微信等渠道向在线消费者投放电子优惠券，消费者接受优惠券后，通过访问企业网站或者企业在第三方平台开设的网店，形成一个由电子优惠券获取、搜索、浏览、比价、讨价还价、下订单、支付、评价与反馈、优惠券赎回等若干行为构成的行为链，进而在企业网站和第三方交易平台的网络日志数据库、交易数据库等数据库中形成包含点击流数据、访问时间、反馈评价等数值与文本数据等多种类型的行为数据，同时，形成购买记录、优惠券赎回记录等业务数据产出，进而形成多源异构的电子优惠券大数据。

本书首先应用系列的大数据分析技术与方法，实现大数据融合与结构化，进而展开面向网络营销企业的电子优惠券效应测评与投放策略问题的研究，总体研究思路如图1.3所示。

图1.3所示的研究思路包含数据层、分析层和决策层三个层面。其中，数据层首先通过来源数据分析、数据清洗、数据关联与整合、会话切分等数据预处理技术，实现电子优惠券大数据融合；通过面向日志数据的事务识别（行为）和面向用户生成数据的情感识别（态度）等非结构化数据处理技术，进行数据特征提取，实现数据的结构化表示。

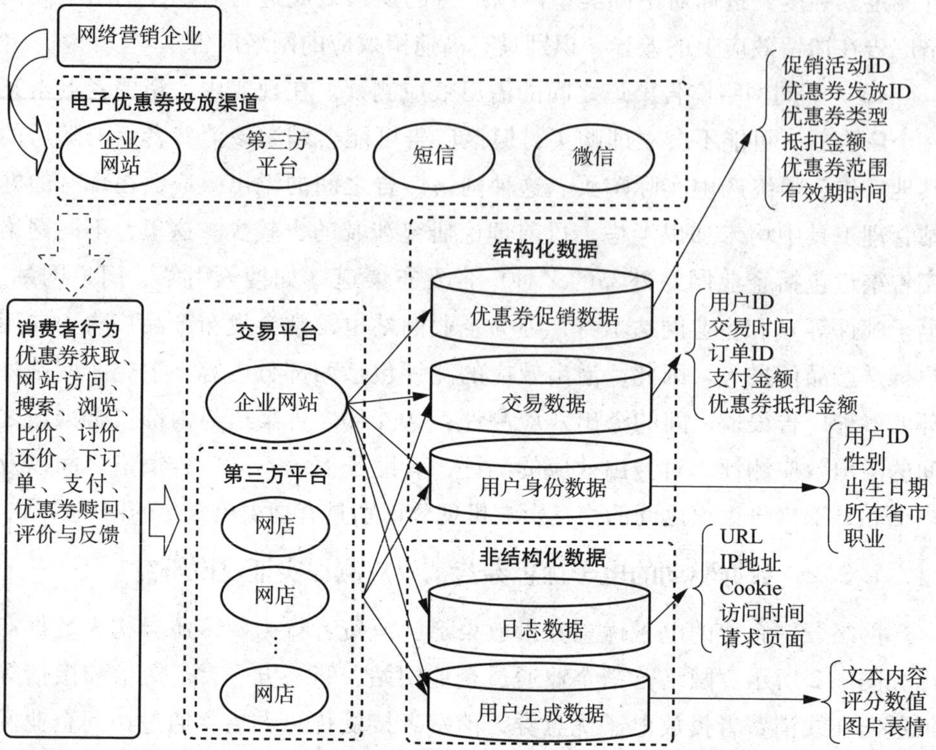

图 1.2　网络营销企业的电子优惠券投放、消费者行为及多源异构大数据产出

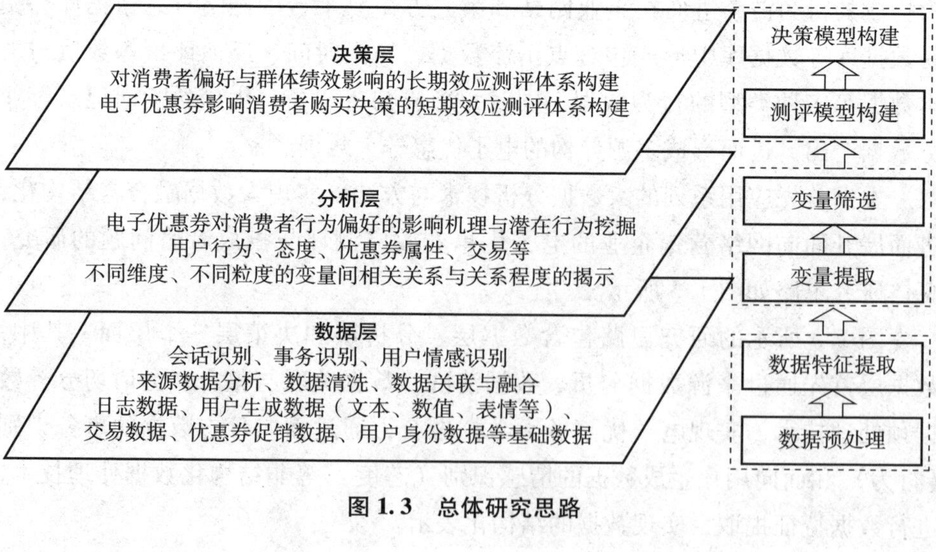

图 1.3　总体研究思路

在分析层，首先依据数据层所提取的用户行为和态度等特征，分别从会话层面、用户层面、优惠券种类和投放渠道等多个粒度提取包含用户行为、态度、交易属性、优惠券属性等多个维度的相关变量（指标），并运用相关分析、Relief-F 和随机森林等智能算法进行变量的筛选，获得与目标变量（优惠券赎回等）之间的相关关系与关系程度的认识，再运用相关分析、时间序列分析等方法，揭示在消费者购买决策的多个阶段电子优惠券对消费者行为、偏好的影响机理，进而挖掘消费者的潜在行为意向。

在决策层，基于分析层所获得的多维度、多粒度变量及变量之间的相关关系，采用统计建模方法，构建面向消费者个体和群体的电子优惠券效应（短期效应和长期效应）测评模型，然后综合特征与变量间的相关关系，揭示从微观个体行为到消费者群体绩效的电子优惠券影响机制。

1.3.3 机器人与人工混合客服对购买决策的影响实证建模研究

本书以真实电子商务企业的数据为基础，对混合客服、信息线索及消费者购买行为进行研究，在实证研究中描述数据处理流程，并对涉及的联立方程模型、处理效应模型及逻辑回归模型等方法进行阐述，最后分别从机器人客服、受信息线索调节的混合客服、混合客服和消费者的交流特征对购买转化的影响三个方面构建模型。机器人与人工混合客服对购买决策的影响实证建模框架如图 1.4 所示。

（1）机器人客服对消费者购买转化的影响研究。首先，采集数据并进行处理，提取研究所需的浏览行为变量、购买行为变量、交流过程中的行为变量、人口统计变量及产品信息变量；其次，根据内生性问题，建立联立方程模型，分别探究机器人客服与人工客服对购买转化的影响。

（2）机器人与人工混合客服对消费者购买转化的影响研究——信息线索的调节。使用处理效应模型分析混合客服对消费者购买转化的影响是否受到页面显示的产品销量和产品价格这两个信息线索的调节。

（3）机器人与人工混合客服和消费者的交流特征对购买转化的影响研究。从认知表达和情感表达两个方面提取消费者和混合客服在进行会话交流时的特征，然后使用逻辑回归模型探究这些交流特征对消费者后续购买转化的影响。

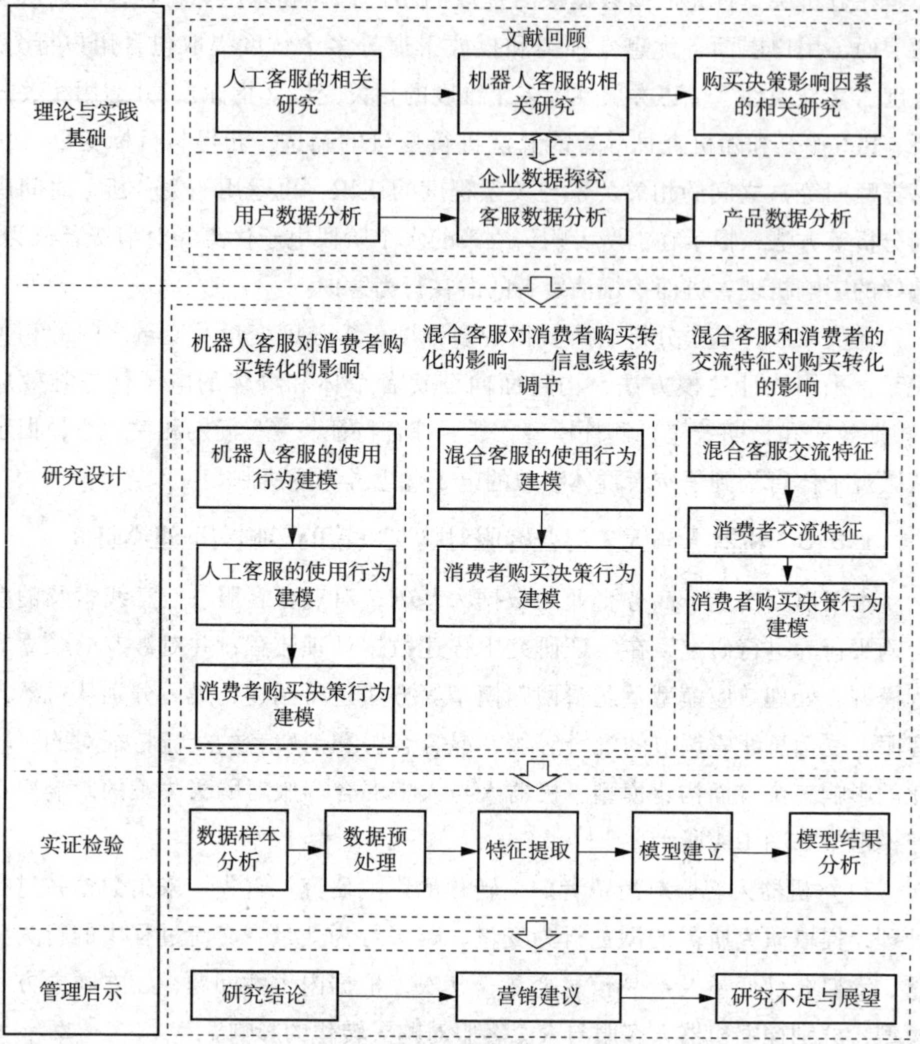

图 1.4 机器人与人工混合客服对购买决策的影响实证建模框架

1.3.4 在线评论对购买决策的影响实证建模

在对在线评论的有效性进行建模的过程中，本书在前人研究基础上进行了改进，通过 LSTM 模型对文本内容进行分类，并根据商品生命周期阶段的不同，构建了在线口碑的有效性分析模型，研究影响用户购买决策的在线口碑因素。该研究主要探索了以下问题：

(1) 结合文献研究及相关理论，分析影响用户购买决策的在线口碑因素，建立在线口碑的有效性分析模型。

（2）在文本分析中，对评论文本进行有效的词向量表示；根据词向量构建向量空间模型；结合 LSTM 神经元构建有效的神经网络；最终获取在线口碑的情感极性特征和负面口碑属性特征。

（3）应用多元线性回归进行实证验证。模型以口碑属性特征、负面口碑属性特征、口碑情感极性特征及商品属性特征作为自变量，以商品日销量作为目标变量，并通过虚拟变量处理和生命周期划分，最终进行截面数据建模和面板数据建模，得出负面口碑属性特征和商品生命周期对在线口碑的影响。

在线评论对购买决策的影响实证建模框架如图 1.5 所示。

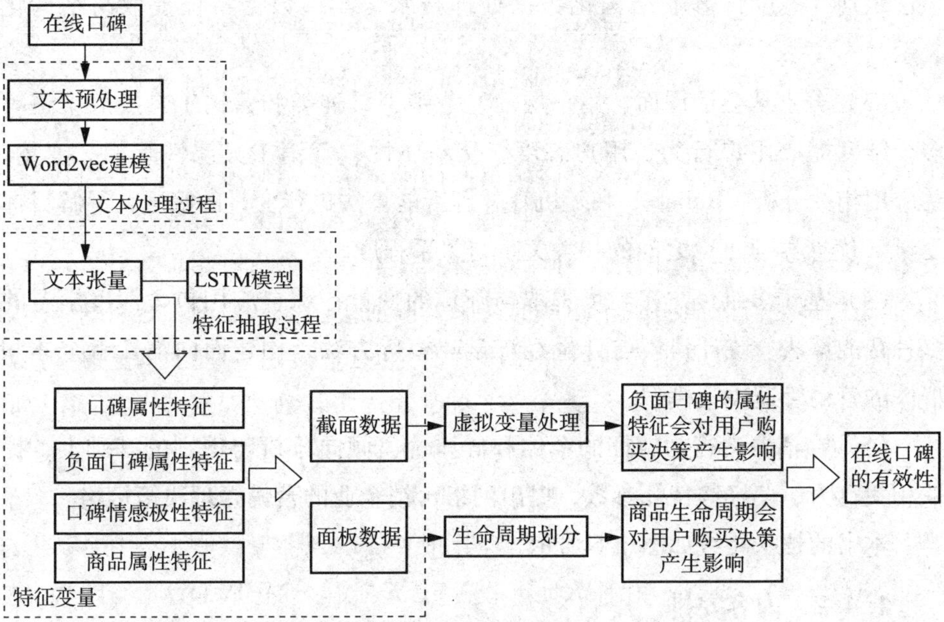

图 1.5 在线评论对购买决策的影响实证建模框架

1.4 技术路线和内容安排

1.4.1 技术路线

营销大数据中包含来自网络营销企业网站和各类电子商务平台的多源异构数据，从研究内容的阐述中可以看出数据类型多样，因此，要分析并利用营销大数据，需要全面搜集、整理、吸收国内外有关营销管理、大数据分析与应用、消费者行为、定价决策建模、统计建模、数据挖掘、机器学习等领域的相关研究成果，熟练掌握数据驱动的消费者行为建模方法、统计建模、计量经济学、C++、Python 或 R 等高级算法语言、数据库语言、Web 数据挖掘流程和算法、文本挖掘算法等基本理论和应用范式。数据驱动的营销管理决策建模主要包括以下步骤：

（1）运用来源数据分析、数据清洗、数据关联与整合、会话切分等数据预处理技术，实现营销大数据融合。

（2）通过面向日志数据的事务识别（行为）和面向用户生成数据的情感极性识别（态度）等非结构化数据处理技术，实现数据特征提取与结构化表示。

（3）分别从会话层面、用户层面、营销工具种类和营销工具投放渠道等多个维度提取用户行为、用户态度、交易属性、营销工具属性等相关变量，并应用相关分析、Relief-F 和随机森林等智能算法进行变量的筛选，了解目标变量（优惠券赎回）之间的相关关系与关系程度。

（4）基于多维度、多粒度提取与筛选的变量，综合应用包含深度学习的多种智能算法、统计建模与计量经济学建模等方法，构建面向消费者个体和群体的营销管理决策模型。

（5）在消费者行为特征的个体和群体价值倾向分析与识别的基础上，提取相关行为、偏好等特征参数，提出网络营销企业的营销管理决策策略。

本书的技术路线如图 1.6 所示。

1.4.2　内容安排

本书内容安排如下：

第 1 章导论，主要阐述数据驱动的营销管理决策的研究背景，并分别从网络广告、电子优惠券、机器人与人工混合客服及在线评论四个方面阐述在网络营销和大数据环境下所呈现出的不同于传统营销环境的特征，提出本书研究的问题，进而综述这四方面的相关研究，阐述本书的研究内容——数据驱动的网络广告效应测评实证建模、数据驱动的电子优惠券营销效应测评实证建模、机器人与人工混合客服对购买决策的影响实证建模，以及在线评论对购买决策的影响实证建模。

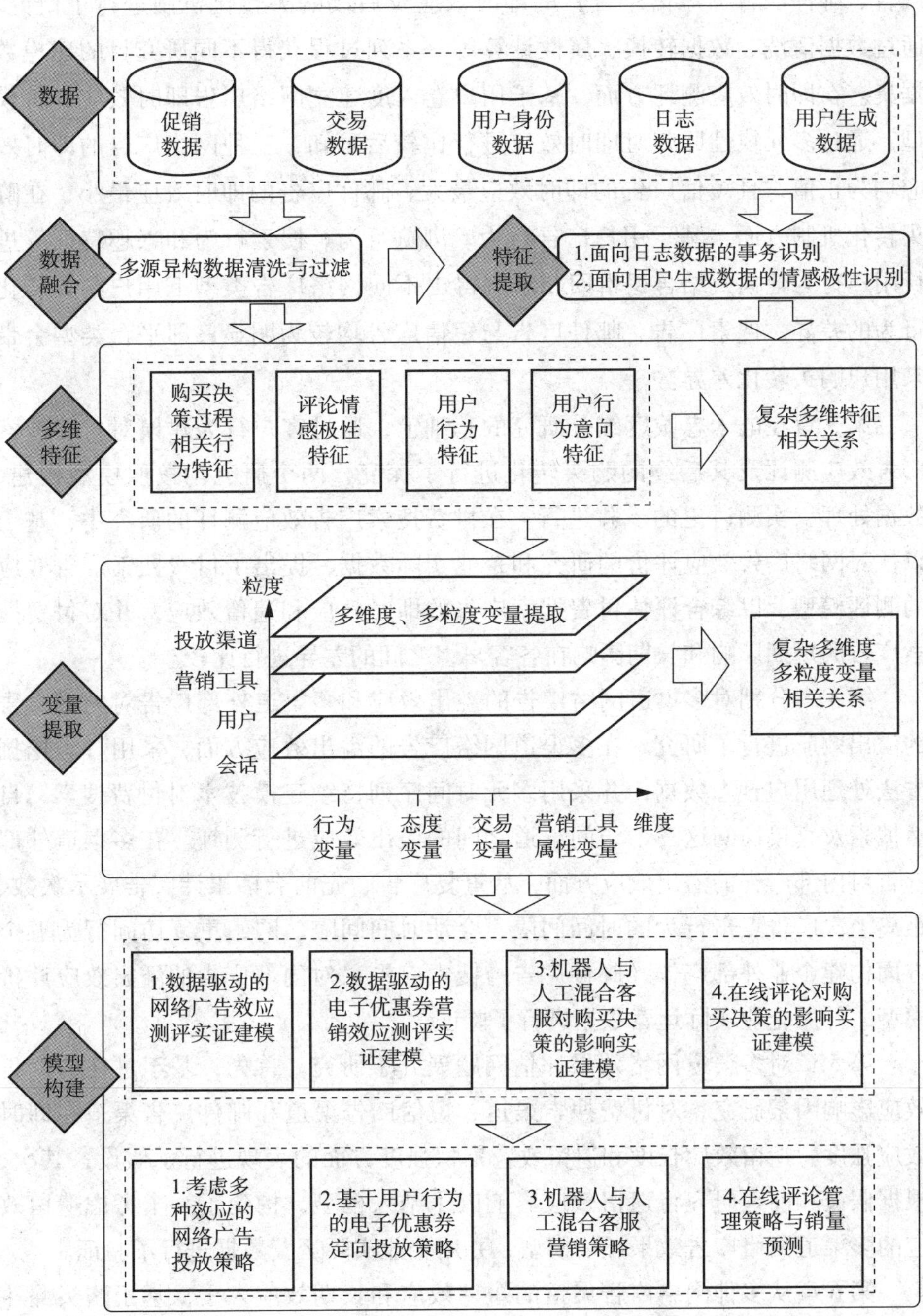

图 1.6　本书的技术路线

第 2 章从两个角度分别对现实电子商务企业的三种网络广告类型（搜索

广告、邮件广告、短信广告）的即时效应及后续购买转化机制进行了研究。通过数据清洗、数据转换、属性计算等一系列过程获得不同研究目的建模数据集。在即时效应测评方面，基于用户卷入度建立网络广告即时效应评价模型，通过多元线性回归对即时效应进行比较后可知，三种网络广告的即时效应均为正值，且短信广告的即时效应最大、邮件广告的即时效应最小；在购买转化机制方面，基于用户广告行为、浏览行为、搜索行为和兴趣特征等进行用户行为建模，结合逻辑回归求解得出不同网络广告类型下用户购买转化行为的差异，搜索广告、邮件广告与短信广告均较为明显，即平台类型会带来用户购买转化差异。

第3章在电子忠诚度细分研究的基础上，通过客户行为建模对付费搜索广告效应测评及其后续的购买转化进行了探究，两个研究均按照模型构建、数据处理、实测讨论的步骤进行。在付费搜索广告效应测评的研究中，基于以往对网络广告效应评价的研究和企业实际数据，提出了付费搜索广告效应的测评模型，以综合评估付费搜索广告的即时效应和遗留效应，并对付费搜索广告的短期影响和长期影响在各客户组之间的差异进行比较。

第4章分别对多渠道网络广告的溢出效应和多渠道外部广告对内部广告的溢出效应进行了研究。在多渠道网络广告的溢出效应方面，采用日志挖掘方法处理用户日志数据，并采用多元时间序列持续建模技术对付费搜索、自然搜索及直接访问这三个访问渠道之间的溢出效应进行测评。在多渠道外部广告对内部广告的溢出效应方面，从重复广告、先前会话累计广告展示次数、距离上次广告点击行为的时间间隔、会话时间间隔、网站重复访问行为五个方面构建企业外部广告（邮件广告与搜索广告）对内部广告的溢出效应评价模型，并用企业实际运营数据进行了验证。

第5章对多渠道网络效果评估问题展开了研究。首先，基于过往的广告效应影响因素研究，对付费搜索渠道、短信广告渠道和邮件广告渠道在即时效应强度、遗留效应长度和遗留效应累积强度方面的表现进行了假设；其次，根据假设和前人研究将遗留效应影响因子纳入模型，构建了一个考虑遗留效应的多渠道网络广告效果评估模型，并用企业实际运营数据进行了验证。

第6章从多种网络广告渠道的短期效应和长期效应入手，基于购买漏斗模型对每种网络广告渠道基于其聚合级时间序列数据构建SVAR模型，在通过格兰杰因果检验、平稳性检验、最优滞后阶数确定后，对模型进行估计，以获得各网络广告渠道的即时效应。此外，通过脉冲响应分析，既分析了不同网络广告渠道的长期累积效应和这种效应的开始时间及持续时间，也获得了每种网络广告渠道在不同购买漏斗阶段所产生的效应。然后，基于渠道点击路径进行多渠道组合效应测评研究，构建 COX 模型分析特定渠道的组合效应（同渠道组合效应及客户跨渠道点击时所产生的跨渠道组合效应），同时也总结了基于网络广告渠道分类的组合效应。

第 7 章基于用户日志数据及事务数据，运用数据挖掘方法，分别构建电子优惠券发放前/后赎回行为预测模型。电子优惠券发放前一个月有访问行为或购买行为的用户赎回优惠券的可能性相对较大；优惠券发放前一个月内最后一次访问距离优惠券发放天数、优惠券发放前一个月内访问保险字典页面数、优惠券发放前一个月内访问页面总数与用户电子优惠券赎回行为呈负相关关系；优惠券发放前一个月内访问产品详情页面数、优惠券发放前一个月内查看购物车次数、优惠券发放前一个月内访问总次数、优惠券发放前一个月访问总时间、优惠券发放前一个月平均每次访问时间、用户历史赎回优惠券数量、用户历史使用优惠券总金额与用户电子优惠券赎回行为呈正相关关系。

第 8 章将用户使用售前客服后的购买行为作为在线售前客服效果的评估依据，对其影响因素进行探究。首先，采用可以消除内生性、同时考虑可观测和不可观测因素影响并能够估计在线售前客服使用边际效应和平均处理效应的处理效应模型，探究在线售前客服系统对购买行为的影响。模型检验发现，如果不考虑在线售前客服使用的内生性，将会导致样本选择性偏差，低估在线售前客服对购买行为的影响。计量结果表明，在线售前客服使用对购买行为有显著的正向作用，使用过在线售前客服的用户，其购买概率会更高。具体来看，与未使用在线售前客服的用户相比，使用在线售前客服的用户的购买概率高了 17.9%。

第 9 章分别从机器人客服对购买转化的影响和信息线索调节的混合客服效果两方面对客服系统的服务效果进行评估，并从认知表达和情感表达两方面探讨影响客服服务效果的因素。考虑到消费者使用混合客服系统的自选择问题，根据用户在所研究电商平台的访问流程，划分了机器人客服使用决策、人工客服使用决策和购买决策三个模型阶段，有效地控制了因自选择问题造成的内生性。

第 10 章对体验型商品在线评论对用户购买决策的影响进行研究，以某电子商务网站的在线评论作为研究对象，采用深度学习等数据挖掘方法，通过建立截面数据模型和面板数据模型，实证分析了女装商品在线评论对用户购买决策的影响。

由于本书各章中的数据来源不同，所以相同变量的变量代码可能存在一些差异。

1.5 特色与创新

本书的特色与创新主要体现在以下三个方面：

（1）研究目标定位于有效解决我国网络营销企业管理实践中广泛存在的典型问题。本书从我国网络营销企业管理和发展中的现实问题出发，剖析营销管理决策现状，研究营销管理投资策略，为网络营销企业的营销管理决策提供科学的工具，这对于扩大和保持网络营销企业的用户规模、提高网络营销企业的生存能力和市场竞争力具有重要意义。

（2）研究内容聚焦于数据驱动的营销效应测评问题。本书基于营销管理具有异构和半结构化的海量用户行为数据的特性，依托合作单位的实际网络运营数据，运用数据挖掘、统计学和行为建模的方法，对网络广告、电子优惠券、机器人与人工混合客服及在线评论的多种效应进行测评，获取多渠道多类型网络广告、电子优惠券、机器人与人工混合客服及在线评论的多种效应形成机理及交互影响机理，为企业网络营销决策提供全面而精确的数据支撑。在现实中，网站管理工具仅提供反映最后一次点击的即时效应的购买转化率，而在研究领域，由于网站运营数据一般属于商业机密范畴，研究者很难获得第一手的运营数据，因此这一领域的研究在国内还较为少见，仅有零星的计算机领域的日志挖掘方面的研究，研究结论服务的主体多为网络平台，目前的实证研究结论并不能直接用于解决网络营销企业的营销管理问题。

（3）在研究方法上，探索数据挖掘、统计学与计量经济学等实证研究方法的综合集成。在项目研究领域，广泛的数据挖掘、统计学与计量经济学研究已经取得了许多重要的成果，但在实证研究中，综合使用上述三种方法的研究较为有限。本书采用数据挖掘方法完成了日志分析、文本分析等非结构化数据特征的提取，又结合统计学与计量经济学的建模方法，构建了多种类型的营销效应测评模型，将数据挖掘结果融入实证研究的数学建模，探索数据挖掘、统计学与计量经济学方法的有效结合，寻求解决实际管理问题的科学途径。

第 2 章
多渠道网络广告的即时效应

Chapter Two

广告的即时效应是指广告展示之后短时间内对消费者行为（如广告点击、购买等）的影响。本章的网络广告即时效应测评实证建模分为两个部分：第一部分是多渠道网络广告（搜索广告、邮件广告、短信广告）的即时效应评价，即以购买量作为决策变量（即时效应评价目标），研究不同类型的广告对购买量的影响，初步探寻不同类型网络广告的即时效应；第二部分是多渠道网络广告（搜索广告、邮件广告、短信广告）的购买转化机制模型，即通过用户广告点击之后的站点访问行为与购买行为，以是否购买作为决策目标探索不同网络广告进入站点的用户之间的行为异同点，进一步分析网络广告对消费者最终购买决策的影响机制。

2.1 数据说明

2.1.1 数据来源

本章实证分析数据均来自一家互联网保险代理公司，该公司作为第三方保险中介平台，为平安、中国人寿、泰康等大型保险公司提供线上保险咨询、购买、理赔、保全等一系列服务。本书使用的数据主要来自该公司的日志数据，即用户进入站点之后的一系列访问行为，包括访问 IP、访问时间、用户 cookie、访问请求、访问来源、来源关键字等数据。

本章以该公司 2016 年 6 月 1 日至 2017 年 6 月 21 日共计 385 天的日志数据作为原始数据。通过交流得知，该公司投放的网络广告主要包含以下三类：

①搜索广告。该企业在国内几大搜索引擎（百度搜索、搜狗搜索和360搜索）投放关键词广告，用户可通过关键词搜索站点或企业相关产品。这是该企业主要采用的网络广告形式。②短信广告。该企业通过手机短信的方式向注册用户发放广告，内容包括产品促销广告、特殊日期活动（国庆、寒暑假）等。企业发送的内容通常是产品或活动的简要介绍和网页链接，该网页链接指向手机浏览器。③邮件广告。与短信广告类似，企业邮件广告为注册用户提供优惠活动推荐及新产品推广。

本章将从这部分日志数据和三大广告类型出发，研究网络广告的即时效应和溢出效应。我们在数据观察中发现，通过网站内部自定义的广告关键词匹配，这385天共匹配到1361条邮件广告点击记录和45490条短信广告点击记录，而搜索广告每天的点击量就可达到数千条，三种类型广告的点击数据出现极大的不均衡。为了避免数据不均衡对后续建模结果的影响，我们对数据进行如下均衡处理：①选取所有的邮件广告和短信广告点击及同用户的页面访问记录，即先获取所有的邮件广告和短信广告点击记录，再获取日期和cookie两者匹配用户当天的所有访问记录；②在搜索广告方面，在385天中随机抽取20天的搜索广告点击及同用户的站点访问记录（筛选这20天的用户访问记录，包括搜索广告点击的用户）。所抽取的日志数据的初步统计结果见表2.1。

表2.1　日志数据的初步统计结果

统计量	结果
总访问量	56696878条
搜索广告点击次数	194609条（20天）
邮件广告点击次数	1361条
短信广告点击次数	45490条

2.1.2　数据预处理

合作公司提供的原始日志数据包含IP序列号、访问日期、访问时间点、cookie、用户代理、访问请求和访问来源等用户字段。我们采用Web数据挖掘方法，遵循“数据获取—数据预处理—属性计算—属性选择—模型建立与评价”的路径进行实证研究。这里主要介绍此次实证研究的数据预处理部分，根据实证研究内容的不同，需要对原始数据进行以下全部或部分数据预处理工作。

（1）数据清洗。网站日志数据中包含大量与真实用户属性无关的记录，如网站爬虫访问记录、用户对资源的请求（如图片、二维码等get/请求）及部分网站内部标志为异常访问的记录，这部分数据作为噪声数据应予以筛除。

（2）用户识别。与有些研究者所使用的整合数据（aggressive data）不同，本章实证研究采用的是用户个体层面数据（individual data），即每个用户各自的行为特征数据，以更好地观测和理解网络广告带来的实际效益。在用户识别上，现有的研究多采用IP地址、cookie或者两者结合的方法，但无论是三种方法中的哪一种，都无法解决cookie缺失（用户记录或网站记录缺失）时的用户识别问题。因此，本章采用cookie、IP地址与用户代理三者相结合的方式对用户进行识别和切分。这里的用户代理是指用户所使用的设备型号，如浏览器类型及版本号。与之前仅通过IP地址或cookie进行识别的方式相比，两者结合的识别方式当时就能对用户进行更加准确的切分，具体过程如下：①根据是否存在cookie对用户进行划分，对存在cookie的用户，根据cookie赋予唯一识别号，这是识别的第一准则。②对不存在cookie的用户分以下两种情况：如果某个IP地址对应多个用户设备号，根据用户设备号赋予用户唯一识别号；如果某个IP地址仅对应一个用户设备号，那么这个IP地址的所有记录均为该用户设备号记录，即记为一份用户唯一识别号。

用户识别之后获得的是每一个用户单天的所有访问记录，由于单个用户单天可能存在多次访问会话，因此在用户识别之后，应根据研究内容的不同确定是否需要进行会话切分。用户会话是指用户对企业站点的单次有效访问，包含若干个连续请求页面。会话切分是Web数据挖掘中常见的数据预处理过程之一。现有的会话识别方式主要基于启发式的切分方法，具体包括：①时间上界切分法，即设定某个上界阈值，当用户在站点停留时间高于该上界阈值时，认为新会话开始。②时间间隔切分法，即依据访问记录时间间隔对用户会话进行切分，也就是说，当用户连续两条访问记录之间的时间间隔大于某个阈值时，这两条记录被切分为两个会话。③最大向前参引模型法。该方法认为用户不会重复访问之前访问过的页面，即如果用户在浏览页面时通过浏览器的“返回”按钮返回之前页面，则认为新会话开始。④参引页切分法，即将某些固定页面设置为“参引页”，当用户访问某个参引页且该参引页未在之前访问历史中出现过，即认为新会话开始。

本章采用第二种会话识别方式，根据数据来源站点的自身网页特性，结合与公司内部人员的交流及前人的研究总结，最终以30分钟作为网页页面会话切分的时间间隔，以800秒作为移动端页面会话切分的时间间隔。

2.2 网络广告即时效应评价模型

2.2.1 网络广告即时效应的几个假设

在网络广告即时效应建模时，应以详尽可能性模型（Elaboration Likelihood Model，ELM）中的基本理念——用户卷入度（involvement，或称介入度）为切入点。详尽可能性模型由心理学家 Richard E. Petty 和 John T. Cacioppo 提出，其中心观点将消费者态度转变的过程归纳为中心路径（Classic Approaches）和边缘路径（Contemporary Approaches）。在 ELM 模型中，不同消费者对广告或其他营销信息的处理模式如下：当卷入度较高时，消费者个体动机较强，会主动付出认知努力来获取信息、谨慎考虑现有方案利弊并最终采取行动，此时更为有效的说服路径为中心路径（围绕产品或服务的自身特性，如品牌、性能等）；反之，当卷入度较低时，消费者自身动机较弱，较少付出自身努力而更多通过外围的渠道如他人推荐等被动接收信息，且信息处理方式较为粗略，此时销售者应通过边缘路径进行劝说（着重于与产品自身无关的外在因素，如公众人物效应、促销等）。例如，在广告渠道评价方面，高消费者卷入度的广告渠道会带来更为持久的态度转变，从而在很大程度上预示消费者的购买倾向。因此，探讨不同网络广告中的消费者卷入度对网络广告自身效应评价及渠道优化具有重要意义。

在传统的如电视广告、印刷广告等形式下，消费者只能被动地接收广告信息而无法选择避免接收不需要甚至是扰人的广告信息，而在互联网环境中，消费者对信息处理过程具有较高的主观性，可以选择是否点击广告甚至直接利用插件屏蔽网络广告。因此，当消费者主动产生广告点击行为时，我们有理由认为其对产品、品牌或是广告形式产生了一定的兴趣，即产生了正向的购买可能性，为此，可以做出如下假设：

H2.1a：搜索广告对消费者购买倾向有正向影响（正向的即时效应）。

H2.1b：短信广告对消费者购买倾向有正向影响（正向的即时效应）。

H2.1c：邮件广告对消费者购买倾向有正向影响（正向的即时效应）。

搜索引擎营销（Search Engine Marketing，SEM）的内容大部分为事实性认知信息（如公司名称、产品介绍等），因此，当消费者积极地对关键词进行搜索并处理搜索结果时，可以认为消费者具有较高的卷入度且广告内容直接与该消费者的需求相关。此外，从该企业的广告投放策略可知，除去特定节日的促销广告，大部分短信广告是针对已注册用户关注的产品去提供优惠信息，偏向用户个性化定制，因此广告接收者对短信内容兴趣较大，优惠刺激下的购买可能性也随之增高；而邮件广告整体投资小且绝大部分为通用优惠券，偏向大众化营销。综上所述，可以做出如下假设：

H2.2a：在三种广告类型中，搜索广告对消费者购买倾向的影响最大（即时效应最强）。

H2.2b：在三种广告类型中，邮件广告对消费者购买倾向的影响最小（即时效应最弱）。

2.2.2　网络广告即时效应测评模型构建

即时效应评价模型的基本模型来自 Ralph Breuer 和 Malte Brettel 提出的对四种类型网络广告的即时效应与遗留效应评价模型，原模型如下：

$$S_t = a + bAdv_t^* + e_t$$

其中，S_t 表示第 t 天的销售总量，Adv_t^* 表示单个类型广告在第 t 天的广告效应，其推导方式为

$$Adv_t^* = [(1-\lambda)Adv_t + \lambda Adv_{t-1}^*]$$

其中，参数 λ 表示网络广告的遗留效应。由于本小节不讨论广告的遗留效应，即不考虑当天的广告展示与点击对未来购买可能性的影响，因此省略该参数，此时模型转化为

$$S_i = a + b_1 Sea_i + b_2 Sms_i + b_3 Ema_i + e$$

其中，Sea_i、Sms_i、Ema_i 分别表示第 i 个用户的搜索广告、短信广告、邮件广告点击次数；S_i 表示当天第 i 个用户的购买次数；b_1 表示搜索广告的即时效应；b_2 表示短信广告的即时效应；b_3 表示邮件广告的即时效应。

2.2.3　数据与模型结果

根据网络广告即时效应研究模型，对原始日志数据进行数据预处理。需要注意的是，本小节模型只需进行用户识别而无须进行会话识别，在进行数据预处理之后，应进行用户属性计算，分别计算每个用户每天三种广告的点击数和购买次数，统计结果见表2.2。

表 2.2　即时效应数据统计

变量代码	变量含义	用户数	最大值	平均值
sea_num	搜索广告点击次数	63011	23	0.8466
sms_num	短信广告点击次数	33830	24	0.4437
ema_num	邮件广告点击次数	1132	11	0.0146
buy_num	当天购买次数	2501	6	0.0449

我们在数据观察中发现，无论是点击记录还是点击用户数，在三种广告类型中，搜索广告点击量最多，短信广告次之，邮件广告点击量最少，且结果数据存在极大不均衡（搜索广告点击量约为邮件广告点击量的60倍）。这一数据结果的出现与网站网络广告的投资力度有关。现有网站的广告投放，也是搜索广告为主、短信广告次之、邮件广告极少。由于数据存在较大的不均衡，本书通过抽样对样本量进行均衡，最终获得表2.2所示的统计结果。在广告点击次数分布直方图（图2.1）上，三种广告类型均呈现明显的“L”形，即随着点击次数的增加，达到这种点击量的用户急剧减少。同样地，购买次数也是如此。在图2.2中，上三角表示的是四个用户属性两两之间的相关性系数，显然三种广告类型均与购买次数呈低相关关系，且搜索广告与购买之间的相关系数最高。下三角表示的是两个属性间的散点图分布、相关椭圆（correlation ellipse）及局部回归平滑（loess smooth）。相关椭圆是变量之间如何相关的可视化结果，椭圆越被拉伸，其相关性越强，即越靠近圆形，相关性越弱，如图中的搜索广告与购买行为、短信广告与购买行为之间的相关椭圆，相较于其他变量，表现出更强的相关关系。局部回归平滑表示两个变量间的一般趋势，如搜索广告点击和购买之间呈倾斜上升趋势，表明购买行为随搜索广告点击次数的增长而增加，这也与相关系数矩阵结果一致。

对抽样样本进行多元线性回归，得到表2.3所示结果。首先，各个参数的 t 值均小于0.01且星级均为三星，表明模型回归效果显著，参数通过检验；同时，模型整体 p 值也小于0.01，回归模型显著，因此，最终回归方程为

$$S=-0.114+0.156Sea+0.164Sms+0.142Ema$$

从参数结果上看，与前期假设基本一致。三个用户属性系数均为正，表明接受H2.1a、H2.1b、H2.1c；短信广告系数最大，邮件广告系数最小，表明拒绝H2.2a、接受H2.2b。假设结果见表2.4。

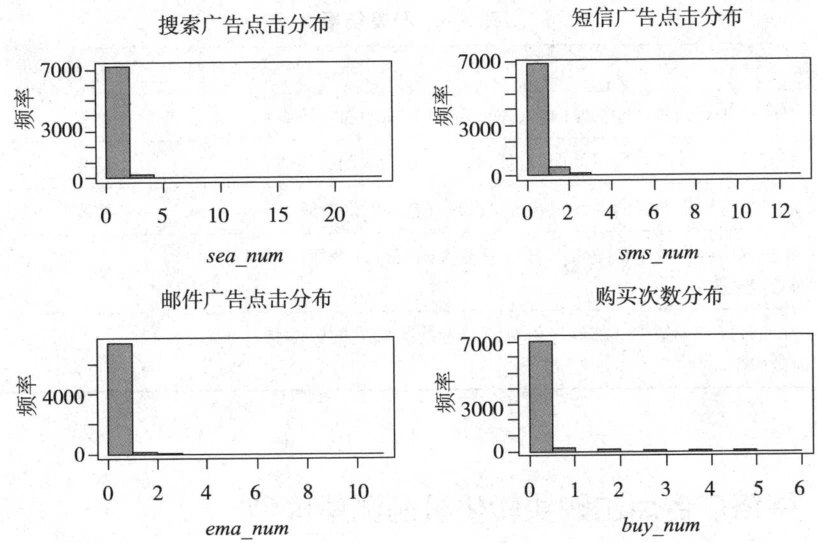

图 2.1　三种广告点击次数、购买数分布

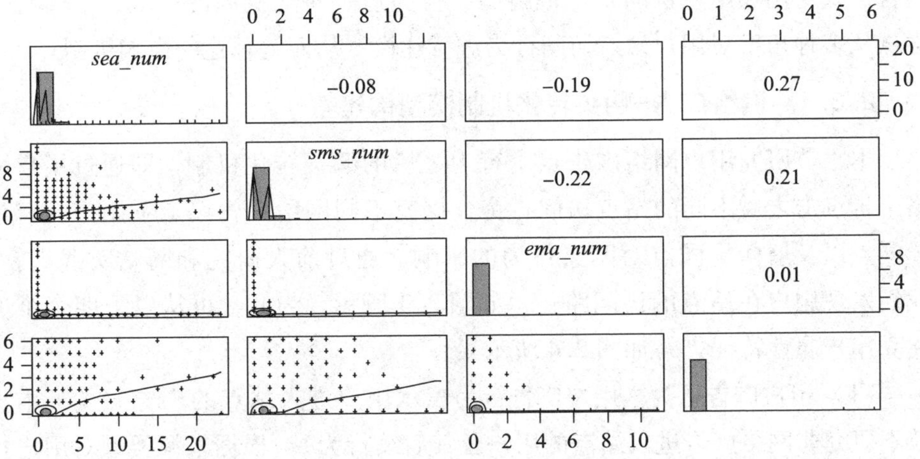

图 2.2　三种广告点击次数与购买次数的散点图矩阵

表 2.3　建模结果

	系数	标准差	误差	t 值	Pr（>｜t｜）
常数项	-0. 114	0. 009412	-12. 13	<2e-16	* * *
sea_ num	0. 156	0. 005429	28. 82	<2e-16	* * *
sms_ num	0. 164	0. 006898	23. 80	<2e-16	* * *
ema_ num	0. 142	0. 012760	11. 12	<2e-16	* * *

注：* * *表示在 0. 001 的水平上结果显著。

表 2.4　假设结果

假设	检验结果
H2. 1a：搜索广告对消费者购买倾向有正向影响（正向的即时效应）	接受
H2. 1b：短信广告对消费者购买倾向有正向影响（正向的即时效应）	接受
H2. 1c：邮件广告对消费者购买倾向有正向影响（正向的即时效应）	接受
H2. 2a：在三种广告类型中，搜索广告对消费者购买倾向的影响最大（即时效应最强）	拒绝
H2. 2b：在三种广告类型中，邮件广告对消费者购买倾向的影响最小（即时效应最弱）	接受

2.3　网络广告点击购买转化机制测量模型

前文我们探讨了不同网络广告形式的即时效应，为进一步厘清不同网络广告形式对用户站点访问直至最终购买行为这一转化机制的影响，下面我们尝试从多种角度对用户站点访问行为进行建模，从而解释这一影响机制。

2.3.1　网络广告-购买转化机制模型构建

本小节研究用户网络广告点击行为之后的购买转化机制，即通过用户网络广告点击之后不同的站点访问行为，探究不同网络广告渠道下用户的行为异同点以及这些异同点对购买行为的影响。通过前人研究和网站实践观察，我们发现用户在站点的访问路径，如图 2. 3 所示。为此，可从以下四个维度建立用户属性特征集（如图 2. 4 所示）：

（1）用户广告行为。用户广告行为表示用户进入站点的广告方式（本小节不研究非网络广告进入站点的用户及其后续行为）。根据来源类型对用户行为进行划分，为后续不同网络广告用户转化行为的分别建模做准备。

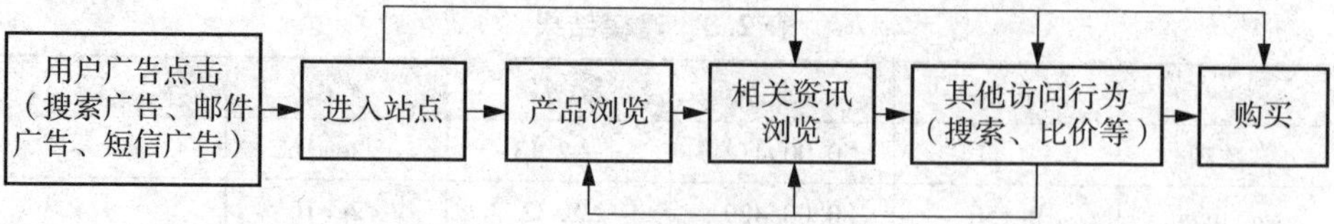

图 2.3　用户访问路径

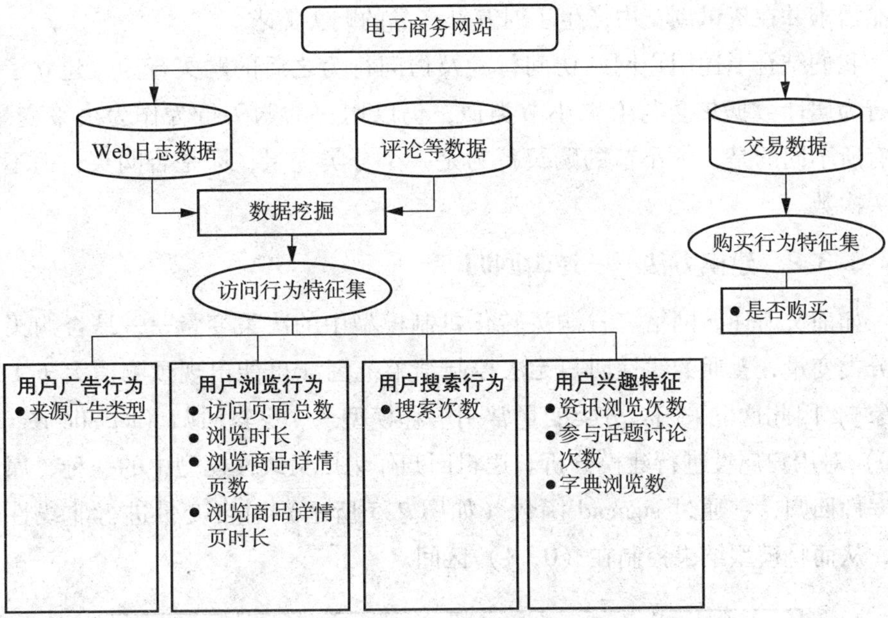

图 2.4　用户属性特征集

（2）用户浏览行为。用户浏览行为即用户在访问互联网保险网站时产生的所有浏览数据。访问页面总数与浏览时长体现了用户对该站点的兴趣程度；浏览商品详情页数、浏览商品详情页时长等行为体现了用户当时的保险倾向。一般而言，浏览商品详情页数越多、浏览商品详情页时间越长，用户对网站的兴趣越大，购买的意愿也越强。

（3）用户搜索行为。用户搜索行为是指网站用户在产生一定的信息需求（如某个保险类型的相关保险项目及其详细信息等）之后，通过一定检索条件从网站的检索系统中获取所需信息的行为。这里用户搜索特征描述的是用户访问企业站点时，在该企业网站中产生的搜索行为次数。用户对保险项目的需求程度，可从侧面反映用户对保险的熟悉程度。

（4）用户兴趣特征。用户兴趣特征表现的是用户更为具体的购买偏好，也从一定程度上反映了用户的购买倾向性。这部分特征可能体现在以下三个方面：①在购买目标不明确时，用户的产品需求仅是模糊的类别概念，如用户只确定购买某个类别的产品，并不确定品牌、价格等因素，为此通过站点内部搜索、相关资讯查看来进一步确定自身需求，从而逐渐明确目标产品直至产生购买行为；②用户明确自身产品需要，但对产品内容有较高要求，因此会通过比价等方式对产品进行比较，从而选出目标产品；③用户有一定的产品需求并在资讯浏览中产生了对互补产品的购买需求。

我们结合上述用户网站访问行为及访问行为之后的购买行为，建立了用户行为属性数据集。与上一小节类似，仍以用户的购买行为作为决策变量，但有所不同的是，本小节的购买行为是一个分类变量，即是否购买，而不是购买次数。

2.3.2 建模方法——逻辑回归

如前文所述，网络广告购买转化机制模型中的决策变量——是否购买为二分类变量，普通的线性回归无法控制结果范围（可能出现预测值大于 1 的现象），因此这里采用二分类变量常用解释模型——逻辑回归（logistic regression）对用户属性进行建模分析。逻辑回归作为广义线性模型中的一种，属于概率性回归，它通过 sigmoid 函数（如图 2.5 所示）对自变量进行非线性转换，从而将模型结果控制在（0，1）区间。

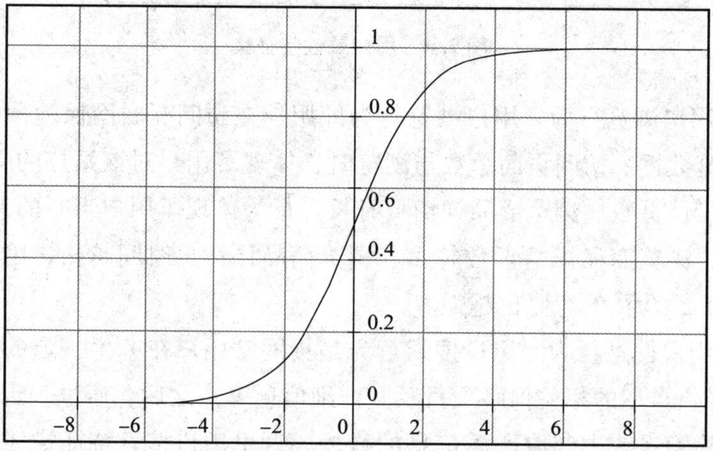

图 2.5 sigmoid 函数

设获得的样本数据为 $D=\{x_i, y\}$，这里 x_i 表示前文所述用户行为属性（如访问行为、兴趣特征），y 表示用户最终购买行为（是否购买，为二分类变量，1 表示购买，0 表示未购买）。根据逻辑回归模型定义，用户购买概率为

$$P(y=1|X)=\frac{\exp(\alpha_0+\alpha^T X)}{1+\exp(\alpha_0+\alpha^T X)}=\frac{1}{1+\exp(-\alpha_0-\alpha^T X)} \tag{2.1}$$

其中，$X(x_1, x_2, x_3, \cdots, x_n)$ 表示用户行为属性集合，$y=1$ 表示用户发生购买的事件，$P(y=1|X)$ 表示 X 条件下用户发生购买行为的可能性，α 表

示预估计参数。可以看到，逻辑回归中参数间的关系仍是线性的，而自变量与因变量之间的关系是非线性的，由于这种非线性关系，OLS（最小二乘法）估计不再适用于逻辑回归模型，一般地，最常采用极大似然估计（Maximum Likelihood Estimation，MLE）对逻辑回归进行求解。与 OLS 的直接算出参数结果不同，逻辑回归模型用一个暂定的答案，通过算法修正参数、重新估计并检查结果是否改善，不断重复该过程直至可以忽略两次结果之间的差异，即模型收敛（converge）。用算法具体描述如下：

假设存在 m 个用户样本，记为 d_1，d_2，d_3，…，d_m，$d_i(x_{i1},x_{i2},x_{i3},\cdots,x_{in};y_i)$，且 $p_i=p(y_i=1\mid x_i)$ 表示给定条件 x_i 下发生事件 1（购买）的概率，由此可得该样本的任一观测值概率为

$$P(y_i)=p_i^{y_i}(1-p_i)^{1-y_i}$$

由于各样本相互独立，可得样本联合分布率为

$$L(\alpha)=\prod_1^m p_i^{y_i}(1-p_i)^{1-y_i} \tag{2.2}$$

为方便计算，等式两边各取自然数为底的对数函数，得

$$\begin{aligned}
\ln[L(\alpha)] &= \ln\left[\prod_1^m p_i^{y_i}(1-p_i)^{1-y_i}\right] \\
&= \sum_{i=1}^m [y_i\ln(p_i)+(1-y_i)\ln(1-p_i)] \\
&= \sum_{i=1}^m \left[y_i\ln\left(\frac{p_i}{1-p_i}\right)+\ln(1-p_i)\right] \\
&= \sum_{i=1}^m [y_i(\alpha_0+\alpha_1x_{i1}+\alpha_2x_{i2}+\cdots+\alpha_nx_{in})- \\
&\qquad \ln(1+\exp(\alpha_0+\alpha_1x_{i1}+\alpha_2x_{i2}+\cdots+\alpha_nx_{in}))]
\end{aligned}$$

上式被称为对数似然方程（log-likelihood function），又是逻辑回归模型的代价函数（cost function）。模型最终目的是使发生该联合事件的概率最大，即上式达到最大化，从而求解 α。对上式求偏导，得

$$\frac{\partial\{\ln[L(\alpha)]\}}{\partial\alpha_0}=\sum_{i=1}^m\left(y_i-\frac{1}{1+\exp[-(\alpha_0+\alpha_1x_{i1}+\alpha_2x_{i2}+\cdots+\alpha_nx_{in})]}\right)=0$$

$$\frac{\partial\{\ln[L(\alpha)]\}}{\partial\alpha_j}=\sum_{i=1}^m\left(y_i-\frac{1}{1+\exp[-(\alpha_0+\alpha_1x_{i1}+\alpha_2x_{i2}+\cdots+\alpha_nx_{in})]}\right)x_{ij}=0 \tag{2.3}$$

这一方程组无法直接对结果进行求解，只能通过迭代（iteration）的方式

无限逼近，常用的方法有梯度上升（gradient ascent）、牛顿迭代算法（newton method）等。以经典的梯度下降算法为例，其主要过程分为两个步骤：①初始化参数 α，这里的初值可以为任意值；②更新 α，使损失函数按照梯度上升的方式增加，具体参数更新方式为

$$\alpha_{j+1}=\alpha_j-\eta\frac{\partial\{\ln[L(\alpha)]\}}{\partial\alpha_j}$$

$$=\alpha_j-\eta\sum_{i=1}^{m}\left(y_i-\frac{1}{1+\exp[-(\alpha_0+\alpha_1x_{i1}+\alpha_2x_{i2}+\cdots+\alpha_nx_{in})]}\right)x_{ij} \tag{2.4}$$

其中，η 表示学习率，即梯度上升的步长大小。随着迭代的进行，上升步长逐渐减小。重复步骤②直至模型收敛，返回并计算所得模型参数。此外，也有将 $\ln[L(\alpha)]$ 乘以 $-1/m$ 作为转换后的损失函数，此时用的即为梯度下降（gradient descent）的方法进行求解，求解过程与梯度上升类似。

2.3.3 建模结果及分析

根据 2.3.2 小节所建立的用户行为模型，对所取得的 385 天用户日志数据进行用户属性计算。与第 2.2.3 节不同的是，本部分模型在用户识别之后，还需进行会话识别，获得单个用户单天单会话的所有访问记录，以进一步计算用户行为属性，见表 2.5。

表 2.5 用户行为属性

行为属性	变量代码	变量含义
广告行为	*adv_type*	广告类型
浏览行为	*page_n*	浏览页面数
	page_time_avg	所有页面平均浏览时长
	page_prod	详情页浏览数
	prod_time_avg	详情页平均浏览时长
搜索行为	*sear_n*	搜索次数
兴趣特征	*page_study*	保险学堂浏览数
	page_topic	保险话题浏览数
	page_toptag	保险字典浏览数
购买行为	*buy_flag*	是否购买（0/1）

本部分模型主要从四个维度对用户行为进行建模，分别设立若干个具体用

户行为属性，其中，兴趣特征的三个用户属性（保险学堂浏览数、保险话题浏览数、保险字典浏览数）是根据数据来源企业的站点特性（互联网保险）特别设立的。此外，这里的广告类型作为建模数据划分指标而不作为模型输入属性进入模型，因此本部分模型以浏览行为、搜索行为、兴趣特征三个维度的用户行为属性作为解释变量，以购买行为作为决策变量进行最终建模。本节接下来将从搜索广告、短信广告、邮件广告三种广告类型出发，分别对用户行为数据进行建模。

表2.6、表2.7、表2.8分别给出了搜索广告、短信广告、邮件广告用户行为属性的描述性统计结果。其中，所有页面平均浏览时长（*page_time_avg*）和详情页平均浏览时长（*prod_time_avg*）两个属性的单位为秒。结合均值和四分位数可知，三种广告类型的所有用户属性数据在分布上均呈右偏，数据表现为右边的尾部长于左边的尾部。在三种广告类型中，用户的平均浏览页面数均为5~7（分别为5.62、5.25、6.20）。从浏览行为和搜索行为属性上看，搜索广告的所有页面平均浏览时长、详情页平均浏览时长、搜索次数（*sear_n*）均为三种广告类型用户中的最大值，短信广告用户的平均页面浏览时长大于邮件广告，而其详情页平均浏览时长、搜索次数皆小于邮件广告。后一现象的原因与广告跳转之后的页面类型有关。短信广告的跳转页面一般为移动设备页面，页面范围小且设计相对简单；邮件广告的跳转页面一般为网页页面，页面展示范围大且内容丰富，在搜索栏使用上也更为方便，因此邮件广告跳转的用户更能接受长时间的详情页面浏览，也更有可能产生搜索行为。从用户兴趣特征属性上看，搜索广告用户的保险学堂浏览数（*page_study*）、保险话题浏览数（*page_topic*）及保险字典浏览数（*page_toptag*）均大于其他两种广告类型用户。值得关注的是，短信广告的三个用户兴趣特征属性平均值均小于0.01，这个结果出现的原因也与移动设备自身特点和企业站点在相关平台的页面设计类型有关。从购买行为上看，邮件广告的平均购买率最高，短信广告次之，搜索广告最低。

表2.6　搜索广告用户行为属性的描述性统计

变量	均值	标准差	极小值	极大值	百分位数		
					25	50	75
page_n	5.622	7.47	2.00	286.00	2.00	3.00	6.00
page_time_avg	118.647	195.00	0.00	1796.00	22.00	53.10	126.00
page_prod	1.293	2.54	0.00	88.00	0.00	1.00	2.00

续表

变量	均值	标准差	极小值	极大值	百分位数		
					25	50	75
prod_time_avg	47.470	133.82	0.00	1790.00	0.00	0.00	32.00
sear_n	0.181	0.77	0.00	33.00	0.00	0.00	0.00
page_study	0.086	0.48	0.00	20.00	0.00	0.00	0.00
page_topic	0.015	0.18	0.00	12.00	0.00	0.00	0.00
page_toptag	0.106	0.43	0.00	14.00	0.00	0.00	0.00
buy_flag	0.037	0.19	0.00	1.00	0.00	0.00	0.00

表 2.7　短信广告用户行为属性的描述性统计

变量	均值	标准差	极小值	极大值	百分位数		
					25	50	75
page_n	5.245	8.40	2.00	331.00	2.00	3.00	5.00
page_time_avg	58.000	86.42	0.00	800.00	15.25	32.18	63.00
page_prod	0.749	1.77	0.00	59.00	0.00	0.00	1.00
prod_time_avg	17.263	52.77	0.00	754.00	0.00	0.00	0.00
sear_n	0.026	0.29	0.00	11.00	0.00	0.00	0.00
page_study	0.001	0.06	0.00	5.00	0.00	0.00	0.00
page_topic	0.005	0.14	0.00	7.00	0.00	0.00	0.00
page_toptag	0.003	0.06	0.00	3.00	0.00	0.00	0.00
buy_flag	0.040	0.20	0.00	1.00	0.00	0.00	0.00

表 2.8　邮件广告用户行为属性的描述性统计

变量	均值	标准差	极小值	极大值	百分位数		
					25	50	75
page_n	6.196	10.57	1.00	146.00	1.00	2.00	6.00
page_time_avg	54.385	114.04	0.00	1367.00	0.00	14.00	66.42
page_prod	1.381	3.41	0.00	51.00	0.00	0.00	1.00
prod_time_avg	34.808	115.28	0.00	1664.00	0.00	0.00	7.50
sear_n	0.139	0.87	0.00	15.00	0.00	0.00	0.00
page_study	0.071	0.50	0.00	8.00	0.00	0.00	0.00
page_topic	0.001	0.03	0.00	1.00	0.00	0.00	0.00
page_toptag	0.008	0.11	0.00	2.00	0.00	0.00	0.00
buy_flag	0.067	0.25	0.00	1.00	0.00	0.00	0.00

以购买行为为因变量，以多角度用户行为属性为自变量，通过 r 语言、SPSS 对上述数据结果分别进行逻辑回归，建模后可得到表 2.9。表 2.9 给出了三种广告类型的建模结果，包括逻辑回归系数（B）、发生比数比（Exp(B)）、参数显著性（Sig.），以及 95%置信区间下的发生对数比范围。逻辑回归为了将预测结果值控制在（0，1）区间，提出将事件发生（$Y=1$）的概率转化为发生比（$odds(Y=1)$），即（$Y=1$）的概率与（$Y\neq 1$）的概率之比，具体计算方法为

$$odds(Y=1)=\frac{P(Y=1)}{1-P(Y=1)}=e^{\alpha_0+\alpha_1 x_{i1}+\alpha_2 x_{i2}+\cdots+\alpha_n x_{in}}$$

进而事件发生概率的公式可转化为

$$P(y=1|X)=\frac{e^{\alpha_0+\alpha^T X}}{1+e^{\alpha_0+\alpha^T X}}=\frac{odds(Y=1)}{1+odds(Y=1)}$$

表 2.9　不同广告点击下购买行为影响因素的模型结果

	搜索广告			短信广告			邮件广告		
	B Exp(B) (Sig.)	Exp(B)	95% C. I.	B Exp(B) (Sig.)	Exp(B)	95% C. I.	B Exp(B) (Sig.)	Exp(B)	95% C. I.
page_n	0.235*** 1.265 0.000	1.252	1.278	−0.033*** 0.968 0.000	0.955	0.980	0.169*** 1.184 0.000	1.146	1.223
page_time_avg	0.0003 1.000 0.360	0.999	1.000	−0.001 0.999 0.112	0.997	1.000	0.001 1.001 0.587	0.998	1.004
page_prod	−0.220*** 0.802 0.000	0.783	0.822	0.351*** 1.421 0.000	1.341	1.506	−0.103* 0.902 0.013	0.831	0.978
prod_time_avg	0.001*** 1.001 0.000	1.000	1.001	0.004*** 1.004 0.000	1.003	1.006	0.001 1.001 0.109	1.000	1.003
sear_n	−0.383*** 0.682 0.000	0.628	0.739	−0.049 0.952 0.720	0.729	1.244	−0.243 0.785 0.072	0.603	1.021
page_study	−2.093*** 0.123 0.000	0.068	0.223	−16.887 0.000 0.998	0.000		−0.745 0.475 0.106	0.192	1.172

续表

	搜索广告			短信广告			邮件广告		
	B Exp(B) (Sig.)	Exp(B)	95% C.I.	B Exp(B) (Sig.)	Exp(B)	95% C.I.	B Exp(B) (Sig.)	Exp(B)	95% C.I.
page_topic	-0.747 0.474 0.196	0.153	1.468	-0.081 0.922 0.895	0.276	3.077	39.736 0.000 0.999	0.000	
page_toptag	-1.509*** 0.221 0.000	0.142	0.344	0.425 1.530 0.514	0.426	5.490	-15.880 0.000 0.999	0.000	
常数项	-4.898*** 0.007 0.000			-3.466*** 0.031 0.000			-4.466*** 0.011 0.000		

注：***、*分别表示在0.001、0.05的水平上结果显著。

发生比数比（表中的Exp(B)）表示自变量变化时，发生比的变化情况。当发生比数比大于1时，表示当自变量增加时，因变量的发生比也随之增加；当发生比数比小于1时，则表示当自变量增加时，因变量的发生比也随之降低。具体来说，如搜索广告，用户页面浏览数（*page_n*）对购买行为的发生比数比为1.265，表示当浏览页面数增加一个单位时，用户购买的发生比会增加26.5%；对比之下，同一模型中详情页面浏览数（*page_prod*）对购买行为的发生比数比为0.802，表示当用户详情页面浏览数增加一个单位时，其购买行为的发生比将减少19.8%。

以下将从用户的不同行为角度，对三种广告类型下用户购买转化行为进行分析。

（1）用户浏览行为。

在用户浏览行为的四个属性中，浏览页面数、详情页浏览数及详情页平均浏览时间三个系数回归意义显著，而页面平均浏览时间属性不显著。在具体参数上，短信广告与其他两种广告形式表现出较大不同，如搜索广告和邮件广告的浏览页面数、页面平均浏览时长的回归系数均为正（分别为0.235、0.0003；0.169、0.001）且两者的详情页浏览数回归系数均为负。同样是这三个属性，短信广告的回归结果与其他两种广告类型的回归结果完全相反，浏览页面数、页面平均浏览时长的回归系数均为负（分别为-0.033、-0.001），而详情页浏览数的回归系数为正（0.351）。这表明，随着浏览页面数、页面浏览时长的增加，详情页面浏览时间的减少，搜索广告和邮件广告用户的购买倾向性会增加，而短信广告用户的购买可能性则呈下降趋势。这一结果的出现仍可能与上文所提到的平台属性有关。搜索广告和邮件广告均为pc端广告类型，用户经广告跳转至企业Web网页，随着浏览页面数、浏览时长的增加，对企业品牌、操作流程的认知越发深入，逐渐适应网站操作并会产生信任感，由此增加购买可能性；同时，随着产品详情页浏览数的增加，用户越发难以抉择，最终产生选择疲劳并降低购买可能性。用户经短信广告进入的通常为移动设备（如手机、平板）页面，受设备限制，页面切换不灵活、使用不够友好，且用户使用移动设备的时间通常是碎片化的，因此这部分用户的耐心比pc端用户低，随着浏览页面数、浏览时长的增加，他们会因产生疲劳而放弃购买。通过对不同平台广告用户的浏览行为进行对比，可以发现企业若想提升用户购买率，pc端可以推荐用户感兴趣的商品，降低用户选择的复杂度，移动端的页面优化则应偏向于购买流程简化，即尽量缩短用户从进入站点到购买的路径，使其在耐心时间范围内完成购买。

（2）用户搜索行为。

在用户搜索行为上，搜索广告的回归系数最为显著（0.000），邮件广告较为显著（0.072），短信广告最不显著（0.720）。这表明，在三种广告类型中，搜索广告用户的站内搜索行为对其购买决策影响最大，邮件广告相对较低，短信广告基本无影响。同样地，平台差异也可解释这一现象。我们从与企业内部人员的交流中得知，在站点改版前，触屏端页面的搜索栏不像常见的触屏端电子购物网页那样浮动于页面顶部（如淘宝、京东等），而是固定在页面最下方，即用户需要将页面下滑至底部才能发现，为此用户经常找不到触屏端的搜索栏，从而导致触屏端搜索栏使用率较低（对比表2.6、表2.7、表2.8的*sear_n*参数，可证实这一点），这也是短信广告的搜索行为属性不显著的原因。从回归结果来看，搜索广告和邮件广告用户的搜索行为属性回归值均小于0（分别为-0.383、-0.243），表明随着用户搜索行为的增加，这两种广告的用户购买可能性均会下降。

（3）用户兴趣特征。

在用户兴趣特征上，可能是由于数据缺乏（见表2.9），三个模型的三个用户兴趣特征属性中，仅有搜索广告的保险学堂浏览数（*page_study*）、保险字典浏览数（*page_toptag*）表现显著。在未来的参数设置上，可以对这部分属性进行优化，以更好地了解用户兴趣特征对购买行为的影响。

2.4 本章小结

本章主要从网络广告的即时效应出发，从两个角度分别对现实电子商务企业的三种网络广告类型（搜索广告、邮件广告、短信广告）的即时效应及后续购买转化机制进行了研究。通过数据清洗、数据转换、属性计算等一系列过程，可获得不同研究目的建模数据集。在即时效应测评方面，基于用户卷入度建立网络广告即时效应评价模型，再通过多元线性回归结果对即时效应进行比较可知，三种网络广告的即时效应均为正值，短信广告的即时效应最大，邮件广告的即时效应最小；在购买转化机制方面，结合用户广告行为、浏览行为、搜索行为和兴趣特征等进行建模，再通过逻辑回归求解得出不同网络广告类型下用户购买转化行为差异，其中最为明显的是搜索广告，邮件广告和短信广告均较为明显，即平台类型不同会带来用户购买转化差异。

第 3 章 基于电子忠诚度细分的付费搜索广告效应

Chapter Three

Kenshoo 在《2019 年第一季度网络广告报告》中指出，网络广告的快速增长主要来源于搜索广告、社交广告和电子商务广告。其中，付费搜索广告的市场规模在 2019 年第一季度同比增长 11%，点击率同比增长 25%，可见付费搜索广告在稳步增长。这里，付费搜索广告又称搜索关键词广告，指搜索引擎通过拍卖的方式向广告主分配有限的关键词及广告位，优先显示竞价成功的广告主信息，从而显著提高该信息的关注度或点击量的广告模式。付费搜索广告是响应用户在搜索引擎上发出的查询后展示的广告，因而更符合消费者需求，不易引起反感。这一特性使付费搜索广告逐渐发展为企业营销策略的重要组成部分。然而，近年来，按点击收费（CPC）不断增长导致广告成本上涨，在有限资源的约束下，企业管理人员往往会忽视对付费搜索广告投放策略进行调整，这实际上是由企业管理人员对付费搜索广告的效果缺乏有效的认知造成的。如何对付费搜索广告的效果进行科学测评，为营销决策的调整提供参考，已成为电子商务企业在实践中重点关注的问题。

3.1 付费搜索广告效应相关研究

3.1.1 付费搜索广告效应

付费搜索广告效应相关研究主要从付费搜索广告效应测评及付费搜索广告效应的影响因素两方面展开。

在付费搜索广告效应测评方面，现有研究主要从付费搜索广告的即时效应测评和遗留效应测评两方面展开。付费搜索广告的即时效应，是指客户在点击付费搜索广告后短时间内对其网站访问与购买行为的影响。这方面的研究主要基于付费搜索广告的点击率、转化率等统计指标来反映付费搜索广告的即时效应。Katona 和 Sarvary（2010）在早期的研究中，通过比较自然搜索链接和付费搜索广告链接的点击率和购买转化率发现，付费搜索广告链接的点击率和购买转化率明显高于自然搜索链接，由此验证了付费搜索广告的有效性。陈磊等（2008）以某商业搜索引擎公司的客户访问日志数据为基础，通过分析网络客户与付费搜索广告的实际交互行为，发现付费搜索广告能有效地提高客户广告点击量。Yao 等（2011）通过构建动态博弈模型进一步探究了付费搜索广告的效用，即估计客户对付费搜索广告链接的点击所产生的价值，发现客户对付费搜索广告链接的一次点击所产生直接利润的平均值约为 24 美分。Rutz 和 Buklin（2007）基于某酒店在 Google 上投放广告的数据，通过二进制 Logit 模型预测广告链接的点击可能性，以衡量广告链接的潜在价值，研究发现，付费搜索广告链接的潜在点击率比自然搜索链接的高出 10 倍以上。

早在 1965 年，Palda 就提出广告的效应不仅包括即时效应，还包括遗留效应。付费搜索广告的遗留效应具体表现为客户在当期对付费搜索广告的点击行为对其后期广告点击行为与购买行为的影响。有些学者进一步对付费搜索广告的遗留效应展开了研究。Haan 等（2016）基于欧洲在线零售商提供的广告各个时期的支出数据和收入数据，运用结构向量自回归模型和脉冲响应分析法比较分析了九种广告的有效性。其中，付费搜索广告各个时期的支出对购买的影响验证了付费搜索广告在各个时期的效果及其效果随时间的变化。Rutz 和 Buklin（2011）在以往对付费搜索广告即时效应研究的基础上，进一步探究了付费搜索广告的遗留效应，即使用 Nerlove-Arrow 商誉模型评估付费搜索广告的效果，并构建一个贝叶斯动态线性模型探究付费搜索广告效果随时间推移的变化，验证了付费搜索广告所产生的品牌印象对其后点击量与转化量的长期影响。此类研究主要关注付费搜索广告遗留效应的强度及其长期影响在各个时期的变化，但无法确定付费搜索广告遗留效应的持续时间，因此无法准确地反映付费搜索广告的遗留效应。为了解决这一问题，Breuer 等（2011）结合网络广告遗留效应的持续时间对遗留效应进行测评。他们基于某图书在线销售平台的数据，在网络广告效应测评的直接聚合模型中引入广告的滞后影响因子，以探究网络广告遗留效应的持续时间和影响强度，并比较了横幅广告、付费搜索广告、价格比较广告及优惠券广告的即时效应和遗留效应，发现付费搜索广告遗留效应的持续时间最长。

围绕付费搜索广告效果的影响因素展开的付费搜索广告效应相关研究，主要探究付费搜索广告自身特性对其效果的影响。根据以往的研究，付费搜索广告效果的影响因素主要包括付费搜索广告的展示位置、关键词特性及网站质量等。Ghost 和 Yang（2010）基于某大型零售商在 Google 上投放广告的数据，采用分层贝叶斯方法构建客户跨产品类别的购买行为模型，探究付费搜索广告关键词特性对付费搜索广告效果的影响。研究发现，关键词的选择会对客户跨产品类别的购买行为产生直接影响。在此基础上，Ghost 和 Yang 进一步探究了付费搜索广告的位置、关键字特征（包括关键字的内容和长度）及着陆页质量得分与客户的搜索行为、购买行为、每次点击成本及搜索引擎的排名决策之间的关系。研究发现，展示位置越高、着陆页质量得分越高的付费搜索广告，点击率和购买转化率越高。Rutz 和 Trusov 基于 Google 和 Bing 所提供的聚合广告数据，通过贝叶斯模型构建了一个点击—转化的两阶段模型，对付费搜索广告属性（广告位置、关键词特征、广告内容特征等）、点击量与购买量进行建模，探究付费搜索广告效果的影响因素。Agarwal 等和 Skiera 等的研究均验证了付费搜索广告的位置对其收益和利润的影响。在上述研究中，学者们主要以点击率和购买转化率作为付费搜索广告效果的评价指标，探究了各种影响因素对付费搜索广告点击率和购买转化率的影响程度和影响机理。

通过对付费搜索广告效应相关研究的回顾，我们发现，在付费搜索广告效应测评的研究中，对付费搜索广告遗留效应的研究成果较少，这可能会导致对付费搜索广告有效性的低估。为了更准确地评估付费搜索广告的有效性，需要从付费搜索广告的即时效应、遗留效应两个方面进行综合评估。对付费搜索广告影响因素的研究，主要目的在于探讨如何提高付费搜索广告的有效性。事实上，客户在网上浏览的过程中，会受到付费搜索广告的影响，从而点击其链接进入企业站点，对企业所提供的产品或服务进行深入了解。在此过程中，客户会在企业网站发生一系列的访问行为进而对是否购买产品做出决策。因此，付费搜索广告的效果会受到客户访问行为的影响。在传统环境下，客户的访问行为只能通过访谈等客户自我反馈的形式获取；在电子商务环境下，企业数据库所记录的用户访问日志数据为从客户行为角度探究付费搜索广告效果的影响因素提供了可能性。本章基于电子商务平台所提供的点击流数据，在构建模型对付费搜索广告效应进行综合评估的同时，进一步研究了付费搜索广告渠道客户购买转化行为，并从客户行为角度探究付费搜索广告效应的影响因素。

3.1.2 基于客户细分的广告效应测评

涉及广告效应测评的研究，往往侧重于广告对整个市场的总体影响，即研究广告效果在所有客户间的总体反映，而没有区分广告对不同细分市场的客户群体的影响差异，这可能导致企业对广告效应认知的偏差。Raj 提出，对广告效应的总体分析不足以揭示产生总体效应的不同过程，也就是说，总体上观察到的广告效果并非对所有客户都有效。为了更准确地认识广告的效应，需要区分广告对不同细分市场客户的影响，帮助企业明确不同类型广告的目标群体，特别是按忠诚度细分的市场，这样企业才可以根据营销目标更有效地调整广告投放策略，进而提高预算分配的有效性。

在传统环境下，学者们验证了忠诚度在广告效果的研究中是一个有用的细分变量。McCann（1974）使用日记记录的购买和报纸广告支出信息数据，测量忠诚度细分市场对广告支出、价格和交易水平的响应差异，发现忠诚客户和非忠诚客户在价格敏感度方面存在差异，但报纸广告对忠诚客户和非忠诚客户的影响没有明显差异。之后，Raj 基于某城市电视广告的消费者面板日志数据，采用回归分析方法研究了电视广告的曝光在各个时期对不同忠诚度客户购买行为的影响，研究结果表明，电视广告对高忠诚客户和低忠诚客户产生的影响存在明显差异，且其效果会随时间的变化而有所不同。Tellis（1988）认为，广告效应通常是非线性的，广告对购买量的影响是由品牌忠诚度来调节的。Rust 和 Verhoef（2005）基于金融服务提供商的保险业务数据，探究了杂志广告和邮件广告对不同细分市场客户购买行为的影响。他们一方面基于人口统计特征（收入、年龄）将客户划分为四类，另一方面基于客户行为特征，通过 RFM 模型将客户划分为忠诚客户与非忠诚客户。研究表明，杂志广告对忠诚客户更有效，而邮件广告对非忠诚客户更有效。他们还指出，通过忠诚度这一细分变量探究广告效果的差异对企业营销决策的调整更有意义。

相比之下，在电子商务环境下对网络广告有效性在不同客户群体间影响差异的研究相对较少。Blake 等基于 eBay 进行的一系列大规模现场实验所获取的数据，探究付费搜索广告效果的影响因素及其在新客户、非活跃客户和活跃客户之间的差异。研究发现，包含非品牌关键词的付费搜索广告会对新客户和非活跃客户的购买行为产生积极影响，但对活跃客户的购买行为未观察到显著影响，并且由于活跃客户在企业中的比重很大，因此付费搜索广告对客户购买行为的影响在总体上并不显著。这一研究结论同时表明，未细分付费搜索广告对不同客户群体的影响会造成对付费搜索广告效果认知的偏差。Breuer 和 Brettel 基于某图书在线销售平台的数据，比较了横幅广告、付费搜索广告、价格比较广告和优惠券广告的短期影响和长期影响在新客户和老客户之间的差异，发现价格比较广告对新客户更有效，优惠券广告对老客户更有效，而付费搜索广告对新客户和老客户均有效。

通过对基于客户细分的广告效应相关研究的回顾，可知在传统环境下，研究数据主要来源于客户日记记录或从广告商处获取的广告支出和产品销售数据，基于这些数据开展研究的问题在于无法区分客户的购买行为是由广告引致的还是非广告引致的，因此难以准确地反映广告对个体客户的实际影响。但是，相关研究仍为广告效果在不同忠诚度客户群体间存在差异这一观点提供了证据。相比之下，少有研究区分网络广告对不同客户群体的影响，并且尚未有研究以忠诚度作为市场细分变量讨论付费搜索广告效果在不同客户组间的差异。随着付费搜索广告成本的增加，明确付费搜索广告的目标群体对企业调整付费搜索广告的投放策略、提高广告投入的有效性具有重要意义。本章在付费搜索广告效应测评的基础上，进一步探究付费搜索广告的效应在不同客户组间的差异。

3.2　电子忠诚度细分相关研究

3.2.1　电子忠诚度细分

客户忠诚通常被定义为客户对企业所提供的产品或服务的偏好，会引起客户的重复购买行为。客户忠诚度是对客户对企业忠诚程度的量化描述。随着网络购物的出现，企业开始从传统营销转向线上营销，由此衍生出电子忠诚度（E-Loyalty）这一概念。Lee 等将电子忠诚度明确定义为电子商务客户在以往的购物经验与对未来预期的基础上，愿意再次在企业发生购买行为的意向，并认为电子忠诚度是电子商务企业取得成功的关键因素。电子忠诚度的研究引起了学者们和管理人员的兴趣。关于电子忠诚度的研究，学者们依然沿用对客户忠诚度研究的范式，主要从客户的态度忠诚和行为忠诚两个角度展开。Jill Griffin 提出客户态度忠诚是一种潜在忠诚，而客户真正的忠诚表现在其行为上。因此，相较于态度忠诚，客户的行为忠诚更为重要。国内外的学者在开展电子忠诚度相关研究时，更倾向于从态度忠诚的角度进行评价，虽然已有学者从行为忠诚的角度进行研究，但这些研究主要围绕客户的购买行为展开，而忽视了客户的访问行为，使得电子忠诚度的评价存在一定的不足。本书基于营销大数据，在用户忠诚度评价指标体系中纳入访问行为等数据，以期改进传统环境下忠诚度市场细分的不足。

3.2.2 电子忠诚度评价指标的选取

本章从行为忠诚的角度出发，结合访问行为和购买行为构建电子忠诚度的评价指标体系，并将客户忠诚度的评价指标划分为三个层次：客户忠诚度指数为第一层次的指标，即一级指标；第二层次的指标由客户忠诚度的评价维度构成，包括访问忠诚和购买忠诚，即二级指标；第三层次的指标为各评估维度下所提取的用户行为特征指标，即三级指标。

对电子忠诚度进行评价的目的在于衡量客户对于企业的价值。客户的购买行为能有效地反映客户在企业创造的价值，是对客户价值的直接反馈。研究人员围绕购买行为对电子忠诚度的评价进行了研究。相关研究通常基于 RFM 模型，提取最近一次消费的时间、频率及金额作为电子忠诚度的评价指标。RFM 模型作为衡量客户价值及其创利能力的重要工具，是电子忠诚度研究中最常用的模型。因此，本章以 RFM 模型的指标体系为基础，对评价指标进行扩充，主要从以下三个方面评价客户的购买忠诚：

（1）客户创造的价值。客户创造的价值是指客户在来到企业后所累积的对公司利润的贡献，具体体现为客户购买行为所累积的金额，即购买金额。一般来说，客户在企业消费的金额越高，对企业的利润贡献越大，相对而言，客户的忠诚度也越高。由此，本章提取了购买金额这一指标。

（2）客户的满意程度。客户的满意程度是指客户对企业所提供的产品或服务的满意程度。这主要反映在客户购买行为的持续性上，具体体现为客户的重复购买行为，即购买次数。由于在网络购物中购物车功能的存在，客户的一次购买在数据库中记录为客户的一个订单，而一个订单中可能包含多个产品的购买，因此需要提取客户购买产品数量这一指标。当客户更频繁地在电子商务企业发生购买并且购买产品的数量较多时，表明客户对企业所提供的产品及服务的满意程度较高。由此，本章提取了购买次数、购买产品数量这两个指标。

（3）客户购买的活跃程度。客户购买的活跃程度反映在客户最近一次的购买行为上，主要体现为客户最近一次购买的金额及最近一次购买距离现在的时间间隔。理论上，最近一次的购买金额越高，且距离现在的时间间隔越小，表明客户购买行为的活跃程度和价值越高，客户忠诚度越高。由此，本章提取了最近一次购买金额、最近一次购买距今的时间间隔两个指标。

客户价值除了通过客户购买行为进行直接反馈外，还间接反映在客户的访问行为上。与购买行为所反映的直接价值不同的是，访问行为作为购买行为的前提，可以有效地反映客户购买的可能性，因此，访问行为所反映的客户价值指的是客户的潜在价值。虽然尚没有研究提出用访问行为指标对电子忠诚度进行评价，但由于它能够反映客户购买的可能性，我们仍将考虑各影响因素在访问行为上的具体表现，并基于此选取访问忠诚的评价指标。本章结合电子商务环境的特点和电子忠诚度影响因素的相关研究，主要从以下三个方面提取电子忠诚度评价中访问忠诚维度下的访问行为指标：

（1）客户的兴趣程度。客户的兴趣程度是指客户对企业本身及其所提供的产品、服务的关注程度，具体反映在客户对企业站点页面的浏览情况上。客户对站点页面的浏览体现的是客户对企业本身的关注，而对产品页面的浏览情况则进一步反映的是客户对企业所提供产品或服务的感兴趣程度。一般而言，客户访问页面数和访问产品页面数越多，意味着客户越有意愿了解企业所提供的产品及服务，对企业的认知程度越高，发生购买的可能性越大。由此，本章提取了访问页面数、访问产品页面数这两个指标。

（2）客户的活跃程度。客户的活跃程度是指客户访问企业站点的频繁程度，主要体现为客户对企业站点的访问频率、停留的时间，即访问次数和访问时长。一般来说，访问越频繁、停留时间越长的客户，其活跃度越高，对企业越忠诚。目前，电子商务平台均建立了独立的客户通道，即有客户注册和登录的功能，但此类平台对游客访问所开放的产品、服务信息和网页功能有限，游客需要在企业站点注册并登录账号后才可以进行交易。这使得客户的登录行为成为一个重要的影响因素。活跃的客户可能更频繁地登录账号以寻求更多的产品和服务信息，因而更有可能发生购买行为。此外，我们还进一步将最近一次访问距今的时间间隔和最近一次登录距今的时间间隔作为反映客户活跃度的重要指标。理论上，最近一次访问及登录时间越近的客户在企业的活跃程度越高。由此，本章提取了访问时长、访问次数、最近一次访问距今的时间间隔、登录次数、最近一次登录距今的时间间隔等指标。

（3）客户与企业关系的持续性。客户与企业关系的持续性是指客户在企业站点生命周期的长度，通过客户的注册时长这一指标来体现。注册时长是指客户在企业网站注册账号起至今的时间跨度。客户的注册时长越长，意味着客户对企业关注的持续性越好，客户黏性越大，也就是说，其忠诚度越高。此外，当一个新客户与一个老客户在其他访问行为指标（如访问页面数等）上的表现相同时，可以认为老客户的行为价值更高。这是因为，老客户对网站的熟悉程度比新客户高，他们可能需要比新用户更少的访问行为即可发生购买行为。由此，本章提取了注册时长这一指标。

需要说明的是，在本章中，购买忠诚和访问忠诚指标提取的时间维度不同。在评价客户的购买忠诚时，考虑的是客户已创造的累积价值，是一个长期的过程，由此，变量提取为客户的历史购买行为。在评价客户的访问忠诚时，衡量的是客户的潜在价值，即客户购买的倾向性，可通过客户近期的访问行为更好地反映。由此，访问忠诚维度下的行为指标对客户近期的访问行为进行描述即可，在本章中将其时间维度设置为最近一年。此外，我们所针对的客户群体是电子商务企业的活跃用户，因此提取指标时在时间维度上进行区分有助于排除仅存在历史购买行为的流失客户与仅存在近期访问行为的潜在客户的干扰。综上所述，根据现有客户忠诚度评价相关的研究成果及电子商务企业的环境背景，我们构建了电子忠诚度评价指标体系，见表 3.1。

表 3.1 电子忠诚度评价指标体系

一级指标	二级指标	三级指标
电子忠诚度	购买忠诚	历史购买金额
		历史购买次数
		历史购买产品数量
		最近一次购买金额
		最近一次购买距今的时间间隔
	访问忠诚	访问页面数
		访问产品页面数
		访问时长
		访问次数
		登录次数
		最近一次访问距今的时间间隔
		最近一次登录距今的时间间隔
		注册时长

3.2.3 基于电子忠诚度的用户市场细分

3.2.3.1 数据说明

本章所使用的数据均来自某互联网保险代理公司的业务数据库和网络日志数据库，即网络日志数据库中 2017 年 1 月 1 日至 12 月 31 日共计 365 天的访问数据及业务数据库中 2017 年 12 月 31 日（包含）以前的所有购买数据。其中：业务数据库中的每条记录由客户 ID、交易日期、交易时间、交易金额、交易产品等字段构成；网络日志数据库中的每条记录包含 IP、访问日期、访问时间、访问来源等字段。该公司作为一个第三方保险中介交易平台，为平安、太平洋、中国人寿等多家保险公司提供代理服务。依托该平台，消费者可在线上进行各类保险产品的浏览、咨询、购买、理赔等操作。

经过数据清洗、用户识别和会话识别的数据字段仍保留为原始字段，如访问时间、交易时间等。按照一定的规则对原始字段进行数据变换，可提取出研究所需的用户行为特征变量。根据研究内容的不同，我们分别从访问数据和购买数据中提取表 3.1 中所提出的电子忠诚度评价指标，相关变量说明见表 3.2。

表 3.2　变量说明

变量名称	变量代码
客户 ID	*LOGIN_ID*
访问页面数	*NUM_VISIT_PAGE*
访问产品页面数	*NUM_VISIT_PRODPAGE*
访问时长	*SUM_VISIT_TIME*
访问次数	*NUM_VISIT*
登录次数	*NUM_LOGIN*
最近一次访问距今的时间间隔	*RECENT_VISIT_SPAN*
最近一次登录距今的时间间隔	*RECENT_LOGIN_SPAN*
注册时长	*REGISTER_AGE*
历史购买金额	*SUM_BUY_PRICE*
历史购买次数	*NUM_BUY*
历史购买产品数量	*NUM_BUY_PROD*
最近一次购买金额	*RECENT_BUY_PRICE*
最近一次购买距今的时间间隔	*RECENT_BUY_SPAN*

在分别提取了访问行为指标和购买行为指标后，通过用户身份匹配表匹配同一用户的购买行为特征和访问行为特征。需要说明的是，此次是针对企业活跃用户进行忠诚度分组，因此，将仅包含购买行为特征的流失用户记录和仅包含访问行为特征的潜在用户记录视为无效数据并予以删除，可得到客户行为特征集，共计 30704 条用户记录，样例如图 3.1 所示。

LOGIN_ID	NUM_PAG	NUM_PRO	SUM_TIM	NUM_VISI	NUM_LO	RECENT_V	RECENT_L	REGISTER	SUM_BUY	NUM_BUY	NUM_BUY	RECENT_B	RECENT_B
614141	3721	179	57744	18	205	204	4	376	5631	1.7	20	14.8	204
901459	64808	497	141646	41	66	123	85	250	0.7	1	1	0.7	243
864840	15123	88	40203	37	360	53	1	265	10689	2	2	6012	231
970064	11778	129	53847	30	199	11	1	230	14.7	2	3	14	208
1049077	13113	172	78761	49	145	138	125	212	62.8	4	6	1.4	157
237089	38173	101	84159	156	97	10	42	612	4270	52	137	30	186
1897825	16561	139	41298	39	71	16	0	142	626.8	28	39	3	8
777282	16416	138	55359	60	110	8	8	303	4306.8	125	698	10	8
302009	16295	137	55679	64	84	1	1	528	2310.61	45	163	14.5	7
818405	16183	56	76265	179	188	5	5	285	2.8	3	4	0.7	218
147572	16113	68	25530	90	57	6	20	858	45656	14	22	207	365
885299	16105	136	60696	109	117	2	2	257	1687.3	71	471	98.6	2
870974	872	9	2856	28	195	208	208	262	7.4	2	4	6	226
248388	871	36	10716	9	10	229	229	586	737	1	6	737	308

图 3.1　用户记录样例

3.2.3.2　用户市场细分

考虑到后续研究的需要，我们采用 ABC 分类法将客户分为高忠诚客户、中忠诚客户和低忠诚客户三类。ABC 分类法（Activity Based Classification），又称帕累托分析法，是意大利经济学家帕累托在 1879 年提出的 80/20 法则的衍生法则。其主要思想在于，依据事物的主要特征进行分类排序，从而对事物进行差异化管理。与 80/20 法则不同的是，ABC 分类法强调区别事物的主次，并将事物划分为 A、B、C 三类。早期学者将 ABC 分类法应用于库存管理、质量管理等领域。近年来，这一方法推广到更为广泛的管理学问题的分析与实践中，包括客户关系管理。ABC 分类法应用到客户关系管理问题中可衍生为根据客户对企业的重要性对客户进行有效的划分，以实现客户的差异化对待。根据 ABC 分类法，企业客户被划分为 A、B、C 三类：A 类客户为关键客户，在客户总数中占比为 10%~15%；B 类客户为重要客户，在客户总数中占比为 15%~25%；C 类客户为普通客户，在客户总数中占比为 60%~75%。

通过数据处理，可获得客户的访问行为指标和购买行为指标的特征值，各特征值的描述性统计分析见表 3.3。

表 3.3　客户行为特征值的描述性统计分析

变量	平均值	最大值	最小值	标准差
NUM_VISIT_PAGE	35.85	3751	2	78.8576
NUM_VISIT_PRODPAGE	17.99	2246	2	53.85923
SUM_VISIT_TIME	8193	1061879	45	27838.58
NUM_VISIT	10.93	1301	1	32.5696
NUM_LOGIN	15.49	1489	0	44.10034
RECENT_VISIT_SPAN	143.2	364	0	103.7038
RECENT_LOGIN_SPAN	139.2	365	0	109.8357
REGISTER_AGE	410.4	1713	0	330.3185
SUM_BUY_PRICE	2075.5	1990397.6	0.4	23576.69
NUM_BUY	5.486	2095	1	31.28583
NUM_BUY_PROD	25.7	23398	1	223.2435
RECENT_BUY_PRICE	523.5	199000	0.4	3636.204
RECENT_BUY_SPAN	219.5	1658	0	180.0633

从描述性统计分析来看，各变量的分布存在较大差异，尤其在访问时长及历史购买金额两个指标上，其分布区间极大。距今时间间隔类指标包括最

后一次访问距今的时间间隔、最后一次购买距今的时间间隔及最后一次登录距今的时间间隔，均属于负向指标。对正向指标和负向指标的特征值分别进行归一化处理，可使各行为特征值处于同一个数据区间。正、负向指标的归一化方法如下：

$$x^* = \frac{x - x_{min}}{x_{max} - x_{min}} \tag{3.1}$$

$$y^* = \frac{y_{max} - y}{y_{max} - y_{min}} \tag{3.2}$$

其中，x_{max} 和 x_{min} 分别表示正向指标的最大值和最小值；y_{max} 和 y_{min} 分别表示负向指标的最大值和最小值。

本章对客户忠诚度的评价采用的是多指标综合评价的方法。针对客户忠诚度指标体系的多级结构，首先综合使用专家调查法和层次分析法为各层次每个指标确定权重，然后根据各指标得分逐层汇总，获得每一用户的忠诚度指数。忠诚度指数的描述性统计见表 3.4，忠诚度指数分布如图 3.1 所示。

表 3.4　忠诚度指数描述性统计

	最小值	均值	中位数	方差	最大值
忠诚度指数	0.01108	0.32463	0.33037	0.04777	0.67000

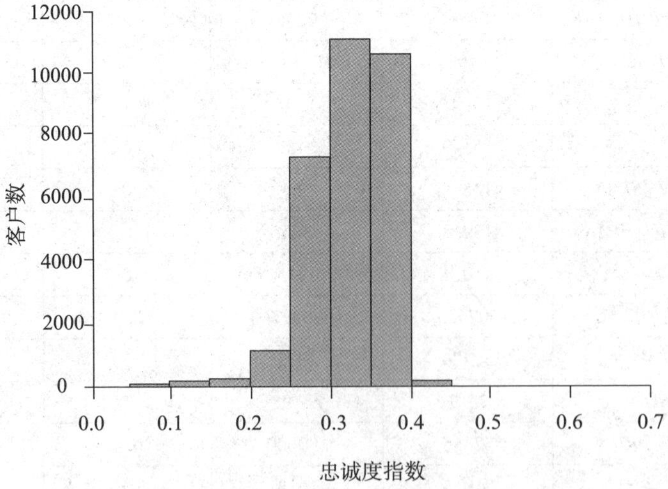

图 3.2　忠诚度指数分布

由忠诚度指数的描述性统计和客户分布可知，忠诚度指数最大为

0. 67000，最小为 0. 01108，其均值为 0. 32463，大部分客户集中于 0. 20~0. 40 区间。结合 ABC 分类法，我们对客户进行如下分类：忠诚度指数为 0. 38 及以上的客户为 A 类客户，即高忠诚客户，这部分客户的数量为 3235 人，占企业客户总数的 10. 54%；忠诚度指数为 0. 36 及以上且在 0. 38 以下的客户为 B 类客户，即中忠诚客户，这部分客户的数量为 4944 人，占企业客户总数的 16. 10%；忠诚度指数在 0. 36 以下的客户为 C 类客户，即低忠诚客户，这部分客户的数量为 22524 人，占企业客户总数的 73. 36%（如图 3. 3 所示）。

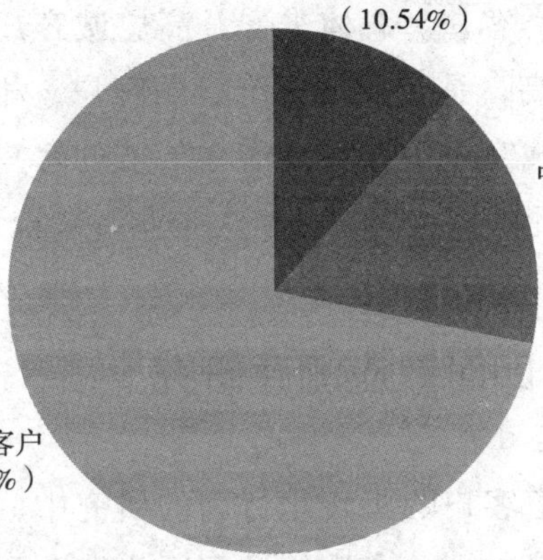

图 3. 3　各忠诚度分组客户分布

我们对各忠诚度分组中客户的忠诚度指数、访问忠诚评分和购买忠诚评分进行了描述性统计分析，结果见表 3. 5。

表 3. 5　各忠诚度分组数据的描述性统计分析

客户分组	参数	均值	中位数	方差	最大值	最小值
高忠诚客户	忠诚度指数	0. 3887	0. 3866	0. 0132	0. 6700	0. 3800
	购买忠诚评分	0. 3710	0. 3691	0. 0135	0. 6774	0. 3436
	访问忠诚评分	0. 5122	0. 5111	0. 0302	0. 8350	0. 3199
中忠诚客户	忠诚度指数	0. 3701	0. 3703	0. 0058	0. 3800	0. 3600
	购买忠诚评分	0. 3577	0. 3584	0. 0062	0. 4004	0. 3250
	访问忠诚评分	0. 4568	0. 4578	0. 0374	0. 7000	0. 2296
低忠诚客户	忠诚度指数	0. 3055	0. 3121	0. 0408	0. 3600	0. 0110
	购买忠诚评分	0. 3097	0. 3174	0. 0385	0. 3725	0. 0002
	访问忠诚评分	0. 2754	0. 2896	0. 1305	0. 7183	0. 0057

从表3.5可以看出，忠诚度指数、购买忠诚评分和访问忠诚评分均根据客户忠诚度排序由高到低依次递减。其中，购买忠诚评分代表着客户创造价值的水平，而访问忠诚评分则代表着客户潜在价值的水平。可见，高忠诚客户的创造价值和潜在价值均处于较高水平，也就是说，此类客户具有稳定的创造价值和未来增长趋势。中忠诚客户的创造价值和潜在价值略低于高忠诚客户，但其潜在价值表现良好，这意味着中忠诚客户具有较大的增长空间。对于低忠诚客户，虽然其潜在价值的均值较低，但从其最大值和最小值的跨度来看，低忠诚客户中包含潜在价值较高的群体，但综合来看，其总体的价值水平明显低于其他两类客户。总体来看，高忠诚客户和中忠诚客户的潜在价值和创造价值相对较高，是企业需要维护的客户，相对而言，高忠诚客户的维护成本较低。低忠诚客户中存在高潜在价值的客户，若能进一步对其进行识别并将其发展为企业的稳定客户，将为企业带来较大的收益。

3.3 付费搜索广告即时效应测评研究

在付费搜索广告渠道客户购买转化行为的研究中，我们进一步对客户通过点击付费搜索广告链接进入站点后的访问行为和购买行为进行建模，从客户行为角度探究付费搜索广告效果的影响因素和影响机理，旨在了解不同忠诚度客户的访问行为对购买行为影响的差异，为企业更有效地干预客户的访问行为以促进其购买并进一步提高付费搜索广告的效果提供决策支持。

3.3.1 付费搜索广告即时效应假设

基于以往对广告效应的研究，Vakratsas 和 Ambler 提出广告投入会带来三种中间广告效应——影响、认知和经验，并进一步对客户的购买行为产生影响。这种影响即广告的有效性，其强度由客户的动机、处理信息的能力、卷入度及其对广告的态度决定。本章着重探究付费搜索广告对不同忠诚度客户群体的影响，我们将结合各类客户的特点及付费搜索广告的特性，对付费搜索广告对不同忠诚度客户群体（高忠诚客户、中忠诚客户、低忠诚客户、潜在客户）所具有的即时效应和遗留效应提出相关假设。

付费搜索广告是客户受自身需求和兴趣的驱使，在搜索引擎上搜索与其期望产品相关的关键词时所展示的广告。由此可见，付费搜索广告属于客户搜索行为所触发的广告。在客户点击付费搜索广告时，我们可以认为客户具有一定的购买需求，并且正在积极地搜索并处理搜索结果以寻求符合其购买需求的相关信息，此时客户具有较高的卷入度，也就是说，客户愿意付出努力以获取信息并可能产生购买行为。由于付费搜索广告所呈现的内容与客户的购买需求直接相关，我们可以认为付费搜索广告对客户的购买行为具有积极的影响，但对各类客户影响的差异需要结合各忠诚度组客户的特性进行具体分析。

在付费搜索广告的即时效应方面，我们主要考虑的是客户对企业的信赖程度及对产品的满意程度。在本章中，客户忠诚度用于反映客户对企业的忠诚程度，主要通过客户在企业创造的直接价值和客户可能创造的潜在价值来衡量。忠诚度越高的客户，为企业创造的总体价值越高，与企业的关系相对越稳定。结合客户对企业产品的购买和访问经验，我们认为，客户对企业及其所提供的产品和服务的了解程度越高，其从点击付费搜索广告进入网站到发生购买行为所需的访问路径相对越短。关于付费搜索广告的即时效应，我们提出以下假设：

H3.1a：付费搜索广告对高忠诚客户有正向的即时效应且其影响最强。

H3.1b：付费搜索广告对中忠诚客户有正向的即时效应且其影响相对较强。

H3.1c：付费搜索广告对低忠诚客户有正向的即时效应且其影响相对较弱。

H3.1d：付费搜索广告对潜在客户有正向的即时效应且其影响最弱。

在付费搜索广告的遗留效应方面，从付费搜索广告的特性来看，付费搜索广告是客户在产生购买需求后进行搜索时所呈现的广告，此时客户更倾向于在短期内发生购买以满足其需求。付费搜索广告所呈现的内容并不是一成不变的，其所呈现内容的排序会根据所在搜索平台的政策和算法进行调整，因此，客户可能并不会在长期重复接触同一个付费搜索广告。由此，付费搜索广告本身所具有的遗留效应的持续时间相对较短。对客户来说，忠诚度越低，表明其对企业的认知程度越低，他们对付费搜索广告的点击行为更多地代表着他们愿意付出努力以加强自身对企业及其所提供的产品和服务的认知，但他们从进入网站到发生购买所需的过程比更高忠诚度的客户长，也就是说，忠诚度越低的客户，可能需要耗费越长的时间进行认知了解以最终发生购买行为。关于付费搜索广告遗留效应的持续时间，我们提出以下假设：

H3.2a：付费搜索广告对高忠诚客户的遗留效应持续时间最短。

H3.2b：付费搜索广告对中忠诚客户的遗留效应持续时间较短。

H3.2c：付费搜索广告对低忠诚客户的遗留效应持续时间较长。

H3.2d：付费搜索广告对潜在客户的遗留效应持续时间最长。

付费搜索广告效应的累积强度为即时效应和遗留效应的累积，因此，需要结合付费搜索广告的即时效应及遗留效应的持续时间加以分析。在即时效应方面，结合第3.2小节对不同忠诚度客户所具有的潜在价值的分析，高忠诚客户的最高，中忠诚客户的略低于高忠诚客户，但上述两类客户的潜在价值明显高于低忠诚客户。因此，我们认为，付费搜索广告对高忠诚客户和低忠诚客户的即时效应明显高于低忠诚客户和潜在客户。在遗留效应的持续时间方面，潜在客户相较于其他客户，没有购买经验，需要耗费更长时间以达到最终购买，因此，其遗留效应的持续时间较长，而高忠诚客户、低忠诚客户和中忠诚客户的遗留效应持续时间差异不大。由于付费搜索广告自身的特性，其遗留效应的持续时间不会很长，在各忠诚度分组的表现差异也不会太大。因此，即时效应可能会主导付费搜索广告的累积效应。虽然高忠诚客户遗留效应的持续时间较短，但由于其较强的即时效应，我们认为，付费搜索广告对高忠诚客户的累积影响最强。由于潜在客户遗留效应的持续时间明显比其他三类客户长，我们认为，付费搜索广告对潜在客户的累积影响仅次于高忠诚客户。付费搜索广告对中忠诚客户和低忠诚客户的遗留效应在持续时间上差异不大，对中忠诚客户的即时效应明显高于低忠诚客户，由此我们认为，付费搜索广告对中忠诚客户的累积影响会强于其对低忠诚客户的累积影响。关于付费搜索广告效应的累积强度，我们提出以下假设：

H3.3a：付费搜索广告对高忠诚客户的累积效应最强。

H3.3b：付费搜索广告对中忠诚客户的累积效应较弱。

H3.3c：付费搜索广告对低忠诚客户的累积效应最弱。

H3.3d：付费搜索广告对潜在客户的累积效应较强。

3.3.2 付费搜索广告即时效应测评模型

Srinivasan 和 Weir 提出的广告效应测评模型，通过直接聚合的方法对广告的点击存量与销售量进行建模，即用广告点击存量对购买量的影响表示广告的效应。基于此，我们构建了付费搜索广告效应测评模型，具体模型如下：

$$S_t = b + \beta SEM_t + \varepsilon \tag{3.3}$$

其中，S_t 表示第 t 天的付费搜索广告渠道所产生的销售量，即通过付费搜索广告进入网站的客户发生的购买量；SEM_t 表示第 t 天付费搜索广告的点击存量，即点击次数；β 表示付费搜索广告的即时效应，通过付费搜索广告点击对销售量的影响表示。考虑到付费搜索广告的遗留效应，即第 t 天的付费搜索广告的点击存量可能会受到第 t 天以前的点击存量的影响，若直接对客户每天的点击存量与购买量进行回归，所得结果会对付费搜索广告即时效应的判断产生偏差。为了避免产生这一偏差，我们在模型中加入付费搜索广告的滞后影响因子 λ，采用递归的方式重新构建第 t 天付费搜索广告的点击存量 SEM_t^*，具体构建方法如下：

$$SEM_1^* = SEM_1$$

$$SEM_2^* = (1-\lambda)SEM_2 + \lambda SEM_1^*$$

$$SEM_3^* = (1-\lambda)SEM_3 + \lambda SEM_2^*$$

$$\vdots$$

$$SEM_t^* = (1-\lambda)SEM_t + \lambda SEM_{t-1}^* \tag{3.4}$$

其中，λ 表示付费搜索广告的滞后影响因子，反映第 t 天付费搜索广告的点击存量与第 t 天以前每天的点击存量之间的关系。根据 Bass 和 Leone 的研究中对广告遗留效应测评方法的描述，滞后影响因子仅表示付费搜索广告存量从第 $t-1$ 天到第 t 天所转移的百分比，而付费搜索广告效果的持续时间和遗留效应的累积效应则需要通过滞后影响因子 λ 和即时效应参数 β 进一步计算。其中，付费搜索广告效果的持续时间是指付费搜索广告效果耗尽所需要的时间；付费搜索广告效果的累积强度是指考虑付费搜索广告的遗留效应以后，在即时效应上进行累积所得到的付费搜索广告效果的量化描述，具体计算方法如式（3.5）和式（3.6）所示。

$$T = \log(1-p)/\log\lambda \tag{3.5}$$

$$\gamma = \beta/(1-\lambda) \tag{3.6}$$

其中，p 表示付费搜索广告单位脉冲的总累计效果的百分比；λ 表示付费搜索广告的滞后影响因子；T 表示付费搜索广告遗留效应的持续时间，即付费搜索广告单位脉冲的累积效应达到 p 所需要的天数。根据以往的研究经验，付费搜索广告的累积效应达到 90%即可认为付费搜索广告的效果已耗尽。因此，我们将 p 设置为 90%，以计算付费搜索广告的持续天数。我们用式（3.6）计算付费搜索广告遗留效应的累积强度。其中，γ 表示付费搜索广告即时效应和遗留效应的累积强度，即在付费搜索广告持续时间内各期付费搜索广告单位脉冲的累积效应。由以往学者对该模型的验证可知，该模型的优点在于不会受到截断偏差的影响，即使在根据滞后影响因子所得的滞后时间超过一个月的情况下，该模型依然收敛。因此，虽然模型的计算量较大，但仍然被许多学者用于广告遗留效应的研究。

为了求解模型中所包含的未知参数 β 和 λ，我们首先确定 λ 的取值，本章采用网格搜索的方法。网格搜索是一种穷举搜索的方法，即对所有候选参数进行循环遍历，尝试每一种可能性后，选择表现最好的参数。在给定 λ 取值范围的情况下，使用取值范围内 λ 的所有取值依次进行多元线性回归拟合，拟合效果最优的模型所对应的 λ 即为 λ 的最优取值。具体而言，我们设置 λ 的取值范围为0~1，以0.05为增量进行网格搜索，即分别使用0~1区间内19个 λ 的取值进行多元线性回归拟合。对于模型的拟合效果，需要引入残差平方和来进行评价。残差平方和是用于衡量线性函数拟合程度的指标，其计算方法如下：

$$TSS = \sum_{i=1}^{n} (y_i - \bar{y})^2 \tag{3.7}$$

其中，y_i 表示因变量的预测值；$\bar{y}$ 表示因变量的观测值；TSS 表示残差平方和，用于表示样本中因变量的预测值与观测值之间的总体差异，TSS 越小，表示模型的拟合程度越高。由此，使拟合模型所得到的残差平方和最小的 λ 即为 λ 的最优取值。在得到最优滞后影响因子的取值后，将其代入模型，即可得到即时效应系数 β 的估计值。

3.3.3 数据说明

与3.2小节客户忠诚度细分部分的数据来源一样，这里的数据均来源于某保险代理公司的日志数据库和业务数据库。与3.2小节不同的是，这里主要考虑付费搜索广告对不同忠诚度客户的影响，而在3.2小节，我们所得到的客户忠诚度的分类表示的是客户在2017年末所处的忠诚度水平。在本小节中，我们提取2018年的客户行为数据，数据提取的时间维度为2018年1月1日至12月31日。

我们以单次访问为单位，提取客户的付费搜索广告点击行为特征和购买行为特征，所使用的数据表主要为日志数据库中的用户访问行为日志表。根据URL规则与用户访问行为日志表中的访问来源网站（referer）字段和访问请求网址（request）字段进行匹配，可以提取客户在单次会话中的付费搜索广告点击行为与购买行为数据，以天为单位，对同一客户当天的付费搜索广告点击次数和购买次数进行聚合。根据 3.2.3 节中的数据处理步骤，对用户访问日志表中的原始数据进行数据清洗、用户识别、会话识别和特征提取后，共获得 63741 条记录，最终提取的变量见表 3.6，提取记录样例如图 3.4 所示。

根据式（3.3）的测评模型，结合客户的忠诚度分组对每个客户的付费搜索广告点击次数和购买次数以天为单位进行加总，可得到 2018 年每天的付费搜索广告点击次数和购买次数的时间序列数据，样例如图 3.5 所示。

表 3.6　变量说明

变量名称	变量代码
日期	*CAL_NUMBER*
客户 ID	*LOGIN_ID*
付费搜索广告点击次数	*SEM_NUM*
购买次数	*BUY_NUM*
忠诚度分组	*CLASS*

LOGIN ID	CAL_NUMBER	SEM_NUM	BUY_NUM	CLASS
10705	20180101	1	0	POTENTIAL
36704	20180101	1	3	POTENTIAL
52771	20180101	1	1	MEDIUM
53208	20180101	1	0	HIGH
88209	20180101	1	0	LOW
103468	20180101	2	0	POTENTIAL
133393	20180101	1	0	LOW
145691	20180101	1	0	LOW
149172	20180101	1	0	POTENTIAL
153334	20180101	1	1	HIGH
162749	20180101	1	0	POTENTIAL
184190	20180101	1	1	POTENTIAL
187591	20180101	1	0	POTENTIAL
201336	20180101	1	0	LOW
204656	20180101	1	0	MEDIUM
208553	20180101	1	0	LOW

图 3.4　特征提取样例

CAL_NUMBER	SEM_NUM	BUY_NUM	CLASS
20180101	133	28	ALL
20180102	315	56	ALL
20180103	315	63	ALL
20180104	376	63	ALL
20180105	352	119	ALL
20180106	179	58	ALL
20180107	149	38	ALL
20180108	378	64	ALL
20180109	282	86	ALL
20180110	368	89	ALL
20180111	342	111	ALL
20180112	392	86	ALL
20180113	135	45	ALL
20180114	122	30	ALL

图 3.5　2018 年每天点击次数和购买次数数据样例

3.3.4　结果讨论

通过数据获取和数据处理的相关步骤，我们获取了 2018 年 1 月 1 日至 12 月 31 日每天汇总的付费搜索广告点击次数和购买次数的时间序列数据，并进一步根据客户的忠诚度分组进行了汇总，结果见表 3.7。

表 3.7 变量的描述性统计分析

忠诚度分组	变量代码	变量名称	总数	客户数	最大值	平均值
所有客户	*SEM_NUM*	付费搜索广告点击次数	113208	27083	868	310.20
	BUY_NUM	购买次数	30079	9035	320	82.41
潜在客户	*SEM_NUM*	付费搜索广告点击次数	76447	20203	648	209.40
	BUY_NUM	购买次数	18566	6015	222	50.87
低忠诚客户	*SEM_NUM*	付费搜索广告点击次数	16912	4054	202	46.33
	BUY_NUM	购买次数	4143	1678	74	11.35
中忠诚客户	*SEM_NUM*	付费搜索广告点击次数	8047	1432	63	22.05
	BUY_NUM	购买次数	2100	622	69	5.80
高忠诚客户	*SEM_NUM*	付费搜索广告点击次数	11802	1394	104	32.33
	BUY_NUM	购买次数	5270	720	71	14.48

从表 3.7 可以看出，付费搜索广告的点击主要来源于潜在客户，这是由于潜在客户群体比其他忠诚客户群体数量大，但从平均每个客户的点击次数来看，高忠诚组内平均每个客户的点击次数最高。结合企业客户的分布情况来看，高忠诚组中约有 43%的客户发生付费搜索广告的点击，中忠诚组内约有 29%的客户发生付费搜索广告点击，而低忠诚组内仅有约 18%的客户发生付费搜索广告的点击。由此可知，高忠诚客户更倾向于点击付费搜索广告，而低忠诚客户可能更多地通过其他渠道进行网站访问。综合来看，付费搜索广告所覆盖范围最广的客户群体为高忠诚客户群体和潜在客户群体。

根据付费搜索广告即时效应和遗留效应的测评模型，我们以每日付费搜索广告的点击次数为自变量，以每日购买次数为因变量，对按客户分组的数据分别进行多元线性回归，通过网格搜索法，搜索出使拟合效果最好的滞后影响因子，即残差平方和最小值所对应的 λ，各忠诚度分组付费搜索广告的最优滞后影响因子见表 3.8。

表 3.8 各忠诚度分组付费搜索广告的最优滞后影响因子

滞后影响因子	忠诚度分组	最优值	标准误	最小标准化残差	最小残差平方和
λ_{all}	所有客户	0.45	0.016	4.678196	0.113524
$\lambda_{potential}$	潜在客户	0.45	0.016	6.535780	0.134128
λ_{low}	低忠诚客户	0.15	0.015	0.434080	0.034581
λ_{medium}	中忠诚客户	0.20	0.024	0.222556	0.024864
λ_{high}	高忠诚客户	0.30	0.028	0.504425	0.037329

从表 3.8 中可以看出，在采用网格搜索法求得的最优滞后影响因子中，潜在客户组的值最大，达到 0.45，其次是高忠诚客户组，为 0.30，低忠诚客户组的滞后影响因子取值最低，为 0.15。付费搜索广告滞后影响因子表示的是从第 $t-1$ 天到第 t 天付费搜索广告效应转移的百分比，也就是说，付费搜索广告效应的滞后水平在各忠诚度分组的排序为：潜在客户>高忠诚客户>中忠诚客户>低忠诚客户。

将上述最优滞后影响因子代入付费搜索广告即时效应和遗留效应测评模型，可求得表示付费搜索广告即时效应的未知参数 β，结果见表 3.9。

表 3.9　各忠诚度分组付费搜索广告的即时效应

参数	忠诚度分组	估计值	标准误	t 值	Pr（>| t |）
β_{all}	所有客户	0.29143	0.01588	18.352	<2e-16***
$\beta_{potential}$	潜在客户	0.23563	0.01619	14.557	<2e-16***
β_{low}	低忠诚客户	0.22494	0.01583	14.211	<2e-16***
β_{medium}	中忠诚客户	0.24145	0.02358	10.241	<2e-16***
β_{high}	高忠诚客户	0.41716	0.02782	14.994	<2e-16***

注：***表示在 $p<0.001$ 的水平上结果显著。

由此可见，从总体上看，付费搜索广告对客户短期内的购买行为具有显著且积极的影响。各忠诚度分组付费搜索广告即时效应的参数估计值 β 均表现为显著，这意味着付费搜索广告能有效促使各类客户在短期内发生购买，并且付费搜索广告即时效应的强度在各忠诚度分组存在着一定的差异。付费搜索广告的即时效应强度在各忠诚度分组的排序从高到低依次为：高忠诚客户>中忠诚客户>潜在客户>低忠诚客户。其中，高忠诚客户组的即时效应强度明显高于其他组，而潜在客户组、中忠诚客户组和低忠诚客户组的即时效应强度并没有显著差异。这意味着付费搜索广告能更有效地促进高忠诚客户的即时购买。相较于高忠诚客户组，潜在客户组付费搜索广告即时效应的强度较弱，但我们认为，付费搜索广告仍能有效地吸引潜在客户在短期内发生购买。

在获得了各忠诚度分组中付费搜索广告即时效应参数 β 和最优滞后影响因子 λ 之后，我们将其分别代入式（3.5）和式（3.6），进一步计算得到付费搜索广告遗留效应的持续时间及累积强度（见表 3.10），并得到假设的检验结果（见表 3.11）。

表 3.10　各忠诚度分组付费搜索广告的遗留效应

忠诚度分组	即时效应	滞后影响因子	持续时间	遗留效应累积强度
所有客户	0.29143	0.45	2.883610395	0.529873
潜在客户	0.23563	0.45	2.883610395	0.428418
低忠诚客户	0.22494	0.15	1.213726655	0.264635
中忠诚客户	0.24145	0.20	1.430676558	0.301813
高忠诚客户	0.41716	0.30	1.912489289	0.595943

表 3.11　假设结果

假设类型	假设内容	检验结果
即时效应	H3.1a：付费搜索广告对高忠诚客户有正向的即时效应且其影响最强	真
	H3.1b：付费搜索广告对中忠诚客户有正向的即时效应且其影响相对较强	真
	H3.1c：付费搜索广告对低忠诚客户有正向的即时效应且其影响相对较弱	假
	H3.1d：付费搜索广告对潜在客户有正向的即时效应且其影响最弱	假
遗留效应	H3.2a：付费搜索广告对高忠诚客户的遗留效应持续时间最短	假
	H3.2b：付费搜索广告对中忠诚客户的遗留效应持续时间较短	假
	H3.2c：付费搜索广告对低忠诚客户的遗留效应持续时间较长	假
	H3.2d：付费搜索广告对潜在客户的遗留效应持续时间最长	真
累积效应	H3.3a：付费搜索广告对高忠诚客户的累积效应最强	真
	H3.3b：付费搜索广告对中忠诚客户的累积效应较弱	真
	H3.3c：付费搜索广告对低忠诚客户的累积效应最弱	真
	H3.3d：付费搜索广告对潜在客户的累积效应较强	真

从表 3.10 中可以看出，付费搜索广告影响的持续时间约为 3 天，其中，对潜在客户影响的持续时间最长，对高忠诚客户影响的持续时间较长，对低忠诚客户和中忠诚客户影响的持续性相对较短且处于同一水平。由付费搜索广告效应的持续性可知，付费搜索广告遗留效应的累积强度在高忠诚客户组达到最高，约为 0.6，其次是潜在客户组。这表明，虽然付费搜索广告对潜在客户即时购买的影响相对较弱，但其遗留效应较强，由此，付费搜索广告对潜在客户的累积影响仅次于其对高忠诚客户的影响。从付费搜索广告点击行为在各类客户中的分布来看，发生付费搜索广告点击的客户中潜在客户占比达到 75%，并且高忠诚客户中也有约 43% 的客户发生了付费搜索广告点击，这表明潜在客户和高忠诚客户更倾向于在产生购买需求后，通过搜索引擎寻

找符合自己需求的产品，并且更多地通过付费搜索广告渠道进入企业站点进行访问。也就是说，付费搜索广告能有效地吸引潜在客户和高忠诚客户发生点击，进而促使客户发生购买。付费搜索广告的效果在两类客户间的不同之处在于，对高忠诚客户的影响主要在于促进其即时购买行为，而对潜在客户的遗留效应更明显。

综上所述，我们认为，对该电子商务企业而言，其所投放的付费搜索广告面向的客户群体主要为潜在客户和高忠诚客户。也就是说，付费搜索广告的效果不仅表现为吸引新客户发生购买，还表现在有效维持高忠诚客户上。为了进一步提升付费搜索广告的效果，企业可以结合潜在客户和高忠诚客户的搜索行为特征，如搜索的高频关键词等，对付费搜索广告的关键词投放策略进行调整，即对关键词进行有针对性的投放，以期优化企业广告资源的分配并进一步提升付费搜索广告的效果。

3.4　付费搜索广告的购买转化

我们进一步从客户行为角度探究付费搜索广告效应的影响因素和影响机理，即研究不同忠诚度客户从付费搜索广告进入网站后的访问行为对客户购买行为的影响及差异。

3.4.1　付费搜索广告购买转化模型

我们采用多元线性回归的方法，以客户的访问行为作为自变量，以客户的购买行为作为因变量，探究客户访问行为特征对购买行为的影响，具体模型如下：

$$y = a + \sum_{i=1}^{k} \alpha_i x_i + \varepsilon \tag{3.8}$$

其中，y 表示客户的购买行为特征，即购买次数；a 表示常数项；α_i 表示要估计的参数，即客户的访问行为对购买行为影响的系数，用于衡量客户的访问行为对其最终购买行为的影响程度；x_i 表示客户的访问行为特征；ε 表示随机误差。

在自变量的选择上，我们通过引入 EKB 决策模型并结合企业的网站功能对客户的访问行为特征进行选取。EKB 决策模型由 Engel、Kollat 和 Blackwell 提出，是目前客户行为研究领域的核心理论，其基本思想在于将客户的购买决策过程划分为五个阶段，即问题识别、信息搜索、方案评估、购买及购后评估。具体过程如下：①客户在发生购买行为前，会对自身需求形成认知从而产生购买需求，即进行问题识别；②客户进入信息搜索阶段，即搜寻与其购买需求相关的产品或服务的信息；③当客户获取到相关信息时，通常不会立即发生购买行为，而是对可能的方案进行评估；④客户根据其评估准则对可供选择的产品进行比较，进而选择符合其购买需求的最优方案并发生购买。⑤客户购买产品或服务后进行使用或体验，形成自己的感知，然后通过商家的回访或电商平台的反馈渠道进行购后评估。我们对这一过程在电子商务环境下进行了扩展，并从中提取了影响客户购买行为的访问行为特征，具体过程如图 3.6 所示。

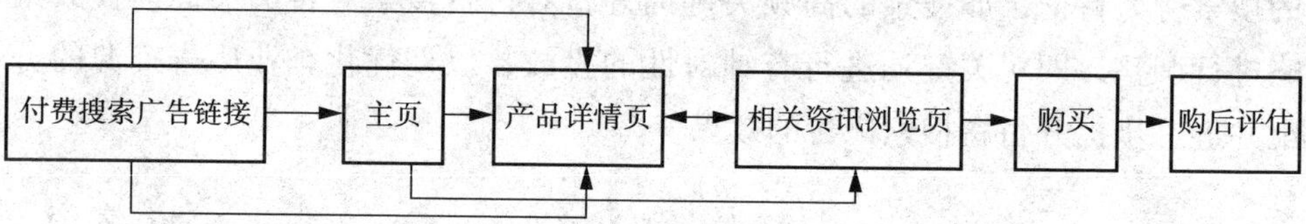

图 3.6　网络购物的决策过程

在网络购物的决策过程中，客户在产生购买需求并通过付费搜索广告链接进入站点时，会进入企业站点主页或产品详情页。其后，客户将在站点内展开信息搜索。在这过程中，客户会使用企业站点的检索板块（如菜单栏、搜索框）来搜索其所需的产品或服务信息。在获得检索结果后，客户会选择产品进行查看，并对候选产品进行对比。在此过程中，客户也可能查看与产品或服务相关的资讯板块，并最终做出购买决策。我们将客户由站点登录至购买决策过程中所发生的访问行为归纳为客户的搜索行为、浏览行为和兴趣行为。结合企业的网站功能设计，我们提出了本次研究所使用的访问行为特征变量。其中，搜索行为指客户在信息搜索阶段所发生的各种行为，包括搜索次数、筛选次数；浏览行为指客户在站点访问过程中对站点页面及产品信息的浏览行为，包括浏览页数、浏览产品页数、页面平均浏览时长、产品页面平均浏览时长；兴趣行为指客户对企业的功能页面所提供的产品或服务相关资讯的访问行为，包括保险学堂浏览页数、保险话题浏览页数和保险字典浏览页数。

3.4.2　数据说明

本节所使用的数据来源于企业志数据库中的用户访问行为日志表。我们以单次访问为单位，提取通过付费搜索广告进入站点的客户的访问行为特征和购买行为特征，数据提取的时间维度为 2018 年 1 月 1 日至 12 月 31 日。提取的方式与上一节一致，相关变量说明见表 3.12。

表 3.12　变量说明

变量名称	变量代码
日期	*CAL_NUMBER*
客户 ID	*LOGIN_ID*
筛选次数	*FILTER_NUM*
搜索次数	*SEARCH_NUM*
浏览页数	*PAGE_NUM*
浏览产品页数	*PRODPAGE_NUM*
页面平均浏览时长	*PAGE_AVG_TIME*
产品页面平均浏览时长	*PRODPAGE_AVG_TIME*
保险学堂浏览页数	*STUDY_NUM*
保险话题浏览页数	*TOPIC_NUM*
保险字典浏览页数	*TOPTAG_NUM*
购买次数	*BUY_NUM*
忠诚度分组	*CLASS*

3.4.3　结果讨论

通过数据获取和数据处理，我们得到了 2018 年 1 月 1 日至 12 月 31 日每天通过付费搜索广告进入客户的单次会话的访问行为与购买行为数据。据此，我们根据客户忠诚度分组对数据进行了描述性统计分析，所有客户与潜在客户行为特征的描述性统计见表 3.13，不同忠诚度客户行为特征的描述性统计见表 3.14。

表 3.13　所有客户与潜在客户行为特征的描述性统计

变量	所有客户的行为特征			潜在客户的行为特征		
	最大值	均值	标准差	最大值	均值	标准差
FILTER_NUM	32	0.010	0.243	32	0.008	0.219
SEARCH_NUM	24	0.174	0.743	24	0.165	0.730
PAGE_NUM	168	8.413	9.194	142	8.152	9.417
PRODPAGE_NUM	38	1.123	2.046	33	0.873	1.809

续表

变量	所有客户的行为特征			潜在客户的行为特征		
	最大值	均值	标准差	最大值	均值	标准差
PAGE_AVG_TIME	898.5	49.832	93.215	899	49.670	88.945
PRODPAGE_AVG_TIME	1730	30.960	67.082	1635	27.040	68.807
STUDY_NUM	18	0.018	0.209	18	0.025	0.246
TOPIC_NUM	13	0.002	0.073	13	0.003	0.088
TOPTAG_NUM	27	0.026	0.229	27	0.041	0.300
BUY_NUM	36	0.177	0.741	13	0.083	0.503

表 3.14 不同忠诚度客户行为特征的描述性统计

变量	高忠诚客户		中忠诚客户		低忠诚客户	
	均值	标准差	均值	标准差	均值	标准差
FILTER_NUM	0.009	0.188	0.011	0.245	0.014	0.2866575
SEARCH_NUM	0.164	0.770	0.205	0.776	0.179	0.7420084
PAGE_NUM	8.911	8.440	8.515	8.506	8.599	9.32079
PRODPAGE_NUM	1.289	2.150	1.272	2.182	1.387	2.240006
PAGE_AVG_TIME	48.280	87.169	50.081	89.884	50.508	101.8352
PRODPAGE_AVG_TIME	29.200	60.481	31.66	65.273	37.150	67.20121
STUDY_NUM	0.008	0.114	0.009	0.165	0.015	0.1852174
TOPIC_NUM	0.001	0.039	0.001	0.032	0.002	0.06688046
TOPTAG_NUM	0.008	0.107	0.007	0.112	0.015	0.1534528
BUY_NUM	0.332	0.757	0.230	0.701	0.240	0.9890035

从表 3.13 和表 3.14 中可以看出，在搜索行为方面，各类客户搜索次数和筛选次数的均值没有明显差异，并且其搜索次数均高于筛选次数。搜索次数是指客户自发在站点检索栏通过关键词进行检索的次数，筛选次数是指客户使用菜单栏进行条件检索的次数。这表明，通过点击付费搜索广告链接进入站点的客户在搜寻信息时更多地使用菜单栏功能进行搜索。在浏览行为方面，浏览页数、浏览产品页数、页面平均浏览时长和产品页面平均浏览时长的均值在各客户组间均没有明显的差异。在兴趣行为方面，各类客户对保险社区所提供的相应功能（保险学堂、保险话题、保险字典）页面的使用程度较低，其中，忠诚度越低的客户的保险学堂浏览页数、保险话题浏览页数和保险字典浏览页数的均值越高，但差异不是很大。在购买行为上，购买次数

的均值按客户忠诚度由高到低依次减少，高忠诚客户的平均购买次数最多，已有客户（高忠诚客户、中忠诚客户、低忠诚客户）的平均购买次数明显多于潜在客户。

由于所提取的行为特征存在量纲不同的问题，我们对数据进行归一化处理后，根据式（3.8）对各组客户数据进行建模，建模结果见表3.15。

表3.15 建模结果

变量	所有客户	高忠诚客户	中忠诚客户	低忠诚客户	潜在客户
FILTER_NUM	-1.445^{***}	-3.102^{***}	-2.210^{*}	-0.011^{***}	-0.798^{***}
SEARCH_NUM	-0.095^{***}	-0.824^{***}	0.247^{***}	-1.839^{***}	0.118^{***}
PAGE_NUM	1.426^{***}	2.937^{***}	3.209^{**}	-0.245^{***}	0.624^{***}
PRODPAGE_NUM	0.465^{***}	-0.458^{***}	-0.504^{***}	2.217^{***}	0.648^{***}
PAGE_AVG_TIME	0.226^{***}	0.421^{***}	0.209^{***}	-0.056	0.106^{***}
PRODPAGE_AVG_TIME	-0.432^{***}	-0.650^{***}	-0.396^{***}	0.282^{**}	0.289^{***}
STUDY_NUM	-0.918^{***}	-1.696^{**}	-1.043^{***}	-0.412^{***}	-0.477^{***}
TOPIC_NUM	-0.504^{***}	-1.278	-1.224	-1.009^{***}	-0.186
TOPTAG_NUM	-1.773^{***}	-2.991^{***}	$-1.244^{\cdot}$	-0.989^{***}	-0.856^{***}

注：***、**、*分别表示在0.001、0.01、0.05的水平上结果显著。

从表3.15中可以看出，在搜索行为方面，各类客户筛选次数的系数均为负数。这表明客户在寻找预期产品的过程中会不断更改筛选条件，随着筛选次数的增加，客户发生购买的可能性会降低。在搜索次数方面，搜索次数的系数在高忠诚客户组和低忠诚客户组表现为负，而在中忠诚客户组和潜在客户组表现为正。这意味着随着搜索次数的增加，高忠诚客户和低忠诚客户购买的可能性会降低，中忠诚客户和潜在客户购买的可能性会提高。

在浏览行为方面，浏览页数、浏览产品页数、页面平均浏览时长及产品页面平均浏览时长在各客户组均表现为显著，这意味着上述行为特征均会显著影响客户的购买行为，但在具体参数的表现上有所不同。其中，高忠诚客户和中忠诚客户的浏览页数和页面平均浏览时长的系数均为正，而浏览产品页数和产品页面平均浏览时长的系数表现为负。这表明随着浏览页数和页面平均浏览时长的增加，浏览产品页数和产品页面平均浏览时长会减少，高忠诚客户和中忠诚客户的购买倾向会增加。低忠诚客户则与之相反，这可能与客户的特性相关。高忠诚客户和中忠诚客户在企业具有丰富的购买经验和访问经验，因此，从进入站点至发生购买所需路径相对较短。低忠诚客户更多地需要对产品进行进一步比较以确定其最优选择，因此随着浏览页数和页面平均浏览时长的减少，浏览产品页数和产品页面平均浏览时长会增加，低忠诚客户更有可能发生购买。在潜在客户方面，浏览页数、浏览产品页数、页面平均浏览时长和产品页面平均浏览时长的系数均为正。潜在客户在企业没有访问和购买经验，他们浏览页数的增加，表明对企业及其所提供的产品或服务兴趣提高，对企业的认知程度得到了提升，由此，他们购买的可能性也会提高。

在兴趣行为方面，保险学堂浏览页数和保险字典浏览页数在各客户组均表现显著且为负数，而保险话题浏览页数仅在低忠诚客户组表现显著且为负数。这意味着企业保险社区功能的使用对客户的购买行为具有消极影响。企业保险社区板块的功能在解决客户疑虑上表现不佳，且客户的使用率较低，企业可以考虑优化该板块功能的设计，或在客户对该板块进行访问时主动提供服务，以促使客户产生购买行为。

总的来说，高忠诚客户和中忠诚客户属于客户价值较高的客户群体，他们对企业有足够的信任，因此更倾向于在短时间内发生购买，此类客户的耐心比低忠诚客户和潜在客户低。对企业而言，可以考虑以提供短期优惠券的方式促使此类客户在其耐心时间范围内购买。低忠诚客户的页面访问更关注产品的浏览和比较，企业可以主动提供相关产品推荐等服务，为此类客户优化访问路径，提高其购买的可能性。潜在客户未在企业有过购买行为和访问行为，他们需要通过访问过程加强对企业和产品的认知，企业可以主动提供咨询服务及新客户优惠券，以吸引此类客户购买。

3.5 本章小结

本章基于以往从购买行为角度对电子忠诚度评价的研究和电子商务企业数据库，结合客户的访问行为和购买行为构建电子忠诚度的评价指标体系，继而采用层次分析法确定指标权重，再依据 ABC 分类法将电子商务企业客户划分为高、中、低忠诚度组，对电子忠诚度进行研究。结果表明，结合访问行为和购买行为对电子忠诚度进行评价，能综合反映客户的创造价值和潜在价值。其中，高忠诚客户和中忠诚客户具有稳定的创造价值和良好的潜在价值，而低忠诚客户的总体价值相对较低。

本章结合电子忠诚度细分，通过客户行为建模对付费搜索广告效应测评及其后续的购买转化进行了研究，两方面研究均按照“模型构建—数据处理—实测讨论”的逻辑展开。我们基于以往对网络广告效应评价的研究和企业实际数据，提出付费搜索广告效应的测评模型，以综合评估付费搜索广告的即时效应和遗留效应，并对付费搜索广告的短期影响和长期影响在各忠诚度分组间的差异进行比较。结果发现：付费搜索广告对高忠诚客户的累积效应最强，且主要表现为促进客户的即时购买；其次是潜在客户，主要表现为付费搜索广告遗留效应的持续时间最长；付费搜索广告对低忠诚客户和中忠诚客户的影响相对较弱。在付费搜索广告购买转化的研究中，基于扩展EKB模型，提出影响客户购买行为的访问行为特征，并运用多元线性回归的方法分析各忠诚客户群体通过点击付费搜索广告进入站点后的访问行为对购买行为影响的差异。结果表明：各类客户的搜索行为和兴趣行为对购买行为均有负向影响。浏览行为对购买行为的影响在各忠诚度分组间表现出较大的差异，对高忠诚客户和中忠诚客户的购买行为具有负向影响，对潜在客户的购买行为具有正向影响，对低忠诚客户而言，产品页面的浏览行为能有效促进其购买行为。

第 4 章
多渠道网络广告的溢出效应

Chapter Four

在本章中，溢出效应是指消费者某一渠道网络广告的浏览和点击行为对其之后的其他渠道访问及网络广告浏览和点击乃至购买行为产生的影响。这里，多个访问渠道包括搜索引擎广告、自然搜索和直接访问。本章着重研究这三种渠道的溢出效应，以及网络广告会话内和会话间的溢出效应。

4.1 多渠道网络广告及其溢出效应

我们分别从网络广告访问渠道、广告溢出效应及溢出效应的研究方法三个方面阐述本章涉及的主要概念和相关研究。

4.1.1 网络广告访问渠道

电商企业投放广告的渠道包括付费搜索渠道、展示广告、短信广告、邮件广告等，其中付费搜索渠道是企业在线广告支出的主要部分。付费搜索广告是一种依托搜索引擎存在的广告形式。企业选择特定的关键字，并创建一个广告信息，用户在搜索这些关键词时，相应的广告会出现在搜索结果中，与自然搜索的结果区分开来。广告在搜索界面的位置与竞价拍卖机制有关。关键词的选择和关键词的竞价可以随时由电商企业更改。广告本身并不收取费用，用户点击一次广告，就会产生一次计费。电商企业可以通过设定上限和预算来限制他们愿意为每次点击支付的金额。很多研究已经证实了付费搜索的价值。例如：Katona 和 Sarvary（2010）发现，相比自然搜索访问，通过搜索引擎广告访问网站的点击率与转化率有显著的提升。卢向华（2013）的研究验证了搜索引擎广告的经济收益，并发现不同的关键词投放策略会产生不同的广告效果。企业在投放搜索引擎广告时，应关注其投入产出比：如果用户点击了付费搜索广告却没产生购买行为，会造成企业广告支出的浪费，即该支出并未获得收益。因此，如何增强付费搜索的实际效果及制定付费搜索渠道的投资决策值得企业关注。

搜索引擎除了付费搜索外，还包括自然搜索。自然搜索是指搜索引擎根据用户输入的关键词与网页的内容进行匹配，按照相关度进行排序，返回页面结果的方式。自然搜索的结果与付费搜索无关，只跟企业内容与用户请求是否匹配相关。企业通常会采用搜索引擎优化（SEO）的方法（如优化网页的内容、关键字、结构及链接等）来改善访问网站自然搜索流量的数量和质量。

直接访问是指消费者直接通过电商网站的网址进行访问。消费者有可能是在地址栏直接输入网址进行访问，也有可能因为对电商网站产生了兴趣，将网址保存在收藏夹或本地，通过保存的网址进行访问。直接访问情况能反映网站的知名度及口碑。在电子商务的虚拟情境下，消费者购物时无法直接了解商品的质量，所以在众多电商企业发展的当下，消费者选择哪个电商网站进行消费主要取决于该网站的口碑、知名度等因素。网站的口碑越好、知名度越高，消费者就越容易对其产生信任，也更容易记住该网站的域名，如京东、淘宝等主要电商企业的网址就被很多消费者熟知。此外，直接访问还能反映消费者对企业的忠诚度。在线忠诚度通过消费者的访问频率、购买频率等来反映。浏览器的收藏夹及其他保存网页的功能是维系忠诚消费者的有效工具。消费者将电商网站的网址保存下来，表明其有可能对该网站进行重复访问，进而更容易产生重复购买行为，从而形成忠诚度。因此，对通过直接访问渠道访问的消费者进行分析，有助于企业对电商网站的发展有更清晰的认知。

4.1.2 溢出效应概述

有关即时效应和遗留效应的研究都是从时间角度进行的，我们将不同渠道的效应分隔开来进行测量，然而渠道之间还存在溢出效应，即不同渠道之间会相互影响。传统广告研究已经发现了溢出效应的存在。例如：Edell 和 Keller（1989）研究了电视和广播广告的联合效应，发现消费者在听广播广告时会回忆起电视广告。Confer 和 McGlathery（1991）研究了杂志广告和电视广告之间的协同效应，发现在品牌的选择与号召上，印刷广告和电视广告联合投放会比单一媒体投放更有效。随着互联网的发展，网络广告开始兴起，很多学者也对传统广告和网络广告渠道的溢出效应进行了分析。例如，Naik 和 Peters（2009）提出了一个层次模型，以分析线下渠道及在线和线下渠道之间的协同效应。他们的模式建立在早期的工作之上（Naik 和 Raman，2003），并认为同步投资于线下和在线广告会比单独投资其中一个渠道产生更多收入。Dinner 和 Heerde 等（2011）根据消费者决策信息理论建立了概念框架，使用某零售企业的周级数据，选取线上线下渠道的消费者数、消费支出等指标，建立动态线性回归模型来测量溢出效应。

网络广告渠道间的溢出效应表现为用户在某一渠道的点击或购买行为对其他渠道的点击或购买行为的影响。很多研究关注不同广告渠道（如付费搜索广告、展示广告、邮件广告等渠道）之间的交互作用。Rutz 等（2007）发现，一般搜索可能会对之后的品牌搜索产生溢出效应，一般搜索通过提高认知积极影响品牌搜索，但品牌搜索却不影响一般搜索。Abhishek 等（2012）发现，展示广告和搜索广告会根据其在决策过程中的状态对个体消费者产生不同的影响。Xu 等（2012）发现，展示广告对购买转换的直接影响较小，但更可能刺激后续其他广告访问渠道的购买。Nottorf 等（2014）对多个在线广告渠道中的点击流进行建模，结果表明，重复广告曝光的影响以及展示和付费搜索广告的相互作用在对消费者点击概率的正面影响上存在差异。Kireyev 等（2015）研究了付费搜索和展示广告之间的动态交互作用，认为展示广告可以增加搜索转化，也可能会增加搜索点击次数，从而增加搜索广告的费用。

除了各种形式的广告渠道之间会产生溢出效应，访问渠道也会对消费者浏览转换产生影响。广告作为一种访问渠道，可能与其他非广告访问渠道产生溢出效应。然而，当前很少有研究以访问渠道作为研究对象进行溢出效应的分析。2011 年，Yang 和 Ghose 确定了自然搜索列表的点击率与付费搜索列表的点击率之间存在正向的依赖关系，且自然搜索列表的点击率对付费搜索的点击率影响更大。此外，Funk、Bremer（2017）等也探究了自然搜索与付费搜索的交互对消费者的影响，结果显示，当消费者交互使用付费搜索和自然搜索时，在短期内的购买转换率明显比消费者只使用一个渠道时高。由此可知，付费搜索与自然搜索之间可能存在正向关系。

除了自然搜索与付费搜索，也有学者考虑到了直接访问渠道，然而研究结果存在较大差异。Li 等（2014）研究了多渠道的营销环境，结果显示，自然搜索会对付费搜索和直接购买产生正向的溢出效应，导致最终的转换购买。赵飞宇引入更多渠道探究不同渠道对订单与销售量的影响，以及不同渠道之间的影响，指出直接渠道访问量对购买量和销售量的影响最显著，网络广告渠道和引荐渠道次之，自然搜索渠道的影响不显著。网络广告渠道的访问量还会显著地影响直接渠道的购买量和销售额，但是对自然搜索渠道购买量的影响不显著，对自然搜索渠道销售额的影响是负向的。

由上述分析可知，广告效应的研究主要关注时间维度上的即时效应和遗留效应，在测量效应时，仅从单个渠道进行考虑，而忽略了渠道间存在的溢出效应。溢出效应的研究一般针对传统渠道、线上线下渠道及在线广告渠道，很少有研究对访问渠道之间的溢出效应进行分析。已有的研究主要集中在自然搜索和付费搜索上，或者是在研究多渠道时将直接访问考虑进去，得到的结果不一致。没有研究单独对付费搜索、自然搜索和直接访问这三个渠道的溢出效应进行分析。本书将对这三个渠道进行研究。

4.1.3　溢出效应研究方法

在对广告效应进行测评时，很多研究基于消费者的购买决策过程，选取点击率、转化率等指标进行分析。消费者的购买决策过程可分为三个阶段：①需求认知阶段。在这一阶段，消费者会了解自己的需求，并考虑从何种渠道获取信息。②访问阶段。在这一阶段，消费者会选取某个渠道进行访问，获取所需的信息并评估比较商品。③最后的购买阶段。在这一阶段，消费者会完成最终的购买。在网络购物过程中，消费者的购买决策过程会以点击流的形式记录下来。研究者可以根据点击流数据进行分析。然而在研究点击流数据时，很多研究专注于最后一次点击的重要性，将消费者最终的转化购买归因于最后一次点击的渠道，而忽略了消费者前期在其他渠道的访问行为，由此做出的估计会产生偏差。消费者在购买决策的各个阶段都会受到广告的影响，如展示广告可能会在初期刺激消费者的需求，接着消费者会通过访问搜索引擎广告等方式搜集信息，其购买决策的完成不仅受到搜索引擎广告的影响，还会受到展示广告的影响。有些学者据此做出了改进，即基于个体消费者数据，采用马尔可夫的方法研究消费者行为。在市场营销相关文献中，当消费者的状态不可观察时，马尔可夫链通常被用来捕捉消费者的动态行为（Netzer 等，2008）。Xu 等（2012）基于消费者个体水平的数据，建立了相互刺激点过程模型（Mutually Exciting Point Process Model），该模型将广告点击和购买看作连续时间的相依随机事件，消费者在购买决策过程中对不同渠道广告的点击会对最终购买产生影响，最终通过马尔可夫链计算得出展示广告和付费搜索的购买转换率。Abishek 等（2013）基于个体消费者行为，选取了展示和搜索广告的点击率、购买次数等指标构建隐马尔可夫模型，了解了不同的归因转化。Li 等（2014）基于消费者购买决策过程建立了贝叶斯模型框架，提取消费者个体的历史访问数据和历史购买数据，选取不同渠道的访问量、购买量等指标，采用马尔可夫迭代的方法得到不同渠道之间的溢出效应。

由于个体存在异质性，大部分研究还是基于统计数据进行分析。统计数据是将个体数据按照某一指标进行累加而形成的。Gopal 等（2012）选取搜索渠道和展示渠道的展示次数、点击次数、每次点击成本等指标，建立了 OLS 回归方程，分别探究各个渠道的展示次数对某个渠道的点击率的影响，得出具体的溢出效应值。Kireyev 等（2015）提取了周级数据，选取搜索渠道和展示渠道的点击数、展示数、账户申请量及支出等指标，将计量经济学中多元时间序列的方法扩展到营销领域，得到两个广告渠道的动态协同效应。赵飞宇（2014）也利用经济计量学的方法，建立了 VAR 模型来测量不同渠道的访问次数对销售额的影响。

综上所述，一些研究基于个体消费者数据，采用马尔可夫的方法探究不同渠道之间的溢出效应。然而个体消费者数据存在异质性，有些消费者可能会清理缓存从而导致信息的遗漏。统计数据能在一定程度上缓解这个问题，管理人员也常根据总体数据来评估营销工具的表现，因此本章对个体消费者数据进行累加统计，按照统计数据来进行分析。在研究指标的选取上，本章从点击流入手，利用点击量、购买转换等指标对直接访问、自然搜索及付费搜索这三个主要访问渠道进行研究。在研究方法上，我们借鉴 Kireyev 等（2015）和赵飞宇等的研究，采用计量经济学的方法，系统地探究这三个渠道对购买转换的影响，以及渠道间的动态交互作用，以避免归因问题的产生。

4.2 搜索引擎、自然搜索等多渠道溢出效应测评实证

4.2.1 数据说明和预处理

本章采用国内某知名保险产品电子商务平台提供的 2016 年 11 月 28 日到

2017 年 11 月 26 日的共计 57274748 条用户日志访问数据。日志访问数据包含用户从进入站点开始的一系列访问行为，包括访问 IP、访问时间、用户 cookie、访问请求、访问来源、来源关键字等数据。该公司的渠道包含本次研究所需的付费搜索、自然搜索以及直接访问。其中，搜索渠道包括百度、搜狗、360 等搜索引擎渠道，为了避免过度参数化，我们从总体数据出发，不区分搜索渠道间的差异。

在数据预处理方面，我们采用 Web 日志挖掘的方法，通过数据清洗、用户识别、会话识别、事务识别等步骤，对每天个体用户的访问购买数据进行变量提取，然后汇总成所有用户的数据进行分析。

4.2.2　变量的描述性统计分析

在对保险电商网站的用户访问日志数据进行处理后，提取了 6 个变量作为研究的对象，见表 4.1。

表 4.1　变量说明

变量代码	变量名称	变量代码	变量名称
sem_n	付费搜索点击次数	*sem_p*	付费搜索转换数
seo_n	自然搜索点击次数	*seo_p*	自然搜索转换数
direct_n	直接访问点击次数	*direct_p*	直接访问转换数

6 个变量分别表示付费搜索、自然搜索及直接访问三个访问渠道的用户点击次数以及通过这三个访问渠道进行购买转换的次数，将数据聚合到周，从总体上进行分析，共计 52 周。

首先，我们对变量进行相关性分析，得到变量间的相关性矩阵，见表 4.2。

表 4.2　相关性矩阵

	sem_n	*seo_n*	*sirect_n*	*sem_p*	*seo_p*	*direct_p*
sem_n						
seo_n	0.57					
direct_n	0.49	0.20				
sem_p	0.72	0.28	0.43			
seo_p	0.15	0.54	−0.02	0.11		
direct_p	0.19	0.54	−0.02	0.32	0.74	

由表 4. 2 可知，大部分变量的相关性比较一般，付费搜索转换数 sem_p 和付费搜索点击数 sem_n，以及自然搜索转换数 seo_p 和直接访问转换数 $direct\_p$ 之间的相关性较强，但并没有超过 0. 8，因此所有变量仍予以保留。

其次，对变量进行描述性统计，可得到表 4. 3。

表 4. 3　变量的描述性统计分析

变量分类	变量代码	最大值	最小值	均值	标准差	转换率
渠道点击数	sem_n	49577	14111	34630	8452. 90	0. 017
	seo_n	179051	47600	142206	28169. 57	0. 001
	$direct\_n$	108707	22814	74814	18701. 43	0. 014
渠道转换数	sem_p	824	297	526. 80	97. 08	
	seo_p	169	45	144. 10	26. 67	
	$direct\_p$	1 538	565	1 075. 40	222. 90	

由表 4. 3 可知，从平均值来看，目前该网站的自然搜索点击数 seo_n 最大，付费搜索点击数 sem_n 最小，且自然搜索点击数每周波动较大，而付费搜索点击数的波动相对较小。虽然自然搜索的点击数波动最大，但其购买转换数最少，转换率（0. 001）最小，而付费搜索购买数则相对较多，转换率（0. 017）最大，表明了付费搜索的有效性。直接访问的点击数和转换数都处于中等水平，转换率（0. 014）也较高，表明企业的主要订单量来自忠诚度较高的消费者。

最后，我们对变量进行时序图分析，观察其总体趋势，如图 4. 1 所示。

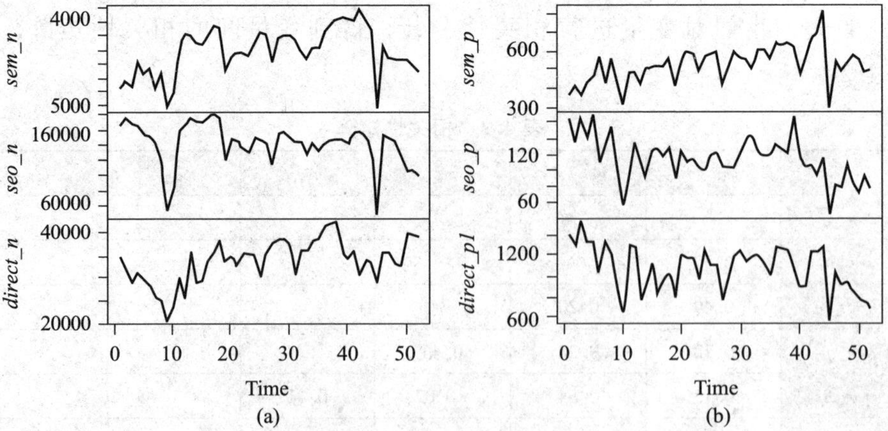

图 4. 1　变量时序图

从图 4.1 中可以看出，各个序列基本上在前 10 周呈现整体下降的趋势，之后呈现上升趋势，大致的走势保持一致，不能直观判断是否为平稳序列。

4.2.3　数据分析思路及方法

我们将提取用户在三个访问渠道的点击次数、转化次数等变量，形成以周为单位的时间序列数据。为了探究三个访问渠道之间的溢出效应，我们借鉴了持续建模技术，即将计量经济学中的多元时间序列方法扩展到营销领域，基于消费者行为建立模型来模拟溢出效应和协同动态（Dekimpe 和 Hanssens，1999）。

持续建模技术的主要步骤如图 4.2 所示。

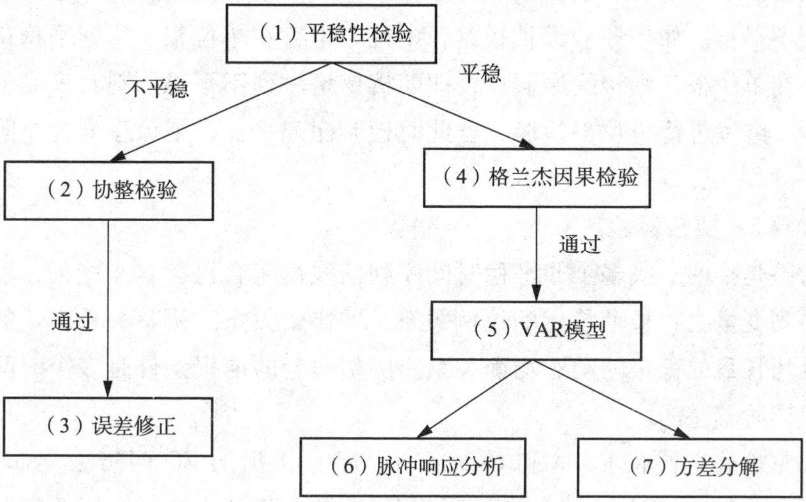

图 4.2　持续建模技术的主要步骤

探究变量之间的关系，可以建立回归模型。由于变量为时间序列变量，需要检验其是否平稳，以防止出现“伪回归”的现象。变量平稳可以直接进行建模，而变量不平稳，且为同阶单整，则可进行协整检验，以判断变量之间的关系是否长期稳定。我们还需考察短期波动，进行误差修正检验，通过调整变量来恢复长期均衡的偏差。对于平稳序列，可进行格兰杰因果检验，判断一个变量的前期变化能否有效地解释另一变量的变化。此外，可利用平稳变量拟合 VAR 模型，生成脉冲响应图，对变量间的关系进行更直观的了解。

步骤 1：平稳性检验。

在经典回归分析中，一般假设数据是平稳的，即均值和方差都无系统变化，而时间序列通常是不平稳的变量，因此需要先对变量的平稳性进行检验。变量不平稳容易导致“伪回归”问题的发生，表现为两个没有因果关系的变量由于外在因素的推动产生了因果关系。不平稳的序列可以通过取差分或者取对数的方式转变为平稳序列。差分是指将时间序列当前时间点的值映射为后一时间点减去当前时间点的值。这里我们用 ADF 单位根检验判断序列是否平稳，其计算公式为

$$\Delta Y_t = \alpha + \beta t + \pi Y_{t-1} + \sum_{i=1}^{P} \varphi_i \Delta Y_t + \mu_t \tag{4.1}$$

其中，α 表示常数项；t 表示时间趋势；Y_{t-1} 表示滞后值；βt 表示延迟系数，描述的是各滞后期变动对当期变动的影响。模型原假设为 H0：$\pi=0$，表示序列不平稳。如果原假设被拒绝，则说明不存在单位根，序列平稳；如果检验存在单位根，则接受原假设，即随机变量序列不平稳，则对该变量进行差分后，继续进行单位根检验，若此时检验序列平稳，则该序列为一阶单整序列。

步骤 2：协整检验。

协整是指两个或多个非平稳时间序列的线性组合可能是平稳的，反映了时间序列变量之间长期稳定的比例关系，即协整关系。协整关系表达的是两个线性增长量的稳定的动态均衡关系。协整检验的前提条件是多个时间序列必须是同阶单整的。

协整检验主要有 Engle 和 Granger（1987）提出的 EG 两步法及 Johansen（1988）和 Stock-Watson（1988）提出的 JJ 检验两种方法。为了探究两个变量间是否存在长期均衡的关系，我们采用 EG 两步法，通过建立 OLS 模型检验其残差平稳性，步骤如下：

首先，建立 OLS 模型估计长期均衡关系。

$$Y_t=\alpha+\beta X_t+\mu_t \tag{4.2}$$

如果变量是协整的，则回归得到协整系数 α 和 β 超一致估计量，为了确定变量间是否真正存在协整，需对模型残差序列

$$\hat{\mu}_t=Y_t-(\hat{\alpha}+\hat{\beta}X_t) \tag{4.3}$$

进行平稳性检验。残差序列 $\hat{\mu}_t$ 是偏离长期均衡关系的残差估计值。如果这个残差估计值平稳，则变量序列是协整关系。

步骤 3：误差修正。

如果变量之间存在协整关系，则需进一步建立向量误差修正（VEC）模

型，在短期波动中调整长期均衡的偏差以恢复均衡。具有 K 阶滞后的 VEC 模型的一般形式如下：

$$\Delta Y_t = \gamma_0 D_t + \sum_{k=1}^{K} \gamma_k \Delta Y_{t-k} + \alpha e_{t-1} + \mu_t \tag{4.4}$$

其中，Y_t 是时间 t 的内生变量的向量；D_t 是确定性分量的向量（如截距、趋势）；e_{t-1} 是协整关系的矩阵；γ_k 和 α 是要估计的参数矩阵，γ_k 中的系数捕获了内生变量过去变化对其当前偏差的影响，α 系数反映了内生变量对 e_{t-1} 中定义的平衡协整关系的调整速度；$\sum$ 是多变量 —— 正态分布误差项 μ_t 的协方差矩阵。

步骤 4：格兰杰因果检验。

格兰杰因果检验的前提是时间序列为平稳变量，否则，会导致伪回归的发生。该检验可判断两组时间序列是否存在因果关系，该因果关系是指两个变量在时间上是否存在滞后关系，即某个变量过去的行为是否会影响另一个变量当前的行为。检验的表达式如下：

$$Y_t = \sum_{i=1}^{m} \alpha_i X_{t-i} + \sum_{i=1}^{m} \beta_i Y_{t-i} + \mu_{1t}$$

$$X_t = \sum_{i=1}^{m} \lambda_i X_{t-i} + \sum_{i=1}^{m} \delta_i Y_{t-i} + \mu_{2t} \tag{4.5}$$

其中，α 和 λ 表示变量 X 和变量 Y 之间的影响系数，白噪声 μ_{1t} 和 μ_{2t} 假定为不相关的。

通过 F 检验判断 α 和 λ 的值是否整体为 0，可得到变量 X 和变量 Y 之间的关系。原假设为 α 整体为 0，若不通过 F 检验，则拒绝原假设，表明变量 X 是 Y 的格兰杰原因。

步骤 5：VAR 模型。

向量自回归模型简称 VAR 模型。该模型采用多方程联立的形式，在模型的每个方程中，当前变量对所有变量的滞后值进行回归，从而估计所有联合变量之间的动态关系。

$$Y_t = A_1 Y_{t-1} + A_2 Y_{t-2} + \cdots + A_p Y_{t-p} + \mu_t \tag{4.6}$$

式（4.6）为滞后阶数为 p 的 VAR 模型表达式。其中，Y_t 为 K 维变量的向量；μ_t 为 K 维误差向量；A_1，A_2，…，A_p 为待估系数矩阵。

VAR 模型需要通过平稳性检验，如果 VAR 模型每个方程的根都小于 1，则在单位圆的范围内，该模型是平稳的。如果模型不平稳，则得到的结果有些可能没有价值，并可能对后续的脉冲响应产生影响。除了平稳性检验，VAR 模型需要选取正确的滞后阶数，可结合 AIC 准则、SC 准则及其他准则进行判断，当 AIC 或 SC 值最小时，对应的滞后阶数为最优滞后阶数。

VAR 模型不以经济理论为基础，估计得到的参数结果之间只是存在一致性，很难对某个估计出来的参数进行经济解释，因此，通常基于模型进行脉冲响应分析和方差分解。

步骤 6：脉冲响应。

脉冲响应是指在随机误差项上施加一个单位的标准差冲击后，系统内各个变量对此产生的反应，包括当期及长期的反应。

步骤 7：方差分解。

方差分解是指当某个变量发生波动时，分析不同变量的结构冲击对其波动的贡献度，从而得出不同变量随机扰动项的相对重要性。

4.2.4 数据分析结果

4.2.4.1 平稳性检验

使用 r 语言 urca 包中的 ur. df 函数对变量进行 ADF 单位根平稳性检验，得到的结果见表 4.4。

表 4.4 ADF 单位根检验结果

变量	ADF 值	1%临界值	5%临界值	10%临界值	结果
sem_n	-2.7046	-4.04	-3.45	-3.15	不平稳
Dsem_n	-6.2033	-4.04	-3.45	-3.15	平稳
sem_p	-4.3922	-4.04	-3.45	-3.15	平稳
seo_n	-4.0559	-4.04	-3.45	-3.15	平稳
seo_p	-3.4986	-4.04	-3.45	-3.15	平稳
direct_n	-2.8011	-4.04	-3.45	-3.15	不平稳
Ddirect_n	-6.3378	-4.04	-3.45	-3.15	平稳
direct_p	-4.0336	-4.04	-3.45	-3.15	平稳

注：*Dsem_n* 和 *Ddirect_n* 分别为付费搜索和直接访问渠道点击数的一阶差分。

检验模型的原假设为存在单位根。将 ADF 值与临界值进行比较可知，当 ADF 值小于临界值时，表明拒绝原假设，没有单位根，变量平稳。*sem_p*、*seo_n*、*seo_p* 和 *direct_p* 四个变量的 ADF 值都小于 5%的临界值，表明变量平稳。

sem_n 和 *direct_n* 的 ADF 值均大于三个临界值，表明变量不平稳。对这两个变量进行 1 次差分后，得到的变量 *Dsem_n* 和 *Ddirect_n* 平稳，因此 *sem_n* 和 *direct_n* 一阶差分平稳，都为一阶单整序列，可进行协整关系检验。

4.2.4.2　协整检验与误差修正

利用 EG 两步法对 *sem_n* 和 *direct_n* 进行协整检验，先建立 *sem_n* 和 *direct_n* 之间的回归方程：

$$\begin{pmatrix} direct\_n \\ sem\_n \end{pmatrix} = \begin{pmatrix} 3.703e+04 \\ 1.796e+04 \end{pmatrix} + \begin{pmatrix} 1.091e+00sem\_n \\ 2.229e-01direct\_n \end{pmatrix} + \mu_t \tag{4.7}$$

再对回归方程的残差进行单位根检验。仍采取 ADF 单位根检验方法，得到的检验结果见表 4.5。

表 4.5　协整检验结果

关系	ADF 值	1%临界值	5%临界值	10%临界值	结果
sem_n~direct_n	-3.1322	-2.6	-1.95	-1.61	平稳
direct_n~sem_n	-2.1727	-2.6	-1.95	-1.61	平稳

两变量回归后得到的残差的 ADF 值分别小于 1%和 5%的临界值，均通过单位根检验，表明两者之间存在协整关系，即回归方程所描述的因果关系不是伪回归，两者之间存在长期稳定的关系。

sem_n 和 *direct_n* 皆为一阶单整序列，且存在协整关系，我们将其作为变量，构建向量误差修正（VEC）模型，进行误差修正，以调整变量来恢复长期均衡的偏差。

根据贝叶斯信息标准选取最优滞后长度为 1，得到的 VEC 方程如下：

$$\begin{pmatrix} \Delta direct\_n_t \\ \Delta sem\_n_t \end{pmatrix} = \begin{pmatrix} 8.065e+01 \\ 1.575e+02 \end{pmatrix} - \begin{pmatrix} 2.159e+04 \\ 1.509e+04 \end{pmatrix} ecm_{t-1} + \begin{pmatrix} 8.570e-01\Delta sem\_n_{t-1} \\ 1.909e-01\Delta direct\_n_{t-1} \end{pmatrix} + \mu_t \tag{4.8}$$

其中，ecm_{t-1}是协整关系的矩阵，它前面的系数反映了平衡协整关系的调整速度，两个方程的系数均为负，符合误差修正机制，表明上一期偏离长期均衡的数量将在下一期得到反向修正，这也符合之前证明的协整关系。

通过回归方程式（4.7）和误差修正模型式（4.8），可得到付费搜索点击数和直接访问点击数之间的关系。

对于直接访问点击数：从短期来看，前一期付费搜索点击数的变动会对直接访问点击数产生正向影响，正向影响的系数值为0.857；从长期来看，当短期波动达到长期均衡时，付费搜索点击数会对其产生正向影响，正向影响的系数值为1.091。

对于付费搜索点击数：从短期来看，前一期直接访问点击数的变动会对付费搜索点击数产生正向影响，正向影响的系数值为0.1909；从长期来看，当短期波动达到长期均衡时，直接访问点击数会对其产生正向影响，正向影响的系数值为0.2229。

由以上分析可知，付费搜索点击数和直接访问点击数之间存在正向影响，长期均衡的影响会大于短期的影响；从影响值来看，付费搜索点击数对直接访问点击数的影响大于直接访问点击数对付费搜索点击数的影响。

4.2.4.3 格兰杰因果检验

格兰杰因果检验的前提是序列是平稳的，由于*sem_n*和*direct_n*为一阶单整序列，因此可使用*Dsem_n*和*Ddirect_n*进行因果关系检验，其余变量可直接进行检验，检验结果见表4.6。

表4.6 格兰杰因果检验结果

假设	Prob	结果
Dsem_n 不是 *Ddirect_n* 的格兰杰原因	0.716	不是
Ddirect_n 不是 *Dsem_n* 的格兰杰原因	0.896	不是
sem_p 不是 *seo_n* 的格兰杰原因	0.000	是
seo_n 不是 *sem_p* 的格兰杰原因	0.930	不是
seo_n 不是 *direct_p* 的格兰杰原因	0.600	不是
direct_p 不是 *seo_n* 的格兰杰原因	0.013	是
direct_p 不是 *sem_p* 的格兰杰原因	0.366	不是
sem_p 不是 *direct_p* 的格兰杰原因	0.033	是
seo_n 不是 *seo_p* 的格兰杰原因	0.071	不是
seo_p 不是 *seo_n* 的格兰杰原因	0.041	是
seo_p 不是 *sem_p* 的格兰杰原因	0.134	不是
sem_p 不是 *seo_p* 的格兰杰原因	0.149	不是
seo_p 不是 *direct_p* 的格兰杰原因	0.387	不是
direct_p 不是 *seo_p* 的格兰杰原因	0.138	不是

检验变量 y 与变量 x 的关系，原假设为 y 不是 x 的格兰杰原因，将检验得到的 *prob* 值与 0.05 进行比较，若 *prob* 值小于 0.05，则拒绝原假设，表明 y 是 x 的格兰杰原因。由表 4.6 可知，*sem_n* 和 *direct_n* 之间虽然存在相关关系，却并不存在因果关系，而其余变量存在单向因果关系，经过整合，可得到如图 4.3 所示的因果关系。

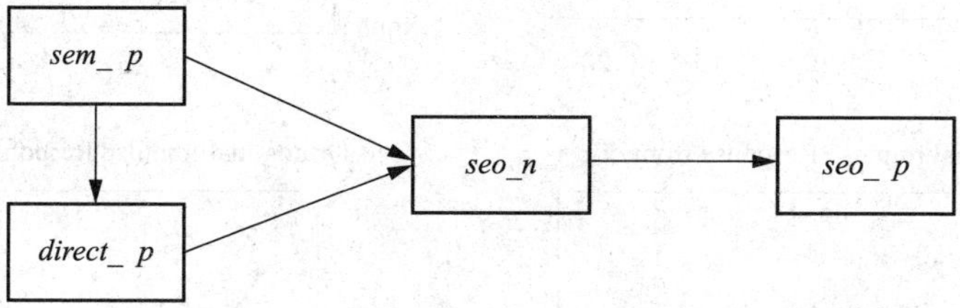

图 4.3　变量的格兰杰因果关系

如图 4.3 所示，付费搜索的点击购买数 *sem_p* 会影响直接访问的转换数 *direct_p*，而两者都会影响自然搜索的点击数 *seo_n*，从而进一步影响自然搜索的转换数 *seo_p*。由此可见，付费搜索会对其他两个访问渠道产生影响。

4.2.4.4　脉冲响应分析

为了直观地了解 4 个变量间的动态关系，我们建立了以这 4 个变量作为内生变量的 VAR 模型。VAR 模型的滞后系数可根据 AIC、BIC 等准则确定，在 r 语言中选用 VARselect 函数可确定构建 VAR 模型的滞后阶数，得到最优滞后阶数为 1。通过 VAR 函数构建的模型如下：

$$\begin{pmatrix} sem\_p_t \\ direct\_p_t \\ seo\_n_t \\ seo\_p_t \end{pmatrix} = \begin{pmatrix} 4.30e+02 \\ 9.52e+02 \\ 1.49e+05 \\ 6.39e+01 \end{pmatrix} - \begin{pmatrix} 2.51e-01 & 1.53e-02 & 5.67e-04 & -1.13e+00 \\ -9.00e-01 & 6.67e-01 & 1.58e-03 & -3.11e+00 \\ -1.61e+02 & 4.06e+00 & 7.85e-01 & -3.41e+02 \\ -9.73e-02 & 5.01e-02 & 3.17e-04 & 7.80e-03 \end{pmatrix} \begin{pmatrix} sem\_p_{t-1} \\ direct\_p_{t-1} \\ seo\_n_{t-1} \\ seo\_p_{t-1} \end{pmatrix} + \begin{pmatrix} e_{1t} \\ e_{2t} \\ e_{3t} \\ e_{4t} \end{pmatrix} \tag{4.9}$$

由于 VAR 模型的参数较难解释，我们基于模型生成脉冲响应图

（图 4.4）进行分析。

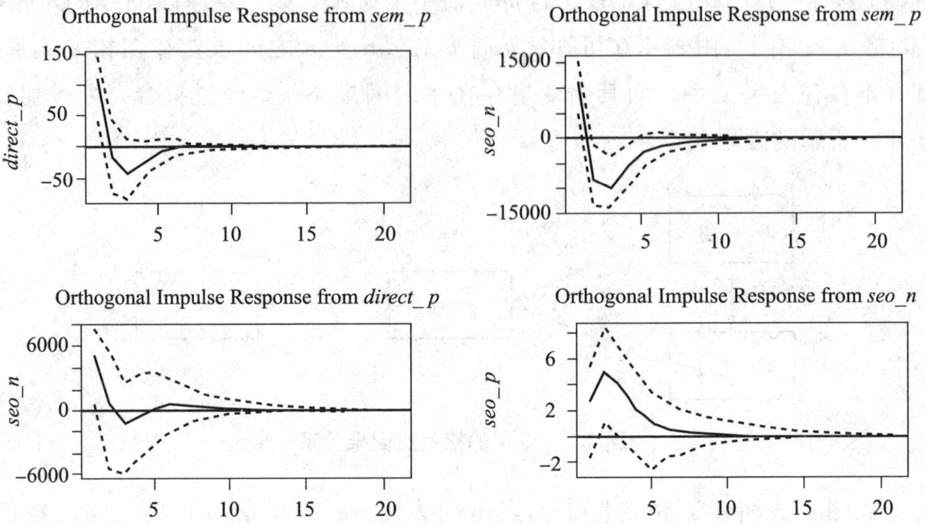

图 4.4　变量的脉冲响应

在图 4.4 中，实线为某个变量一个单位标准差冲击引起的另一变量的响应变化，虚线为正负标准差之间的置信区间。由图 4.4 可知，变量主要在短期内产生影响。付费搜索转换数 *sem_p* 的一个单位标准差的冲击在前 1 周对直接访问转换数 *direct_p* 有正的冲击效应，增长了 109 个转换数，然后效应逐渐下降，在第 1 周后转变为负的冲击效应，直至负的冲击效应达到最大，表现为减少了 44 个转换数，10 周后达到均衡。付费搜索转换数 *sem_p* 的一个单位标准差的冲击在前 1 周对自然搜索点击数 *seo_n* 产生正的冲击效应，增长了 11191 个点击数，接着效应逐渐变小，在 1 周后变为负效应，在第 3 周时负效应达到最大，减少了 10120 个点击数，15 周后达到均衡。直接访问转换数 *direct_p* 的一个单位标准差的冲击在前 2 周对自然搜索点击数 *seo_n* 产生正的效应，效应最大，增长了 5085 个点击数，第 2 周后效应为负，在第 3 周时负效应达到最大，减少了 1163 个点击数，5 周后达到均衡。自然搜索点击数 *seo_n* 的一个单位标准差的冲击会对自然搜索转换数 *seo_p* 产生正的冲击效应，接着效应逐渐增大，第 2 周时效应最大，增长了 5 个转换数，然后效应又逐渐减小，12 周后趋于平稳，削减为 0。

从上述分析可知，在短期内，付费搜索对直接访问存在正向影响，说明付费搜索广告的投放有利于带动网站消费者的增长，消费者被广告吸引进来并购买后可能会对网站产生兴趣，保存网址以便进行直接访问，重复购买。付费搜索对自然搜索也存在正向影响，这与文献综述中提及的相关研究结论类似，说明通过付费搜索完成购买的消费者在搜索时可能会点击除广告外的信息页，以查看网站相关信息。此外，直接访问对自然搜索存在正向影响，能带动自然搜索点击数的上升，从而促进自然搜索转换数的增加。

4.2.4.5　方差分解

我们接着对变量进行方差分解，查看不同冲击对变量波动的贡献。4 个研究变量的方差分解如图 4.5 所示。

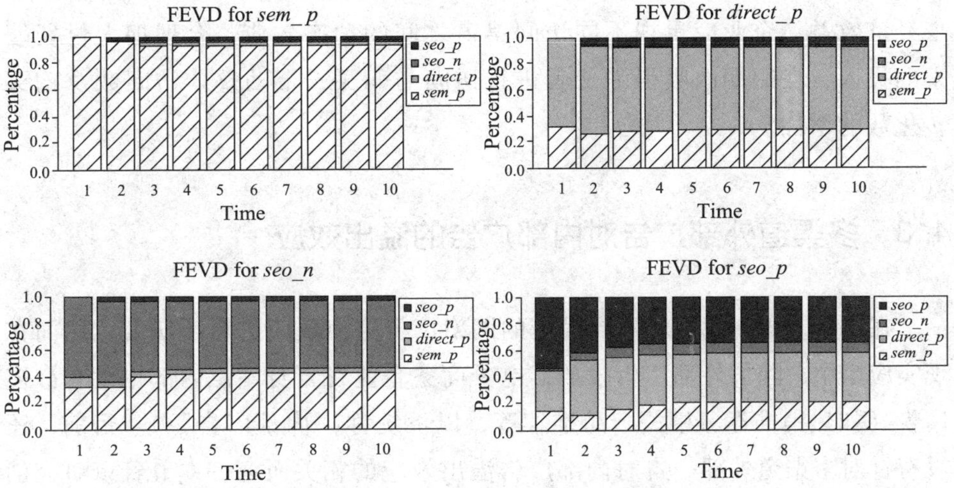

图 4.5　4 个研究变量的方差分解

由图 4.5 可知，付费搜索转换数 sem_p 的波动贡献率主要来源于自身，且自身的贡献率会逐渐下降，在第 6 周后保持不变，维持在 93%左右。直接访问转换数 $direct\_p$ 的波动贡献率主要来源于自身及付费搜索转换数 sem_p，这与格兰杰因果检验的分析一致。付费搜索转换数 sem_p 对直接访问转换数 $direct\_p$ 的贡献率在第 2 周下降，在第 3 周上升，在第 4 周以后趋于稳定，维持在 30%左右。自然搜索点击数 seo_n 的波动贡献率也主要来源于自身和付费搜索转换数 sem_p，自然搜索转换数 $direct\_p$ 对其贡献率较小，仅占 3%左右，而付费搜索转换数 sem_p 的贡献率在第 2 周下降后又逐渐上升，4 周后维持在 41%左右。自然搜索转换数 seo_p 的波动贡献率除了自身外，直接访问转换数 $direct\_p$ 和付费搜索转换数 sem_p 分别占 37%和 31%，而自然搜索点击数

seo_n 对其波动贡献较小，贡献率维持在7%左右。

由以上分析可知，付费搜索对自然搜索和直接访问的转换均存在影响，且影响较大，波动贡献率在30%左右，且直接访问的转换对自然搜索的转换也存在影响，波动贡献率为37%。

以上数据分析结果表明，三个访问渠道之间存在溢出效应。付费搜索点击数与直接访问点击数相互存在正向影响，且付费搜索在短期内对直接访问的转换具有较大的正向影响，贡献率为30%。付费搜索和直接访问对自然搜索点击也具有正向影响。渠道间的影响主要在短期内发生，长期则趋于消散。因此，付费搜索广告渠道的投放仍是有效果的，可以在短期内带动直接访问消费者数量的增加，并进一步带动整体的转换数，为企业带来经济效益。企业应重视不同访问渠道之间的动态效应，合理加大付费搜索的投入，在短期内吸引消费者进行访问与购买，带动整体访问数及购买转化数的增加。

4.3 多渠道外部广告对内部广告的溢出效应

在4.2节中，我们对不同渠道的网络广告溢出效应进行了研究，然而在现实应用中，除了外部广告投放，电子商务企业在自身站点内部也设有许多广告（如热销推荐、相关产品推荐等，以下统称“内部广告”）。目前，还没有针对多渠道外部广告对内部广告溢出效应的相关研究。本节着重研究消费者的外部网络广告点击行为对企业内部广告点击行为的影响，即研究多渠道外部广告对内部广告的溢出效应。

4.3.1 网络广告溢出效应的影响因素

在现有的广告点击率研究中，有些研究者提出从网络广告的具体内容（如搜索广告的关键词长度、展示广告的广告位置、广告自身质量等）出发，研究诸如关键词长度、广告展示大小等内容因素对广告点击率的影响。这种方法针对性较强，更适用于单一广告类型的点击率研究，而非涉及多种类型广告的溢出效应研究。有些研究者从消费者记忆角度，不考虑广告内容的影响因素，通过重复行为（广告展示、广告点击、站点访问）因素研究广告点击率问题，从而避免了因广告类型不同带来的内容因素研究限制。Chatterjee 和 Nottorf 等研究指出，影响消费者广告点击的因素主要有以下五个：

（1）重复广告。前人在广告和直接营销（direct marketing）的研究中发现，消费者对同一个网站内重复广告展示的响应行为存在两种模式。第一种模式：随着广告重复展示次数的增加，消费者的响应概率会降低。这种模式经常出现在两种条件下，即连续性刺激（重复广告展示）之间相互独立且假设每次刺激对消费者响应的正向影响大小相同。第二种模式：消费者最初的响应概率可能较小，但会随着广告重复展示次数的增加而逐渐上升，当它上升至最大值后，又会逐渐下降，大致呈倒“U”形曲线。该模式又分为两个阶段：在最初的磨合阶段（wearin stage），每一次的广告重复展示都会加深消费者对产品的认知，从而正向影响消费者的响应概率；响应概率达到最大值后即进入消耗阶段（wearout stage），此时消费者对广告的重复出现会表现出厌烦心理，即每一次额外的广告展示会对购买概率产生负面影响。

（2）先前会话累计广告展示次数。如果消费者在之前的会话中已经接触到网络广告，虽然在当时会话中未产生点击行为，但相同广告的记忆会为消费者留下熟悉感和期待感进而可能转化为点击偏好。这种偏好在未来会话中是否会转化为点击行为取决于消费者自身的动机。有研究发现，在之前的会话中，消费者会重复注意到展示广告，虽未产生直接的广告点击，但已形成品牌意识。相对于单个会话内的重复广告在短时间内对消费者产生多次刺激，会话间的重复广告的时间间隔更长，消费者更不易产生厌烦心理。也就是说，消耗效应（wearout effect）一旦出现在单个会话内，经常表现为短期的时间遗留效果，而磨合效应（wearin effect）则显示出更长的时间遗留效果，因此有理由假设会话间的正向磨合效应强于消耗效应，并且随着先前会话中广告展示次数的增加，消费者在当前会话中的广告点击概率会增大。

（3）距离上次广告点击行为的时间间隔。在首次点击广告之前，网络的内容和广告对消费者所带来的效用是未知的，一旦产生点击行为，消费者的这种不确定性和兴趣程度就会下降。假设消费者的广告点击行为是由兴趣驱动的，那么有理由假设之前的广告点击行为将对未来会话中的广告点击行为产生负面影响。随着时间的推移，消费者对广告点击的记忆会逐渐消失，其对广告的兴趣可能重新产生。因此，在消费者已经产生广告点击行为的情况下，距离上次广告点击行为的时间间隔越长，广告再次被点击的概率越大。

（4）会话时间间隔。消费者对站点的访问频率越高，商家越有机会向消费者展示广告并建立用户忠诚。这里的会话时间间隔是指消费者两次站点访问行为之间的时间间隔，与线下实体商店的再次光顾行为类似，重复访问的时间间隔是影响线上消费者广告点击的因素之一。相关研究发现，会话时间间隔短的消费者比会话时间间隔长的消费者的目标更明确，并且其对网站的组织、内容和广告更熟悉。因此，当接触到相同的网络广告时，前一部分消费者更可能忽略站点的广告。同时，我们有理由相信，前一部分消费者更容易来到前文所述的磨损（wear-out）阶段（广告点击概率递减）。此外，会话时间间隔长的消费者很可能已经遗忘了之前访问会话中的广告，导致其在当前会话中更可能注意到并且点击广告，这也就意味着这部分消费者更可能处于磨合（wear-in）阶段（广告点击概率递增）。综上所述，可以做出这样的假设：会话时间间隔长的消费者更可能产生广告点击行为。

（5）网站重复访问行为。消费者的站点访问行为和广告点击行为会随着时间的推移而不断变化。一开始消费者可能模糊地、随意地浏览着站点，但随着访问经验的增加，消费者会逐渐转变为目标明确的购买者。这表明消费者在一开始的站点访问会话中更有可能点击额外的链接（如广告等），访问经验的累积会使其探索性下降，从而减少对目标商品以外页面的访问。因此，我们可以做出这样的假设：随着消费者访问会话数的增加，广告点击概率会下降。

与单一类型网络广告的点击可能性研究不同的是，Nottorf 等将广告展示与点击简化为一次行为或者说是记录，更多地从用户记忆的角度进行解释，对外部广告间的溢出效应（如付费搜索广告对展示广告与重定向广告的影响等）进行探究。我们将其拓展到外部广告对内部广告的影响机制研究，将消费者的内部广告点击行为作为决策变量，其表达式为

$$P(Click_{ist}=1|X)=\frac{\exp(\alpha_i I_{ist}+\beta_i X_{ist}+\gamma_i Y_{is}+\varepsilon_{ist})}{1+\exp(\alpha_i I_{ist}+\beta_i X_{ist}+\gamma_i Y_{is}+\varepsilon_{ist})}$$

其中，I_{ist}、X_{ist}、Y_{is}分别表示不同类型的参数，即不同外部广告点击之后的内部广告展示、不同网络广告的点击次数、会话次数等，具体参数设置见4.3.2小节。我们构建了消费者内部广告点击模型，并通过结果参数分析外部广告对内部广告的影响机制（溢出效应）。

4.3.2　变量说明

上述五大影响因素存在时效上的差异，因此在参数设置上，我们按照作用时长将其分为会话内变量与会话间变量两部分。

4.3.2.1　会话内变量

会话内变量又分为指示型变量和非指示型变量。其中，指示型变量为

$$I_{ist}=\{I_{ist}^{sea},I_{ist}^{ema},Click_{is(t-1)}\}$$①

其中：I_{ist}^{sea}、I_{ist}^{ema}分别表示消费者 i 在第 s 个会话的 t 时刻之前是否已经产生过外部广告（付费搜索广告、邮件广告）点击行为，若之前产生过点击行为，则标记为 1，否则，标记为 0。这两个变量独立于广告展示次数，用于表示消费者的广告点击偏好。$Click_{is(t-1)}$ 表示直至 $t-1$ 时刻消费者 i 在会话 s 中是否已经产生过内部广告点击行为。

为表示会话内不同类型外部广告对内部广告的溢出效应，设立非指示型变量集 X_{ist}，表达式为

$$X_{ist}=\{x_{ist}^{sea},x_{ist}^{ema},x_{ist}^{ina},x_{ist}^{ina|sea},x_{ist}^{ina|ema},x_{is(t-1)}^{click},TClick_{ist}\}$$

其中：x_{ist}^{sea}、x_{ist}^{ema}分别表示消费者 i 在会话 s 的 t 时刻之前搜索广告、邮件广告的累计点击次数；类似地，x_{ist}^{ina}表示消费者 i 在会话 s 的 t 时刻之前的内部广告的展示次数。这三个参数与上一小节中的重复广告因素相对应，前两个表示外部广告（邮件广告、付费搜索广告）点击对内部广告点击的影响，最后一个表示内部广告对自身广告的影响。$x_{ist}^{ina|sea}$、$x_{ist}^{ina|ema}$分别表示直至会话 s 的 t 时刻，消费者 i 在点击付费搜索广告或邮件广告之后的内部广告的展示次数。$x_{is(t-1)}^{click}$表示消费者 i 在当前会话 s 中的 t 时刻之前的内部广告累计点击次数。$TClick_{ist}$参数对应五大可能影响因素中的第三个因素，表示距离最近一次内部广告点击行为的时间间隔（按秒计算），如果之前不存在内部广告点击行为，则该参数为 0。由于单个消费者可能存在多个访问行为，最近一次的内部广告行为可能产生于上一个甚至上几个会话中，因此该参数计算可能涉及多个会话。此外，为消除属性数量级对建模结果带来的不利影响，这里对 $TClick_{ist}$进行了取对数的数据转换。

---

① 由于平台原因，短信广告着陆页（landing page）的平台为移动触屏端，而该企业未在移动触屏端设立内部广告，所以此次没有设立短信广告点击之后的各项参数，如短信广告点击进入之后的内部广告展示次数等。

4.3.2.2 会话间变量

会话间变量描述的是同一消费者在不同会话中的行为，即

$$Y_{is}=\{y_{is}^{sea},y_{is}^{ema},y_{is}^{ina},y_{ist}^{ina|sea},y_{ist}^{ina|ema},y_{i(s-1)}^{click},IST_{is},Session_{is}\}$$

其中，y_{is}^{sea}、y_{is}^{ema}分别表示直至会话 s 消费者 i 的搜索广告、邮件广告累计点击次数，为之前（$s-1$）个会话 x_{ist}^{sea}、x_{ist}^{ema}的累计量；y_{is}^{ina}表示直至会话 s 消费者 i 所接触到的内部广告展示次数，为之前（$s-1$）个会话 x_{ist}^{ina}的累计量；$y_{ist}^{ina|sea}$、$y_{ist}^{ina|ema}$表示直至第 s 个会话，消费者在之前（$s-1$）个会话中 $x_{ist}^{ina|sea}$、$x_{ist}^{ina|ema}$的累计量；$y_{i(s-1)}^{click}$表示第 s 个会话前消费者 i 的内部广告累计点击次数，即 $x_{is(t-1)}^{click}$在会话 s 之前的累计，对应第二个影响因素；IST_{is}、$Session_{is}$分别对应第四个、第五个影响因素，即会话时间间隔和网站重复访问行为，前者表示当前会话与前一个会话的间隔时间，同样对结果进行了取对数的转换，后者为当前会话在所有会话中的位置，$Session_{is}$越大，表明消费者 i 的网站重复访问行为越多。

模型最终决策变量用 $Click_{ist}$表示，即消费者 i 在会话 s 的 t 时刻是否产生内部广告点击行为。所有的模型参数及其解释见表 4.7，用户点击数据（网站日志）向模型变量转化的具体计算方式在图 4.6 中给出。

表 4.7 网络广告溢出效应模型变量说明

变量		变量含义	备注
会话内变量	$Click_{ist}$	当前会话中 t 时刻行为是否为内部广告点击行为	决策变量
	I_{ist}^{sea}	当前会话 s 中 t 时刻前是否产生过搜索广告点击行为（包括 t 时刻）	（0/1）变量
	I_{ist}^{ema}	当前会话 s 中 t 时刻前是否产生过短信广告点击行为（包括 t 时刻）	（0/1）变量
	$Click_{is(t-1)}$	当前会话 s 中直至（$t-1$）时刻是否产生过内部广告点击行为（不包括 t 时刻）	（0/1）变量
	x_{ist}^{sea}	当前会话 s 中直至 t 时刻搜索广告被点击次数（包括 t 时刻）	离散型变量
	x_{ist}^{ema}	当前会话 s 中直至 t 时刻邮件广告被点击次数（包括 t 时刻）	离散型变量
	x_{ist}^{ina}	当前会话 s 中直至 t 时刻内部广告展示次数（包括 t 时刻）	离散型变量
	$x_{ist}^{ina|sea}$	搜索广告点击进入后当前会话 s 中 t 时刻前内部广告展示次数（包括 t 时刻）	离散型变量
	$x_{ist}^{ina|ema}$	邮件广告点击进入后当前会话 s 中 t 时刻前内部广告展示次数（包括 t 时刻）	离散型变量
	$x_{is(t-1)}^{click}$	当前会话 s 中 t 时刻前内部广告点击次数（不包括 t 时刻）	离散型变量

续表

变量		变量含义	备注
会话间变量	$TClick_{ist}$	距离最后一次内部广告点击所经历的时间的对数（按秒计算）	连续型变量
	y_{is}^{sea}	至会话 s 搜索广告的累计被点击次数（不包括会话 s）	离散型变量
	y_{is}^{ema}	至会话 s 邮件广告的累计被点击次数（不包括会话 s）	离散型变量
	y_{is}^{ina}	至会话 s 内部广告累计展示数（不包括会话 s）	离散型变量
	$y_{ist}^{ina\|sea}$	至会话 s 时，$x_{ist}^{ina\|sea}$ 累计数（不包括会话 s）	离散型变量
	$y_{ist}^{ina\|ema}$	至会话 s 时，$x_{ist}^{ina\|ema}$ 累计数（不包括会话 s）	离散型变量
	$y_{i(s-1)}^{click}$	至会话 s 前内部广告点击次数（不包括会话 s）	离散型变量
	IST_{is}	会话 s 与会话（$s-1$）之间的时间间隔的对数（按秒计算）	连续型变量
	$Session_{is}$	会话 s 是第几个会话	离散型变量

4.3.3　数据说明与模型建立

这里的实证分析数据均来自一家互联网保险代理公司，我们以该公司 2016 年 6 月 1 日至 2017 年 6 月 21 日共计 385 天的日志数据作为此次研究的原始数据。在图 4.6 给出的属性计算方式中，网站内部广告展示与点击标识是关键。在内部广告展示上，我们采用 URL 关键词匹配法对站点设有内部广告的页面类型进行总结，再根据页面类型提取相应页面 URL 关键词，从而获得包含内部广告的页面 URL 关键词，如此次合作企业站点的专题页（页面关键词为/special）中包含内部广告，那么当消费者浏览记录中出现包含/special 的访问链接时，即认为该消费者接触到一次广告展示。在内部广告点击上，采用来源网站与请求网站链接相结合的方式进行判断，当消费者某条访问记录的来源网站为包含内部广告的页面且请求页面为产品详情页时，即认为产生一次内部广告点击行为。采用这种内部广告展示与点击统计方法，结合用户识别与会话识别，获得的消费者行为属性统计结果见表 4.8。由表 4.8 可知，付费搜索广告的相关参数均显著大于同类型的邮件广告参数，如 I_{ist}^{sea} 与 I_{ist}^{ema}、x_{ist}^{sea} 与 x_{ist}^{ema} 等，这与前文提到的企业重点投放搜索广告的现状一致。大部分消费者仅有单个访问会话（$Session_{is}$ 的平均数为 1.34 且四分位数均为 0），因此消费者的会话时间间隔对数 IST_{is} 也集中于 0。

消费者	消费者1							消费者1			
页面类型	搜索广告	普通页面	内部广告	内部广告	普通页面	普通页面	内部广告	普通页面	内部广告	邮件广告	普通页面
行为	点击	查看	查看	点击	查看	查看	点击	查看	查看	点击	查看
时间	t11	t12	t13	t14	t15	t21	t22	t11	t21	t22	t23
	时间→							时间→			
	会话1					会话2		会话1	会话2		
决策变量 $Click_{ist}$	0	0	0	1	0	0	1	0	0	0	0
解释变量 I_{ist}^{sea}	1	1	1	1	1	0	0	0	0	0	0
I_{ist}^{ema}	0	0	0	0	0	0	0	0	0	1	1
x_{ist}^{sea}	1	1	1	1	1	0	0	0	0	0	0
x_{ist}^{ema}	0	0	0	0	0	0	0	0	0	1	1
x_{ist}^{ina}	0	0	1	2	2	0	1	0	1	1	1
$x_{ist}^{ina\|sea}$	0	0	1	2	2	0	0	0	0	0	0
$x_{ist}^{ina\|ema}$	0	0	0	0	0	0	0	0	0	0	0
$x_{is(t-1)}^{click}$	0	0	0	0	1	0	0	0	0	0	0
$Click_{is(t-1)}$	0	0	0	0	1	0	0	0	0	0	0
$TClick_{ist}$	0	0	0	0	$\log(t_{15}-t_{14})$	$\log(t_{21}-t_{14})$	$\log(t_{22}-t_{14})$	0	0	0	0
y_{is}^{sea}	0	0	0	0	1	1	1	0	0	0	0
y_{is}^{ema}	0	0	0	0	0	0	0	0	0	0	0
y_{is}^{ina}	0	0	0	0	0	2	2	0	0	0	0
$y_{ist}^{ina\|sea}$	0	0	0	0	0	2	2	0	0	0	0
$y_{ist}^{ina\|ema}$	0	0	0	0	0	0	0	0	0	0	0
$x_{i(s-1)}^{click}$	0	0	0	0	0	1	1	0	0	0	0
IST_{is}	0	0	0	0	0	$\log(t_{21}-t_{15})$	$\log(t_{21}-t_{15})$	0	$\log(t_{21}-t_{11})$	$\log(t_{21}-t_{11})$	$\log(t_{21}-t_{11})$
$Session_s$	1	1	1	1	1	2	2	1	2	2	2

图 4.6　用户点击数据与属性数据转换

表 4.8　溢出效应属性统计结果

变量		均值	标准差	极小值	极大值	百分位数		
						25	50	75
会话内变量	$Click_{ist}$	0.16	0.37	0.00	1.00	0.00	0.00	0.00
	I_{ist}^{sea}	0.82	0.39	0.00	1.00	1.00	1.00	1.00
	I_{ist}^{ema}	0.03	0.17	0.00	1.00	0.00	0.00	0.00
	$Click_{is(t-1)}$	0.39	0.49	0.00	1.00	0.00	0.00	1.00
	x_{ist}^{sea}	1.16	1.01	0.00	18.00	1.00	1.00	1.00
	x_{ist}^{ema}	0.04	0.27	0.00	11.00	0.00	0.00	0.00
	x_{ist}^{ina}	4.11	5.92	0.00	88.00	1.00	2.00	5.00
	$x_{ist}^{ina\mid sea}$	3.29	5.22	0.00	88.00	0.00	2.00	4.00
	$x_{ist}^{ina\mid ema}$	0.17	1.77	0.00	53.00	0.00	0.00	0.00
	$x_{is(t-1)}^{click}$	1.47	3.49	0.00	72.00	0.00	0.00	1.00
会话间变量	$TClick_{ist}$	2.57	3.17	0.00	11.33	0.00	0.00	5.46
	y_{is}^{sea}	0.31	0.96	0.00	21.00	0.00	0.00	0.00
	y_{is}^{ema}	0.01	0.20	0.00	11.00	0.00	0.00	0.00
	y_{is}^{ina}	1.22	4.54	0.00	88.00	0.00	0.00	0.00
	$y_{ist}^{ina\mid sea}$	0.79	3.11	0.00	88.00	0.00	0.00	0.00
	$y_{ist}^{ina\mid ema}$	0.04	0.76	0.00	33.00	0.00	0.00	0.00
	$y_{i(s-1)}^{click}$	0.41	2.10	0.00	64.00	0.00	0.00	0.00
	IST_{is}	1.76	3.49	0.00	11.33	0.00	0.00	0.00
	$Session_{is}$	1.34	1.01	1.00	22.00	1.00	1.00	1.00

注：这里的时间参数均为原值加 1 再取对数之后的结果，加 1 是为了防止出现原值为 0 对数不存在的情况。

4.3.4　建模结果及分析

表 4.9 给出了网络广告溢出效应的建模结果。按照参数设置，本小节也从会话内效应和会话间效应对模型结果进行讨论。

表 4.9　网络广告溢出效应的建模结果

变量		B	标准误	Sig.	Exp（B）	95% EXP（B）	
会话内变量	I_{ist}^{sea}	0.048	0.029	0.100	1.049	0.991	1.110
	I_{ist}^{ema}	0.033	0.134	0.806	1.033	0.795	1.343
	$Click_{is(t-1)}$	2.650	0.029	0.000	14.150	13.375	14.969
	x_{ist}^{sea}	-0.218	0.010	0.000	0.804	0.788	0.820
	x_{ist}^{ema}	-0.417	0.111	0.000	0.659	0.531	0.819
	x_{ist}^{ina}	0.020	0.003	0.000	1.020	1.015	1.026
	$x_{ist}^{ina\|sea}$	0.033	0.003	0.000	1.033	1.028	1.038
	$x_{ist}^{ina\|ema}$	0.016	0.005	0.001	1.016	1.007	1.026
	$x_{is(t-1)}^{click}$	-0.029	0.003	0.000	0.972	0.965	0.978
会话间变量	$TClick_{ist}$	-0.274	0.005	0.000	0.760	0.753	0.767
	y_{is}^{sea}	-0.059	0.016	0.000	0.942	0.913	0.972
	y_{is}^{ema}	-0.104	0.059	0.080	1.110	0.988	1.247
	y_{is}^{ina}	0.007	0.004	0.099	0.993	0.985	1.001
	$y_{ist}^{ina\|sea}$	0.011	0.005	0.045	1.011	1.000	1.021
	$y_{ist}^{ina\|ema}$	0.048	0.014	0.001	0.953	0.928	0.979
	$y_{i(s-1)}^{click}$	0.033	0.008	0.000	1.033	1.017	1.050
	IST_{is}	0.033	0.004	0.000	1.034	1.026	1.042
	$Session_{is}$	-0.115	0.020	0.000	0.891	0.857	0.927

4.3.4.1　会话内效应

在重复广告影响方面，不同于 Chatterjee 和 Nottorf 等的研究结论，我们研究发现，该站点的内部广告点击率更符合前文所述的第二种模式的前半部分（$x_{ist}^{ina}=0.02>0$），即消费者内部广告点击可能性随着内部广告重复展示次数的增加而递增。这种递增或者说是前文中的磨合（wearin）效应会在搜索广告点击的影响下增强（$x_{ist}^{ina|sea}=0.033>0.02$），而在邮件广告的影响下有所减弱（$x_{ist}^{ina|ema}=0.016<0.02$）。这意味着同样面对内部广告的重复展示，通过搜索广告进入站点的消费者的内部广告点击可能性递增程度>直接进入站点的消费者>通过邮件广告进入站点的消费者。此外，在外部广告对内部广告点击可能性的直接影响上，搜索广告点击数和邮件广告点击数的增加均会对内部广告点击可能性产生负面影响，且邮件广告的这种负面影响（$x_{ist}^{ema}=-0.417$）强于搜索广告（$x_{ist}^{sea}=-0.218$）。与内部广告重复展示影响不同的是，先前内部广告点击行为

会对当前内部广告点击可能性产生负面影响（$x_{is(t-1)}^{click}=-0.029$），即当一个消费者进入企业站点后，在未点击内部广告之前，其点击可能性最大，随着内部广告点击次数的增加，消费者对内部广告的内容有了一定了解，对内部广告的点击可能性会减小。总体而言，若一个消费者未通过外部广告（如付费搜索广告和邮件广告）进入站点，其内部广告点击可能性会随内部广告展示次数的增加而增大，但随内部广告点击次数的增加而减小；若一个消费者通过外部广告进入企业站点，其内部广告点击可能性会随外部广告点击次数的增加而减小，随内部广告展示次数的增加而增大。

4.3.4.2　会话间效应

外部广告对内部广告的溢出效应在会话间与会话内的表现大致相同。首先，在外部广告点击对内部广告点击的直接影响上，先前会话中的外部广告点击行为（无论是搜索广告还是邮件广告）都会对当前内部广告点击可能性产生负面影响，且与会话间类似，邮件广告的这种负面影响（$y_{is}^{ema}=-0.104$）强于搜索广告（$y_{is}^{sea}=-0.059$）。外部广告对内部广告重复展示效果的影响与会话间略有不同，虽然两种外部广告的会话间效应均呈正向影响，但会话间效应中邮件广告的正向影响程度（$y_{ist}^{ina|ema}=0.048$）强于搜索广告（$y_{ist}^{ina|sea}=0.011$）。综上所述，可以得出结论：邮件广告对内部广告的溢出效应在会话间的表现强于搜索广告。

除此之外，与前期假设一致，随着先前会话中内部广告累计展示次数的增加，以及会话时间间隔的增大，当前会话的内部广告点击可能性会增大（$y_{is}^{ina}=0.007$，$IST_{is}=0.033$）；随着网站重复访问行为的增加，当前会话的内部广告点击可能性会减小（$Session_{is}=-0.115$）。建模结果表明，随着内部广告点击行为时间间隔的增大，当前内部广告点击可能性会下降（$TClick_{ist}=-0.274$），这与假设不一致。这种现象可能是由合作企业自身特性所导致的。该网站的产品结构比较单一，消费者对产品特性不容易遗忘，因此在产生内部广告点击行为之后不容易随时间推移产生新的点击兴趣。

4.4　本章小结

本章通过对前人研究模型的拓展，分别对多渠道溢出效应和多渠道外部广告对内部广告的溢出效应进行了研究。在多渠道溢出效应方面，采用日志挖掘方法处理用户日志数据，采用多元时间序列持续建模技术对付费搜索、自然搜索及直接访问三个访问渠道之间的溢出效应进行测评。结果显示，三个访问渠道之间存在溢出效应，付费搜索会对直接访问的点击和转换产生正向影响，且两者都会影响自然搜索点击数，最终影响自然搜索转换数。在多渠道外部广告对内部广告的溢出效应方面，从重复广告、先前会话累计广告展示次数、距离上次广告点击行为的时间间隔、会话时间间隔、网站重复访问行为五个方面构建企业外部广告（邮件广告与搜索广告）对内部广告的溢出效应评价模型。经过数据获取、数据转换与属性计算等流程，可获得用户广告点击行为属性数据集，最终利用逻辑回归对消费者行为数据进行建模求解。我们还发现，内部广告点击可能性会随着内部广告重复展示次数的增加而增大，且这种递增效应会在搜索广告点击的影响下不断增强，而在邮件广告的影响下不断减弱。此外，结果表明：先前内部广告点击行为会对当前内部广告点击可能性产生负向影响，同时随着先前会话中内部广告累计展示次数的增加及会话时间间隔的增大，当前会话的内部广告点击可能性会增大；但随着网站重复访问行为的增加，当前会话的内部广告点击可能性会减小。本章的研究成果可以为广告研究提供新的思路，也可为企业制定广告投资策略提供一定的参考。

第 5 章

多渠道网络广告的遗留效应

Chapter Five

网络广告遗留效应是指消费者的本次广告点击和浏览行为对之后的广告点击或购买行为的影响。相较于即时效应，遗留效应强调的是网络广告的长期影响。很多学者或市场从业人员在进行广告效应测评研究时，基于广告展示量、点击量和购买转化率等指标来测量广告的即时效应，往往会忽略广告影响的滞后性。也有少数企业管理人员尝试采用网页收藏率这个指标来探究广告的滞后性，但收藏率只能证明用户在广告的影响下是否对产品产生了兴趣，后续是否产生购买则无从得知，因而无法通过该指标来评估广告遗留效应的大小。遗留效应研究的缺失降低了广告效应测评结果的可信度。此外，网络广告已经逐渐从单一的标题广告扩展出新的广告模式和渠道（如付费搜索广告和邮件广告），但在有限的遗留效应测评研究中，网络广告大多被看作一个整体，广告的效应测评研究在渠道比较上有所欠缺，对企业的广告投放决策支持也是有限的。因此，需要对多渠道的网络广告遗留效应进行测评研究。本章将广告渠道的遗留效应测评研究分为多渠道网络广告遗留效应测评和用户受遗留效应影响的行为状态转移研究两部分。

5.1　多渠道网络广告遗留效应测评

本节主要研究基于企业渠道点击量和购买量的多渠道广告效应，旨在帮助企业了解自己的广告渠道在影响用户购买方面所具有的长短期影响，包括即时效应的强度、遗留效应的长度和累积强度，以便为更好地分配广告资源提供决策支持。

5.1.1 渠道广告效应假设

在考虑遗留效应的网络广告效应测评研究中，我们需要先对三个广告渠道对象（付费搜索广告、短信广告和邮件广告）所具有的广告效应进行假设。假设分为三部分，即对三个渠道的即时效应强度、遗留效应持续时间和遗留效应累积强度的假设。

有些学者对广告效应的影响因素进行了研究。例如，Vakratsas 和 Ambler 基于超过 250 篇文章的元分析，指出广告投入会导致三种中间广告效果——情感、认知和经验——进而导致产品购买等行为。这种广告效果的好坏取决于用户动机、处理信息的能力、用户参与度及对广告的态度等因素。为了进一步探究广告长期效应的影响因素，Vakratsas 和 Ma 对传统广告媒介的广告效应进行了研究，发现广告渠道不同的传播效果和长期效应可归因于各个渠道所传播信息的寿命、用户可检索到的方式和本身内容这几个因素。因此，在对三个广告渠道提出假设时，我们将参考上述研究中所提到的影响维度。

在提出假设前，需要先了解本次研究的数据来源企业（保险行业、电商）主要投放的三个广告渠道的具体情况和特点。

（1）付费搜索广告。这种广告渠道通常是指企业通过投放关键词、链接等到搜索引擎的方式来向搜索相关内容的用户进行宣传，用户若点击该广告，会进入企业相关页面，同时产生广告费用。企业在国内的主要搜索引擎（包括百度、360 等）投放广告后，当互联网用户在这些搜索引擎上搜索“保险”等关键词时，该网站的链接就会出现在检索结果页面。

（2）短信广告。这种广告渠道通常是指企业通过短信将企业的促销活动、优惠券信息推送到目标消费者的移动设备中。企业会在特定的时间将一些优惠信息（如折扣、满减、优惠券）以文本加链接的短信形式推送到在该企业网站上注册过的用户的设备中。

（3）邮件广告。这种广告渠道与短信广告的唯一区别是发送渠道从短信变成了邮件，接收对象从用户的移动设备变成了电子邮箱。企业通过对已注册的用户发送邮件广告的方式来宣传企业的促销活动，邮件中通常会有一些与广告相关的文字和图案。

首先，我们对上述三个渠道的即时效应强度进行假设。虽然此次建模加入了对遗留效应的考虑和测量，但广告渠道的即时效应主要还是与用户动机、对广告的态度等因素相关，而用户看广告的动机及对广告的态度往往取决于广告是否符合用户需求。邮件广告和短信广告本质上属于企业发起类广告，它们以推送的形式出现在已注册的用户端，但已注册用户并不完全等同于企业的目标用户，未必对保险类产品具有相应的需求。付费搜索广告则属于用户发起类广告，用户通过自己的检索行为使广告出现在自己面前。一般来说，只有在用户有需求时，才会产生搜索行为，尤其对于保险这类具有契约和投资属性的产品来说，用户通过搜索得到的信息比通过第三方推送而得到的信息更具可信度和说服力。早期有研究表明，用户发起的广告接触比企业发起的广告接触有更高的利润影响。因此，关于即时效应的强度，我们提出以下假设：

H5. 1a：邮件广告有相对较弱且正向的即时效应。

H5. 1b：短信广告有相对较弱且正向的即时效应。

H5. 1c：付费搜索广告有相对较强且正向的即时效应。

其次，我们对遗留效应的持续时间进行假设。从广告信息的寿命这个维度来看，邮件广告和短信广告通常比付费搜索广告的寿命长，它们可以存储在电子邮箱和移动设备中，在很长时间内都可以访问。此外，当用户需要使用电子邮件或短信时，他们会返回其中，此时电子邮件或短信中的广告信息就有了重复曝光的可能性，从而会增强消费者对广告的印象。若对邮件广告和短信广告进行比较，邮件广告可存储于移动和 PC 端的电子邮箱中，而短信广告仅可存储于移动设备中，故邮件广告比短信广告具有更大的重复曝光可能性。对付费搜索广告来说，搜索引擎所呈现的内容并不是静态不变的，搜索引擎企业会根据自身的政策、算法和其他资本的介入对已经投放广告的排序进行调整，所以同一个付费搜索广告并不具备让用户长期和重复接触的特性。因此，我们提出以下假设：

H5. 2a：在三个广告渠道中，邮件广告的遗留效应持续时间最长。

H5. 2b：短信广告的遗留效应持续时间介于邮件广告和付费搜索广告之间。

H5. 2c：在三个广告渠道中，付费搜索广告的遗留效应持续时间最短。

最后，对遗留效应的累积强度进行假设。遗留效应的累积强度实际上就是广告对用户造成的持续影响的强度之和，所以在进行假设时，需要综合考虑广告渠道的即时效应强度和广告影响的持续时间。结合前两大类假设的思考过程，在进行这部分假设时，除了考虑广告信息的寿命这一因素，还需要考虑用户可检索到的方式及广告本身的内容。邮件广告及短信广告是企业发起类广告，而付费搜索广告是用户发起类广告，这两类广告表明了两种用户检索到广告的方式。企业发起类广告的推送形式虽然降低了用户的信息搜索成本，但未必能满足用户的需求；用户发起类广告则是用户主动发现的，若产生访问或点击行为，往往代表着该广告符合用户需求，用户不会在意先前进行搜索而花费的成本。从这个角度来说，付费搜索广告比邮件广告和短信广告有更好的表现。但从广告信息寿命的角度来看，存储于电子邮箱和手机中的邮件广告、短信广告又比动态变化的付费搜索广告更容易被用户寻到，纵然付费搜索广告更容易满足用户需求，但随着时间的推移，用户更倾向于记住那些可以重复接触到的广告。综合考虑需求满足特性和重复接触特性这两方面，短信广告遗留效应的累积强度弱于付费搜索广告和邮件广告两个渠道。为了区分付费搜索广告渠道和邮件广告渠道遗留效应强度的大小，我们进一步考虑广告内容这一影响因素。对于广告内容的质量，每个用户心中的评判标准可能存在差异，但广告内容中元素的多样性对用户的影响是可以把握的。Keller 认为，广告内容中出现的元素种类越多，消费者越容易受到正向影响。付费搜索广告和短信广告受到搜索引擎排版、投资经费和移动端屏幕的限制，通常以文本和链接的形式来呈现，而邮件广告由于 PC 端可以呈现较多内容，大多会在广告设计时加入图片来丰富版面，增强吸引力。可见，在广告内容这个因素上，邮件广告的表现优于付费搜索广告和短信广告。因此，我们提出以下假设：

H5. 3a：在三个广告渠道中，邮件广告的遗留效应最强。

H5. 3b：付费搜索广告的遗留效应强度介于邮件广告和短信广告之间。

H5. 3c：在三个广告渠道中，短信广告的遗留效应最弱。

5. 1. 2　多渠道网络广告遗留效应测评模型构建

为了探究和比较付费搜索、邮件广告和短信广告三个渠道的即时效应和遗留效应，我们为它们安排了不同的滞后影响因子，并基于 Srinivasan 和 Weir 的直接聚合法及 Breuer 等的研究，构建了三个广告渠道的效应评估模型，如式（5. 1）所示。

$$S_t = \alpha + \beta_1 SEA_t^* + \beta_2 SMS_t^* + \beta_3 EMA_t^* + e_t \tag{5.1}$$

其中，S_t 表示第 t 天的销量；β_1、β_2、β_3 分别表示考虑了遗留效应的付费搜索广告渠道、短信广告渠道和邮件广告渠道的即时效应；SEA_t^*、SMS_t^*、

EMA_t^* 分别表示第 t 天付费搜索广告渠道、短信广告渠道和邮件广告渠道的点击存量。点击存量的构建方法如下（以付费搜索渠道为例）：

$$SEA_1^* = SEA_1$$
$$SEA_2^* = (1-\lambda_{sea})SEA_2 + \lambda_{sea}SEA_1^*$$
$$SEA_3^* = (1-\lambda_{sea})SEA_3 + \lambda_{sea}SEA_2^*$$
$$\vdots$$
$$SEA_t^* = (1-\lambda_{sea})SEA_t + \lambda_{sea}SEA_{t-1}^* \tag{5.2}$$

其中，λ_{sea} 表示付费搜索广告渠道的滞后影响因子，第 t 天付费搜索广告渠道的点击存量在该因子的影响下，会与之前每天的点击次数产生关联。另外两个广告渠道的点击存量构建方式与该渠道一样。一些研究者的验证表明，该模型的优点在于不受截断偏差的影响，在即使滞后时间超过一个月的情况下，模型依然收敛，非常适用于日常数据。因此，即使该模型的计算量较大，仍然被许多人使用。对于这个模型，我们通过多元线性回归来进行曲线拟合，从而求出三个渠道各自的即时效应（β）和遗留效应（λ）值。线性回归是指利用线性回归方程对一个或多个自变量和因变量之间的关系进行建模的一种回归分析方法。我们通过该分析方法对多渠道广告的遗留效应和即时效应进行比较。多元线性回归方程为

$$h(x) = \sum_{i=0}^{n} \beta_i x_i (i \geqslant 1) \tag{5.3}$$

其中，β_i 表示变量前的回归系数；x_i 在本次实证中指代的是三个渠道的广告点击存量。结合先前所提的多渠道广告效应评估模型，可知此次实证中的线性回归方程的三个变量中均存在 β 和 λ 两个未知数，且变量间的参数值不同，实际上是个六元二次方程。对这样的方程直接进行线性回归，通常难以拟合出较好的效果。针对这种变量前和变量中均存在未知参数的曲线拟合问题，Breuer 等采用重复回归的方式，先通过第一次回归求出变量中未知参数的值，再将求得的未知参数值代入变量中，从而求得变量前对应的未知参数，取得了不错的研究效果。我们也采用该方式进行未知参数的求解。考虑到梯度下降法在解决凸优化问题上的高效，我们使用梯度下降来进行 λ 值的求解。

在进行梯度下降求解时，需要先引入损失函数的概念，它主要用于评估线性函数拟合程度的高低。损失函数越小，表明拟合程度越高。本次实证的损失函数为

$$J(\beta_m,\ \lambda_n)=\frac{1}{2}\sum_{i=1}^{k}(h_{\beta_m,\ \lambda_n}(x^i)-y^i)^2,\ m,\ n\in[1,\ 3]\cap Z^+ \quad (5.4)$$

其中，$h_{\beta_m,\lambda_n}(x^i)$ 表示在参数为 β_m 和 λ_n 情况下的线性回归方程中第 i 个点的预测值，y^i 表示第 i 个点的实际值，所以损失函数实际上得到的是整个样本的预测值跟真实值之间的差距和损失。找最优的线性方程的问题可转化为求解损失函数 $J(\beta_m,\ \lambda_n)$ 的最小值。如何调整 β_m 和 λ_n 来使损失函数值最小，是梯度下降法需要解决的问题。

梯度下降法的求解过程实际上就是在给定的初始点的基础上往下移动，移动的方向是周围最低一点，如此循环往复，直到找到最低点。我们将梯度下降的核心算法结合本次实证模型通过式（5.5）进行展示，为了便于表达，用 $\theta_j(j\in[1,\ 6]\cap Z^+)$ 来表示未知参数 β_m 和 $\lambda_n(m,\ n\in[1,\ 3]\cap Z^+)$。

循环此公式直到

$$\left\{\theta'_j\rightarrow\theta_j-\alpha\cdot\frac{\partial J(\theta_j)}{\partial\theta_j}(\text{陆续令 } j=1,2,3,4,5,6)\right\} \quad (5.5)$$

具体来说，式（5.5）中的 α 为步长，用来控制 θ_j 每次向 $J(\theta_j)$ 变小的方向迭代时的变化幅度，$J(\theta_j)$ 对 θ_j 的偏导表示 $J(\theta_j)$ 变化最大的方向。由于求的是损失函数的最小值，所以梯度方向是偏导方向的反方向，遂在之前加入减号。通过对六个未知参数陆续求偏导，损失函数值逐渐接近最小值，当变化幅度趋于 0 时，损失函数收敛，停止更新 θ_j，此时对应的六个参数值为所求得的最优解。

通过梯度下降的求解，可以得到三个渠道各自的滞后影响因子最优值（λ_{sea}，λ_{sms}，λ_{ema}）。随后，我们将求得的滞后影响因子代入模型中进行多元线性回归拟合，即可获得三个渠道的即时效应值。

5.1.3 多渠道网络广告遗留效应测评实证研究

过往的多渠道网络广告效应测评研究多通过各个广告渠道的点击量和总购买量来建模，但由于数据来源受到限制，大部分学者只能通过网络爬虫来抓取点击行为和购买行为，或者通过从企业处获得渠道点击总量和购买总量的方式来获取研究数据，这样难免会对最终研究结果造成一定影响。本章从用户网络点击日志数据的角度，通过以天为单位统计单个用户的渠道点击和购买行为来获取更为客观准确的广告渠道点击和购买数据。

5.1.3.1 数据来源

本章实证所用数据均来自南京某互联网保险代理公司，为了提高平台知名度、扩大产品销售量，该企业主要通过在外部投放网站广告的方式来将消费者引致网站。消费者对网站的每一次访问行为都将被记录并存储在企业的网络日志数据库中，数据库中的每条访问记录都由用户 IP、访问时间、访问日期、访问来源、访问请求、用户代理、用户 cookie 等字段构成。本章所使用的是该企业 2017 年 1 月 1 日至 4 月 30 日共计 120 天的网络日志数据，数据总量为 12278772 条。

5.1.3.2　数据预处理

企业的网络日志数据是企业直接对每天的用户访问行为进行记录得来的，具有完整性和原始性，可以客观地反映所有用户的行为状态。本章通过数据清洗、用户识别和会话切分获取每一用户不同时间的访问数据。数据清洗以后，用户基础数据集包含数据记录 6321048 条。

5.1.3.3　特征提取

数据预处理中的用户识别和会话切分本质上都是为了进行更有效的特征提取，用户的基础数据集实际上只是记录了用户的每一次点击所伴随着的各种属性，包括点击时间、点击来源、点击请求等，而特征提取就是按照一定规则对这些属性进行数据变换，进而得出用户在一次访问会话中所具有的行为特征，为后续的数据分析与建模提供数据。根据过往文献和对企业广告投放情况的了解，我们以单个用户单次会话为单位提取三个渠道的广告点击数和购买转化数作为用户的行为特征。具体提取的行为特征变量见表 5.1。

表 5.1　用户行为特征

变量名称	变量代码
付费搜索广告点击数	*sea_num*
短信广告点击数	*sms_num*
邮件广告点击数	*ema_num*
购买转化数	*buy_num*

在确定了数据清洗、用户识别、会话识别和特征提取方案后，我们对原始数据进行相应操作，获得了按时序排列的每个用户单个访问会话内的三个广告渠道的点击数和购买转化数，共计 465524 条数据，具体数据形式见表 5.2。

表 5.2 用户行为特征数据样例

ID	*cal_number*	*vinfo*	*sea_num*	*sms_num*	*ema_num*	*buy_num*
20	2017-01-01	Ymg * * * l5g	3	0	0	0
21	2017-01-01	7vG * * * qFw	2	0	0	0
22	2017-01-01	Gj8 * * * 7Iw	1	0	0	0
23	2017-01-01	lhb * * * Xxw	1	0	0	1
24	2017-01-01	Pfr * * * jDw	2	0	0	0

注：*ID* 表示用户编号，*cal_number* 表示访问日期，*vinfo* 表示用户编码。

5.1.3.4 结果讨论

通过数据获取、数据预处理和特征提取，我们获得了 2017 年 1 月 1 日至 4 月 30 日每天每个用户的付费搜索、短信和邮件三个广告渠道的点击数和购买转化数。结合多渠道广告效应评估模型［式（5.1）］，我们以天为单位对单个用户的渠道点击数和购买转化数进行加总，得到了四个月每天的渠道点击数和购买转化数，一部分数据样本见表 5.3。

表 5.3 用户行为特征汇总数据样例

cal_number	*sea_num*	*sms_num*	*ema_num*	*buy_num*
2017-01-18	5472	11	5	315
2017-01-19	5005	20	41	301
2017-01-20	4469	14	48	289
2017-01-21	2663	5	18	226
2017-01-22	3799	3	8	216

从表 5.3 中可以看到，由于三个广告渠道的日访问量并不均衡，付费搜索渠道和另两个渠道的日点击量处于不同的数量级。这主要是由于数据来源企业广告资源分配和投放政策的影响。为了提高量级不同的多维度数据的曲线拟合效果，我们对这三个维度的数据进行归一化处理，按比例缩放使之映射到［0.1］区间。归一化方法如下：

$$x^{*}=\frac{x-x_{\min}}{x_{\max}-x_{\min}} \tag{5.6}$$

其中，x^{*} 表示归一化之后的值；$x_{\max}$ 表示样本中的最大值；$x_{\min}$ 表示样本中的最小值。

通过数据归一化，我们使三个渠道的日点击数和总购买转化数处于同一个数值区间。随后我们通过梯度下降法，以三个渠道的日点击数为自变量，以日总购买转化数为因变量进行多元线性回归，求得拟合程度最优时对应的滞后影响因子值 λ，见表5.4。

表5.4　广告渠道滞后影响因子

	λ_{sem}	λ_{sms}	λ_{ema}
参数值	0.303	0.311	0.886
损失函数值	1.06883596e-22		

通过多次迭代，模型的损失函数值收敛于 1.06883596e-22。通过对过往使用梯度下降算法进行曲线拟合的研究的回顾，我们发现，当损失函数值收敛且接近于0时，拟合完成，拟合结果可以采用。在表5.4中，滞后影响因子 λ 实际上代表着从 t 时刻到 t+1 时刻的广告效果转移的百分比，在滞后影响因子值已知的情况下，三个渠道每天的广告点击数存量即为已知。对三个渠道未知的即时效应值，可再次通过多元线性回归方法求解，结果见表5.5。

表5.5　广告渠道的即时效应

	β_{sem}	β_{sms}	β_{ema}
参数值	0.625***	0.076*	0.100*
t 值	4.248	1.846	1.920
$P>\lvert t\rvert$	0.000	0.077	0.064
R^2	45.6%		

注：***、*分别表示在0.01、0.1的水平上结果显著。

在表5.5中，R^2 衡量的是曲线的拟合程度，45.6%表明曲线的拟合程度良好；β_{sem} 的参数估计值在0.01的水平上显著，而 β_{sms} 和 β_{ema} 的参数估计值在0.1的水平上显著。考虑到本次实证所采用的是企业的实际用户数据，且在过往的广告长期效应测量研究中，Breuer 等将广告即时效应参数值的接受标准放宽到了0.1，所以三个参数估计值都是可以采纳的。在获得了三个渠道的即时效应和滞后影响因子之后，为进一步得出渠道的遗留效应持续长度和强度，我们基于 Bass 和 Leone，以及 Greene 研究中所提到的方法［式（5.7）和式（5.8）］进行计算。

$$t=\log(1-90\%)/\log\lambda \tag{5.7}$$

$$T=\beta/(1-\lambda) \tag{5.8}$$

其中，t 表示遗留效应持续时间，式（5.7）计算的是广告单位脉冲的累计效应达到90%的天数，而 T 表示遗留效应的总累积强度。最终，可以得到三个广告渠道的即时效应和遗留效应值，见表5.6。

表5.6　多渠道网络广告效应

渠道	即时效应	滞后影响因子	遗留效应持续时间（天）	遗留效应累积强度
付费搜索广告	0.625***	0.303	1.912	0.893
短信广告	0.076*	0.311	1.971	0.110
邮件广告	0.100*	0.886	19.023	0.877

注：***、*分别表示在0.01、0.1的水平上结果显著。

我们通过将得出的数据结果与研究假设进行对比来展开讨论，假设验证情况见表5.7。

表5.7　多渠道网络广告效应的假设验证结果

假设类型	假设内容	验证结果
即时效应强度	H5.1a：邮件广告有相对较弱且正向的即时效应	真
	H5.1b：短信广告有相对较弱且正向的即时效应	真
	H5.1c：付费搜索广告有相对较强且正向的即时效应	真
遗留效应长度	H5.2a：在三个广告渠道中，邮件广告的遗留效应持续时间最长	真
	H5.2b：短信广告的遗留效应持续时间介于邮件广告和付费搜索广告之间	真
	H5.2c：在三个广告渠道中，付费搜索广告的遗留效应持续时间最短	真
遗留效应累积强度	H5.3a：在三个广告渠道中，邮件广告的遗留效应最强	假
	H5.3b：付费搜索广告的遗留效应强度介于邮件广告和短信广告之间	假
	H5.3c：在三个广告渠道中，短信广告的遗留效应最弱	真

根据多渠道网络广告效应的假设验证结果，我们发现：

（1）对于H5.1类假设（三个广告渠道的即时效应强度），三个假设均被证明为真，付费搜索广告的即时效应强度>邮件广告的即时效应强度>短信广告的即时效应强度。这说明对该电商企业来说，从付费搜索广告进入网站的用户有较大的可能在短期内产生购买行为。用户在收到企业所发的邮件广告和短信广告后，短期内产生购买行为的可能性并不大，其中邮件广告对用户的短期影响要稍高于短信广告。

（2）对于 H5. 2 类假设（三个广告渠道的遗留效应持续时间），三个假设均被证明为真，邮件广告的遗留效应长度>短信广告的遗留效应长度>付费搜索广告的遗留效应长度。这说明对该电商企业来说，邮件广告对用户具有最为长期的影响。此外，值得一提的是，虽然短信广告的遗留效应持续时间比付费搜索广告长，但两者极为接近，均处于较低的水平。同一条付费搜索广告比短信广告更难被用户重复接触，这在一定程度上意味着该企业短信广告在遗留效应长度上的表现并不尽如人意。

（3）对于 H5. 3 类假设（三个广告渠道的遗留效应累积强度），H5. 3c 被证明为真，H5. 3a 和 H5. 3b 被推翻，也就是说，付费搜索广告的遗留效应累积强度应稍大于邮件广告。这说明对该电商企业来说，付费搜索广告和邮件广告对产品销售均具有较为明显的正向影响，而短信广告的效果相对较差。此外，我们通过回顾构建假设时的思考过程可以发现，假设被推翻的原因在于低估了用户发起类广告和企业发起类广告在对保险这类商品的消费群体的正向影响上的差距。保险产品的特性导致用户更青睐通过自己的搜索行为找到产品，这使得付费搜索广告的即时效应强度远大于另外两个渠道。因此，即使邮件广告的影响时间较长，付费搜索广告在短时间内施加的影响也超过了邮件广告在长时间的总累积影响。可见，对于保险类商品，广告内容的丰富度和多样性并不是消费者衡量的首要标准（邮件广告比付费搜索广告的关键词有更丰富的内容）。消费者对广告信息的信赖程度和需求被满足程度是影响保险类电商网站广告渠道遗留效应累积强度的重要因素。

（4）对该电商企业来说，在广告资源分配上，应适当向付费搜索广告渠道和邮件广告渠道倾斜。对于从付费搜索渠道进入的用户，企业可以快速施加营销措施（如优惠券）以促使其购买。对于推送出的邮件广告，企业可以在其中加入一个有效期限为三周的优惠券，从而加强用户对该邮件的印象。此外，还可以在邮件广告和短信广告中增加网站保险营业资质等可以提高用户信任度的元素，以进一步提高这两个广告渠道的购买转化效果。

5. 2　网络广告遗留效应影响下的用户转移行为分析

与广告的即时效应对消费者当期购买产生的促进作用相比，广告的遗留效应体现在用户对当期看到的广告留有印象，从而在后期再次产生广告访问行为甚至购买行为的情况。如果能对同一个用户在受广告影响后的点击行为和购买行为的状态变化加以研究，就可以了解广告的遗留效应在其中发挥的作用，这对于遗留效应的测评具有重要意义。本节基于用户的点击流数据，对从各个网络广告渠道（付费搜索广告、短信广告、邮件广告）进入网站的用户后续的广告渠道访问行为和购买行为的时序变化情况加以分析，讨论遗留效应对用户个体行为产生的影响。

5.2.1 用户行为状态转移模型构建

为了更清晰地了解广告遗留效应在用户后续行为转移中所发挥的作用，我们在 Wiesel 等的研究中所提到的用户购买阶段理论的启发下，构建了一个受遗留效应影响的用户行为转移模型，将用户受广告影响后进入网站并最终产生购买的行为过程概括为渠道认知、渠道访问、购买三个阶段。在渠道认知阶段，消费者会认知自身的需求并思考可能的信息搜索选项；在渠道访问阶段，消费者会通过特定的广告渠道进入网站产生访问，并对该次渠道访问体验进行评估，进而留下较深印象；在购买阶段，消费者会产生购买行为。

具体来说，渠道认知阶段实际上是对广告渠道的认知，结合过往的研究理论和本次实证数据来源企业的广告投放渠道，我们将付费搜索广告、短信广告、邮件广告分为顾客发起类和企业发起类。消费者在面对顾客发起类广告时，往往有更为长期的记忆，他们在进行信息搜索时，会依据自身的认知水平和经验，将这类广告保存在记忆中，并在相应需求唤起时产生首次点击行为。不同的是，对企业发起类广告来说，企业将广告定向发送给消费者，消费者只有在正好是该企业的目标客户或者具有相应需求时，才会产生首次点击行为。Goldfarb 和 Tucker 的研究表明，企业发起类广告中最为主要的展示广告对用户行为产生的影响并不显著且在消费者记忆中停留的时间较短。具有不同特质的广告也许会对用户的后续行为产生不同的影响，所以我们在渠道认知阶段将广告分为两类。

在渠道认知阶段之后，消费者进入渠道访问阶段。研究表明，消费者通过特定渠道访问企业网站的决定取决于访问中相对于边际成本所产生的边际效益。边际效益是指通过广告渠道进行访问后感受到的购买可能性所代表的感知吸引力。边际成本包括寻找必要的信息所需付出的努力，也可以看作机会成本和处理信息的认知成本。随着时间的推移，消费者会产生多期渠道访问经历，当消费者已经熟悉某种广告渠道的形式并通过该渠道进入网站时，先前通过该渠道进入网站的经历会降低用户的访问成本，从而促进用户的下一次渠道访问，这是多次访问所带来的风险降低导致的结果，一些研究者称其为认知锁定效应和自我强化效应。考虑到消费者通过特定渠道进入网站的经历会对同一渠道的下一期访问产生影响（例如，从付费搜索广告渠道进入网站的用户，下一次访问还会从付费搜索广告渠道进入网站），在渠道访问阶段，遗留效应体现为通过特定渠道产生前一期访问的用户通过该渠道进行下一期访问的概率。

在购买阶段，考虑到消费者在渠道访问阶段发生了多次访问行为，他们会从渠道中获取上下文信息（如付费搜索广告中的关键词信息、短信广告中的优惠活动信息），并将这些信息和网站实际提供的内容进行比较，从而对该渠道的效用进行评价，当评价较高时，才会产生购买。我们认为，在购买阶段，广告渠道的遗留效应体现在经过上一期的渠道访问经历后下一期产生同渠道购买转化行为的概率。此外，用户在当期完成购买后也有可能存在下一期继续进行渠道访问和购买的行为，这是用户在完成“认知—访问—购买”这整个周期后受先前的购买成功经历和已购买产品效用影响而导致的，与网站产品自身质量相关，不算作广告渠道的遗留效应。受遗留效应影响的用户行为转移模型如图 5.1 所示。

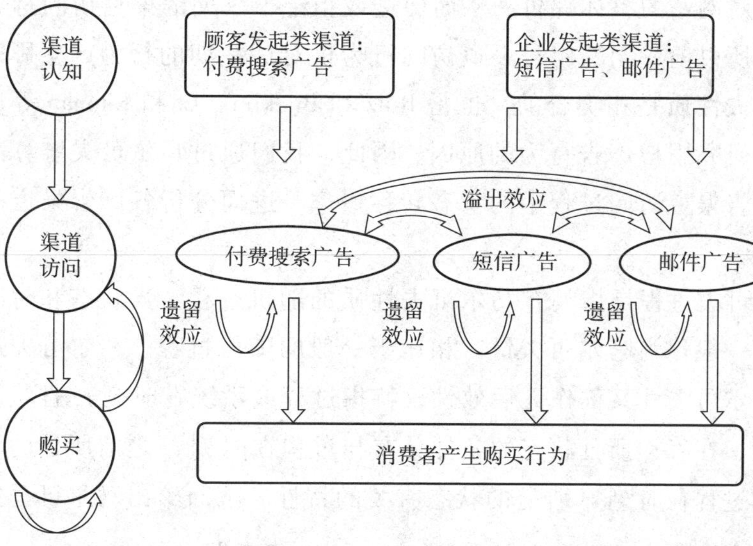

图 5.1 受遗留效应影响的用户行为转移模型

值得一提的是，已有研究表明，除了遗留效应以外，广告可能具有溢出效应，这体现在从某个渠道首次访问网站的用户下一期产生渠道转移行为，从另一个渠道进入网站。本章基于企业所提供的实证数据对此进行探究。

5.2.2 马尔可夫链算法

我们在用户行为理论的基础上，通过逻辑推导构建了用户行为转移模型。该模型认为，广告的遗留效应体现为同一渠道两期访问行为间的转移概率，以及通过上一期的渠道访问产生同渠道购买转化行为的概率。为了明确如何探究用户行为状态的转移概率，我们对过往的网络用户浏览行为相关研究进行了回顾，发现 Zukerman 等在 1999 年第一次将马尔可夫链应用于网络日志挖掘研究时，提出了将用户的浏览行为过程抽象为一个特殊的随机过程——齐次离散马尔可夫链，构建转移概率矩阵来实现对用户行为的预测。随后，Sarukkai 使用马尔可夫模型预测了用户可能点击的网页。Borges 和 Levene、Cadez 等在马尔可夫链的基础上，根据相应场景进行算法改进，以提高预测效率。由此可见，过去对用户时序行为路径的研究多通过马尔可夫链算法来预测用户路径，虽然遗留效应在广告理论中被认为是一种宏观的长期效应，但在行为学中，对用户来说，由于每一期从广告渠道访问网站的经历会使用户更新对网站的整体评价，从而促进或拒绝下一期的渠道访问行为或购买行为，所以前一期的广告渠道访问行为仅对后一期的行为产生影响，这与马尔可夫性质是相契合的，也是 Rutz 和 Bucklin、Li 和 Kannan 等使用马尔可夫链研究用户广告行为的原因。因此，我们通过马尔可夫链算法来求解用户广告渠道访问过程中的状态转移概率，进而分析各广告渠道的遗留效应。

马尔可夫过程是指具有马尔可夫性质的随机过程，当状态和时间都为离散时，一般称为马尔可夫链。相比于一般的随机过程，马尔可夫过程所具备的马尔可夫性又称作无后效性，特指过程或系统在时刻 t_n 且状态已知的情况下，在 $t>t_n$ 所处状态的条件分布与过程在时刻 t_n 之前所处的状态无关，只与过程在时刻 t_n 所处的状态有关的特性。下面给出马尔可夫链的数学定义。

假设马尔可夫过程 $\{X_t, t\in T\}$ 中的 T 为离散型的时间集合，即 $T=$

$\{0, 1, 2, \cdots, t\}$，这些时刻所对应的随机变量 X_t 的可能取值范围是 $\{a_1, a_2, \cdots, a_n\}$，该数值集合又被称为状态空间。对任何整数 $t \in T$ 和其所对应的 X_t 的状态空间来说，条件概率满足式（5.9），则称 $\{X_t, t \in T\}$ 为马尔可夫链。

$$P\{X_{t+1}=a_{t+1} | X_o=a_0,\cdots,X_t=a_t\}=P\{X_{t+1}=a_{t+1} | X_t=a_t\} \tag{5.9}$$

条件概率 $P\{X_{t+1}=a_{t+1} | X_t=a_t\}$ 简单来说就是某事物或系统在时刻 t 时状态为 a_t 的条件下，在时刻 $t+1$ 时状态为 a_{t+1} 的概率。假设状态 a_t 的实际值为 i，a_{t+1} 的实际值为 j，则 $P_{ij}(t)=P\{X_{t+1}=j | X_t=i\}$ 表示系统在时刻 t 状态 i 的条件下，下一期转移到状态 j 的概率。由于实际上在时刻 t 的状态可能值为一个包含 m 个元素的集合，因此一般转移概率由矩阵形式 $(P_{ij})^{m\times m}$ 表示。在实际情况中，转移概率的求解一般是通过统计 t_0，t_1，…，t_n 时刻的状态转移频率来进行的，如式（5.10）所示。

$$P_{ij}=f_{ij}/f_i \tag{5.10}$$

其中，P_{ij} 为转移概率矩阵中的元素，表示从本期状态为 i 转移到下期状态为 j 的概率；f_{ij} 为频数矩阵元素，表示实际情况中从本期状态为 i 转移到下期状态为 j 的发生频数；f_i 为频数矩阵行元素之和，表示从本期状态为 i 转移到下期各种状态的频数之和。

5.2.3　实证研究

在上述马尔可夫链和其转移矩阵的求解思想的基础上，我们对具有多期渠道访问行为和购买行为的用户进行状态划分，以此来求解用户行为转移过程中的状态转移矩阵。

5.2.3.1　数据说明

考虑到本节研究的是在遗留效应影响下用户从广告渠道进入网站后的广告点击行为和购买行为之间状态的迁移，所需要获取的是单个用户多期访问的行为轨迹，而上一节对多渠道网络广告的遗留效应测评研究是先提取单个用户的渠道访问行为和购买行为，继而进行加总，求得渠道单日总量，所以本节的数据获取、预处理和特征提取部分的步骤与 5.1.3 节中所提到的一样，均是通过网络日志数据解析、用户识别、会话切分、特征提取的数据处理范式进行，这里不再赘述。处理完之后，可得每个用户每期会话的三个渠道点击行为特征（状态）和购买行为特征（状态）。

为了进一步获得研究所需数据，我们在已经提取完的单个用户行为特征数据的基础上，对用户进行划分，以时间正序进行排列，获取了数据期间具有多期访问会话的用户行为特征数据组，共计 82818 条数据，具体数据形式见表 5. 8。

表 5.8　单个用户多期访问行为特征数据样例

ID	*cal_number*	*vinfo*	*sea_num*	*sms_num*	*ema_num*	*buy_num*
786	2017-03-13	++3Dg***nvg	9	0	0	1
786	2017-03-14	++3Dg***nvg	1	0	0	1
786	2017-04-06	++3Dg***nvg	1	0	0	3
1232	2017-02-07	++3Hq***pbw	2	0	0	0
1232	2017-02-08	++3Hq***pbw	1	0	0	0
1232	2017-02-09	++3Hq***pbw	1	0	0	0
652	2017-02-28	++5Sg***S/A	1	0	0	0
652	2017-03-17	++5Sg***S/A	1	0	0	0

5. 2. 3. 2　结果讨论

通过前期的数据预处理，我们获得了具有多期访问行为的用户数据，每条用户数据中均包含当期三个渠道的访问次数和当期的购买次数。这里，用户的每期访问行为已经通过数据预处理中的会话识别步骤进行了划分，用户的时序行为的转移体现为多期会话间的行为状态转移，而非同一期会话内的点击行为序列。

使用马尔可夫链来求解用户行为状态的转移概率，需要先基于数据属性对用户的访问行为进行状态划分。我们以每期的单个用户为单位，对购买行为次数和三个广告渠道的访问次数进行了统计。首先，我们对用户的购买次数进行了统计，描述性统计见表 5. 9。

表 5. 9　用户购买行为的描述性统计

变量	count	mean	std	min	25%	50%	75%	max
buy_num	4920	2. 6087	4. 3231	1	1	1	3	90

从表 5. 9 中可以看到，数据中共出现 4920 次购买行为，每次访问的平均购买次数为 2. 6087，虽然存在 90 这样的最大购买次数，但从上下四分位

数和中位数的数值可以看出，用户的购买行为次数主要集中在1~3。可见，大部分用户会购买较少次数，较少用户会产生大量购买行为。因此，在划分状态时，可将购买次数大于等于4划分为一个状态，将购买0~3次的划分为四个状态。

接下来，我们分别对付费搜索广告渠道、邮件广告渠道和短信广告渠道对用户特征的统计、行为状态的划分和转移概率结果进行介绍。

• 付费搜索广告渠道

为了进一步判断用户在单期访问会话内是否会有多个渠道的点击行为，在对各个渠道进行用户特征统计时，我们对三个渠道各自数值不为0时的访问次数进行了描述性统计，付费搜索广告渠道的情况见表5.10。

表5.10　付费搜索广告渠道用户访问行为描述性统计

统计数据	*sem_num*	*sms_num*	*ema_num*
count	82672	82672	82672
mean	1.510608	0.000012	0.000012
std	1.128865	0.003478	0.003478
min	1	0	0
25%	1	0	0
50%	1	0	0
75%	2	0	0
max	42	1	1

从表5.10中可以看出，付费搜索广告渠道的总访问次数为82672次，该渠道的用户最高访问次数为42，但从上下四分位数和中位数的数值可以看出，访问付费搜索广告的次数主要集中在1次和2次。从付费搜索广告渠道用户访问行为状态盒形图（图5.2）中可以看出，大量用户还是集中于较少次数的访问。因此，在划分状态时，可将付费搜索广告访问次数大于等于4划分为一个状态，将访问0~3次的划分为四个状态。此外，我们还可以看出，在付费搜索广告访问次数不为0的情况下，另外两个渠道的访问次数的极大值均为1且平均值均为0.000012，这意味着用户进行付费搜索渠道访问时基本不会对其他渠道产生访问行为。

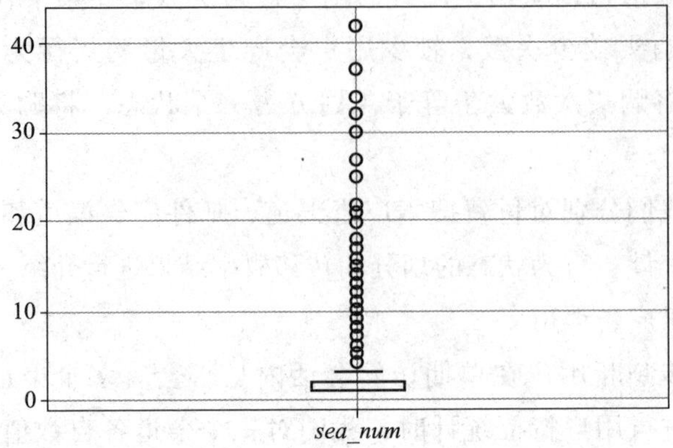

图 5.2 付费搜索渠道用户访问行为状态盒形图

根据划分好的规则，我们采用马尔可夫链算法对付费搜索广告渠道的用户数据进行运算，得到的用户行为状态转移概率见表 5.11。

表 5.11 付费搜索广告渠道用户行为状态转移概率

	None	V4	V3	V2	V1	P4	P3	P2	P1
None	0.620	0.123	0.019	0.060	0.265	0.004	0.002	0.005	0.013
V4	0.511	0.134	0.072	0.110	0.160	0.003	0.003	0.001	0.006
V3	0.642	0.057	0.036	0.080	0.168	0.002	0.002	0.005	0.007
V2	0.703	0.028	0.027	0.057	0.169	0.002	0.002	0.004	0.008
V1	0.770	0.010	0.013	0.039	0.155	0.002	0.001	0.003	0.006
P4	0.603	0.009	0.005	0.014	0.076	0.127	0.044	0.041	0.081
P3	0.678	0.003	0.003	0.038	0.073	0.070	0.019	0.042	0.073
P2	0.748	0.008	0.002	0.021	0.070	0.036	0.008	0.038	0.070
P1	0.75	0.003	0.006	0.024	0.078	0.020	0.014	0.025	0.081

表 5.11 中的 None 表示在该期会话内，用户没有产生该渠道的访问行为和购买行为；V1～V4 表示从付费搜索广告渠道进行访问的次数；P1～P4 表示购买次数。通过对各个行为状态间的转移概率进行分析，我们发现：

（1）付费搜索广告渠道用户的所有访问行为状态和购买行为状态转移到无状态（None）的概率均为最高，这符合用户进行网站访问的规律。

（2）从渠道访问状态转移到渠道访问状态的概率普遍比渠道访问状态转移到购买状态的概率高。许多研究者认为，对所有企业来说，访问网站的用户中产生购买行为的用户占少数，所以采用善于处理不平衡数据的算法来开展相关研究。本次实证数据中所得到的用户行为状态转移概率矩阵结果（见表5.11）也印证了这一观点。

（3）相比渠道访问状态转移到购买状态的概率，从购买行为转移到购买行为状态的概率较大，且在大部分情况下，前一期的购买次数越多，下一期转移到购买行为状态的概率越大。出现这样的规律是因为已产生购买行为的用户对网站总体效用的感知比没有产生购买行为的用户强烈，所以更易产生下一期的购买行为。

由先前构建的用户行为状态转移模型可知，遗留效应在渠道访问阶段体现为通过特定渠道产生前一期访问的用户通过该渠道进行下一期访问的概率，在购买阶段体现为经过上一期的渠道访问经历后下一期产生同渠道购买转化行为的概率。考虑到已经求得用户行为状态转移矩阵，为了获得同渠道的访问行为转移概率和访问—购买行为转移概率，我们需要先求解在行为状态 a 发生的情况下，从状态 a 转移到状态 b 的这种单个转移情况的概率。由于行为状态 a 的产生存在概率且从状态 a 转移到状态 b 也存在概率，所以求解方式是将发生状态 a 的概率和从状态 a 转移到状态 b 的概率进行相乘。随后，对各种状态的单个转移概率进行求和，即可获得各渠道两个阶段各自的行为转移概率。值得一提的是，状态 a 也是由某个状态转移而来的，在此可设为状态 c，由于用户可能会直接产生访问，也有可能在访问之后再次进行访问，所以状态 c 存在为 None 或访问 n 次的各种可能性，状态 a 的发生概率可通过对 $P(a \mid c)$ 的各种情况进行求和得出。我们最终将付费搜索渠道访问阶段和购买阶段的遗留效应写为式（5.11）和式（5.12），其中 V_0 等同于行为状态转移概率矩阵中的 None。

$$\lambda_{sem_1} = \sum_{a,\ b \in Z^+}^{4} \sum_{c \in N}^{4} P(V_a \mid V_c) \times P(V_b \mid V_a) \tag{5.11}$$

$$\lambda_{sem_2} = \sum_{a,\ b \in Z^+}^{4} \sum_{c \in N}^{4} P(V_a \mid V_c) \times P(P_b \mid V_a) \tag{5.12}$$

根据式（5.11）和式（5.12），可求得 $\lambda_{sem_1} = 0.495$，$\lambda_{sem_2} = 0.007$，即从付费搜索广告渠道进入该网站的用户在访问阶段可能产生下一期同渠道访问行为的概率约为0.495，而通过前期的访问在下一期可能产生购买行为的概率约为0.007。

- 短信广告渠道

我们对短信广告渠道的访问次数也进行了不为0时的统计，见表5.12。

表 5.12　短信广告渠道用户访问行为描述性统计

统计数据	*sem_num*	*sms_num*	*ema_num*
count	55	55	55
mean	0.018182	1.218182	0
std	0.134840	0.786245	0
min	0	1	0
25%	0	1	0
50%	0	1	0
75%	0	1	0
max	1	6	0

从表 5.12 中可以看出，短信广告渠道的总访问次数为 55 次，有过短信渠道访问行为的用户的平均访问次数为 1.218182，最大值为 6 次。由于数据较少，盒形图的展示效果较差，在此不予显示。从统计表中的上下四分位数和中位数的数值可以看出，访问短信广告渠道的数值主要集中在 1 次，所以在划分状态时，将短信广告渠道访问次数大于等于 2 的划分为一个状态，将短信广告渠道访问次数为 0 和 1 的划分为两个状态。同样地，从付费搜索广告渠道和邮件广告渠道在短信渠道访问次数不为 0 时的数据分布情况可以看出，访问了短信广告渠道的用户没有访问邮件广告的行为，有访问付费搜索广告渠道行为的也是极少数。

根据划分好的状态，我们通过马尔可夫链算法对短信广告渠道的数据进行运算，得到的用户行为状态转移概率见表 5.13。

表 5.13　短信广告渠道用户行为状态转移概率

	None	V2	V1
None	0.64	0.04	0.32
V2	0.667	0.333	0
V1	1	0	0

在前期的数据观测中，由于短信广告渠道的实测数据和付费搜索广告渠道在数据量和用户分布上的差异，我们对用户行为状态划分进行了调整，即将访问次数调整为 0、1 和 2，而将购买次数调整为 1 和 2。此外，由于短信广告渠道的数据较少，具有短信广告渠道访问行为并最终产生购买的用户都只

进行了单期（单次会话）的访问，因此在进行状态转移概率计算时无法获取购买行为的状态，只通过访问行为状态的转移来衡量遗留效应。从短信广告渠道的状态转移概率可以看出：①与付费搜索广告渠道类似，短信广告渠道的用户行为状态转移到无状态的概率非常大；②从短信广告渠道进入网站的用户从访问行为转移到购买行为的完全没有。由于对行为状态划分进行了调整，所以需要对计算短信广告渠道访问阶段的遗留效应公式进行调整，如式（5.13）所示。

$$\lambda_{sms} = \sum_{a,\ b \in Z^+}^{2} \sum_{c \in N}^{2} P(V_a \mid V_c) \times P(V_b \mid V_a) \tag{5.13}$$

根据式（5.13），可求得 $\lambda_{sms}=0.124$，即从短信广告渠道进入该网站的用户在访问阶段可能产生下一期同渠道访问行为的概率约为0.124。

● 邮件广告渠道

我们对邮件广告渠道的访问次数也进行了不为0时的统计，见表5.14。

表5.14　邮件广告渠道用户访问行为描述性统计

统计数据	*sem_num*	*sms_num*	*ema_num*
count	92	92	92
mean	0.021739	0	1.282 609
std	0.208514	0	0.855 828
min	0	0	1
25%	0	0	1
50%	0	0	1
75%	0	0	1
max	1	0	6

从表5.14中可以看出，邮件广告的总访问次数为92次，有过邮件广告渠道访问行为的用户的平均次数为1.282609，最大值为6次。由于数据较少，盒形图的展示效果较差，在此不予显示。从统计表中的上下四分位数和中位数的数值可以看出，访问邮件广告的数值主要集中在1次，所以在划分状态时，将邮件广告渠道访问次数大于等于2的划分为一个状态，将邮件广告渠道访问次数为0和1的划分为两个状态。从统计数据中还可以看出，参与过邮件广告渠道访问的人在单次会话内没有访问短信广告的行为，也只有极少数人有访问付费搜索广告渠道的行为。

根据划分好的状态，我们通过马尔可夫链算法对邮件广告渠道数据进行分析，该渠道的用户行为状态转移概率见表5.15。

表5.15　邮件广告渠道用户行为状态转移概率

	None	V2	V1	P2	P1
None	0.591	0.227	0.364	0	0
V2	0.6	0.2	0.2	0	0
V1	0.65	0.05	0.25	0	0.05
P2	0.5	0	0.5	0	0
P1	1	0	0	0	0

从该渠道的状态转移概率可以看出：①与付费搜索广告渠道类似，邮件广告渠道的用户行为状态转移到无状态的概率最高；②从邮件广告渠道进入网站的用户从访问行为转移到购买行为的概率极低。

与付费搜索广告渠道和短信广告渠道的遗留效应公式构建方式同理，邮件广告渠道两个阶段的遗留效应计算公式如下：

$$\lambda_{ema_1} = \sum_{a,\ b \in Z^+}^{2} \sum_{c \in N}^{2} P(V_a \mid V_c) \times P(V_b \mid V_a) \tag{5.14}$$

$$\lambda_{ema_2} = \sum_{a,\ b \in Z^+}^{2} \sum_{c \in N}^{2} P(V_a \mid V_c) \times P(P_b \mid V_a) \tag{5.15}$$

根据式（5.14）和式（5.15），可求得 $\lambda_{ema_1}=0.435$，$\lambda_{ema_2}=0.021$，即从邮件广告渠道进入该网站的用户在访问阶段可能产生下一期同渠道访问行为的概率约为0.435，而通过前期的访问在下一期可能产生购买行为的概率约为0.021。

值得一提的是，通过前期对单次会话内用户购买行为和三种渠道访问行为数据的统计，可以发现：三个广告渠道的数据极为不平衡，短信广告渠道和邮件广告渠道的访问总数均不超过100，而付费搜索广告渠道的访问总数达到82672次，但考虑到在对用户的行为状态转移进行研究时，遗留效应体现在同渠道的用户行为转移上，所以渠道数据的不平衡不会对研究结果产生影响。此外，通过对三个渠道访问数不为0时的统计，可以发现：该企业的广告渠道之间几乎不存在转移行为，不存在足够的数据来进行溢出效应的研究。

我们对付费搜索广告渠道、短信广告渠道和邮件广告渠道的两阶段遗留效应值进行了总结，见表5.16。

表 5.16　多渠道的两阶段遗留效应值

渠道	渠道访问阶段	购买阶段
付费搜索广告	0.495	0.007
邮件广告	0.435	0.021
短信广告	0.124	—

通过对网络广告遗留效应影响下的用户行为状态进行转移分析，我们得出了多渠道网络广告在渠道访问阶段和购买阶段的遗留效应值，进而发现：①在渠道访问阶段，付费搜索广告的遗留效应值最高，邮件广告次之，短信广告的遗留效应值最低且与另外两个渠道有差距，这说明从付费搜索广告和邮件广告这两个渠道进入网站的用户在前一期产生访问行为的情况下，有较大概率在下一期产生同渠道的访问行为。②在购买阶段，因为短信渠道不存在前一期访问下一期购买的用户数据，所以无法计算出短信广告在该阶段的遗留效应值，这说明该企业短信广告的效果较差。邮件广告的遗留效应值高于付费搜索广告，说明对具有多期广告渠道访问行为的用户来说，邮件广告具有更好的转化效果。此外，对付费搜索广告渠道和邮件广告渠道在两个阶段的遗留效应值进行比较可以发现，购买阶段的遗留效应值和访问阶段的遗留效应值不在一个量级，这与购买人数占企业总访问人数的比例较小这一事实相符。

综合本章研究结果，我们认为，对该电商企业来说，短信广告效果较差，可以适当减少短信广告的发送。此外，该企业需要依据第3章得出的付费搜索广告和邮件广告这两个渠道长短期效果的特质来制定营销策略，从而增大用户从渠道访问阶段进入购买阶段的概率。例如，针对付费搜索广告渠道的用户规划有效期较短但优惠力度较大的优惠券，针对邮件广告渠道的用户推送有效期较长但优惠力度适中的优惠券。

5.3　本章小结

为了解电子商务企业所投放的各类广告对产品销售的长短期影响，本章对多渠道网络效果评估问题展开了研究。首先，基于过往的广告效应影响因素研究，对付费搜索广告渠道、短信广告渠道和邮件广告渠道在即时效应强度、遗留效应长度和遗留效应累积强度上的表现进行了假设，随后根据假设和前人研究将遗留效应影响因子纳入模型，构建了一个考虑遗留效应的多渠道网络广告效果评估模型。其次，通过数据清洗、数据预处理、特征提取等手段对某电商企业的用户点击流数据进行了数据变换，并将变换后的数据代入模型进行拟合，发现有关即时效应强度和遗留效应长度的六个假设均被证明为真，其中：付费搜索广告的即时效应最强，短信广告和邮件广告的即时效应均相对较弱；邮件广告的遗留效应持续时间最长，付费搜索广告的遗留效应持续时间最短。关于三个渠道的遗留效应累积强度，我们发现，短信广告的遗留效应累积强度最弱，邮件广告和付费搜索广告的遗留效应累积强度均较高，付费搜索广告的遗留效应累积强度稍高于邮件广告，与之前的假设不符，原因在于在提出假设时，我们没有充分考虑到保险产品特性对用户购买产生的影响——对广告信息的信赖程度是用户在购买保险类产品时最为重要的影响因素。

第 6 章
多渠道网络广告效应比较与渠道组合效应

Chapter Six

不同形式的网络广告由于自身特点所产生的效果可能有所不同，如短信广告大多会吸引移动端的客户，而付费搜索广告侵入性较弱，不仅能引来移动端的客户，还能吸引 PC 端的网页访问。在有限的广告预算约束下，企业管理人员需要准确地把握不同网络广告渠道对网站访问、购买行为的有效性，从而进行营销渠道管理，合理地对网络广告渠道投放进行预算分配，以实现最优的广告效益。此外，在整合营销和多渠道网络广告投放的背景下，客户可能在短时间内先后接触多种网络广告渠道，这种渠道组合也被证明会对客户购买产生影响。因此，对电商企业而言，在进行多渠道网络广告投放管理时，除了要衡量和比较不同网络广告渠道的效应差异，还需要关注多渠道的组合效应，以扩大单一渠道的广告效果。总的来看，为了更好地指导电商企业制定多渠道网络广告投放策略，需要建立一套更为全面的多渠道网络广告效应测评体系，通过追踪潜在客户完整的访问购买过程（如搜索、点击、访问等）和客户在发生购买转换前的一系列渠道接触和交互行为综合分析多渠道网络广告效应。

通过前期的管理实践调查，我们发现进行网络营销的企业一般仅通过统计单个渠道的宏观分析指标（如广告展示量、点击率和购买转化率）来衡量渠道的短期效应（即时效应）。这种方法不能反映用户完整的渠道访问和交互行为，无法衡量多渠道营销环境下多种网络广告的相对有效性和交互影响。这使得企业在评价广告效应时具有一定的片面性和误差。

通过对现有研究进行回顾，我们发现网络广告效应仍然是近十年网络广告研究的重要课题。从对消费者行为影响的时间特征来看，网络广告效应可以分为短期效应（即时效应）和长期效应。这里，短期效应是指同一种广告展示之后短时间内对消费者购买行为的影响，长期效应是指广告展示之后一段时间内对消费者行为的影响。然而，大多数研究集中在广告活动的短期效应上，很少考虑网络广告的长期效应。要通过在实践中大量使用多种渠道的网络广告来实现战略性品牌的建立，需要从长期的角度更好地了解网络广告活动如何影响消费者。为了更准确地衡量多种网络广告渠道的广告效应，需要综合比较不同渠道的网络广告效应在时间上的变化。

除了考虑不同广告渠道对最后购买转化的短期和长期影响，管理人员也对不同网络广告渠道的效应是否会因购买漏斗的阶段而异表现出浓厚的兴趣。有证据表明，用户从一个网络渠道进入后，在购买之前通常需要经历多个购买漏斗阶段，并且这些漏斗阶段的接触对购买可能性有不同的影响。具体来说，用户点击某个渠道的网络广告之后的企业访问行为，如网站主页访问、详情页访问、浏览页面数、访问页面类别等，体现出了消费者在受网络广告影响后对企业网站及其产品的兴趣程度，可以从侧面反映该广告渠道的有效性及用户的购买意愿。不管是点击还是访问行为，都属于用户购买旅程可能历经的环节，可将用户购买旅程分为用户广告点击、访问及购买三个购买漏斗阶段。在访问阶段，用户可能继续接触企业产品主页和产品详情页，当用户产生了较强的购买意愿时，会产生加入购物车的行为。然而，很多研究没有对用户网络购买的完整旅程进行分析，而是侧重于研究特定的漏斗阶段，如网站访问。如何结合用户购买旅程的各个漏斗阶段来综合测评网络广告效应在较大程度上未被当前的文献解答。因此，对于不同网络广告渠道的效应，应该结合用户购买旅程的行为阶段来进行研究。

从用户经历的渠道路径来看，用户在发生购买前可能不仅仅接触一次网络广告渠道，先后接触的渠道将共同而非独立地对消费者产生影响，所以在多渠道网络广告的有效性研究中，还需要考虑网络广告的多渠道组合效应。这里，组合效应表现为两种（或以上）渠道组合搭配所产生的联合效应，会对广告受众的购买倾向产生影响。虽然很多研究者证实了广告组合效应的存在，但少有研究基于完整的用户渠道点击序列对组合效应进行测评。此外，在用户渠道点击序列中，网络广告渠道的类型和特定渠道点击顺序都有可能对购买意向产生影响。因此，要深入地理解多渠道网络广告环境下用户渠道的转移路径以及购买过程中用户的渠道偏好，应基于客户的渠道点击次序数据分析多渠道网络广告的组合效应以及哪些渠道组合会对购买产生积极影响。

现有研究集中研究某一种特定网络广告渠道或者选定两种或三种网络广告渠道的网络广告效应，未能全面分析企业所使用的所有网络广告渠道的效应。这就导致企业无法在动态的多渠道网络环境中有效地分配预算资源。基于企业整体的网络广告渠道进行网络广告效应的分析和比较可以进一步丰富网络广告效应研究，帮助企业优化网络广告预算分配决策。

总的来说，随着越来越多的公司使用多个网络广告营销渠道进行推广，仅对一种或几种特定的网络广告渠道的效应进行测评难以衡量出全局的广告渠道效果。因此，我们考虑了某企业运用的所有网络广告渠道，并且基于一个相对完整有效的客户网络购买旅程（或购买路径）整理数据并分析网络广告效应。这里的客户网络购买旅程（或购买路径），是指在潜在的购买决策之前，任何单个客户在所有网络广告营销渠道中与电商企业网站的所有接触行为，包括直接访问电子商务企业的网站、点击网络广告和网站浏览行为。现有技术允许电商企业在个体层面上跟踪客户购买旅程，以更深入地对客户购买决策过程进行分析，这有助于电子商务企业分析网络广告渠道对消费者购买倾向的影响，并制定合理的广告投放策略和个性化的营销策略。

6.1　基于购买漏斗模型的多种网络广告渠道效应比较

现有研究大多对单个渠道或者选定的几个营销渠道进行广告效应测评，而缺少对企业完整网络广告渠道系统中不同广告渠道营销效果的比较研究。本章主要对企业投放的九种网络广告营销渠道的广告效应进行测评。本节主要基于聚合级的时间序列数据，具体回答哪个网络广告渠道对购买的有效性最强（Which）、这种效应发生的时间（When）和渠道效应在购买漏斗的哪个阶段最强（Where）三个问题，旨在帮助企业了解不同网络广告渠道所产生的广告长短期效应及这种效应最强的发生阶段，为企业制定整体广告渠道投放策略提供决策支持。

6.1.1　购买漏斗模型与变量选择

根据 AIDA 理论，消费者在面对某产品/服务时可能经历注意

(Attention)、兴趣(Interest)、欲望(Desire)、行动(Action)四个阶段。基于AIDA理论，市场营销领域学者普遍认为，消费者关于产品/服务购买决策的形成是一个漏斗流程，从开始到结束，用户在每一个阶段都会产生流量流失。因此，这是一个多阶段的购买漏斗模型。

电商企业在进行网络广告营销时，消费者的行为路径通常也遵循购买漏斗模型，包括用户点击网络广告的关注阶段、用户进一步浏览网站和加入购物车的兴趣和欲望阶段，以及最后的购买行动阶段。具体来看，有些用户会首先通过接触并点击企业相关的各种广告营销渠道对某公司的产品、品牌或服务产生一定关注。接着，他们会根据感兴趣程度产生一定的响应行为，未产生兴趣的用户会在这一环节直接流失，剩余的用户可能会浏览主页了解大致的产品情况，更加感兴趣的用户会浏览产品详情页获取更全面的信息以判断产品是否符合自身需求。在对产品进行详细的信息调查和比较分析后，可能有部分用户会发现产品非常满足自身的利益和需求并产生一种渴望拥有的感觉，进而倾向于将产品加入购物车以待购买。最后，经历漏斗模型各阶段的流失，只有相对少数的用户会产生购买行为。

用户通过某种网络广告渠道进入并形成购买决策并非一步到位，要经历多个漏斗阶段，各漏斗阶段之间会实现信息传递和购买转化。因此，在进行网络广告渠道效应测评时，除了关注各种网络广告渠道对最后购买转化的短期和长期效应外，还需要关注网络广告渠道对购买前期不同阶段的影响差异，以帮助人们有效找到问题环节并进行优化。此外，在多渠道网络广告营销情景下，用户不同的进入渠道对各购买漏斗阶段产生的效应也可能存在差异。因此，我们基于购买漏斗模型对用户购买决策过程中的各个阶段进行拆解，多种网络广告渠道的效应测评模型如图6.1所示。

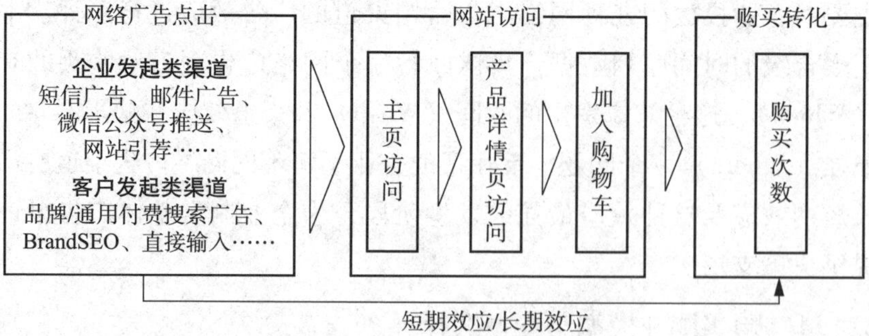

图6.1 多种网络广告渠道的测评模型

对于用户的不同进入渠道，我们可将其分为企业发起类渠道（FICs）和客户发起类渠道（CICs），以分析多渠道框架下这两类营销渠道对购买转化的有效性。企业发起类渠道，如电视、短信、电子邮件、微信推送和网站引荐等，专注于向消费者推送消息。有研究发现，这些 FICs 越来越不被需要。客户发起类营销渠道是由客户的行为触发的，包括搜索渠道（自然搜索和付费搜索）、直接输入、价格比较网站等。客户发起类广告已表现出巨大的潜力，并成为公司营销的重要组成部分。客户发起类渠道是基于客户自身的兴趣和查询而产生的，被认为是干扰更少的营销渠道，客户对此类渠道的响应率比传统的企业发起类渠道高得多。此外，广告效应的强弱可能与客户的状态相关，即客户行为状态与购买决策越接近，广告的刺激效果越好。市场营销的一个中心思想，就是客户经历一系列阶段并最终发生购买转化，包括需求识别、信息搜索、替代品评估，以及最终的选择（购买）。企业发起类渠道可以接触到尚未认识到产品需求的消费者，而客户发起类渠道帮助的是那些正在寻找更多信息（搜索引擎和直接输入）的接近购买的消费者，虽然后者比前者有更强的销售效应。以往的研究表明，客户发起类渠道在提升客户购买转化率和创造收入方面更为有效。

综上所述，针对购买漏斗的最后一个阶段（购买转化），并回答本章研究的“哪个”问题，我们预计客户发起类渠道对购买有更强的广告效应。关于“哪里”的问题，我们预计客户发起类渠道会比企业发起类渠道更能吸引有可能深入漏斗的访问者。关于“何时”的问题，由于客户必须采取触发客户发起类渠道的行动（如主动搜索）并且客户发起类渠道与购买漏斗的后期阶段更相关，客户发起类渠道将比企业发起类渠道更能促进购买转化。相反，企业发起类渠道首先被用于刺激潜在客户，更多的是针对处于需求识别早期阶段的客户，在促进客户购买转化方面需要更多的时间。

基于购买漏斗模型和上述分析，我们可以进行相关变量的选择：

（1）网络广告渠道变量。在现有研究中，客户的广告行为变量一般包括广告曝光数、广告点击数和广告引致的购买转化数。广告曝光数是指广告被呈现于访客端浏览器的次数，多应用于展示广告的效应测评研究中。展示广告的主要目的在于品牌宣传，因此广告曝光数更适用于衡量用户对展示广告的接收程度。然而，搜索广告/优化、短信广告等关键词类/链接类广告很难衡量客户的曝光数。此外，相较于品牌宣传，关键词类/链接类广告更倾向于将客户引到企业网站从而引发客户的访问和购买行为。因此，学者们在研究这类广告时多使用广告点击次数来衡量用户对广告的接收程度。由于要分析的渠道都属于关键词/链接类广告渠道，所以我们将九种网络广告渠道的用户点击次数作为广告变量。

（2）网站访问漏斗阶段变量。购买漏斗模型可以进一步对用户点击网络广告后的网站访问阶段进行细化的拆解和量化，在获得不同阶段的网站访问行为数据之后，可以分析多种渠道网络广告在各网站访问漏斗阶段所发挥的作用。首先，网络广告可能对网站的主页访问产生影响，如品牌型付费搜索广告渠道投入的关键词主要为企业品牌名，关键词主要被链接到企业的主页上，因此与访问产品详情页相比，品牌型付费搜索广告可能更能吸引用户至主页访问阶段。其次，网络广告可以使网站的产品详情页产生额外的流量，如短信广告能够方便用户反复查看和访问产品链接，从而导致更频繁的产品详情页访问。最后，网络广告可以吸引那些更有可能深入了解网站产品的潜在客户（即那些更有可能将产品加入购物车的客户），这些客户更有可能产生购买行为。这样分阶段的网络广告渠道效果分析，可以帮助营销人员在不同的市场阶段选择更为合适和高效的营销渠道，为企业制定网络广告营销策略提供更有针对性的意见。我们将基于前文所构建的多渠道网络广告效应模型，捕捉客户在网站访问漏斗各个阶段的访问变量，包括首页访问次数、产品详情页访问次数、加入购物车次数。通过区分购买漏斗中网站访问的不同阶段，可确定不同网络广告渠道效应是否会在产生额外的主页/详情页流量、增加转换的可能性方面有所不同。

（3）购买转化变量。多渠道网络广告所产生的最终销售效果通常通过购买转化数来衡量。广告的购买转化数是指从某广告进入网站后用户所产生的购买数。我们基于用户的广告行为、网站访问行为及购买行为选择变量，见表 6.1。

表 6.1　基于购买漏斗模型的多种网络广告渠道效应测评的相关变量

	变量代码	变量名称
网络广告渠道点击（Advertising）	*BrandSEA*	每天品牌付费搜索广告点击次数
	GenericSEA	每天通用付费搜索广告①点击次数
	BrandSEO	每天品牌自然搜索广告②点击次数
	GenericSEO	每天通用自然搜索广告点击次数
	Direct	每天直接输入次数
	SMS	每天短信广告点击次数
	EMA	每天电子邮件广告点击次数
	Wechat	每天微信公众号推送点击次数
	Referer	每天引荐链接点击次数
客户访问漏斗阶段	*HomePage*	每天主页访问的会话数
	Detail	每天产品详情页访问的会话数
	Cart	每天包含添加购物车的会话数
客户购买	*Purchase*	每天的客户购买次数

注：①通用付费搜索是指消费者用通用的产品关键词进行搜索。付费搜索广告是指搜索界面的付费广告，以最高优先级显示，一般显示在搜索结果页面的顶部或右侧/左侧栏上。

②自然搜索广告指搜索界面未付费部分广告。

6.1.2　研究方法和模型构建——SVAR 模型

6.1.2.1　研究方法

本章所构建的模型需要回答哪种网络广告营销渠道最有效、何时营销效果会发生，以及营销效果在网站漏斗中的何处发生三个问题。此外，模型还需要捕捉聚合层面各种广告营销渠道、网站访问漏斗阶段和最终购买转化数之间的动态依赖关系。

向量自回归（VAR）模型被用于聚合级别的多变量时间序列数据（指不同时间点上收集到的聚合数据）。该模型不仅能提供一种灵活和统一的短期、长期效应的处理方式，还能利用时间序列数据的滞后效应和复杂的反馈循环来解决变量之间可能相互影响的内生性问题。我们可以对每天的广告点击、购买转化数和漏斗数据进行格兰杰因果关系测试。模型中每个变量的格兰杰因果关系均可通过对变量组合进行格兰杰因果检验来测试。在每个变量组合中，与另一变量具有格兰杰因果关系的变量在 VAR 模型中被视为内生变量，无格兰杰因果关系的变量则被视为外生变量。

VAR 模型实质上是一个缩减形式，没有明确体现变量间的结构性关系。然而，SVAR 模型（结构性向量自回归模型）一般基于一定的管理判断和营销理论建立，即将那些基于营销理论和技术限制的变量间的结构性关系引入 VAR 模型。SVAR 模型比 VAR 模型更有实践意义。根据管理判断和网站设计的技术限制，我们发现购买漏斗中并非所有的客户访问路线都有效。例如，客户无法直接从主页进行加入购物车和投保等操作，他们在产生购买之前要经历购物车阶段，并且只能在查看至少一个产品页面后才能添加购物车并进行交易。因此，客户跳过某漏斗阶段（如访问产品详情页阶段）直接进入下一个阶段（如加入购物车并产生购买）的路线不具有可行性。此外，购买漏斗的后期阶段不大可能显著推动早期阶段（例如，产品详情页访问会话数量不太可能影响主页访问会话数量），并最终产生购买。我们需要对自回归模型中变量间的交互影响进行限制，以使模型更符合实际的购买场景和营销理论。限制条件的建立可以基于模型拟合度、管理判断、技术限制（网站被设计为一个阶段必须紧接着另一个阶段）或营销理论（如在营销效果层次关系上，品牌意识发生在品牌喜好之前）。

综上所述，本章采用 SVAR 方法来分析广告营销、网站漏斗访问及购买的行为特征之间特定的动态交互作用。同时，将 SVAR 模型中与无效路线相关的参数限制为零，以减少最终模型中估计的参数数量，并降低多重共线性。

6.1.2.2 模型构建

我们首先基于购买漏斗模型构建如下广告效应模型：

$$\begin{Bmatrix} Advertising_t \\ Homepage_t \\ Detail_t \\ Cart_t \\ Purchase_t \end{Bmatrix} = A + B_t \begin{Bmatrix} Advertising_t \\ Homepage_t \\ Detail_t \\ Cart_t \\ Purchase_t \end{Bmatrix} + \sum_{k=1}^{p} \varphi_k \begin{Bmatrix} Advertising_{t-k} \\ Homepage_{t-k} \\ Detail_{t-k} \\ Cart_{t-k} \\ Purchase_{t-k} \end{Bmatrix} + e_t \tag{6.1}$$

其中，B_t 是短期效应的参数矩阵，表示某变量（如网络广告渠道点击）的单位变化对其他变量（如首页访问量、详情页访问量、加入购物车数或购买量）的当期影响和即时作用，这是网络广告即时效应的体现；φ_k 表示某变量一个单位冲击对其他变量在后续第 k 期产生的影响，代表的是长期影响。这些系数集被称为脉冲响应函数。脉冲响应的含义是对某变量的冲击会对该变量及其他变量产生怎样的动态影响。

对于式（6.1）中的 B_t 和 φ_k 中的参数，我们可以将其中一些限制为零，以捕获特定关系。这些限制条件将 VAR 模型转换为 SVAR 模型：

$$\begin{bmatrix} Advertising_t \\ Homepage_t \\ Detail_t \\ Cart_t \\ Purchase_t \end{bmatrix} = A + \begin{bmatrix} 0 & 0 & 0 & 0 & 0 \\ \beta_{21}^0 & 0 & \beta_{23}^0 & \beta_{24}^0 & \beta_{25}^0 \\ \beta_{31}^0 & \beta_{32}^0 & 0 & \beta_{34}^0 & \beta_{35}^0 \\ \beta_{41}^0 & \beta_{42}^0 & \beta_{43}^0 & 0 & \beta_{45}^0 \\ \beta_{51}^0 & \beta_{52}^0 & \beta_{53}^0 & \beta_{54}^0 & 0 \end{bmatrix} \begin{bmatrix} Advertising_t \\ Homepage_t \\ Detail_t \\ Cart_t \\ Purchase_t \end{bmatrix} +$$

$$\sum_{k=1}^{p} \begin{bmatrix} \beta_{11}^k & \beta_{12}^k & \beta_{13}^k & \beta_{14}^k & \beta_{15}^k \\ \beta_{21}^k & \beta_{22}^k & \beta_{23}^k & \beta_{24}^k & \beta_{25}^k \\ \beta_{31}^k & \beta_{32}^k & \beta_{33}^k & \beta_{34}^k & \beta_{35}^k \\ \beta_{41}^k & \beta_{42}^k & \beta_{43}^k & \beta_{44}^k & \beta_{45}^k \\ \beta_{51}^k & \beta_{52}^k & \beta_{53}^k & \beta_{54}^k & \beta_{55}^k \end{bmatrix} \begin{bmatrix} Advertising_{t-k} \\ Homepage_{t-k} \\ Detail_{t-k} \\ Cart_{t-k} \\ Purchase_{t-k} \end{bmatrix} + e_t \qquad (6.2)$$

其中，第一个限制块 1 意味着网站访问漏斗阶段变量的改变在同一天不能影响其之前漏斗阶段的变量。例如，当客户要添加购物车时，必须访问详情页并在详情页上添加购物车，所以当我们观察到详情页访问会话数和添加购物车会话数的增加时，将添加购物车会话数的增加归因为详情页访问会话数的增加，而不是将详情页访问会话数的增加归因为添加购物车会话数的增加。第二个限制块 2 意味着消费者通常不会在同一天在网站访问漏斗中跳过某阶段。例如，首页访问会话数的增加不会直接增加添加购物车的会话数，详情页访问会话数的增加也不会直接增加购买次数。同样地，在滞后效应参数 φ_k 中设置类似的限制块——限制块 3 和限制块 4。

6.1.3　实证分析

6.1.3.1　数据说明

• 数据来源

本章数据来源于南京某互联网保险代理公司 2018 年 1 月 1 日至 2019 年 12 月 31 日共计 730 天的网络日志数据，以及 2019 年 12 月 31 日（包含）以前的客户注册、分享、收藏及购买数据。

• 数据处理

由于原始数据表格众多，数据字段丰富，且存在数据重复或无效的问题，为了获取所需的基础数据集，需要从企业数据库中原始的日志数据表和业务数据表中选取与研究相关的表格，然后对它们进行数据预处理、有效字段筛选及表格的关联匹配。基于基础数据集，可以更高效地提取与研究内容相关的特征变量。基础数据集的获取流程如图 6.2 所示，包括数据清洗和筛选、数据表关联和匹配、用户访问来源（网络广告渠道）识别和会话切分四个步骤。

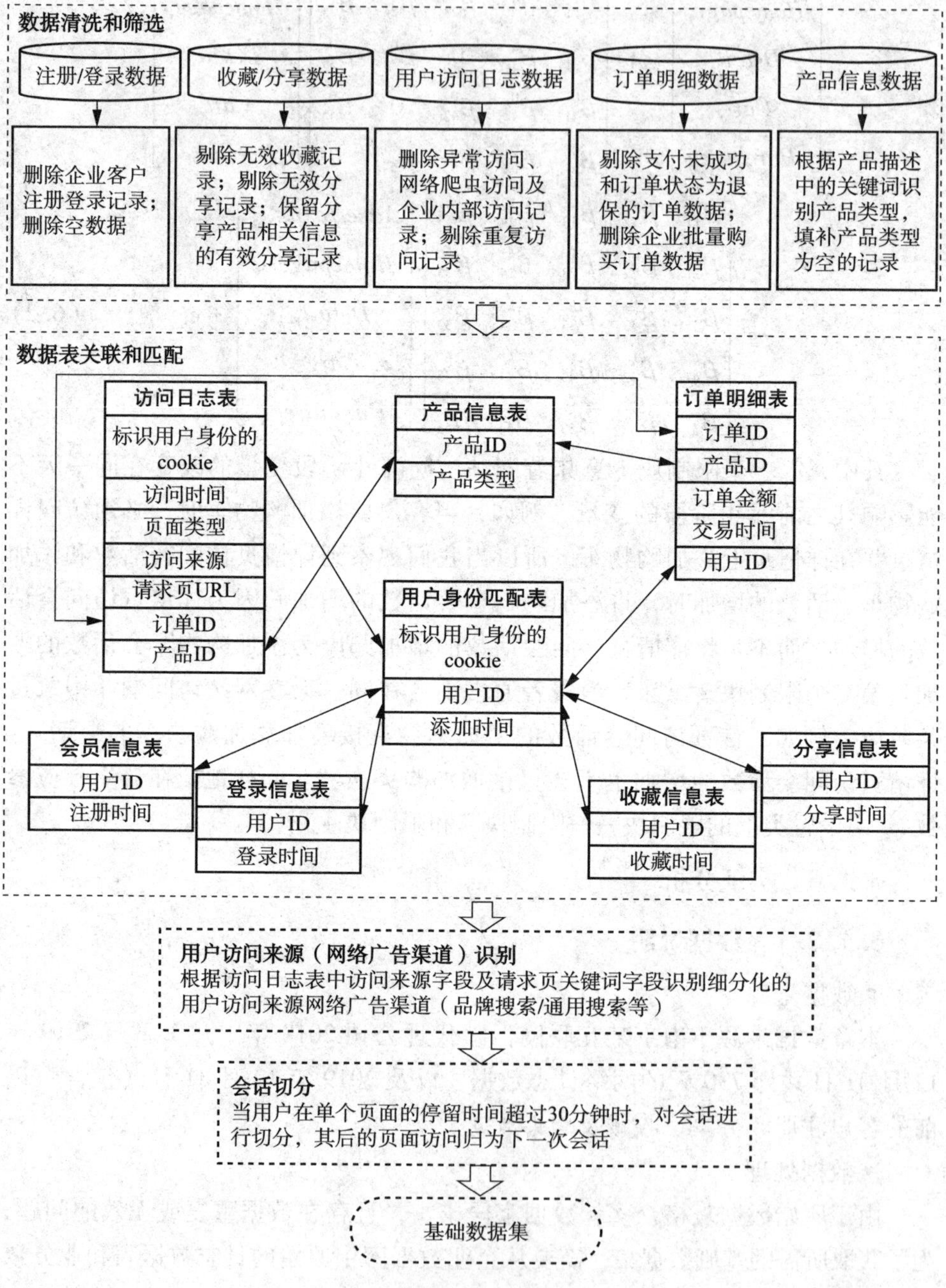

图 6.2　基础数据集的获取流程

第一步，数据清洗和筛选。筛除原始数据中与消费者多渠道网络广告点击、网站访问及购买等行为无关、无效或异常的数据和字段，可得到7379384条数据记录。

第二步，数据表关联和匹配。我们以用户访问日志表为主表，通过用户ID关联用户的基本信息表和收藏分享信息表；通过日志表中的订单ID关联订单明细表，以获得订单金额、数量等详细信息；通过日志表中的产品ID可匹配产品信息表，以获得用户所浏览产品的类型等信息。通过数据表关联和匹配，可以获得更完整、详细的用户访问行为信息、用户购买信息和用户反馈行为信息。

第三步，用户访问来源（网络广告渠道）识别。用户行为日志表中的访问来源字段记录了用户的访问渠道，包括直接访问、SEM、SEO、群发短信、系统短信、E-mail、微信、引荐、微博等。其中，渠道为微博的数据记录只有95条，因此我们不研究这种渠道的用户行为。

第四步，会话切分。用户会话是指用户对企业站点的单次有效访问，包含若干个连续请求页面。我们采用企业内部会话的切分方法识别会话，以30分钟作为网页页面会话切分时间间隔。

经过以上步骤，我们可以获得基础数据集，共计7231956条数据。

6.1.3.2　特征识别与变量提取

本节对基础数据集进行进一步的数据处理并识别相关特征，以提取表6.1中的相关变量，从而为后文的模型提供数据。

首先，根据数据处理过程中所识别的网络广告渠道，可以按天统计客户对九种广告渠道的点击次数。其次，在识别出客户访问的来源广告渠道后，能够统计客户通过广告渠道进入网站后的网站漏斗式访问特征，包括首页访问会话数、详情页访问会话数和加入购物车会话数。最后，通过两种方式提取客户的购买行为特征：①通过解析访问请求页URL（REQUEST）中的关键字段识别客户是否购买成功。例如，当客户访问本研究数据来源企业的网站并产生支付成功的订单时，其访问请求页的URL中会出现如下关键字段：“xcase=paySuccess”（PC端）或“m. xyz. cn/membercenter/%/confirm”（移动端）。②当出现无法捕捉客户支付成功页面的情况时，通过日志表和订单表的关联提取支付成功的有效订单数，以此识别单个客户每天的购买次数。最后，获取每个客户单天的广告点击特征、网站漏斗阶段的访问特征及购买特征，共计 220294 条数据。

本章针对这样的单个用户行为特征数据，对九种渠道的访问次数和购买总量特征分别进行以天为单位的加总，获得了两年内每天的总购买量及九种渠道各自的访问数变量，见表 6.1。

6.1.3.3 模型评估与分析

本章对九种网络广告渠道分别构建了 SVAR 模型，模型估计步骤扩展了 Pauwels 研究中的步骤，见表 6.2。

表 6.2 SVAR 模型评估步骤

模型估计步骤	相关研究	研究问题
①格兰杰因果检验	Granger	哪些变量间存在格兰杰因果关系
②平稳性检验	Dickey 和 Fuller	变量数据是否平稳
③估计 SVAR 模型（将某些参数限制为 0，以排除某些无效的影响路径）	Pauwels、Srinivasan 和 Franses	在通过平稳性和协整检验并排除特定路径后，广告营销渠道对购买的短期或长期效应
④脉冲响应分析	Pauwels	广告营销活动的变化对销量的影响程度

第一步，格兰杰因果检验。

通过格兰杰因果检验确定哪些变量是由其他变量引起的，以判断哪些变量是内生的。那些与其他变量都没有格兰杰因果关系的变量被视为外生变量。本章对每种网络广告渠道所构建的模型做格兰杰因果检验，并对九种变量的格兰杰因果检验结果进行整理，见表 6.3。格兰杰因果检验结果表明，广告营销渠道变量、网站漏斗访问的三个阶段特征，以及购买转化数都至少是由另一个其他变量引起的。这个发现意味着我们必须把这些变量全部当作内生的，并纳入模型。

表 6.3 格兰杰因果检验结果

变量	假设	显著性	结果
BrandSEA	其他变量整体上不能构成 *BrandSEA* 的格兰杰原因	0.143	接受原假设
	其他变量整体上不能构成 *Homepage* 的格兰杰原因	0.016	拒绝原假设
	其他变量整体上不能构成 *Detail* 的格兰杰原因	0.000	拒绝原假设
	其他变量整体上不能构成 *Cart* 的格兰杰原因	0.000	拒绝原假设
	其他变量整体上不能构成 *Purchase* 的格兰杰原因	0.000	拒绝原假设

续表

变量	假设	显著性	结果
BrandSEO	其他变量整体上不能构成 *BrandSEO* 的格兰杰原因	0.273	接受原假设
	其他变量整体上不能构成 *Homepage* 的格兰杰原因	0.000	拒绝原假设
	其他变量整体上不能构成 *Detail* 的格兰杰原因	0.000	拒绝原假设
	其他变量整体上不能构成 *Cart* 的格兰杰原因	0.000	拒绝原假设
	其他变量整体上不能构成 *Purchase* 的格兰杰原因	0.000	拒绝原假设
Direct	其他变量整体上不能构成 *Direct* 的格兰杰原因	0.000	拒绝原假设
	其他变量整体上不能构成 *Homepage* 的格兰杰原因	0.000	拒绝原假设
	其他变量整体上不能构成 *Detail* 的格兰杰原因	0.000	拒绝原假设
	其他变量整体上不能构成 *Cart* 的格兰杰原因	0.000	拒绝原假设
	其他变量整体上不能构成 *Purchase* 的格兰杰原因	0.000	拒绝原假设
GenericSEA	其他变量整体上不能构成 *GenericSEA* 的格兰杰原因	0.686	接受原假设
	其他变量整体上不能构成 *Homepage* 的格兰杰原因	0.022	拒绝原假设
	其他变量整体上不能构成 *Detail* 的格兰杰原因	0.000	拒绝原假设
	其他变量整体上不能构成 *Cart* 的格兰杰原因	0.000	拒绝原假设
	其他变量整体上不能构成 *Purchase* 的格兰杰原因	0.000	拒绝原假设
GenericSEO	其他变量整体上不能构成 *GenericSEO* 的格兰杰原因	0.001	拒绝原假设
	其他变量整体上不能构成 *Homepage* 的格兰杰原因	0.001	拒绝原假设
	其他变量整体上不能构成 *Detail* 的格兰杰原因	0.000	拒绝原假设
	其他变量整体上不能构成 *Cart* 的格兰杰原因	0.000	拒绝原假设
	其他变量整体上不能构成 *Purchase* 的格兰杰原因	0.000	拒绝原假设
SMS	其他变量整体上不能构成 *SMS* 的格兰杰原因	0.529	接受原假设
	其他变量整体上不能构成 *Homepage* 的格兰杰原因	0.000	拒绝原假设
	其他变量整体上不能构成 *Detail* 的格兰杰原因	0.000	拒绝原假设
	其他变量整体上不能构成 *Cart* 的格兰杰原因	0.038	拒绝原假设
	其他变量整体上不能构成 *Purchase* 的格兰杰原因	0.000	拒绝原假设
EMA	其他变量整体上不能构成 *EMA* 的格兰杰原因	0.004	拒绝原假设
	其他变量整体上不能构成 *Homepage* 的格兰杰原因	0.022	拒绝原假设
	其他变量整体上不能构成 *Detail* 的格兰杰原因	0.000	拒绝原假设
	其他变量整体上不能构成 *Cart* 的格兰杰原因	0.000	拒绝原假设
	其他变量整体上不能构成 *Purchase* 的格兰杰原因	0.001	拒绝原假设

续表

变量	假设	显著性	结果
Wechat	其他变量整体上不能构成 *Wechat* 的格兰杰原因	0.006	拒绝原假设
	其他变量整体上不能构成 *Homepage* 的格兰杰原因	0.000	拒绝原假设
	其他变量整体上不能构成 *Detail* 的格兰杰原因	0.060	拒绝原假设
	其他变量整体上不能构成 *Cart* 的格兰杰原因	0.018	拒绝原假设
	其他变量整体上不能构成 *Purchase* 的格兰杰原因	0.017	拒绝原假设
Referer	其他变量整体上不能构成 *Referer* 的格兰杰原因	0.000	拒绝原假设
	其他变量整体上不能构成 *Homepage* 的格兰杰原因	0.001	拒绝原假设
	其他变量整体上不能构成 *Detail* 的格兰杰原因	0.001	拒绝原假设
	其他变量整体上不能构成 *Cart* 的格兰杰原因	0.061	拒绝原假设
	其他变量整体上不能构成 *Purchase* 的格兰杰原因	0.000	拒绝原假设

第二步，平稳性检验。

通过特征值检验每种网络广告渠道所构建的 VAR 系统是否为平稳过程。如果所有特征值都在单位圆内，则为平稳过程。九种网络广告渠道模型系统的平稳性检验结果如图 6.3 所示。从图中可以看出，各个系统的特征根都在单位圆内，这说明本章所构建的 VAR 模型是稳定的。

第三步，SVAR 模型估计。

为了估计 VAR，首先要根据信息准则确定 VAR 模型的阶数。这里，设定最大滞后阶数为 15，采用 FPE、AIC、HQIC、SBIC 信息准则判别方法计算不同滞后阶数模型中的信息准则值，以判断最优的滞后阶数。以品牌型付费搜索广告为例，在表 6.3 中，根据 HQIC 和 SBIC 准则，最优滞后期为 2 和 1。根据 FPE 和 AIC，最优的滞后阶数为 6。根据 Lutkepohl 的研究，SBIC 与 HQIC 提供了对真实滞后阶数的一致估计，而 FPE 和 AIC 可能高估滞后阶数。出于折中考虑，本章选择最优滞后阶数为 4 阶，进而进行模型的评估。同理，在进行模型估计前，可以这样的方式确认其他网络渠道的模型最优滞后阶数，结果见表 6.4。

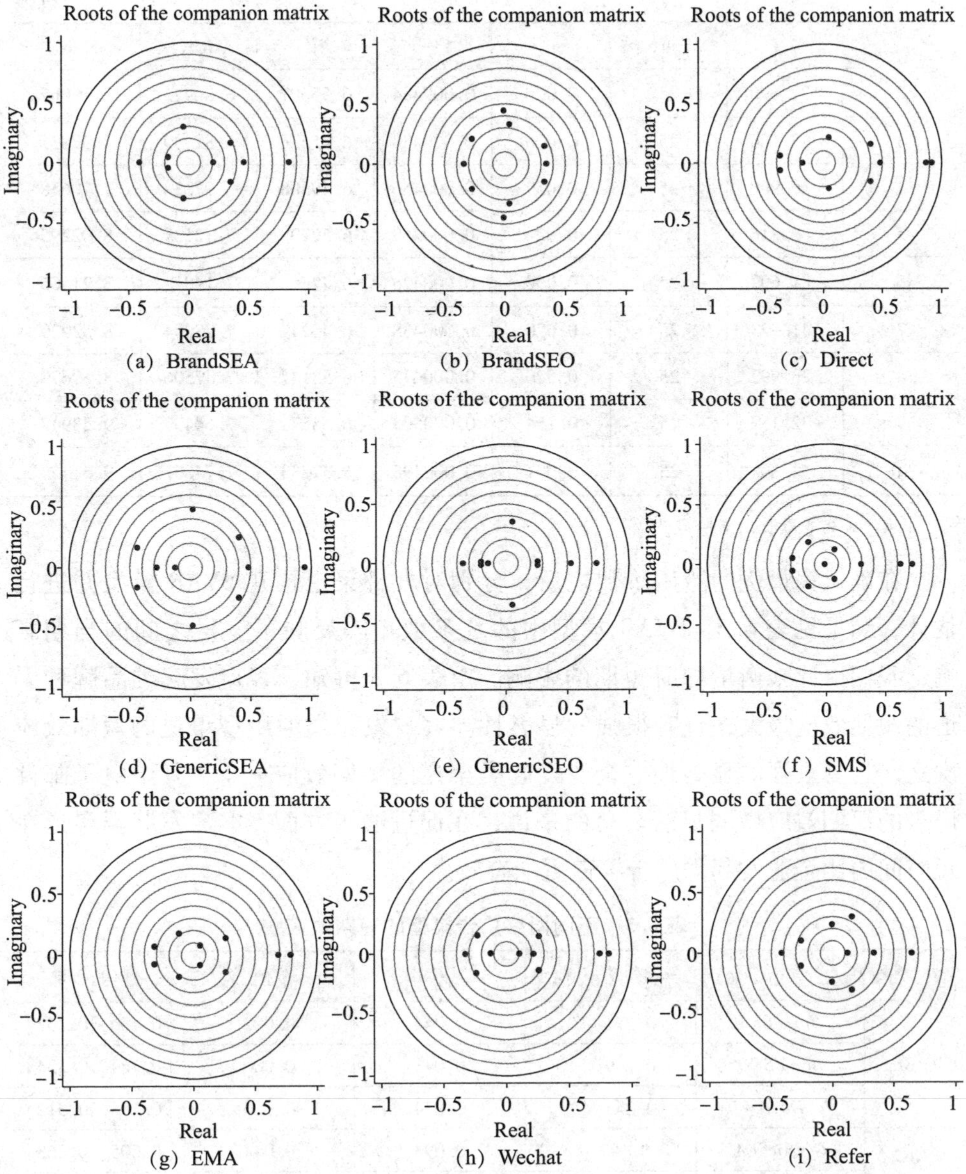

图 6.3　九种网络广告渠道模型系统的平稳性检验结果

表 6.4　滞后阶数的确定

Lag	LR	df	p	FPE	AIC	HQIC	SBIC
0				0.001657	7.78685	7.80987	7.84454
1	402.240	25	0.000	0.000568	6.71622	6.85431	7.06237*

续表

Lag	LR	df	p	FPE	AIC	HQIC	SBIC
2	102.690	25	0.000	0.000484	6.55607	6.80923*	7.19067
3	83.166	25	0.000	0.000438	6.45526	6.82349	7.37831
4	36.900	25	0.059	0.000456	6.49508	6.97838	7.70658
5	40.816	25	0.024	0.000469	6.52299	7.12137	8.02295
6	81.697	25	0.000	0.000426*	6.42665*	7.1401	8.21506
7	41.523	25	0.020	0.000438	6.45242	7.28094	8.52929
8	23.992	25	0.520	0.000475	6.53147	7.47506	8.89679
9	32.157	25	0.154	0.000503	6.5857	7.64437	9.23948
10	54.398*	25	0.001	0.000498	6.57233	7.74607	9.51457

注：*代表最优滞后阶数。

在确认完最优的滞后阶数之后，分别对九种渠道构建 SVAR 模型并进行估计，结果见表 6.5。SVAR 模型中的 β 参数矩阵反映了变量之间的当期影响，我们以此来衡量即时短期的影响。由表 6.5 可知，客户发起类品牌型渠道的短期效应最大，且有很强的显著性。客户发起类通用型渠道的短期效应次之，且有较强的显著性。企业发起类渠道的短期效应最小，其中电子邮件广告的短期效应微弱显著。总的来说，在促进购买方面，客户发起类渠道在短时间内比企业发起类广告渠道更加有效。

表 6.5　不同网络广告渠道的短期效应

渠道分类	变量	短期效应（β_{51}）	标准差	p 值	置信区间
CIC Brand	*BrandSEA*	0.271***	0.044	0.000	[0.186, 0.357]
	BrandSEO	0.249***	0.043	0.000	[0.164, 0.334]
	Direct	0.245***	0.034	0.000	[0.178, 0.312]
CIC Generic	*GenericSEA*	0.187**	0.093	0.044	[0.005, 0.368]
	GenericSEO	0.178**	0.072	0.013	[0.037, 0.319]
FIC	*SMS*	0.102**	0.051	0.045	[0.002, 0.202]
	EMA	0.074*	0.040	0.066	[-.005, 0.153]
	Wechat	0.108*	0.062	0.078	[-0.012, 0.230]
	Referer	0.143**	0.065	0.028	[0.016, 0.270]

注：***、**、*分别表示在 0.01、0.05、0.1 的水平上结果显著。

第四步，脉冲响应分析。

由于SVAR模型包含许多参数，而这些参数的意义难以解释，因此常基于模型生成正交化的脉冲响应图进行分析，以捕捉每个变量对该系统中其他变量的动态效果。本章重点关注九种网络广告渠道作为冲击变量导致的购买转化数的动态变化过程，如图6.4所示。

在图6.4中，实线为某个变量一个单位标准差冲击引起的另一变量的响应变化，灰色区域为正负标准差之间的置信区间，虚线标注出了 $y=0$ 的零点轴，如果置信区间包含了零点轴，则说明影响不显著。首先，从客户发起类品牌型渠道的冲击反应图来看。图6.5（a）显示，品牌型付费搜索广告的一个标准差冲击在1天内对购买转化数有正向的冲击效应，随后逐渐减弱，1天过后的冲击效应并不显著。图6.5（b）显示，品牌型自然搜索渠道的一个标准差冲击对购买转化数有正向的影响，且这种效应发生在当天，随后逐渐减弱并收敛。作为客户发起类渠道之一的直接访问也在短期内对购买转化数有正向的冲击效应，并且这种效应在3天后趋于零，如图6.5（c）所示。其次，从客户发起类通用型渠道来看，通用型付费搜索广告和通用型搜索营销渠道对购买转化数的冲击发生在1~2天，随后效应趋于平稳。最后，从企业发起类广告渠道来看，短信广告对购买转化的影响是长期的，到第8天效应降为零。电子邮件广告的一个单位标准差冲击会在4天内对购买转化产生正向影响并逐渐减弱，而后从第6天开始又产生一个滞后效应并持续到第9天，之后效应消失。微信推广渠道的一个单位标准差冲击在前一天内快速减弱，而后在第7天产生一个较弱的滞后效应并维持到第9天。引荐广告与其他企业发起类广告相比，影响时间较短。

由上述分析可知，在短期内，客户发起类广告对购买转化有正向的影响，而从长期来看，企业发起类广告对购买有更持续的作用。基于图6.4，可以计算出九种渠道对购买的长期累积效应和持续时间，见表6.6。其中，磨合时间（wear-in）是指网络广告渠道对购买转化的第一个重要效应发生的时间，磨损时间（wear-out）是指网络广告渠道对购买转化的最后一个效应发生的时间。

从表6.6中可以看出，在长期累积效应方面，短信广告具有最大的长期累积效应（1.274），其次是微信推广（1.049）。总体来看，企业发起类渠道的长期累积效应平均值最大（0.794），其次是客户发起类品牌型广告，最后

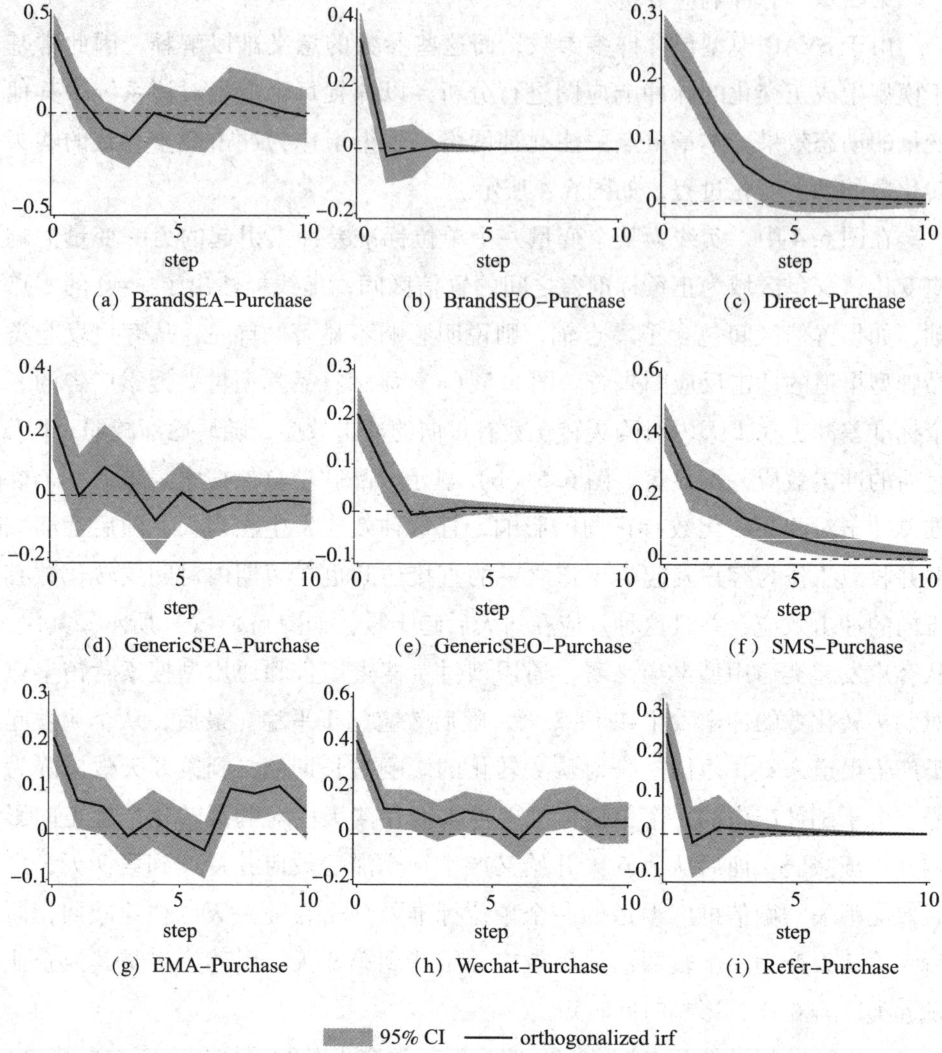

图 6.4 不同网络广告渠道的脉冲响应图

是客户发起类通用型广告。由此可见，企业发起类广告可以在一段较长的时间对客户的购买行为产生正向影响。在广告效应的持续时间方面，所有网络广告营销渠道的效应都发生在当天，不同渠道所产生的效应持续时间有所不同。短信广告和邮件广告对购买的影响有一定的滞后性，持续时间在 8 天左右；微信推广对购买的影响持续时间达到 9 天；客户发起类广告的影响时间比较短，在 1 天左右。

表 6.6　不同网络广告渠道的长期累积效应和持续时间

渠通分类	变量	长期累积效应	时间		平均累积效应
			磨合	磨损	
CIC Brand	*BrandSEA*	0.392	0	1	0.458
	BrandSEO	0.337	0	1	
	Direct	0.645	0	3	
CIC Generic	*GenericSEA*	0.211	0	1	0.250
	GenericSEO	0.289	0	1	
FIC	*SMS*	1.274	0	8	0.794
	EMA	0.602	0	9	
	Wechat	1.049	0	9	
	Referer	0.251	0	1	

前文分析了各网络广告渠道对购买的短期效应和长期效应，以及效应发生和持续的时间。下面我们按照类似的方法计算各个网络广告渠道在不同广告漏斗阶段产生的效应。通过对广告渠道类型进行分组，可获得客户发起类品牌广告、客户发起类通用型广告及企业发起类广告的平均广告累积效应。不同网络广告渠道在购买漏斗阶段的累积广告效应和平均效应见表 6.7 和表 6.8。从长期来看，在客户发起类品牌渠道中，品牌型搜索渠道在漏斗首页访问阶段产生了更高的效应，而直接输入渠道在详情页访问阶段产生了更高的效应。客户发起类通用型搜索渠道在主页访问和详情页访问阶段的效应较为相近。相对而言，企业发起类广告渠道能更有效地吸引客户转到特定的产品详情页，从详情页访问网站更为顺畅，也能获得更丰富的信息，从而产生更高的购买转化量。

表 6.7　不同网络广告渠道在购买漏斗阶段的累积广告效应

渠道分类	变量	*HomePage*	*Detail*	*Cart*	*Purchase*
CIC Brand	*BrandSEA*	0.913	0.430	0.341	0.392
	BrandSEO	0.620	0.444	0.391	0.337
	Direct	0.664	0.750	0.735	0.645
CIC Generic	*GenericSEA*	0.210	0.368	0.232	0.211
	GenericSEO	0.677	0.600	0.271	0.289

续表

渠道分类	变量	*HomePage*	*Detail*	*Cart*	*Purchase*
FIC	*SMS*	0.976	2.499	1.628	1.274
	EMA	0.516	0.783	0.751	0.602
	Wechat	1.245	1.294	1.132	1.049
	Referer	0.278	0.590	0.346	0.251

表 6.8　不同网络广告渠道在购买漏斗阶段的平均效应

渠道分类	*HomePage*	*Detail*	*Cart*	*Purchase*
CIC Brand	0.732	0.541	0.489	0.458
CIC Generic	0.444	0.484	0.252	0.250
FIC	0.754	1.292	0.964	0.794

本节主要基于购买漏斗模型理论，选择广告变量、网站访问阶段变量及购买变量作为后文模型的输入变量，并且基于购买漏斗模型构建 SVAR 模型，以分析哪个网络广告渠道对购买的有效性最强（Which）、这种效应持续的时间（When）及渠道效应在不同购买漏斗阶段的差异（Where）三个问题。研究结果如下：①回答“Which”问题。从短期来看，客户发起类品牌型广告渠道的即时效应最强（其中，品牌型付费搜索广告的即时效应最强），其次是客户发起类通用型广告渠道，而企业发起类广告渠道在即时促进消费上效果最弱。从长期来看，企业发起类广告渠道有着最强的长期累积效应，特别是短信广告渠道。由此可见，对于一些要进行即时促销的产品，加大品牌型和通用型付费搜索广告的投入，可能会促进购买。对于一些比较经典和常青的产品，企业发起类广告渠道对购买的促进效果更好。②回答“When”问题。企业发起类广告渠道的效应持续时间平均在 6.5 天左右，比客户发起类广告渠道的效应持续时间长。③回答“Where”问题。关于网络广告渠道对不同购买阶段的影响差异，研究结果显示，客户发起类品牌型搜索渠道在漏斗首页访问阶段产生了更高的效应，客户发起类通用型搜索渠道在主页访问和详情页访问阶段的效应较为相近，而企业发起类广告渠道能更有效地吸引客户转到特定的产品详情页。

6.2 基于渠道点击路径的多渠道组合效应

除了衡量和比较多种网络广告渠道的广告效应，电商企业管理者也开始关注多种渠道的网络广告组合可能产生的组合效应。本节将进一步考虑九种渠道进行组合时可能产生的广告效应，重点是基于客户的渠道点击路径探究网络广告渠道的曝光顺序对最后购买的影响。我们对基础数据集进行进一步处理，以获得细粒度的个体用户渠道点击序列，并基于个体用户完整的渠道点击路径，研究特定渠道点击次序在用户购买转换过程中的作用。

6.2.1 概念模型与变量选择

首先，建立一个概念模型来分析企业全方位渠道（九种渠道）之间的同渠道组合和跨渠道组合与购买转化之间的关系。这里，同渠道组合是指客户在渠道点击路径上先后接触的渠道形式都是相同的，跨渠道组合是指客户在渠道点击路径上先后接触的渠道形式不相同。客户过去对某种渠道的接触体验可能会影响其未来对同样渠道和不同渠道的接触行为及最后的旅程结果。也就是说，网络广告渠道有时并非独立地影响客户的购买行为，同渠道和跨渠道的组合都可能对购买转化产生影响。所以，本章的模型中包括当前和过去渠道点击对转化的影响，以及当前渠道点击与过去的渠道点击组合对转化的影响。

其次，为了分析购买过程中客户渠道接触偏好是渠道同质还是渠道异质，我们将每种渠道的当前点击量和过去同渠道点击量的交互项及当前点击量和过去跨渠道点击量的交互项引入模型。在数据处理上，先确定离购买转化最近时间与访问渠道来源，以确定当前渠道的点击次数，然后获得过去的渠道点击数量，分为过去同渠道点击量和过去跨渠道点击量。

最后，为了进一步分析多渠道之间的转移，本章基于选择集理论形成有关渠道组合效应的几个推论。选择集理论被广泛应用于市场营销领域，适用于客户网络购买旅程的分析。选择集理论虽然常被用于研究电商企业网站的多阶段购买决策问题，但是也有研究证明了其在多渠道网络营销中的适用性。选择集理论最初运用在产品选择上。选择集理论认为，消费者只知道有限数量的与自身需求相关的品牌（渠道），称为意识集。意识集的一个子集——诱发集（考虑集），包括那些用户积极考虑购买的品牌或可能诱发用户购买的渠道。这个考虑集是动态的，因为消费者可以添加或删除集合内的元素，直到他们做出最终选择。为了构建客户的考虑集，消费者在做出购买决定前需要搜寻更多的信息来评估更好的选择。

客户在做出购买决策前，如果先通过企业发起类渠道访问电商网站，然后使用客户发起类渠道返回电商网站，可能意味着客户在接触企业发起类广告后产生一定兴趣并开始积极搜索新信息来缩小自己的选择范围。因此，从企业发起类渠道到客户发起类渠道的转移可能意味着购买意愿的增强。类似地，扩展 Rutz 和 Bucklin 关于通用搜索广告可以提高人们对相关品牌信息认识的观点，从通用型客户发起类渠道切换到品牌型客户发起类渠道可能意味着客户已经将该企业的品牌搜索广告包含在考虑集中，并且正在寻找该品牌产品更详细的信息。如果客户从品牌型客户发起类渠道切换到通用型客户发起类渠道，则可能意味着客户正在寻找替代品，这会带来购买概率的降低。因此，可以做出以下假设：

H6.1：企业发起类渠道—客户发起类渠道的渠道组合会对购买产生正向的组合效应。

H6.2：在客户发起类渠道中，通用型搜索—品牌型搜索的渠道组合会对购买产生正向的组合效应。

H6.3：在客户发起类渠道中，品牌型搜索—通用型搜索的渠道组合会对购买产生负向的组合效应。

为了控制除广告营销渠道路径相关特征外的其他因素的影响，我们还要在模型中添加一些控制变量。有研究表明，客户与网站的关系在一定程度上也会对客户当前的购买行为产生影响。尽管互联网大大降低了用户的搜索成本，但客户在购买过程中仍然只进行有限的信息搜索，并且倾向于使用较为熟悉的网站进行信息搜索，这种现象被称为“认知锁定”。重复使用一个网站会增加客户继续使用它的可能性。客户与网站的实际交互行为（包括购买、收藏和分享等）会使下一次使用网站的效率得到提高，同时也会降低认知成本，从而导致更高的转移成本。如果一个客户最近在一家网上商店买了东西，他可能已经对这个网站很熟悉了，当新的需求产生时，由于“认知锁定”的主观原因，他可能更倾向于在该网站做出新的购买决定。因此，客户历史购买行为可能对当前的购买行为产生影响。此外，如果客户对某些产品有过收藏和分享，可能说明他对这些产品产生了一定的兴趣，已经将产品纳入自己的购买考虑，这样的客户在一定的刺激或鼓励下会更容易发生购买转化。除了控制客户历史购买、历史收藏和历史分享这些特征的影响，客户的性别、年龄也需要进行控制。

通过以上分析，我们构建了如图 6.5 所示的多渠道组合效应概念模型，以探究客户的渠道偏好，分析同渠道组合和跨渠道组合对购买产生的不同影响。由于营销渠道众多，渠道点击数据会变得很复杂和稀疏，可以采用分类的方法来处理稀疏数据。因此，本章又基于渠道分类探究企业发起类渠道、客户发起类渠道以及客户发起类渠道中的品牌搜索和通用搜索之间的组合效应。在进行组合效应测评的过程中，为防止其他因素的影响，加入客户异质性特征。

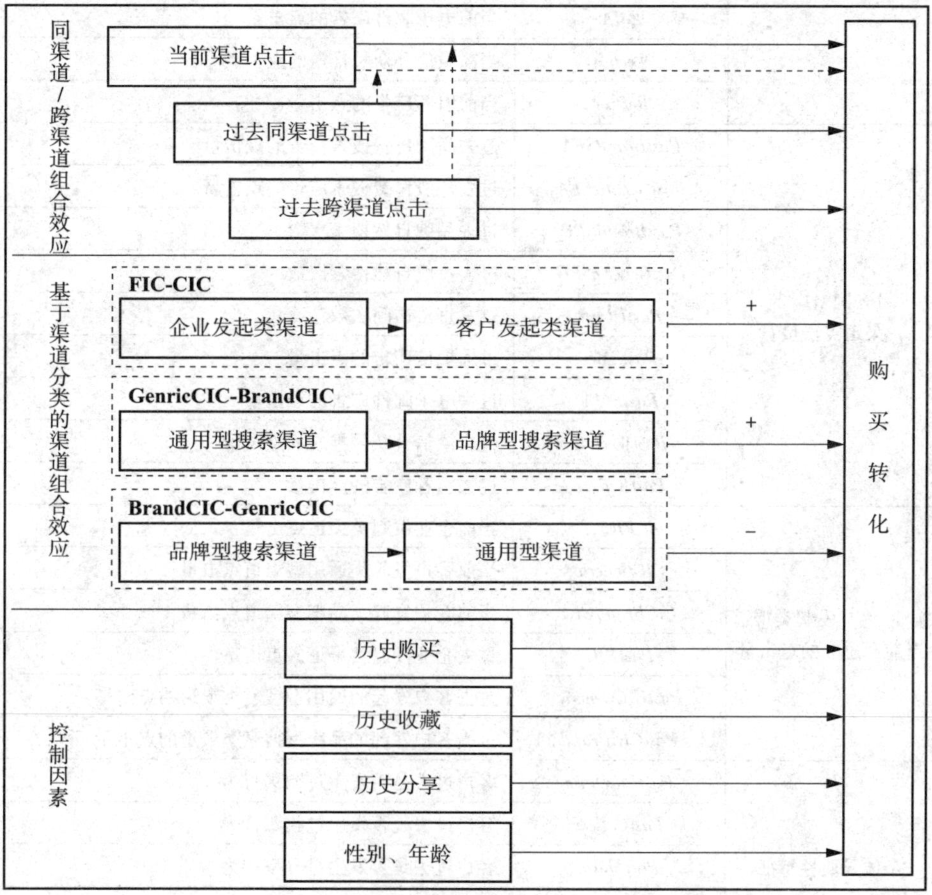

图 6.5　基于渠道点击路径的多渠道组合效应概念模型

根据所构建的概念模型，拟选择的模型变量见表 6.9，包括特定渠道的当前点击量、过去同渠道点击量及过去跨渠道点击量，基于渠道分类的某类渠道的当前和过去的点击量、购买转化数，以及起控制作用的个体异质性特征。

表 6.9 渠道组合效应测评的相关变量

变量分类	变量代码	变量名称
当前某网络广告渠道的点击量	*BrandSEA*	当前品牌付费搜索广告的点击量
	GenericSEA	当前一般付费搜索广告的点击量
	BrandSEO	当前品牌自然搜索次数
	GenericSEO	当前一般自然搜索次数
	Direct	当前直接访问次数
	SMS	当前短信广告的点击量
	EMA	当前电子邮件广告的点击量
	Wechat	当前微信公众号推送的点击量
	Referer	当前引荐广告的点击量
过去网络广告渠道点击量	*PastBrandSEA*	过去品牌付费搜索广告的点击量
	PastGenericSEA	过去一般付费搜索广告的点击量
	PastBrandSEO	过去品牌自然搜索次数
	PastGenericSEO	过去一般自然搜索次数
	PastDirect	过去直接访问次数
	PastSMS	过去短信广告的点击量
	PastEMA	过去电子邮件广告的点击量
	PastWechat	过去微信公众号推送的点击量
	PastReferer	过去引荐广告的点击量
企业/客户发起类渠道当前和过去的点击量	*FIC*	当前企业发起类渠道点击量
	CICGeneric	当前客户发起类通用型渠道点击量
	CICBrandCIC	当前客户发起类品牌型渠道点击量
	PastFIC	过去企业发起类渠道的点击量
	PastCICGeneric	过去客户发起的通用型搜索类渠道的点击量
	PastCICBrand	过去客户发起的品牌型搜索类渠道的点击量
个体异质性特征	*PastPurchase*	客户过去是否发生过购买行为
	PastCollect	客户过去是否发生过收藏行为
	PastShare	客户过去是否发生过分享行为
	Gender	客户性别：0—女；1—男
	Age	客户年龄
最终是否发生购买	*Convert*	客户最终是否发生购买转化：1—发生购买，0—未发生购买

6.2.2　模型构建——Cox回归模型

通过与合作企业交流，我们发现广告商通常使用的cookie生命周期为30天，也就是说，通常最长追踪30天内的客户历史点击行为。结合企业的实际情况，本章以30天作为观察期来获得较为完整和有效的客户渠道路径数据，保留那些30天内的客户旅程而忽略超过30天才产生的其他路径数据，因此数据是右归并的。另外，由于客户的渠道点击行为是连续的，因此模型还需要反映渠道点击的时间和顺序。针对上述数据特征，Cox回归模型（又称比例风险回归模型）提供了一种处理右归并数据的方法。该模型计算最终结果发生所需的时间，允许包括右归并数据。该模型没有对数据的概率分布做出具体假设，而是假设随着时间的推移，所有数据的风险函数形状都是相同的。如果不满足这个假设，Cox回归模型可以引入随时间而变的解释变量。另外，含时变协变量的Cox回归模型为研究者提供了一种有效方法来表示客户旅程中网络广告渠道点击顺序和交互影响，被广泛应用于网络营销研究中。本章采用加入时变协变量的Cox回归模型对组合效应进行测评。

本章的Cox回归模型基于个体客户的渠道点击路径和购买旅程构建，以天为单位统计个体客户在其购买旅程中的多渠道点击次序数据和购买行为数据，因变量是客户购买事件发生的时间。模型首先构建客户 i 的风险率 $h_i(t, X)$，即客户 i 在第 t 天购买的可能性。购买可能性可以描述为两个量的乘积，公式如下：

$$h_i(t,\ X) = h_0(t) \times \exp\left(\sum\nolimits_{j=1}^{p} \beta X_{ij}\right) \tag{6.3}$$

其中，h_0（t）表示基准风险率，用来捕捉时间效应，指在不存在其他因素（X）影响的情况下，消费者在 t 时刻产生购买的可能性；X_{ij} 是协变量向量，捕捉随时间变化的解释变量，如当天对特定广告营销渠道 j 的点击量、过去同渠道点击量、过去跨渠道点击量及交互影响。同时，也捕捉个体异质性特征。考虑到过去是否有过购买以及存在不符合比例风险假设的情况，我们在模型中包含了过去是否购买与时间的交互作用。

式(6.3)中，$\exp\left(\sum\nolimits_{j=1}^{p} \beta X_{ij}\right)$ 的基本展开方式如下：

$$\exp\left(\sum_{j=1}^{p} \beta X_{ij}\right) = \exp(\beta X_{i1} + \beta X_{i2} + \cdots + \beta X_{ij} + \beta PastX_{i1} + \beta PastX_{i2} + \cdots + \beta PastX_{ij} + \beta ChannelX_{i1} + \beta ChannelX_{i2} + \cdots + \beta ChannelX_{ij} + \beta PastPurchase_i + \beta PastPurchase_i \times t + \beta PastCollect_i +$$

$$\beta PastShare_i+\beta Gender_i+\beta Age_i) \tag{6.4}$$

其中，X_{ij}表示客户 i 当前对特定渠道 j 的点击量；$PastX_{ij}$表示客户 i 对渠道 j 在当前点击之前的过去同渠道点击量；$ChannelX_{ij}$表示客户 i 对渠道 j 以外其他渠道在当前点击之前的过去跨渠道点击量。

为了更好地理解用户的渠道偏好，本章通过添加交互项来拓展上面的基本模型。基本模型包括当前和过去的渠道点击量，通过主模型（6.3）中的协变量向量可以进一步获取当前渠道点击和过去渠道点击之间的交互效应。通过这种方式，可以测量同渠道/跨渠道组合对购买转化的影响。添加交互项后的模型如下：

$$\begin{aligned}\exp\Big(\sum_{j=1}^{p}\beta X_{ij}\Big) = {} & \exp(\beta X_{i1} + \beta X_{i2} + \cdots + \beta X_{ij} + \beta PastX_{i1} + \beta PastX_{i2} + \cdots + \\ & \beta PastX_{ij} + \beta ChannelX_{i1} + \beta ChannelX_{i2} + \cdots + \beta ChannelX_{ij} + \beta X_{i1}\times \\ & PastX_{i1}+\cdots+\beta X_{ij}\times PastX_{ij}+\beta X_{i1}\times ChannelX_{i1}+\cdots+\beta X_{ij}\times ChannelX_{ij}+ \\ & \beta PastPurchase_i+\beta PastPurchase_i\times t+\beta PastCollect_i+\beta PastShare_i+ \\ & \beta Gender_i+\beta Age_i)\end{aligned} \tag{6.5}$$

除了对同渠道/跨渠道的组合效应进行分析，我们还基于网络广告渠道分类，在基础模型（6.4）中添加渠道类别之间的交互项，以分析企业发起类渠道、客户发起类品牌渠道及客户发起类通用渠道之间的组合效应。构建如下模型：

$$\begin{aligned}\exp\Big(\sum_{j=1}^{p}\beta X_{ij}\Big) = {} & \exp(\beta X_{i1} + \beta X_{i2} + \cdots + \beta X_{ij} + \beta PastX_{i1} + \beta PastX_{i2} + \cdots + \\ & \beta PastX_{ij} + \beta ChannelX_{i1} + \beta ChannelX_{i2} + \cdots + \beta ChannelX_{ij} + \\ & \beta CICBrand_i\times PastCICBrand_i+\beta CICBrand_i\times PastCICGeneric_i+ \\ & \beta CICBrand_i\times PastFIC_i+\beta CICGeneric_i\times PastCICBrand_i+\beta CICGeneric_i\times \\ & PastCICGeneric_i+\beta CICGeneric_i\times PastFIC_i+\beta FIC_i\times PastCICBrand_i+ \\ & \beta FIC_i\times PastCICGeneric_i+\beta FIC_i\times PastFIC_i+\beta PastPurchase_i+ \\ & \beta PastPurchase_i\times t+\beta PastCollect_i+\beta PastShare_i+\beta Gender_i+\beta Age_i)\end{aligned} \tag{6.6}$$

6.2.3 实证分析

6.2.3.1 数据说明

本章基于客户的点击流数据来追踪客户的行为路径。点击流数据记录每个客户的网络活动。6.1.3 节所获得的基础数据集中包含带有九种渠道来源标识的点击流数据，包括客户每次访问的点击来源渠道和精确到秒的时间戳、与 cookie 关联的唯一用户标识（LOGIN_ID）以及每次访问之后是否发生了购买转化。利用这些数据，可以进一步编写代码以提取个体客户在所有网络广告渠道上的渠道点击路径数据，并追踪那些在 30 天内完成转化的客户旅程和那些未发生转化的客户旅程。

为了控制其他因素的影响，提取客户过往的网站交互行为作为控制变量，主要包括过去的购买行为、收藏、分享行为特征。最后，我们将每个客户的营销渠道点击路径、路径上各渠道的点击量、路径长度、路径上包含的不同渠道数、是否在 30 天内发生转化以及客户的历史购买、收藏和分享等特征合并成一个数据集，以便在最细粒度上进行分析。数据集涵盖303301条客户的渠道点击路径数据。

表 6.10 是关于路径特征的描述性统计结果，从中可以看出：全样本的渠道点击路径总数为303301，其中有 112910 条路径发生购买转化，路径转化率为 37.2%；平均路径长度为 1.603，有 112306 个路径的长度大于等于 2，也就是说，超过 1/3 的客户对渠道的接触不止一次，渠道组合的情况较为常见；平均渠道种类数为 1.310，可见很多客户倾向于使用 1~2 种渠道。

表 6.10　路径特征的描述性统计结果

路径特征	统计值
渠道点击路径数	303301
路径长度≥2	112306
路径长度≥5	7335
平均路径长度	1.603
路径上不同的渠道数（平均）	1.310
发生转化路径数	112910
路径转化率	37.2%

表 6.11 列示了每个路径上各渠道点击次数的平均值、标准差和最大值，从中可以看出，客户的渠道路径上直接输入的次数远多于其他渠道，其次是微信推送、通用型自然搜索和品牌型付费搜索。原因在于客户通过收藏夹这样的直接输入访问企业网站比其他渠道更加便捷。客户对通用型

付费搜索广告、短信广告、电子邮件广告的点击次数相对较少，路径平均点击次数为0.02~0.03。在所有路径中，引荐广告和品牌型自然搜索的平均点击次数最少，低于0.01。原因可能是引荐广告投放数量少，企业品牌宣传不足。

表 6.11 每个路径上的渠道点击次数

变量	平均值	标准差	最大值
BrandSEA	0.059931	0.352447	20
GenericSEA	0.029459	0.330441	30
BrandSEO	0.016172	0.207442	17
GenericSEO	0.147494	0.609666	68
Direct	2.113435	2.978284	167
SMS	0.025104	0.287552	36
EMA	0.020982	0.250673	29
Wechat	0.330151	1.616000	127
Referer	0.018210	0.309666	63

6.2.3.2 模型评估与分析

- 基础模型估计结果

基础模型估计结果见表6.12。由表6.12可知，从当期的网络广告效应来看，客户发起类品牌型和通用型搜索渠道的当期渠道效应都是正面且显著的。在企业发起类网络广告渠道中，短信广告和邮件广告的当期影响为负，即短信广告和邮件广告相较于其他渠道，对当期的购买概率有负面影响（$\beta\_SMS=-0.1043605^{***}$），但是却存在正面的滞后影响（$\beta\_PastSMS=0.0023409^{***}$，$\beta\_PastEMA=0.0419307^{**}$）。微信推广渠道和引荐广告渠道的当期广告效应是正面的。从过去的网络广告渠道效应来看，大部分渠道对购买概率的影响有一定的滞后且为正向影响。其中，过去的品牌型通用搜索渠道相对于其他渠道来说，对后来购买的作用更小。从个体异质性来看，过去有过购买、收藏或分享行为的客户发生下一次购买的可能性更大，随着年龄的增加，他们更可能倾向于购买保险产品。从客户性别方面来看，男性比女性购买保险产品的概率低。

表 6.12　基础模型估计结果

分类	变量	系数	标准差	风险率	95%置信区间
CIC Brand	*BrandSEA*	0.305***	0.011	1.356	[1.327，1.385]
	BrandSEO	0.205***	0.014	1.227	[1.193，1.262]
	Direct	0.046***	0.002	1.047	[1.044，1.051]
CIC Generic	*GenericSEA*	0.212***	0.0190	1.236	[1.191，1.283]
	GenericSEO	0.111***	0.006	1.117	[1.105，1.131]
FIC	*SMS*	−0.104***	0.033	0.901	[0.845，0.961]
	EMA	−0.029	0.032	0.971	[0.912，1.034]
	Wechat	0.043***	0.006	1.044	[1.033，1.056]
	Referer	0.0729***	0.009	1.076	[1.057，1.094]
CIC Brand (Past)	*PastBrandSEA*	0.0796***	0.005	1.083	[1.072，1.093]
	PastBrandSEO	−0.099***	0.017	0.906	[0.876，0.936]
	PastDirect	0.004***	0.001	1.004	[1.002，1.006]
CIC Generic (Past)	*PastGenericSEA*	0.036***	0.010	1.036	[1.016，1.057]
	PastGenericSEO	0.090***	0.007	1.094	[1.079，1.110]
FIC (Past)	*PastSMS*	0.002***	0.001	1.002	[1.000，1.004]
	PastEMA	0.042**	0.017	1.043	[1.008，1.078]
	PastWechat	0.013***	0.002	1.014	[1.010，1.017]
	PastReferer	0.105***	0.009	1.111	[1.091，1.131]
控制变量	*PastPurchase*	0.530***	0.024	1.698	[1.620，1.781]
	PastPurchase×time	0.0000832	0.002	1.000	[0.996，1.004]
	PastCollect	0.0144***	0.003	1.015	[1.009，1.020]
	PastShare	0.024***	0.004	1.024	[1.016，1.033]
	Age	0.017***	0.001	1.017	[1.015，1.019]
	Gender	−0.290***	0.016	0.749	[0.725，0.773]

注：***、**分别表示在 0.01、0.05 的水平上结果显著。

• 模型（6.5）的估计结果

模型（6.5）主要研究同渠道/跨渠道的组合效应，评估结果见表 6.13。在同渠道的组合效应方面，可以从同渠道组合的交互项系数看出，品牌型付费搜索广告、品牌型自然搜索渠道、直接输入、通用型自然搜索渠道的过去同渠道点击会对后续的购买产生负面影响（$\beta\_BrandSEA \times PastBrandSEA = -0.025^{***}$，$\beta\_BrandSEO \times PastBrandSEO = -0.018^{***}$，$\beta\_Direct \times PastDirect = -0.001^{***}$，$\beta\_GenericSEO \times PastGenericSEO = -0.013^{***}$）。短信广告、微信推广和引荐广告

的过去同渠道点击会对后续的购买产生积极且显著的影响（$\beta\_SMS \times PastSMS = 0.054^{**}$，$\beta\_Wechat \times PastWechat = 0.001^{***}$，$\beta\_Referer \times PastReferer = 0.014^{***}$），短信广告的同渠道组合效应最强，也就是说，重复多次的短信广告接触能够促进最后的购买。如果客户在过去进行重复多次相同的搜索和查询，可能说明该企业产品并未符合他的搜索需求，在这种情况下，客户的购买概率可能不高。对那些提供详细产品信息的短信广告和微信推广渠道而言，多次的点击可能代表多次查看，在一定程度上反映了客户的兴趣程度，所以这类广告渠道的同渠道组合效应是正向且显著的。

表 6.13　同渠道/跨渠道组合效应的评估结果

分类	变量	系数	标准差	风险率	95%置信区间
CIC Brand	*BrandSEA*	0.400***	0.013	1.492	[1.455，1.529]
	BrandSEO	0.338***	0.024	1.402	[1.339，1.469]
	Direct	0.054***	0.002	1.056	[1.051，1.061]
CIC Generic	*GenericSEA*	0.275***	0.022	1.317	[1.261，1.375]
	GenericSEO	0.188***	0.009	1.207	[1.185，1.2289]
FIC	*SMS*	−0.117***	0.034	0.889	[0.832，0.950]
	EMA	−0.035	0.036	0.966	[0.900，1.037]
	Wechat	0.062***	0.005	1.064	[1.053，1.075]
	Referer	0.174***	0.033	1.191	[1.117，1.269]
CIC Brand (Past)	*PastBrandSEA*	0.117***	0.005	1.124	[1.113，1.135]
	PastBrandSEO	0.058***	0.015	1.060	[1.029，1.092]
	PastDirect	0.015***	0.002	1.016	[1.011，1.020]
CIC Generic (Past)	*PastGenericSEA*	0.032***	0.0110	1.033	[1.011，1.055]
	PastGenericSEO	0.103***	0.008	1.108	[1.092，1.125]
FIC (Past)	*PastSMS*	0.008***	0.002	1.008	[1.005，1.0119]
	PastEMA	0.005***	0.001	1.005	[1.003，1.007]
	PastWechat	0.018***	0.003	1.018	[1.012，1.023]
	PastReferer	0.102***	0.010	1.107	[1.086，1.129]
控制变量	*PastPurchase*	0.504***	0.024	1.655	[1.579，1.736]
	PastPurchase×time	0.001	0.002	1.001	[0.997，1.005]
	PastCollect	0.011***	0.003	1.011	[1.005，1.017]
	PastShare	0.025***	0.004	1.025	[1.017，1.033]
	Age	0.0003***	0.00008	1.000	[1.0000，1.0004]
	Gender	−0.291***	0.016	0.747	[0.724，0.771]

续表

分类	变量	系数	标准差	风险率	95%置信区间
交互项（同渠道组合）	*BrandSEA×PastBrandSEA*	−0.025***	0.004	0.975	[0.969，0.982]
	BrandSEO×PastBrandSEO	−0.018***	0.005	0.982	[0.973，0.992]
	Direct×PastDirect	−0.001***	0.0001	0.999	[0.999，0.100]
	GenericSEA×PastGenericSEA	0.001	0.004	1.011	[0.993，1.010]
	GenericSEO×PastGenericSEO	−0.013***	0.002	0.987	[0.982，0.991]
	SMS×PastSMS	0.054**	0.017	1.055	[1.021，1.091]
	EMA×PastEMA	0.002	0.008	1.002	[.985，1.018]
	Wechat×PastWechat	0.001***	0.0003	1.001	[1.001，1.002]
	Referer×PastReferer	0.014***	0.004	1.015	[1.006，1.023]
交互项（跨渠道组合）	*BrandSEA×PastNoBrandSEA*	0.001**	0.0002	1.001	[1.0001，1.0011]
	BrandSEO×PastNoBbrandSEO	0.001***	0.0003	1.001	[1.0004，1.0016]
	Direct×PastNoDirect	0.0001***	0.00004	1.000	[1.00003，1.00020]
	GenericSEA×PastNoGenericsea	−0.019***	0.007	0.981	[0.968，0.995]
	GenericSEO×PastNoGenericseo	0.0003**	0.0001	1.0003	[1.00002，1.0005]
	SMS×PastNoSMS	0.014***	0.003	1.014	[1.008，1.021]
	EMA×PastNoEMA	0.035***	0.007	1.036	[1.022，1.051]
	Wechat×PastNoWechat	−0.007***	0.001	0.993	[0.990，0.995]
	Referer×PastNoReferer	−0.012***	0.004	0.988	[0.980，0.996]

注：***、**分别表示在 0.01、0.05 的水平上结果显著。

在跨渠道的组合效应方面，可以从跨渠道组合的交互项系数看出，在九种渠道中，除了通用型付费搜索广告、微信推广及引荐广告，其他形式的网络渠道在进行跨渠道组合时会对购买产生正向影响。由此可见，积极的跨渠道组合效应在企业投放的多渠道网络广告中普遍存在。因此，企业在多渠道广告营销时，可以加强跨渠道组合的营销打法，以促进销售。

- 模型（6.6）估计结果

有别于模型（6.5）对单个渠道和其他渠道的组合效应分析，模型（6.6）旨在得出一个更为通用的结果，主要基于渠道分类对组合效应进行研究，估计结果见表 6.14。从渠道类型交互项的系数来看，通用型搜索转向品牌型搜索的渠道组合会对购买产生正向的组合效应（$\beta\_CICBrand \times PastCICGeneric = 0.0005^{***}$）。相反，品牌型搜索到通用型搜索的渠道组合会对购买产生负向的组合效应（$\beta\_CICGeneric \times PastCICBrand = -0.008^{***}$）。此外，企业发起类渠道到客户发起类渠道的渠道组合会对购买产生正向的组合效应（$\beta\_CICBrand\times PastFIC=0.0001^{***}$，$\beta\_CICGeneric\times PastFIC=0.004^{***}$）。

表 6.14　客户发起类品牌型/通用型渠道与企业发起类渠道间组合效应的评估结果

分类	变量	系数	标准差	风险率	95%置信区间
CIC Brand	*BrandSEA*	0.324***	0.011	1.382	[1.354，1.411]
	BrandSEO	0.212***	0.015	1.237	[1.201，1.274]
	Direct	0.055***	0.002	1.057	[1.053，1.060]
CIC Generic	*GenericSEA*	0.261***	0.018	1.299	[1.254，1.345]
	GenericSEO	0.282***	0.009	1.326	[1.304，1.349]
FIC	*SMS*	-0.064**	0.032	0.938	[0.881，0.998]
	EMA	0.007	0.031	1.007	[0.948，1.070]
	Wechat	0.062***	0.005	1.064	[1.053，1.075]
	Referer	0.121***	0.012	1.128	[1.101，1.156]
CIC Brand (Past)	*PastBrandSEA*	0.072***	0.005	1.075	[1.064，1.086]
	PastBrandSEO	0.030**	0.014	1.030	[1.002，1.059]
	PastDirect	0.017***	0.002	1.017	[1.012，1.021]
CIC Generic (Past)	*PastGenericSEA*	0.042***	0.011	1.043	[1.020，1.066]
	PastGenericSEO	0.118***	0.009	1.125	[1.106，1.144]
FIC (Past)	*PastSMS*	0.002**	0.0009	1.002	[1.002，1.002]
	PastEMA	0.042**	0.017	1.043	[1.009，1.079]
	PastWechat	0.015***	0.003	1.015	[1.009，1.021]
	PastReferer	0.104***	0.009	1.110	[1.089，1.130]
控制变量	*PastPurchase*	0.520***	0.017	1.682	[1.627，1.739]
	PastPurchase×time	0.001	0.002	1.001	[0.997，1.000]
	PastCollect	0.011***	0.003	1.011	[1.006，1.017]
	PastShare	0.025***	0.004	1.025	[1.017，1.0336]
	Age	0.0003***	0.00008	1.0003	[1.0001，1.0005]
	Gender	-0.287***	0.016	0.751	[0.727，0.775]

续表

分类	变量	系数	标准差	风险率	95%置信区间
交互项（客户发起型品牌/通用/企业发起）	*CICBrand×PastCICBrand*	-0.0007***	0.0002	0.999	[0.9990, 0.9997]
	CICBrand×PastCICGeneric	0.0005***	0.0002	1.00048	[1.00015, 1.00081]
	CICBrand×PastFIC	0.0001***	0.00004	1.00011	[1.00003, 1.00019]
	CICGeneric×PastCICBrand	-0.008***	0.0006	0.992	[0.991, 0.993]
	CICGeneric×PastCICGeneric	-0.012***	0.001	0.988	[0.986, 0.991]
	CICGeneric×PastFIC	0.004***	0.0008	1.004	[1.002, 1.005]
	FIC×PastCICBrand	-0.006***	0.001	0.994	[0.991, 0.996]
	FIC×PastCICGeneric	-0.004	0.007	0.996	[0.982, 1.011]
	FIC×PastFIC	0.001***	0.0003	1.001	[1.0005, 1.0016]

注：***、**分别表示在0.01、0.05的水平上结果显著。

从表6.15中可以看出，本章所提出的假设都被检验通过。正如我们所预测的那样，从企业发起类渠道到客户发起类渠道的转换为消费者带来更多的信息，对消费者的最终购买决策具有促进作用。消费者通过自行发起的渠道积极地搜索更多的信息，代表他们已经产生了兴趣并且在更深入地考虑和评估从企业发起类广告中得到的信息。对于这类客户，可以给予定向的广告刺激。同样，正如前文所预测的那样，那些从客户发起类品牌搜索渠道转移到通用型客户发起类渠道的客户的购买可能性较低，这种渠道组合顺序可能意味着潜在客户正在确定一组备选方案或产品，当他们对一家公司的产品失去兴趣时，可能会通过搜索通用的产品关键词来获得其他公司品牌的产品信息，对这种倾向于流失的客户来说，可以结合电话营销，以电话回访的方式了解其需求，以便更好地为其提供满足需求的产品。

6.3 本章小结

本章首先从多种网络广告渠道的短期效应和长期效应角度，具体分析和比较每一种网络广告渠道在各个购买漏斗阶段所产生的效果。在测评和比较完多种网络广告渠道在时间和漏斗阶段的效应差异后，又从渠道组合的角度，分析在客户的渠道点击路径中渠道组合所产生的作用，从而为企业的广告渠道组合投放安排提供建议。

本章第一部分基于购买漏斗模型对每种网络广告渠道分别构建SVAR模型，以比较哪种网络广告渠道对购买的有效性最强和这种效应持续的时间，并分析了不同网络广告渠道的效应在各购买漏斗阶段是否存在差异。基于每种渠道的聚合级时间序列数据分别构建 SVAR 模型，在通过格兰杰因果检验、平稳性检验、最优滞后阶数确定后，可以对模型进行估计以获得各网络广告渠道的即时（短期）效应。此外，通过脉冲响应分析，一方面分析了不同网络广告渠道的长期累积效应和这种效应的开始时间及持续时间，另一方面也获得了每种网络广告渠道在不同购买漏斗阶段所产生的效应。

结果发现：①从短期来看，客户发起类品牌型网络广告渠道的即时效应最强，其次是客户发起类通用型网络广告渠道，而企业发起类网络广告渠道在即时促进消费上效果最差。②从长期来看，企业发起类广告的长期累积效应最强，特别是短信广告。③对于广告效应的持续时间，企业发起类广告具有更长的持续时间。④关于网络广告渠道对不同购买阶段的影响差异，客户发起类品牌型搜索渠道在漏斗首页访问阶段产生了更大的效应，客户发起类通用型搜索渠道在主页访问和详情页访问阶段的效应较为相近，而企业发起类广告渠道能更有效地吸引客户转到特定的产品详情页。

为了进一步分析企业完整网络广告渠道系统中渠道组合对最终购买的影响，本章第二部分构建 Cox 回归模型分析特定渠道的组合效应（同渠道组合效应及客户跨渠道点击时所产生的跨渠道组合效应），同时总结了基于网络广告渠道分类的组合效应。结果发现：①在特定渠道的同渠道/跨渠道组合方面，短信广告、微信推广和引荐广告的同渠道组合效应更强，品牌型付费搜索渠道、品牌型自然搜索渠道、通用型自然搜索渠道、直接输入、短信广告、邮件广告这六种形式的网络渠道都有积极的跨渠道组合效应。②在基于分类的渠道组合效应方面，通用型搜索转向品牌型搜索的渠道组合会对购买产生正向的组合效应，而品牌型搜索转向通用型搜索的渠道组合会对购买产生负向的组合效应。此外，企业发起类渠道转向客户发起类渠道的渠道组合会对购买产生正向的组合效应。

第 7 章
电子优惠券的营销效应
Chapter Seven

电子优惠券（electronic coupon，or e-coupon）是优惠券的电子形式，指通过各种电子媒体制作、传播和赎回的促销凭证。它不仅能有效地传播产品、服务和价格方面的信息，吸引用户的注意力，还能诱导一部分群体的需求，使其最终产生购买行为。

电子优惠券的本质，就是传统营销观念在互联网上的应用，是一种价格歧视或者说隐性广告。电子优惠券可以更便利地记录用户行为数据，电商企业可以运用这些用户数据准确定位某种产品的目标用户，也能通过事务数据中储存的消费记录来推测用户未来的行为，实现电子优惠券的精准营销。由此电商企业就可以减少使用昂贵的广告传播媒体，从而降低营销成本、提高营销效率，进而更好地满足消费者多样化的需求。

优惠券作为一种实施价格歧视（price discrimination）与市场细分（market segmentation）的营销工具，一直是市场营销领域研究的经典问题。21 世纪以来，随着电子商务的迅猛发展，电子优惠券的形式、投放与使用方式也在不断变化和发展。在大数据背景下，对消费者的访问、浏览、搜索、筛选、购买、优惠券获取和赎回等所有行为都可以进行实时、准确地记录，这为电子优惠券的营销与效应测评提供了新的思路。

7.1 相关理论与方法

7.1.1 优惠券相关概念及营销功能

7.1.1.1 优惠券相关概念

所谓优惠券（coupon），通常是指持有人在购物或消费时享受折价、优惠价或换取赠品的一种凭证。最早的优惠券可追溯至1894年，是由可口可乐公司发布的，凭此优惠券可以领取一杯免费的苏打水。次年，C. W. Post推出了面值为1美分的优惠券，以推广新型的葡萄和坚果麦片。时至今日，优惠券依然是营销活动中最重要的促销媒介之一。传统优惠券通常以沿街散发、直接邮寄、随产品或服务活动附赠、刊登于报纸杂志等方式发送给消费者。随着时代的进步与网络资讯的发达，优惠券的形式已经从利用报纸、杂志、传单等媒介发行的传统优惠券发展成利用网络发行的电子优惠券。

电子优惠券是指各种以电子媒介形式制作、传播和使用的促销优惠凭证，包括电子代金券和电子折扣券。早期的电子优惠券通常为一张事先编辑好的图片文件，消费者从电子优惠信息网站直接下载或接收订阅的电子优惠券邮件，通过打印机直接打印出纸质优惠券，凭打印的优惠券享受优惠。提供此类电子优惠券服务的运营商主要有酷鹏网、口碑网、维络城等。新型电子优惠券则以一串代码表示代金券或折扣优惠券，这种优惠券被广泛运用于各大B2C电子商务网站，如京东商城、当当网等。

随着智能手机的快速普及，以手机为载体的移动优惠券（mobile coupon）作为一种新型优惠券和新的营销模式开始在手机用户中流行。移动营销协会（Mobile Marketing Association，MMA）指出："移动优惠券（手机优惠券）是主动请求或被动发送到消费者手机上的，一种可以存储并在购买产品/服务时可兑换折扣的文本/图片票据。" Kondo、Uwadaira等认为："移动优惠券是以文本、图片甚至是条形码形式发送到移动设备上的数字优惠券。" 归根结底，移动优惠券就是以移动设备为载体的电子优惠券的创新形式。

本章中的电子优惠券，是指B2C电子商务网站发行的电子代金券，该种优惠券以代码表示，其终端包括PC端和移动端（WAP端和APP）。

7.1.1.2　优惠券的功能

优惠券作为一种营销手段，兼具沟通和激励双重功能。优惠券的沟通功能主要体现在“通知或提醒现有与潜在消费者的及时购买”上，它的广告效应和传播功能在推介新产品时尤其明显。优惠券的激励功能主要体现在“通过提供一定量的价格减免权利，吸引新顾客或报答老顾客，实现增加短期销售额、建立顾客忠诚、维护老顾客关系与促进品牌转换等目的”。

发放优惠券和直接打折是促销工具中最常用的两种，两者都是变相的降价促销。打折这种方式更直接，短期内对销量的提升作用更明显。但是，优惠券保持了消费者对产品的心理价格，可有效避免消费者对产品质量产生猜疑。电子优惠券是传统优惠券与现代网络商务模式结合的产物，除了沿袭传统优惠券的促销功能，它还具有“电子”因素带来的额外优势。以 PC 为终端的网络优惠券和以移动设备为终端的移动优惠券，在目前的电子商务企业营销中具有重要的作用。总之，诸多研究证实，优惠券不仅是一种有效的促销和营销工具，而且已经演变成一种盈利的广告和传播工具。优惠券赎回不仅有利于短期销售增长，而且有利于提升企业竞争力。

7.1.2　优惠券赎回率与用户赎回行为

优惠券的发放方式可分为“拉式”（pull）和“推式”（push）两种。其中，推式发放源于公司产生的推销产品的需求，而拉式发放源于消费者对产品或优惠券的兴趣。在推式发放过程中，消费者处在被动接受的状态；而拉式发放正好相反，消费者是主动接受的。传统优惠券大多属于推式发放，如我们在街头收到的优惠券等。早期的电子优惠券，如酷鹏网、维络城等提供的电子优惠券就属于拉式发放，用户需要通过主动搜索、下载或打印来获取优惠券。随着电子商务的全面发展，电子优惠券进入了新的时代。新型电子优惠券的发放渠道更多样化，包括即时通信平台（如微博、微信）、电子商务平台（如企业门户网站、电商网站、团购网站）、短信、移动设备应用及视频内置广告等。其中，门户网站、移动设备应用和团购网站上的优惠券侧重于拉式发放，而即时通信平台、短信、电商平台、视频网站广告的优惠券则侧重于推式发放。总体而言，电子优惠券有效地将推式发放和拉式发放融合在一起，可以帮助电商企业/商家实现大范围分享优惠券的目标。

对企业来说，发放与回收是优惠券管理的两个重要环节。其中，发放是手段，而回收是目的。结合推式和拉式营销的原理来看，由于被动接受和主动接受反映了消费者对优惠券的认知和喜好的差异，因此拉式发放更有可能带来高水平的回收率。随着优惠券的发展，其赎回方式也发生了很大的变化。传统纸质优惠券的赎回方式为线下赎回，即需要持优惠券至指定兑换点进行赎回。早期电子优惠券的载体、传播方式以及发送方式与传统电子优惠券有所区别，但其赎回方式为线下赎回。目前我们常见的新型电子优惠券，尤其是电商企业所投放的优惠券，多数可以直接在线上赎回，各类优惠券的发放与赎回方式见表 7.1。

表 7.1　各类优惠券的发放与赎回方式

优惠券种类	载体	传播方式	发放方式	赎回方式
传统优惠券	纸张	人工派发	推式	线下赎回
早期电子优惠券	短信、终端机	消费者主动订阅/搜索	拉式	主要为线下赎回
新型电子优惠券	代码	电商平台推送、活动期间消费者主动领取	推式与拉式相结合	主要为线上赎回

7.2　优惠券赎回率与用户赎回行为

优惠券赎回率是指企业/商家所回收的优惠券数量占发放优惠券总量的比例，是判别优惠券营销成功与否的重要指标。无论是传统的纸质优惠券，还是现在所流行的电子优惠券，只有在消费者赎回优惠券后，发放优惠券的企业/商家才能获取销售价值。在传统研究中，对优惠券营销是否成功，主要从每单位优惠券的运作成本和赎回率两个方面来评估。随着电子优惠券的变革，优惠券营销的单位运作成本（the Cost Per Unit Moved，CPUM，包括面值、发放和处理等的成本）日趋低廉，优惠券赎回率越发成为电子优惠券营销成功与否的重要判别指标。

已有研究表明，优惠券赎回率主要受优惠券自身属性、消费者特征等方面因素的影响。其中，消费者特征影响消费者优惠券的赎回行为，进而影响优惠券的整体赎回率。本章主要探讨电子优惠券自身属性对赎回率的影响，以期为电商企业合理制定优惠券营销策略提供参考，并为电子优惠券促销定价决策模型提供数据支持。

7.2.1　变量说明

本章以国内某 B2C 保险电商网站 2017—2018 年发放的优惠券为研究样本，探究优惠券发放数量及优惠券自身属性（优惠券面额、优惠券门槛、优惠券有效期等）对电商企业电子优惠券赎回率的影响。

● 发放优惠券数量

相比传统的纸质优惠券，电子优惠券的制作和发放成本较低。一些电商企业在使用优惠券营销时会采用“轰炸式发放”，即高频率、多批量地发放大量电子优惠券。然而，优惠券的本质是价格歧视，发放数量适当，通常能对消费者起到刺激作用，但发放数量过多，就可能让消费者觉得并没有真正带来优惠。因此，电商企业的优惠券发放数量可能对电子优惠券赎回率产生反向影响。

● 优惠券限制

商家在使用优惠券进行营销时，通常会视消费者购买的情况来限制消费者是否可以使用该优惠券，最常见的就是设置优惠券门槛、限制产品种类和限定人群等。

设置优惠券门槛是指当消费者购买达到一定金额时，才允许使用优惠券，如“满××元抵××元”。根据是否设置优惠券门槛，可将优惠券分为有门槛优惠券和无门槛优惠券两种。商家如果采用无门槛优惠券或降低门槛金额，优惠券可能会对消费者有较大的吸引力，从而提高优惠券赎回率。

在传统优惠券营销中，单产品优惠券与多产品优惠券对消费者的影响也不同。电商企业发放的电子优惠券，按照是否限制使用商品种类，通常可以分为专用优惠券和通用优惠券两种。专用优惠券是指购买指定的某类或某几类产品可用的优惠券，而通用优惠券可在全场各类商品中自由选购。相对而言，通用优惠券简洁明了、限制更少，可能会有更高的赎回率。

根据是否限定目标人群，可将电子优惠券分为指定用户可用的电子优惠券和任何人都可使用的电子优惠券两种。指定用户可用的电子优惠券一般仅限新用户使用，或者是针对某类消费者的特殊设计。通常来说，如果限定人群使用的优惠券设计合理，目标群体定位精准，相较于不限定人群的优惠券，有更高的赎回率。但是，在优惠券设计不合理或目标群体定位不精准的情况下，这种优惠券可能很难达到提高优惠券赎回率的效果。

优惠券活动的空间和时间限制对优惠券赎回率也有很大影响。电子优惠券，尤其是移动优惠券已经很好地解决了空间的限制，各地的消费者都可以领取并赎回优惠券。优惠券的时间，主要通过有效期来限制。电子优惠券有效期长短可能会对优惠券赎回率产生一定影响。

• 优惠力度

优惠券面值是影响优惠券赎回率的重要因素之一。同等面值的优惠券，如果存在不同的使用门槛，对消费者的吸引力也有所不同。优惠券面值与优惠券折扣率（即优惠金额/使用门槛金额）相结合，更能体现优惠券的优惠力度。以“满100元减5元”和“每笔订单可直接抵用5元”两种优惠券为例，两者的优惠券面额都为5元，前者使用门槛金额为100元，优惠券折扣率为5%，后者为无门槛优惠券，为方便计算，将门槛金额记为5元，折扣率为100%。优惠券折扣率可能对优惠券赎回率产生正向影响，折扣率越高，则优惠券赎回率越高。

本章对电子优惠券赎回率影响因素研究中所涉及变量的解释见表7.2。

表7.2 电子优惠券赎回率影响因素研究变量解释

变量分类	变量代码	变量名称
优惠券发放与赎回	*n_provide*	发放优惠券数量
	n_redeem	回收优惠券数量
	redemption_rate	优惠券赎回率，即回收优惠券数量/发放优惠券数量
优惠券限制	*general*	是否通用券：0—否，1—是
	threshold	是否无门槛：0—否，1—是
	user_range	优惠券使用范围：0—指定会员使用，1—任何人都可使用
	valid_period	优惠券有效期
优惠力度	*thre_amt*	使用门槛金额
	coupon_amt	优惠券面值
	discount_rate	优惠券折扣率，即优惠金额/使用门槛金额

7.2.2 变量的描述性统计分析

我们以国内某保险电商企业近期投放的315种优惠券为样本进行统计分析。首先，对样本进行描述性统计分析，以了解变量的分布情况，结果见表7.3。

表 7.3　电子优惠券赎回率影响因素研究变量的描述性统计分析

变量	最小值	最大值	平均值	标准偏差
n_provide	40	251828	2810.01	15687.473
n_redeem	0	9405	112.24	579.313
redemption_rate	0.00	1.00	0.0854	0.15414
general	0	1	0.31	0.461
threshold	0	1	0.25	0.432
user_range	0	1	0.47	0.500
valid_period	2	3652	179.00	525.135
thre_amt	1	500	119.38	109.947
coupon_amt	1	250	34.80	37.472
discount_rate	0.04	1.00	0.4107	0.37418

从表 7.3 中可以看出，在该电子商务企业优惠券营销的过程中，每次发放优惠券的数量存在很大差异。最多发放优惠券数量达到 251828 份，给所有网站注册会员统一发券；最少发放优惠券数量为 40 份，仅给某一特定用户群体发券。赎回优惠券数量最小为 0 份，说明有些优惠券投放以后并没有消费者进行赎回，相应地，优惠券赎回率最小值为 0%，说明目前电子优惠券的设计与投放还存在不足之处。赎回率最大值为 100%，该种优惠券为客服申请向指定用户发券，仅发放 40 份，发放后全部赎回。赎回率平均值仅为 8.54%，具有较大的提升空间。优惠券有效期区间为［2，3652］，最短的仅有 2 天，最长的达到 10 年。优惠券使用门槛金额区间为［1，500］，优惠金额区间为［1，250］，优惠券折扣率区间为［0.04，1］。是否通用券、是否无门槛以及优惠券使用范围三个变量为 0/1 型变量，区间为［0，1］。

对多维数据来说，若其中一维的数据的分布范围远超另一外维的数据，那么在分类时该维数据对其余几维数据会产生较大影响，所以要对相关变量进行数据标准化。本章采用 *Z-score* 标准化（zero-mean normalization）方法对发放优惠券数量（*n_provide*）、优惠券有效期（*valid_period*）、使用门槛金额（*thre_amt*）、优惠券面值（*coupon_amt*）进行数据标准化，其计算公式为 $z=\frac{x-\mu}{\sigma}$。其中，x 为变量中的原始数据值，μ 为平均数，σ 为标准差。*Z-score* 标准化后各变量的分布区间见表 7.4。

表 7.4 *Z-score* 标准化后变量的分布区间（1）

变量	最小值	最大值
Z-score（*pro_coupon*）	-0.17663	15.24997
Z-score（*thre_amt*）	-1.07673	3.46183
Z-score（*coupon_amt*）	-0.90187	5.74302
Z-score（*valid_time*）	-0.33306	6.31590

7.2.3 相关性检验与线性回归拟合

为了进一步探究电子优惠券赎回率的影响因素与影响机理，本节分别对各电子优惠券属性变量与电子优惠券赎回率进行相关性检验，由此筛选出电子优惠券赎回率之间存在显著相关性关系的优惠券属性变量。基于相关性检验选择后的结果，以电子优惠券赎回率为因变量，以筛选后的优惠券属性变量为自变量，进行线性回归分析。

7.2.3.1 相关性检验

为了探究各电子优惠券属性变量与赎回率之间是否存在相关关系，本节采用 Pearson 相关系数法，分别检验各优惠券属性变量与电子优惠券赎回率之间的相关性，所得结果见表 7.5。

表 7.5 电子优惠券属性与赎回率的相关性分析

变量	赎回率
Z-score（*pro_coupon*）	-0.053
general	0.070
threshold	0.237***
user_range	-0.014
Z-score（*thre_amt*）	-0.073
Z-score（*coupon_amt*）	0.018***
discount_rate	0.317***
Z-score（*valid_period*）	0.050

注：***表示在 0.01 的水平上结果显著。

在表 7-5 中，在没有限制因素作用时，发放优惠券数量与电子优惠券赎回率之间不存在显著的相关关系。在 0.001 的显著性水平上，是否无门槛（*threshold*）、优惠券折扣率（*discount_rate*）以及标准化后优惠券面值（*Z-score*（*coupon_amt*））这三个优惠券属性变量分别与电子优惠券赎回率（*redemption_rate*）之间存在相关关系。

7.2.3.2　线性回归模型拟合

相关性分析仅能说明变量之间是否存在关系以及关系的紧密程度，不能清楚地指出变量之间的因果关系。为了进一步判断电子优惠券属性对电子优惠券赎回率的影响程度和影响机理，我们采用多元线性回归模型进行分析。以电子优惠券赎回率为因变量，以是否无门槛（*threshold*）、优惠券折扣率（*discount_rate*）、标准化后优惠券面值（*Z-score*（*coupon_amt*））为自变量，进行线性回归模型拟合，所得结果见表 7.6。

表 7.6　线性回归模型拟合结果

	非标准化系数		标准化系数	*t*	Sig.
	B	标准误差	*Beta*		
常数项	0.008	0.017		0.923	0.000
threshold	0.024	0.014	0.154	1.726	0.000
discount_rate	0.122	0.048	0.342	2.532	0.002
Z-score（*coupon_amt*）	0.017	0.012	0.112	1.429	0.000

由表 7.6 可知，在 0.001 的显著性水平上，是否无门槛（*threshold*）与电子优惠券赎回率之间存在显著的正相关关系，也就是说，无门槛优惠券会有相对更高的赎回率。优惠券面值（*Z-score*（*coupon_amt*））与电子优惠券赎回率之间存在显著的正相关关系，这也与 Krishna 和 Robert 等的研究结论一致。在 0.01 的显著性水平上，优惠券折扣率（*discount_rate*）与电子优惠券赎回率之间存在显著的正相关关系，优惠券折扣率越高，电子优惠券赎回率也相对越高。这也进一步说明，相比有门槛优惠券，无门槛优惠券有更好的赎回率。对有门槛优惠券来说，在优惠券面值一定时，优惠券使用门槛越高，优惠券赎回率越低。

7.3　电子优惠券对赎回行为的影响测评模型构建

企业在研究电子优惠券投放策略时，除了要合理制定电子优惠券促销方案，往往还要考虑精确定位优惠券目标人群的问题，即应该向哪类人群发放优惠券，才能提高优惠券的赎回率，进而使优惠券资源得到合理利用，为电商企业带来更高的投资回报率。在电子优惠券发放前进行赎回行为预测，可以帮助电商企业定位优惠券目标人群，实现精准投放。电子优惠券发放以后，往往还面临着优惠券提醒的问题，即通过短信、弹送等方式提醒用户有尚未使用的优惠券，但过多的优惠券提醒可能引起用户的反感。

在传统营销领域的研究中，优惠券对消费者行为影响的直接数据记录往往较难获取，因而对消费者优惠券赎回行为的研究主要是通过用户调查和实验分析获取消费者属性特征和心理偏好特征对优惠券赎回行为的影响。在大数据环境下，来源丰富的各类数据带来了对消费者行为进行细致刻画的可能性，但已有研究大多没有对消费者个体优惠券赎回行为的影响要素、变量间的关联关系、动力机制进行测度。本节以用户日志数据及事务数据为基础，构建电子优惠券赎回行为预测模型，以期为电商企业电子优惠券的精准投放及提醒提供有力的理论支持及实践工具。

7.3.1 数据来源

本节所研究的某 B2C 保险代理网提供的数据包括消费者历史行为与消费者在个人层面的人口统计，这两类数据都已经在以往传统优惠券赎回行为的研究中被反复论证与支持。除此之外，针对大数据背景下电子优惠券带来的对用户行为精确计量的特征，我们还考虑了用户访问行为特征。因此，本节的数据主要包括用户访问日志数据、交易数据、电子优惠券促销数据等。

7.3.2 电子优惠券发放前赎回行为影响测评模型

7.3.2.1 变量说明

在对国内外用户电子优惠券赎回行为和赎回率影响因素的实证研究结论进行归纳后，结合电子优惠券的特点及企业数据库实际情况，本节沿用了人口统计学变量及历史优惠券使用情况，将其作为模型的预测因子。此外，本节还结合一般业务流程所能体现的用户行为特征及消费者历史购买行为特征，构建电子优惠券发放前优惠券赎回行为预测模型。

本节选取的特征变量可以分为四类，即消费者的人口统计学变量、优惠券发放前一个月消费者访问行为变量、历史购买行为变量和历史优惠使用行为变量，见表 7.7。

表 7.7　电子优惠券发放前赎回行为预测模型变量

变量分类	变量代码	变量名称
目标变量	*use_status*	是否赎回优惠券：0—否，1—是
人口统计学变量	*gender*	性别：1—男；0—女
	age	年龄
优惠券发放前一个月访问行为变量	*b_first_visit*	优惠券发放前一个月内第一次访问距离优惠券发放天数
	b_last_visit	优惠券发放前一个月内最后一次访问距离优惠券发放天数
	b_page_login	优惠券发放前一个月内访问登录页面数
	b_page_prod	优惠券发放前一个月内访问产品详情页面数
	b_page_study	优惠券发放前一个月内访问保险学堂页面数
	b_page_topic	优惠券发放前一个月内访问保险话题页面数
	b_page_toptag	优惠券发放前一个月内访问保险字典页面数
	b_page_special	优惠券发放前一个月内浏览专题页面数
	b_page_coupons	优惠券发放前一个月内浏览优惠券页面数
	b_page_shoppingcar	优惠券发放前一个月内查看购物车次数
	b_page_prodlist	优惠券发放前一个月内搜索列表次数
	b_page_membercenter	优惠券发放前一个月内浏览会员中心次数
	b_n_visit	优惠券发放前一个月内访问次数
	b_visit_time_total	优惠券发放前一个月内访问总时间（分钟）
	visit_time_avg	优惠券发放前一个月平均每次访问时间（分钟）
	b_n_page	优惠券发放前一个月内访问页面总数
	visit_page_avg	优惠券发放前一个月内平均每次访问页面数
	buy_onemonth	优惠券发放前一个月内是否购买网站商品：0—否，1—是
历史购买行为变量	*buy_num*	历史购买商品总数量
	tx_amt_total	历史购买总金额
	tx_amt_avg	历史平均每次购买金额
	tx_amt_max	历史最大购买金额
历史优惠使用行为变量	*coupon_amt_total*	历史使用优惠券总金额
	discount_amt_total	历史使用优惠总金额（包括优惠券、折扣、满减等）
	n_get_coupons	历史获取优惠券总张数
	n_use_coupons	历史赎回优惠券总张数

• 人口统计学变量

以往许多关于优惠券倾向的研究都证实了人口统计学对消费者优惠券使用行为的重要性。陈章研究后指出，当人口统计学属性特征不同时，消费者对优惠券的使用也有不同的反应。有些学者支持这种观念，而其他学者则认为，人口统计学并不是购买行为的有效预测因素。Ailawadi 和 Neslin 将人口统计学的弱解释力归因于人口统计学变量的间接影响。本节涉及的人口统计学变量包括性别和年龄，在后续研究中，我们将验证这两个变量是否会对用户电子优惠券赎回行为产生影响。

• 优惠券发放前访问行为变量

与传统商业环境相比，电子商务环境的显著特点之一就是可以记录用户的点击流数据。Bucklin 和 Sismeiro 研究后指出，尽管点击流数据也存在一些缺陷，但它却可以真实地反映用户在无外界人为干扰情况下的行为。因此，相比通过用户调查方法（访谈、问卷等）获取的用户主观心理数据，点击流数据能够帮助研究者更好地了解用户的行为和决定。用户在购买前的浏览访问行为往往可以反映其需求与偏好，企业可以据此预测其购买可能性。同样，优惠券发放的浏览访问行为，也可能对消费者未来的优惠券赎回行为产生一定影响。通过对优惠券持有者浏览访问行为的观测可以发现，在电子优惠券发放前一个月有浏览访问行为的电子优惠券持有者，其电子优惠券赎回率远高于全体电子优惠券持有者的赎回率。以优惠券Ⅳ为例，其发放方式是向所有注册会员无差异发放，因此该优惠券赎回率极低，仅为 0.76%。通过对优惠券持有者在优惠券发放前的浏览访问行为进行观测可以发现，在优惠券发放前一个月有访问行为的优惠券持有者的优惠券赎回率远高于总体赎回率。

本节所涉及的优惠券发放前访问行为变量包含优惠券发放前一个月内第一次访问距离优惠券发放天数，以及优惠券发放前一个月内最后一次访问距离优惠券发放天数。从对优惠券发放前用户访问浏览行为的分析来看，优惠券发放前一个月内最后一次访问距离优惠券发放天数较少时，消费者可能会更倾向于赎回优惠券。

点击流数据特征中包含访问的会话次数、页面停留的时间等。在计算机术语中，会话是指一个终端用户与交互系统进行通信的过程。在网站的统计表中，通常采用用户会话的数量来测量网站访问量，本节以用户在一定时间内的会话次数来代表用户在该时间段的访问次数。目前，研究与实践中会话切分的方式主要有三种：①为用户会话设置时间上限，从用户达到并访问第一个页面开始计时，超过时间上限的都算作用户的下一次会话；②为用户会话添加时间阈值，当用户完成一次访问请求后，如果达到时间阈值仍然没有发起下一次访问，则将开始到此次访问请求之间的访问算作一次会话；③根据日志数据中的参引页判断用户会话，当用户的参引页指向用户的上一个访问网页时，视为一个会话切分的节点。本节所采用的会话切分方法是基于时间阈值的切分方法，沿用了往年相关合作项目的研究成果，以 800 秒作为时间阈值。本节采用优惠券发放前一个月内访问次数、优惠券发放前一个月内访问总时间、优惠券发放前一个月内平均每次访问时间、优惠券发放前一个月内访问页面总数、优惠券发放前一个月内平均每次访问页面数五个变量来反映用户在优惠券发放前的总体访问情况。

网页浏览记录是点击流数据最重要的组成部分，本节通过优惠券发放前一个月内访问登录页面数、优惠券发放前一个月内访问产品详情页面数、优惠券发放前一个月内访问保险学堂页面数、优惠券发放前一个月内访问保险话题页面数、优惠券发放前一个月内访问保险字典页面数、优惠券发放前一个月内浏览专题页面数、优惠券发放前一个月内浏览优惠券页面数、优惠券发放前一个月内查看购物车次数、优惠券发放前一个月内搜索列表次数、优惠券发放前一个月内浏览会员中心次数十个变量来反映用户在优惠券发放前的网页浏览记录详情。

此外，我们还研究了优惠券发放前一个月内是否购买网站商品对用户优惠券赎回行为的影响。在优惠券发放前一个月内有购买行为的用户，在优惠券发放后的感知不确定性可能会降低，从而再次进行购买的可能性较大。

- 历史购买行为变量

这里的历史购买行为变量包括历史购买次数、历史购买总金额、历史平均每次购买金额和历史最大购买金额。历史购买次数、历史购买总金额体现用户在该电商平台的总体购买情况，在一定程度上可体现用户的忠诚度，历史平均每次购买金额以及历史最大购买金额则能体现用户的购买力。

- 历史优惠使用行为变量

在传统优惠券研究中，学者将偏好使用优惠券的用户定义为“优惠券倾向”（coupon-prone）用户，这类用户的普遍特征是价格敏感度高。“优惠券倾向”用户在持有优惠券时，赎回优惠券的可能性相对较高。用户的历史优惠券使用行为可以在一定程度上体现用户对优惠券的偏好。我们用历史获取优惠券总张数、历史赎回优惠券总张数、历史使用优惠券总金额三个变量来反映用户历史优惠券使用行为。在我们的合作平台中，历史发放优惠券的频率相对较低，而折扣、满减等优惠方式相对较多。归根结底，优惠券只是提供优惠的一种形式，用户对优惠的偏好可能与优惠券偏好存在正相关关系，因此我们将历史使用优惠总金额（包括优惠券、折扣、满减等）纳入预测因子。

7.3.2.2 变量的描述性统计分析

按照数据获取的基本思路，本章从企业事务数据库和日志数据库中提取在发放前有访问行为的样本优惠券持有者的基本信息，并获取其优惠券发放前访问行为变量、历史购买行为变量、历史优惠使用行为变量，样本共计11998人次，具体变量的描述性统计分析见表7.8。

表7.8 电子优惠券发放前赎回行为预测模型变量的描述性统计分析

变量	最小值	最大值	平均数	标准偏差
gender	0	1	0.60	0.491
age	9	88	35.03	8.774
b_first_visit	1	31	14.50	9.065
b_last_visit	1	31	14.80	8.585
b_page_login	0	62	0.95	2.179
b_page_prod	0	431	6.48	17.165
b_page_study	0	75	0.15	1.204
b_page_topic	0	15	0.04	0.394
b_page_toptag	0	186	0.46	2.163
b_page_special	0	91	0.62	2.767
b_page_coupons	0	60	0.12	0.893
b_page_shoppingcar	0	248	1.21	6.054
b_page_prodlist	0	193	0.60	4.206
b_page_membercenter	0	425	3.03	12.587
b_n_visit	1	125	3.05	5.054
b_visit_time_total	0	3200	44.36	107.25

续表

变量	最小值	最大值	平均数	标准偏差
b_visit_time_avg	0	292	14.06	17.514
b_n_page	1	3622	35.75	77.716
b_visit_page_avg	1	235	12.30	13.381
buy_onemonth	0	1	0.32	0.465
buy_num	0	3947	3.07	44.019
tx_amt_total	0	632390	1074.95	13029.356
tx_amt_avg	0	59400	211.18	2187.187
tx_amt_max	0	199520	543.95	4443.968
coupon_amt_total	0	7543	12.92	108.345
discount_amt_total	0	9542.90	33.98	206.351
n_get_coupons	0	310	4.48	11.832
n_use_coupons	0	281	0.55	3.971

从变量的描述性统计分析来看，各个变量的分布差别较大。从优惠券发放前的访问情况来看，优惠券发放前一个月内用户访问总次数最高达到 125 次，平均访问 3.05 次；访问总时间最长的用户访问时长高达 3200 分钟，平均访问时间为 44.36 分钟；访问页面最多的用户访问页面总数达到 3622 个页面，平均访问页面数为 35.75 个页面。从历史购买行为来看，历史购买商品总量达到 3947 件，平均每次购买 3.07 件；交易总金额最高达到 632390 元，平均购买金额 211.18 元；最高单笔交易金额高达 199520 元（理财险）。从历史优惠使用情况来看，历史使用优惠券总金额最高达到 7543 元，平均赎回优惠券金额为 12.92 元；历史使用优惠总金额最高达到 9542.90 元，平均享受优惠金额为 33.98 元；历史获取优惠券总张数达到 310 张，平均获得优惠券张数为 4.48 张；历史赎回优惠券总张数达到 281 张，平均赎回优惠券张数仅为 0.55 张。

由于部分变量的分布区间极大（如历史交易总金额），因此在进行下一步分析处理之前，本节采用 *Z-score* 标准化（zero-mean normalization）方法对相关变量进行数据标准化，标准化后变量的分布区间见表 7.9。

表 7.9　*Z-score* 标准化后变量的分布区间（2）

变量	最小值	最大值
Z-score（*b_visit_time_total*）	-0.41359	29.42311
Z-score（*b_n_page*）	-0.44711	46.14549
Z-score（*buy_num*）	-0.06979	89.59617
Z-score（*tx_amt_total*）	-0.08250	48.45328
Z-score（*tx_amt_avg*）	-0.09655	27.06162
Z-score（*tx_amt_max*）	-0.12240	44.77441
Z-score（*coupon_amt_total*）	-0.11919	69.50005
Z-score（*discount_amt_total*）	-0.16469	36.38894

7.3.2.3　模型拟合与优化

为了进一步探究人口统计学特征、优惠券发放前一个月访问行为特征、历史购买行为特征、历史优惠使用行为特征对用户电子优惠券赎回行为的影响程度和影响机理，我们采用逻辑回归（logistic regression）的方法对数据集进行模型拟合。

我们以用户电子优惠券赎回行为作为因变量，以上述反映四个特征的指标变量作为自变量，进行逻辑回归模型拟合，结果见表 7.10。

表 7.10　原始模型变量

变量	系数	标准差	*z* 值	Pr（>|z|）	
Intercept	-2.545e+00	1.127e-01	-22.578	<2e-16	* * *
gender	-1.209e+12	8.033e+12	-0.150	0.880388	
age	1.209e+12	8.033e+12	0.150	0.880388	
b_first_visit	-3.103e-04	4.849e-03	-0.064	0.948974	
b_last_visit	-1.115e-02	5.147e-03	-2.167	0.030238	*
b_page_login	1.538e-02	1.633e-02	0.941	0.346452	
b_page_prod	1.373e-02	2.721e-03	5.044	4.55e-07	* * *
b_page_study	1.728e-02	2.996e-02	0.577	0.564105	
b_page_topic	-3.780e-02	9.375e-02	-0.403	0.686821	
b_page_toptag	-1.806e-01	4.370e-02	-4.133	3.58e-05	* * *
b_page_special	1.087e-02	1.123e-02	0.968	0.333160	
b_page_coupons	3.233e-02	3.440e-02	0.940	0.347209	

续表

变量	系数	标准差	z 值	Pr（>|z|）	
b_page_shoppingcar	8.819e-03	5.041e-03	1.749	0.080238	·
b_page_prodlist	7.396e-03	9.919e-03	0.746	0.455893	
b_page_membercenter	-6.501e-03	4.379e-03	-1.485	0.137673	
b_n_visit	2.470e-02	1.004e-02	2.460	0.013908	*
visit_time_avg	1.249e-02	3.772e-03	3.311	0.000929	***
visit_page_avg	-2.858e-02	6.130e-03	-4.662	3.13e-06	***
buy_onemonth	3.307e-01	8.089e-02	4.089	4.34e-05	***
z-score（*buy_num*）	-1.414e-03	1.123e-03	-1.259	0.207952	
n_get_coupons	4.826e-03	2.818e-03	1.712	0.086867	·
n_use_coupons	2.129e-01	2.023e-02	10.525	<2e-16	***
z-score（*b_visit_time_total*）	2.337e-01	8.664e-02	2.697	0.006989	**
z-score（*b_n_page*）	1.250e-01	7.723e-02	1.619	0.105547	
z-score（*tx_amt_total*）	-8.007e-02	6.069e-02	-1.319	0.187027	
z-score（*tx_amt_avg*）	-2.541e-03	5.449e-02	-0.047	0.962804	
z-score（*tx_amt_max*）	7.287e-02	5.695e-02	1.280	0.200709	
z-score（*coupon_amt_total*）	1.823e-01	7.952e-02	2.292	0.021904	*
z-score（*discount_amt_total*）	3.779e-02	3.849e-02	0.982	0.326264	

注：***、**、*分别表示在 0.001、0.01、0.05 的水平上结果显著，·表示在 0.1 的水平上结果显著。

由表 7.10 可知，对于在优惠券发放前一个月内有访问行为的用户，在 0.001 的显著性水平下，优惠券发放前一个月内访问产品详情页面数、优惠券发放前一个月内访问保险字典页面数、优惠券发放前一个月内访问页面总数、优惠券发放前一个月内平均每次访问页面数、优惠券发放前一个月内是否购买网站商品、历史获取优惠券总张数与用户电子优惠券赎回行为显著相关；在 0.01 的显著性水平下，优惠券发放前一个月内访问总时间与用户电子优惠券赎回行为显著相关；在 0.05 的显著性水平下，优惠券发放前一个月内最后一次访问距离优惠券发放天数、优惠券发放前一个月内访问次数与用户电子优惠券赎回行为显著相关。

为了进一步优化模型结果，我们对特征变量进行了筛选。特征选择（Feature selection）是指从原始特征集中选择一些最有效的特征的过程，通过特征选择可以构建消耗更低的预测模型。目前，特征选择的主流方法包括三种，即过滤法、包装法和嵌入法。过滤（Filter）法采用统计检验的方法，检验特征变量和相应变量之间的相关性，通过统计检验的得分来筛选变量。可运用的统计检验方法包括 Pearson 相关系数、线性判别分析（LDA）、方差分析（ANOVA）、卡方检验（Chi-Square）等。包装（Wrapper）法的主要思想是通过搜索寻优，运用特征集的一个子集来训练模型，对子集的效果进行评价，再与其他子集的效果进行比较，从而寻找最优的特征子集。常用的算法有前向选择法、后向消除法和逐步寻优法等。嵌入（Embedded）法是一种借助自带特征进行选择的算法，能挑选出对提高模型准确性有重要意义的特征。常用的方法有 LASSO（Least Absolute Shrinkage and Selection Operator，套索算法）和岭回归，它们通过正则化来减弱过拟合。

我们采用逐步寻优法进行特征选择，特征选择后的模型拟合结果见表 7.11。

表 7.11　特征选择后的模型拟合结果

变量	系数	标准误	*z* 值	Pr（>|z|）	
Intercept	-2.568741	0.102779	-24.993	<2e-16	***
b_last_visit	-0.011701	0.004175	-2.802	0.005075	**
b_page_prod	0.015217	0.002554	5.959	2.54e-09	***
b_page_toptag	-0.168670	0.041784	-4.037	5.42e-05	***
b_page_shoppingcar	0.011752	0.004197	2.800	0.005106	**
b_n_visit	0.032382	0.008078	4.009	6.11e-05	***
visit_time_avg	0.012056	0.003409	3.537	0.000405	***
visit_page_avg	-0.027804	0.005361	-5.187	2.14e-07	***
buy_onemonth	0.323138	0.079709	4.054	5.04e-05	***
n_use_coupons	0.238575	0.016825	14.180	<2e-16	***
Z（*b_visit_time_total*）	0.184893	0.057254	3.229	0.001241	**
Z（*coupon_amt_total*）	0.112137	0.054313	2.065	0.038958	*

注：***、**、*分别表示在 0.001、0.01、0.05 的水平上结果显著。

由表 7.11 可知，优惠券发放前一个月内最后一次访问距离优惠券发放天数与用户电子优惠券赎回行为呈负相关关系。也就是说，优惠券发放时间距离消费者最后一次访问时间越近，消费者赎回该优惠券的可能性相对越大。在消费者访问后较短时间内获得优惠券，可能会提升消费者的感知优惠，从而促使消费者赎回优惠券。

优惠券发放前一个月内访问产品详情页面数与用户电子优惠券赎回行为呈正相关关系。也就是说，优惠券发放前一个月内访问产品详情页面数越多，消费者赎回优惠券的可能性越大。消费者对产品详情页面访问行为通常是消费者当前需求的体现，当消费者浏览产品详情页面数较多时，消费进行购买的可能性也较大，赎回优惠券的可能性也相对较大。

优惠券发放前一个月内访问保险字典页面数与用户电子优惠券赎回行为呈负相关关系。也就是说，优惠券发放前一个月内访问保险字典页面数越多，消费者赎回优惠券的可能性越小。保险字典页面主要是一些保险相关的常见问题科普，如“做外贸一般买什么保险”“新生儿买哪类保险最好”“怎样办理公积金提取”等。访问保险字典页面较多的消费者可能只是想了解一些保险相关的科普知识，因此赎回优惠券的可能性相对较小。

优惠券发放前一个月内查看购物车次数与用户电子优惠券赎回行为呈正相关关系。也就是说，优惠券发放前一个月内查看购物车次数越多，消费者赎回优惠券的可能性越大。消费者查看购物车次数同样反映了消费者的当前购买倾向，查看购物车次数较多的消费者购买倾向性较高，赎回优惠券的可能性也较大。

优惠券发放前一个月内访问总次数与用户电子优惠券赎回行为呈正相关关系。也就是说，优惠券发放前一个月内访问总次数越多，消费者赎回优惠券的可能性越大。访问总次数较多的用户通常是网站的活跃用户，对网站的忠诚度和信任度都相对较高，因此赎回优惠券的可能性也相对较大。

优惠券发放前一个月内访问总时间、优惠券发放前一个月内平均每次访问时间与用户电子优惠券赎回行为呈正相关关系。优惠券发放前一个月内访问总时间或平均每次访问时间越长，消费者赎回优惠券的可能性越大。访问总时间或平均每次访问时间较长的用户活跃度较高，当前对网站的兴趣度也较高，赎回优惠券的可能性也相对较大。

优惠券发放前一个月内访问页面总数与用户电子优惠券赎回行为呈负相关关系。也就是说，优惠券发放前一个月内访问页面总数越多，消费者赎回优惠券的可能性越小。访问页面总数很多的用户，可能是在了解相关科普知识（保险字典），或者进行订单查询或索赔操作，因而赎回优惠券的可能性相对较小。

优惠券发放前一个月内是否购买网站商品与用户电子优惠券赎回行为呈

正相关关系。也就是说，优惠券发放前一个月内在网站购买了商品的用户，赎回优惠券的可能性较高。近期在网站的消费行为，降低了消费者的感知风险与感知不确定性，从而增加了消费者赎回优惠券的可能性。

用户历史赎回优惠券数量、历史使用优惠券总金额与用户电子优惠券赎回行为呈正相关关系。也就是说，历史赎回优惠券数量较多、使用优惠券总金额较高的用户，赎回优惠券的可能性较大。历史赎回优惠券数量、历史使用优惠券总金额能反映消费者的优惠券偏好，赎回优惠券数量越多、使用优惠券总金额越高的用户，相对越有可能是“优惠券倾向”用户，赎回优惠券的可能性越大。

7.3.2.4 模型评估

本章通过受试者工作特征（Receiver Operating Characteristic，ROC）曲线和 AUC（Area Under the Curve）值对电子优惠券发放前赎回行为预测模型进行评估。ROC 曲线和 AUC 值是二值分类器的常见评价指标。ROC 曲线的横坐标为 Specificity（真负例率，True Negative Rate，TNR），纵坐标为 Sensitivity（真正例率，True Positive Rate，TPR），AUC 是 ROC 曲线下面积。二者都是在混淆矩阵的基础上分析和计算的。

混淆矩阵（Confusion Matrix）是分类模型的预测结果分析，以矩阵的形式对数据集中的真实类别以及分类模型得出的分类判断进行汇总。二分类问题的混淆矩阵见表 7.12。

表 7.12 二分类问题的混淆矩阵

预测		1	0	合计
实际	1	True Positive（TP）	False Negative（FN）	Actual Positive（TP+FN）
	0	False Positive（FP）	True Negative（TN）	Actual Negative（FP+TN）
合计		Predicted Positive（TP+FP）	Predicted Negative（FN+TN）	TP+FP+FN+TN

TP 指实际是正例识别为正例（正确肯定）的数量；FN 指实际是正例却错误识别成负例（错误否定）的数量；FP 指实际是负例却错误识别成正例（错误肯定）的数量；TN 指实际是负例识别为负例（正确否定）的数量。

Specificity（真负例率，True Negative Rate，TNR）= 正确预测到的负例数量/实际负例总数量，即 TN/（FP+TN）；Sensitivity（真正例率，True Positive Rate，TPR）= 正确预测到的正例数量/实际正例总数量，即 TP/（TP+FN）。

逻辑二元分类器输出的是正例的概率，分类器取不同阈值时所得到的混淆矩阵不同，此时的 Specificity 和 Sensitivity 对应 ROC 曲线上的一个点。

ROC 曲线下面积 AUC 值是度量算法好坏的常用指标：如果模型是完美的，则 AUC=1，如果模型是简单的随机分类模型（Baseline Model），即坐标系中的45°线，则 AUC=0.5。AUC 值越大，说明模型分类效果越好。

如图 7.1 所示，电子优惠券发放前赎回行为预测模型的 AUC 值达到了 0.818，远大于0.5，说明模型分类有一定的准确性。最佳阈值为0.431，此时对应的 Specificity 值为0.878，Sensitivity 值为0.620。

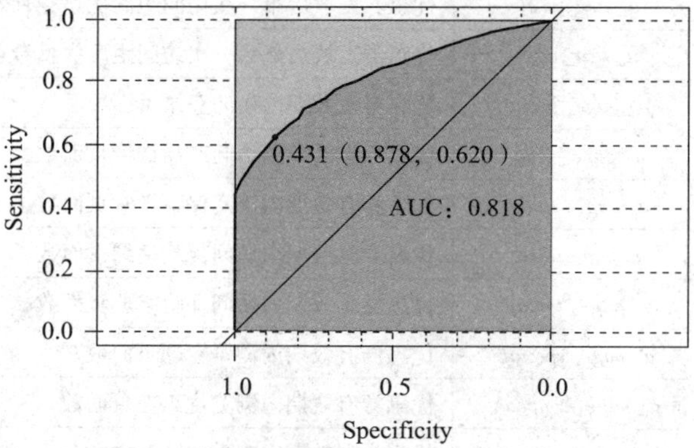

图7.1　电子优惠券发放前赎回行为预测模型的 ROC 曲线

7.3.3　电子优惠券发放后赎回行为影响测评模型

在电子优惠券发放前进行赎回行为预测，可以帮助 B2C 电子商务企业定位优惠券倾向用户，实现优惠券的精准投放。但是，在某些优惠券营销活动中，需要大规模向用户投放优惠券。在某些营销情境下，用户获取优惠券与否的主动权掌握在用户自己手上而非电商企业（如需用户点击领取的优惠券）。在诸如此类的情况下，获得电子优惠券的用户在当前时间段内可能并不都有赎回优惠券的倾向。基于此种考虑，本节结合人口统计学变量、历史购买行为变量、历史优惠使用行为变量、优惠券有效期内访问行为特征变量，构建电子优惠券发放后赎回行为预测模型，以期帮助电子商务企业在发放优惠券后，识别出优惠券持有者中有赎回行为的目标用户，从而有针对性地进行优惠券提醒，进而提升优惠券的营销效果。

7.3.3.1　变量说明

我们结合人口统计学变量、历史购买行为变量、历史优惠使用行为变量以及优惠券有效期内浏览访问行为四类变量，构建电子优惠券发放后赎回行为预测模型，具体变量设置见表 7.13。

表 7.13　电子优惠券发放后赎回行为预测模型变量

变量分类	变量代码	变量名称
目标变量	*use_status*	是否赎回优惠券：0—否，1—是
人口统计学变量	*gender*	性别：1—男；0—女
	age	年龄
优惠券有效期内访问行为变量	*a_first_visit*	优惠券发放后第一次访问距离优惠券有效期开始天数
	a_last_visit	优惠券发放后最后一次访问距离优惠券有效期结束天数
	a_page_login	优惠券有效期内访问登录页面数
	a_page_prod	优惠券有效期内访问产品详情页面数
	a_page_study	优惠券有效期内访问保险学堂页面数
	a_page_topic	优惠券有效期内访问保险话题页面数
	a_page_toptag	优惠券有效期内访问保险字典页面数
	a_page_special	优惠券有效期内浏览专题页面数
	a_page_coupons	优惠券有效期内浏览优惠券页面数
	a_page_shoppingcar	优惠券有效期内查看购物车次数
	a_page_prodlist	优惠券有效期内搜索列表次数
	a_page_membercenter	优惠券有效期内浏览会员中心次数
	a_n_visit	优惠券有效期内访问次数
	a_visit_time_total	优惠券有效期内访问总时间（分钟）
	visit_time_p	优惠券有效期内平均每次访问时间（分钟）
	visit_time_d	优惠券有效期内平均每天访问时间（分钟）
	a_n_page	优惠券有效期内访问页面总数
	visit_page_p	优惠券有效期内平均每次访问页面数
	visit_page_d	优惠券有效期内平均每天访问页面数
历史购买行为变量	*buy_num*	历史购买商品总数量
	tx_amt_total	历史购买总金额
	tx_amt_max	历史最大购买金额
历史优惠使用行为变量	*coupon_amt_total*	历史使用优惠券总金额
	discount_amt_total	历史使用优惠总金额（包括优惠券、折扣、满减等）
	n_get_coupons	历史获取优惠券总张数
	n_use_coupons	历史赎回优惠券总张数

其中，人口统计学变量、历史购买行为变量、历史优惠使用行为变量的变量设置与电子优惠券发放前赎回行为预测模型中相关变量设置相同，这里不再赘述。我们在电子优惠券发放后赎回行为预测模型中，引入了优惠券有效期内浏览访问行为变量作为预测因子。我们在研究中考虑了消费者在优惠券发放后第一次访问距离优惠券有效期开始天数、优惠券发放后最后一次访问距离优惠券有效期结束天数对最终消费者优惠券赎回行为的影响。Inman 等的研究表明，优惠券赎回有两个高峰，一个在开始阶段，另一个在临近兑现截止日期的阶段。也就是说，优惠券发放后第一次访问距离优惠券有效期开始时间较近，或者优惠券发放后最后一次访问距离优惠券有效期结束时间较短时，消费者赎回该优惠券的可能性较大。

与电子优惠券发放后赎回行为预测模型变量设置相仿，我们通过优惠券有效期内访问登录页面数、优惠券有效期内访问产品详情页面数、优惠券有效期内访问保险学堂页面数、优惠券有效期内访问保险话题页面数、优惠券有效期内访问保险字典页面数、优惠券有效期内浏览专题页面数、优惠券有效期内浏览优惠券页面数、优惠券有效期内查看购物车次数、优惠券有效期内搜索列表次数、优惠券有效期内浏览会员中心次数十个变量来反映优惠券有效期内用户网页浏览记录详情。

我们通过优惠券有效期内访问次数、优惠券有效期内访问总时间、优惠券有效期内平均每次访问时间、优惠券有效期内访问页面总数、优惠券有效期内平均每次访问页面数五个变量来反映用户在优惠券有效期内的总体访问情况。考虑到优惠券有效期长短不一，我们增加了优惠券有效期内平均每天访问时间、优惠券有效期内平均每天访问页面数两个变量来反映用户在优惠券有效期内的浏览访问情况，优惠券有效期内平均每天访问时间=优惠券有效期内访问总时间/优惠券有效期时长，优惠券有效期内平均每天访问页面数=优惠券有效期内访问页面总数/优惠券有效期时长。

7.3.3.2　变量的描述性统计分析

我们遵循数据获取的基本思路，从企业事务数据库和日志数据库中提取发放后有访问行为的样本优惠券持有者的基本信息（人口统计学变量），并获取用户的历史购买行为变量、历史优惠使用行为变量、优惠券有效期内访问行为变量，样本共计 12696 人次，变量的描述性统计分析见表 7.14。

表 7.14　电子优惠券发放后赎回行为预测模型变量的描述性统计分析

变量	最小值	最大值	平均数	标准偏差
gender	0	1	0.63	0.25
age	16	82	37.05	2.10
a_first_visit	0	29	9.47	8.85
a_last_visit	0	29	9.36	8.60
a_page_login	0	76	1.03	2.17
a_page_prod	0	258	8.26	16.55
a_page_study	0	31	0.12	0.78
a_page_topic	0	90	0.03	0.86
a_page_toptag	0	31	0.17	0.80
a_page_special	0	64	1.43	3.41
a_page_coupons	0	31	0.39	1.23
a_page_shoppingcar	0	708	2.47	14.05
a_page_prodlist	0	88	0.67	3.50
a_page_membercenter	0	278	2.81	7.49
a_n_visit	1	106	3.23	4.55
a_visit_time	0	2662	47.77	89.39
visit_time_p	0	219	14.64	18.08
visit_time_d	0	162.43	2.53	6.38
a_n_page	1	3392	41.07	83.22
visit_page_p	1	165	13.39	13.84
visit_page_d	0.03	302	2.23	6.59
buy_num	0	3947	3.13	44.11
tx_amt_total	0	998791.54	2083.18	25087.15
tx_amt_max	0	199520.00	790.18	6759.71
coupon_amt_total	0	3896.40	18.28	97.91
discount_amt_total	0	14960.00	48.47	274.58
n_get_coupons	0	349	6.57	15.08
n_use_coupons	0	246	1.04	3.74

由表 7.14 可知，各个变量的分布差别较大。从优惠券有效期内的访问情

况来看，优惠券有效期内用户访问总次数最高达到106次，访问总时间最长的用户访问时长高达2662分钟，访问页面最多的用户访问总页面数达到3392个页面，查看购物车页面次数最多高达708次。从历史购买行为来看，历史购买商品数量、交易总金额、最高单笔交易金额等变量均分布区间极大，最小值均为0，历史购买商品数量最大值达到3947件，交易总金额最高达到998791.54元，最高单笔交易金额达到199520.00元。从历史优惠使用情况来看，历史优惠券使用总金额最高达到3896.40元，历史优惠总金额最高达到14960.00元，历史获得优惠券数量最高达到349张，历史赎回优惠券数量最高达到246张。

7.3.3.3　模型评估

我们采用ROC曲线及AUC值对电子优惠券发放后赎回行为预测模型进行评估，其ROC曲线如图7.2所示。

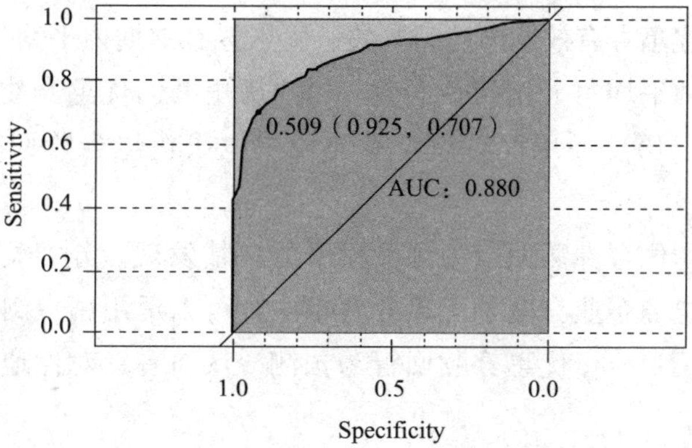

图7.2　电子优惠券发放后赎回行为预测模型ROC曲线

由图7.2可知，电子优惠券发放后赎回行为预测模型的AUC值达到了0.880，远大于0.5，说明模型分类有一定准确性。最佳阈值为0.509，此时对应的Specificity值为0.925，Sensitivity值为0.707。

7.4　本章小结

本章基于用户日志数据及事务数据，运用数据挖掘方法，分别构建电子优惠券发放前/后赎回行为预测模型。对于电子优惠券发放前一个月内有访问行为的用户，优惠券发放前一个月内在网站有过购买行为的用户赎回优惠券的可能性相对较大；优惠券发放前一个月内最后一次访问距离优惠券发放天数、优惠券发放前一个月内访问保险字典页面数、优惠券发放前一个月内访问页面总数与用户电子优惠券赎回行为呈负相关关系；优惠券发放前一个月内访问产品详情页面数、优惠券发放前一个月内查看购物车次数、优惠券发放前一个月内访问总次数、优惠券发放前一个月内访问总时间、优惠券发放前一个月内平均每次访问时间、用户历史赎回优惠券数量、历史使用优惠券总金额与用户电子优惠券赎回行为呈正相关关系。

通过对电子优惠券发放后赎回行为预测模型的研究发现，对于电子优惠券有效期内有访问行为的用户，女性消费者相对男性消费者赎回优惠券的可能性更大；优惠券发放后最后一次访问距离优惠券有效期结束天数、优惠券有效期内访问保险学堂页面数、优惠券有效期内访问保险字典页面数、历史交易总金额与用户电子优惠券赎回行为呈负相关关系；优惠券有效期内访问产品详情页面数、优惠券有效期内查看购物车次数、优惠券有效期内浏览会员中心次数、优惠券有效期内访问次数、优惠券有效期内平均每次访问时间、优惠券有效期内平均每天访问页面数、用户历史赎回优惠券数量、历史使用优惠券总金额、历史使用优惠总金额与用户电子优惠券赎回行为呈正相关关系。

通过对电子优惠券赎回行为预测模型的评估发现，分类模型具有一定的准确性，因此电商企业在电子优惠券营销中，可以运用用户浏览访问数据和事务数据进行用户电子优惠券赎回行为预测，从而有针对性地进行电子优惠券投放及提醒。

第 8 章
考虑消费者自选择的在线售前客服效果
Chapter Eight

在线售前客服作为企业服务的第一窗口，是帮助消费者获取商品信息、促成电子商务交易的重要因素。本章从客服满意度与购买转化两个指标维度构建客服效果模型，并考虑了因用户有意识地未使用客服而造成的自选择问题与样本偏差，从企业实际业务角度进行了客服效果的影响因素研究。客服满意度数据的样本集合仅为使用过客服的人群，且用户在使用客服系统时存在有意识选择或自选择的行为，因此会对客服满意度模型的拟合结果造成影响。本章以用户使用客服后的购买转化作为在线客服效果的最终目的，探究了客服服务质量特征对用户购买行为的影响。本章采用处理效应模型，定量分析了客服系统是否会影响用户的购买行为。通过实证数据证明了在线客服效果研究中自选择现象的存在，并对其进行了平衡。研究结果为基于企业自身数据进行客服分析提供了样例，有助于企业进行售前客服服务效果评估，可为企业提升服务质量提供有利的理论指导，为企业管理人员对售前客服的指导与规范提供参考。

8.1 考虑自选择的在线售前客服满意度影响因素

本节主要研究基于企业的渠道点击量和购买量的多渠道广告效应，旨在帮助企业了解自己的广告渠道在影响用户购买上所具有的长短期影响（包括即时效应的强度、遗留效应的长度和累积强度），为更好地分配广告资源提供决策支持。

8.1.1 数据说明

8.1.1.1 数据来源

本章数据来源于国内某在线保险代理平台。在我国，保险电商尚处于新兴阶段，消费者仍习惯于通过传统的人际关系渠道或直接渠道来寻求有关保险产品的信息，如保险经济人，而在线保险网站则会使顾客心中产生不确定感。对保险产品而言，售前客服服务对用户满意度与最终购买决策的影响尤为关键。

我们对数据来源平台进行分析后，总结出了该平台的四个支持客户在线购物的系统，即注册系统、订单处理系统、支付系统和客户服务系统。我们将这四个系统与现实生活中用户的购物经历相结合，整理出了对新买家来说的五个在线购物步骤，如图 8.1 所示。作为一种嵌入式客户服务系统的即时消息工具，在线售前客服目前已经被数百万活跃的买家和卖家通过多个操作系统（包括 iOS、Android、Mac OS 和 Windows 等）的网页和/或移动应用程序使用。客户可以通过各种方式与卖家进行通信，通过这些通信，卖方可以提供产品的详细信息，客户可以全面了解所需产品。在用户挑选商品与售后服务阶段，均有客户服务系统的参与，本章的主要研究对象为用户挑选商品时用于信息搜寻的售前客服。

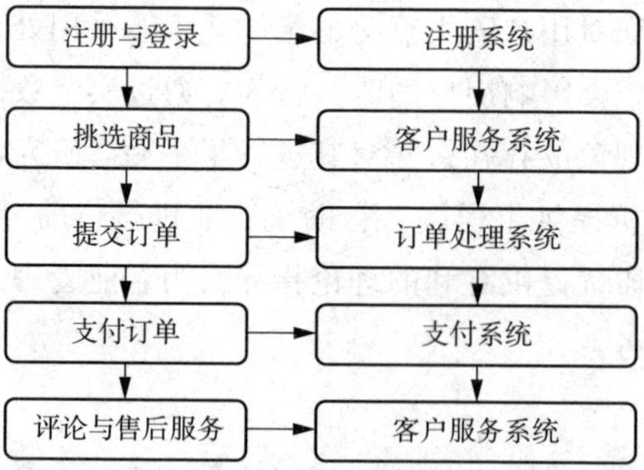

图 8.1 在线购物步骤及对应系统

8.1.1.2 数据提取

• 售前客服数据

鉴于客户服务的重要性与影响力，我们基于该平台的客户服务系统，收集了 2017 年 1 月 1 日至 2019 年 3 月 31 日的所有客服聊天记录数据。客服聊天记录数据来自该平台数据库中的客服记录表，具体包括消息 ID、会话 ID、消息内容、发送人 ID、接收人 ID、消息流向（0：访客→客服；1：客服→访客；2：客服→客服）、发送时间、消息类型等数据。在获取客服聊天记录数据后，我们对其中的售后客服数据进行了剔除，得到售前客服样本。

• 用户数据

除了客服数据，我们还考虑了大数据提供的对用户行为精确计量的特征，包括个人层面的人口统计特征和用户访问行为特征。这部分数据主要来源于用户身份数据、访问数据、交易数据、商品数据等。用户身份数据来源于用户信息表和用户注册登记表。用户信息表包含用户 ID、姓名、性别、出生日期字段，用户注册登记表包括用户 ID、注册时间、审核备注等用户字段。在提取数据时，可通过匹配用户注册信息表中的用户 ID，根据审核备注字段剔除测试人员与资料不完善人员的数据。

用户访问数据主要来源于企业日志服务器的日志数据表，日志数据表涵盖了网页端、触屏端与 APP 端的记录，包含 IP 序列号、访问日期、访问时间点、cookie、用户代理、访问来源和访问请求等字段。根据访问请求和访问来源页面字段的 URL 信息，可以提取用户访问的页面以及访问前的上一个页面，从而获取用户在平台中的点击流。

交易数据主要来源于企业交易数据库中的购买记录表和订单明细表。购买记录表中包含用户 ID、购买时间、订单 ID、订单价格、购买时间等字段；订单明细表中包含用户 ID、购买时间、订单 ID、商品 ID、订单状态、商品价格、订单价格、优惠价格、优惠方式等字段。

用户数据的观察期为用户注册时间至 2019 年 5 月 31 日。对于有客服使用行为的用户，以首次使用客服时间为节点，将用户购买行为分为历史购买行为与使用客服后购买行为。

此外，为了尽可能减少平台促销活动带来的干扰，我们在收集客服聊天记录数据后，提取有客服记录的用户注册时间，然后选取与其相同日期注册的用户作为未选择使用客服的样本，对于注册时间缺失的有客服记录的用户，我们选取其账号 ID 临近的四位用户作为未选择使用客服的样本，共提取用户 76859 人。

8.1.1.3 数据预处理

本章的数据预处理工作采用数据挖掘的研究方法，流程如图 8.2 所示，包括数据清洗、数据集成与数据规约。我们分别对售前客服数据、注册信息数据、日志数据和交易数据的预处理进行介绍。

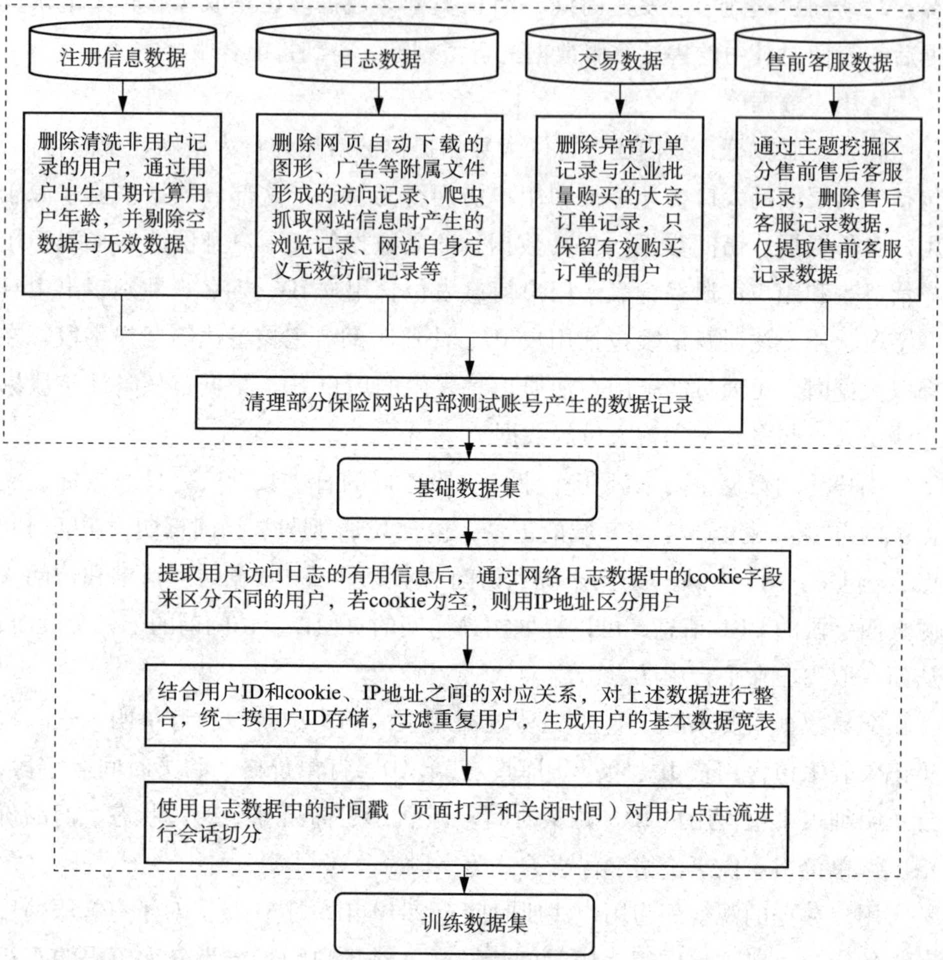

图 8.2　数据预处理流程

（1）售前客服数据。通过消息 ID、会话 ID 与账号 ID 间的映射关系对客服聊天记录进行初步统计后发现，在样本统计期间，共有 4276 名用户咨询过客服，先后生成了 10492 次会话。其中，1426 名用户咨询后提供了满意度评价，满意度均值为 1.7898795。各级满意度的用户数与会话数分布见表 8.1，从中可以发现，参与评价的绝大多数用户对客户服务是满意的，且根据用户数与会话数比例可以看出，“非常满意”的用户更容易进行二次咨询。

表 8.1　各级满意度的用户数与会话数分布

满意度	用户数	会话数
非常不满意	41	45
不满意	15	16
一般	41	42
满意	200	292
非常满意	1287	2332

（2）注册信息数据。在用户的注册信息数据中，我们主要提取用户的性别、年龄和注册时间数据。用户年龄未在数据库中记录，可通过用户出生日期计算出来，并删除空数据与非正常年龄的无效数据，如用户年龄<0 的用户和用户年龄>100 的用户。

（3）交易数据。我们的合作电商平台中有两类用户：个体用户和企业用户。由于本章仅探究个人消费者的行为，因此删除交易数据中企业批量购买的大宗订单记录及异常订单记录。订单商品种类数通过商品 ID 链接订单详情表和产品信息表来获取。

（4）日志数据。日志数据的清洗部分和会话切分方法与 2.1.2 节类似，这里不再赘述。

8.1.2　变量选择与指标构建

这里主要介绍从上述预处理过的数据中提取特征并构造理论指标的过程。我们分别从用户基本信息表中提取用户人口统计特征，从日志数据中提取历史访问行为特征和历史购买行为特征，并对这些行为特征进行归类，整理为需求紧迫性、需求不确定性、搜寻态度、既有知识、网站经验和产品经验六个指标。客服特征从客服记录数据中获取。

8.1.2.1　影响客服使用的变量

我们主要从信息搜寻角度探究在线客服使用影响的变量选择。信息搜寻是消费者购买决策过程中十分重要的环节，消费者通过信息搜寻，能增强对产品的了解，进而做出购买决策，但过量的信息会导致决策效率下降。在产生需求后，由于信息不对称、可用信息缺失等问题的存在，人们会有针对性地搜寻所需信息，产生信息搜寻行为。此外，我们还提取了用户的性别与年龄作为人口统计方面的控制变量，对消费者是否使用售前客服咨询进行测量。

• 需求紧迫性

我们从时间距离（Temporal Distance）的角度来理解需求紧迫性。需求紧迫性是指消费者从对某一功能产品产生需求开始到心理上必须获得该产品的时间距离。根据解释水平理论，时间距离是指个体对事件在时间临近程度上的感知，是通过改变事件的心理表征来影响人们对事件的反应。时间距离会影响人们的时间表征水平，从而对人们的认知、决策等产生重要影响。虽然随着信息化时代的发展，人们在电商平台上搜寻信息的时间成本与传统购物相比已经减少了，但信息爆炸使消费者在查询信息时依旧需要花费时间与精力进行筛选。因此，本章使用用户最大页面浏览时长、浏览快速报价页面与快速选购页面次数作为需求紧迫性的构成变量，探究需求紧迫性对用户客服使用行为的影响。

• 需求不确定性

需求不确定性主要体现在满足需求所需信息和用户已有信息之间的差距。需求不确定性和复杂性的增强，会促使信息搜寻者增加对外部信息源的使用频率。需求不确定性会影响组织外部信息搜寻的深度和宽度。需求对用户搜寻行为具有至关重要的作用，会影响用户选择、发现和评估信息资源。因此，我们选取用户浏览的产品种类数及浏览产品比较页、保险品牌页、保险产品页的次数作为需求不确定性指标的变量，探究需求不确定性对用户客服使用行为的影响。

• 搜寻态度

有关研究表明，在传统保险购买环境下，保险购买率低的原因在于消费者收集这些产品相关信息时的高成本。在电商环境中，在线客服是用户信息搜寻的重要渠道之一，服务提供者（即在线客服人员）的干预可能会帮助用户搜索到自己需要的信息，因此用户的搜寻态度会直接影响用户对在线客服系统的使用。我们选取用户浏览在线服务页面数、浏览帮助中心页面数及用户在平台中的搜索次数作为搜寻态度指标的变量，以探究搜寻态度对在线客服系统使用的影响。

• 既有知识

既有知识是指电商平台用户对于其选购产品品类知识的了解程度。既有知识能反映用户的知识水平。因此，消费者的认知能力是从搜索中获得最大效用的重要指标。消费者行为在很大程度上取决于消费者如何看待和加工这些信息。在电商环境中，用户通常会评估电商平台所提供信息的质量，但是信息质量评估对不是主题领域内专家的用户来说可能会有些困难。因此，缺乏商品知识的用户经常依赖可信、可靠的进一步信息支持（如在线客服）寻求信息评估或进行进一步的信息搜寻。越有能力搜索和整合新信息的用户对信息搜寻的需求越低。基于上述研究，我们选取用户浏览保险字典、保险话题、保险学堂和你问我答四类保险知识学习页面的次数作为既有知识指标的变量，以探究用户自身知识对在线客服系统使用的影响。

- 网站经验与产品经验

我们以详尽可能性模型（Elaboration Likelihood Model，ELM）中的基本理念——用户卷入度（involvement，或称介入度）为切入点，对网站经验指标进行分析。用户以搜寻和使用信息作为他们解决问题、做出购买决策的基础。根据详尽可能性模型，按照对网站的使用情况，可以将用户分为高卷入度用户和低卷入度用户。高卷入度用户自身动机较强，会通过主动付出认知努力来获取并处理大量的有关信息，并进行广泛的购物前的调查和评估，对搜寻到的信息进行分类，经过心理加工，转换成决定品牌选择和购买、消费等方面的态度和意向。低卷入度用户自身动机较弱，较少付出自身努力，而更多地通过外围的渠道如在线售前客服等被动接收信息，且信息处理方式较为粗略。基于这两类用户的特点，我们根据用户的网站卷入度与产品卷入度，分别构建了网站经验指标和产品经验指标。网站经验指标由用户的成长值、访问次数、登录次数、历史购买次数和平均单次购买数量等变量构成；产品经验指标由用户历史购买商品的种类数、查看购物车次数、产品收藏次数和分享次数等变量构成。

8.1.2.2　影响客服满意度的变量

结合本书第 2 章关于相关文献的回顾，我们在对国内外客服满意度影响因素的实证研究进行整理后，归纳了在线售前客服满意度的五个影响维度，分别为咨询详细度、娱乐性、交互性、客服人员响应时间和个性化推荐程度，并结合电商平台数据库中的实证数据，整理了总会话数、单会话平均消息类型数、单会话客服发言平均字数、单会话平均发送表情数、客服交互程度、客服机器人与用户对话的交互程度、客服响应时间、客服根据用户需求进行产品推荐次数八个特征，分别与上述维度进行对应。此外，我们认为用户既有知识，即用户在咨询客服时对购买商品知识的了解程度也会影响用户使用在线售前客服时的满意程度，因此将既有知识指标也纳入了影响客服满意度的变量组中。

我们在用户层面进行测量，以用户咨询客服后进行的满意度打分作为被解释变量。对于多次咨询客服并提供满意度评价的用户，我们使用满意度均值表示该用户对网站客服的整体满意度。为避免同一用户多次咨询满意度有较大差异，结合各满意度用户状态的满意度趋势统计，我们对用户的首次满意度进行分组，并跟踪统计其未来的满意度平均值，结果见表 8.2。

表 8.2　客服满意度趋势

首次咨询满意度	第二次咨询满意度	第三次咨询满意度	第四次咨询满意度	第五次咨询满意度	第六次咨询满意度
−2	−1.625	−2	—	—	—
−1	−1	—	—	—	—
0	1.182	1.167	1.333	1	—
1	1.458	1.462	1.706	1.625	1.286
2	1.842	1.839	1.770	1.730	1.816

从表 8.2 中可以看出，多数用户的满意度水平维持在统一状态，因此可以满意度均值作为用户对电商平台客服的整体满意度。

• 咨询详细度

在电商平台中，在线客服的主要目的是为客户提供与客户查询相关的信息，信息的详细度也就成了衡量客服质量的主要依据之一。客服人员提供的详细、丰富的信息有助于用户充分了解所需商品，降低对商品的不确定性。清晰、相关、准确、完整的客服消息是高质量的。我们使用用户的会话数、每次会话平均消息类型数、会话字数、客服发言字数作为客服对话详细度指标，探究客服人员答复详细度对满意度的影响。

• 娱乐性

在传统客服环境下，用户经常依靠面部动作来评估客服人员在面对面服务环境中的理解和情感展示。但与在线客服互动时，用户无法进行这种评估。在这种环境下，用户经常依靠文本的提示来评估消息的真实含义。服务代理的图片可以增强在线环境中社交存在的感知，进而影响人们对使用在线客服系统的积极态度。服务提供商的表情符号可以传达情绪，从而潜在地增强移情行为的感觉。表情符号是一系列面部表情的图形表示，可通过精简媒体（如在线客服）在基于文本的对话中使用。本章使用每次在线客服会话中的平均表情数作为娱乐性指标，探究客服娱乐性对满意度的影响。

● 交互性

“互动”是在线客服相较于其他信息获取方式的一大优势。交互性是指网上商家与消费者之间对于各种信息进行相互交流的程度。网站的通信交互主要分为同步交互与异步交互。同步交互是指同时发生的活动，如通过实时在线客服聊天系统等工具进行通信。异步交互是指在不同的时间进行信息传输，不发生相互作用，例如用户在浏览网站页面时阅读网站上已有的产品信息。我们使用用户发言次数与客服发言次数来计算用户与客服系统进行双向沟通的交互程度，探究客服交互性对满意度的影响。

目前，许多在线客服使用自动问答系统对用户常见问题进行回答。但是，由于客服机器人不具有在线客服人员在客户服务中的互动性，导致许多客户认为在线客服不如传统客服。我们使用用户发言次数和客服机器人发言次数来计算用户与客服机器人沟通的交互程度，探究客服机器人的交互性对满意度的影响。

● 客服人员响应时间

等待时间是客户在客服使用体验中的第一个感知接触点，并且是服务质量的重要组成部分。在传统客服环境下，在零售商店中等待服务是一种经常会导致客户不满意的体验。随着感知等待时间的增加，个人的情感反应会变得越来越消极，并对客户体验产生负面影响。

资源分配理论结合基于记忆的模型和基于注意力的模型，强调个人在诸如在线购物之类的活动中会意识到时间的流逝并进行时间计算。与通过电话或进入商店的传统客服相比，在线客服系统的功能之一就是可以减少客户花在任务上的时间长度。等待时间长于心理预期时间的用户通常会产生负面的体验。与其他形式的客户服务相比，在线客服系统通常会在讨论过程中为客户提供有关服务代表响应时间的估计，企业应减少响应时间，以防止客户满意度下降的重要性。鉴于上述研究，我们以客服人员对用户咨询的平均响应时间作为客服响应性特征的变量，分析响应时间对客服满意度的影响。

● 个性化推荐程度

在传统客服环境中，客户可以与服务代表进行沟通，服务代表可以回答有关个人特定需求和偏好的问题。因此，在线环境中缺乏定制可能会推动对在线客户支持的需求，以获取专门针对个人需求的信息和支持。个性化推荐程度是指满足个人偏好的程度。个性化推荐程度对在线客服至关重要。个性化推荐可以减少用户对网站上过多信息的感知，帮助用户快速获取所需信息。因此，在线客服人员可以根据个人需求推荐更多内容，以减少用户花费在搜索信息上的时间，从而提高客户满意度。

• 既有知识

目前，尚未有研究探寻用户对商品的既有知识对其使用客服后满意度的影响。相较于传统购物环境，电子商务平台有着商品的海量信息，为用户搜寻有用信息带来了巨大的挑战。在线客服系统作为信息搜寻的重要渠道，同样具有信息密度高、专业性强的问题。用户对商品知识的了解程度在其与客服人员的交流过程中会发挥作用。已有研究表明，双方知识储备越相似，信息性的交流效率越高，沟通程度越深。具有较高商品了解程度的用户在进行客服咨询时会更具有针对性，并与客服人员进行更顺畅的沟通，这有助于获得更好的服务体验，同时提高信息搜寻效率。因此，我们选取用户浏览保险字典、保险话题、保险学堂与你问我答四类保险知识学习页面的次数，构成既有知识指标，以探究用户自身知识对客服满意度的影响。

变量说明见表 8.3。其中，用户访问行为均以访问为单位，即提取用户浏览各页面总数、搜索总次数、登录总次数、分享总次数后，除以用户的访问次数，得到用户每次访问的平均访问行为。

表 8.3　变量说明

因子指标	变量代码	变量名称	备注
人口统计（Demo）	*gender*	用户性别	0—女；1—男
	age	年龄	
需求紧迫性（Urgency）	*max_v_time*	最大页面浏览时长	单位：秒
	pg_fastquote	浏览快速报价页数	用户每次访问的均值
	pg_fastbuy	浏览快速选购页数	
需求不确定性（Uncertain）	*prod_type*	浏览产品种类数	用户每次访问的均值
	pg_compare	浏览产品比较页数	
	pg_brand	浏览保险品牌页数	
	pg_prod	浏览保险产品页数	
搜寻态度（Attitude）	*pg_cs*	浏览在线服务页数	用户每次访问的均值
	pg_help	浏览帮助中心页数	
	search_num	搜索次数	

续表

因子指标	变量代码	变量名称	备注
既有知识（Knowledge）	*pg_dict*	浏览保险字典数	用户每次访问的均值
	pg_huati	浏览保险话题数	
	pg_study	浏览保险学堂数	
	pg_ask	浏览你问我答数	
网站经验（Exp_web）	*growth*	成长值	用户每次访问的均值
	h_buy_num	历史购买次数	
	h_single_amt	平均单次购买金额	
	visit_num	访问次数	
	login_num	登录次数	
产品经验（Exp_prod）	*collect_num*	产品收藏次数	用户每次访问的均值
	share_num	产品分享次数	
	pg_cart	查看购物车次数	
	h_prod_type	历史购买产品种类数	
咨询详细度	*session_num*	总会话数	
	avg_mesg_num	单会话内消息数	
	avg_cs_word	单会话客服发言平均字数	
娱乐性	*avg_cs_num*	单会话平均消息类型数	
	emoji	单会话平均发送表情数	
交互性	*interact*	客服交互程度	min（客服总消息数，用户消息数）/max（客服总消息数，用户消息数）
	auto_inter	客服机器人与用户对话的交互程度	min（客服机器人消息数，用户消息数）/max（客服机器人消息数，用户消息数）
客服人员响应时间	*action_time*	客服人员响应时间	
个性化推荐程度	*link*	客服根据用户需求进行产品推荐次数	

8.1.2.3　描述性统计与平均数差异检验

我们从上节处理过的数据中提取了所有样本用户访问行为的基本信息，并获取其访问行为变量与历史购买行为变量，样本共计 76859 人。同时，我们提取了有客服使用行为的用户以及用户在使用客服过程中的服务质量特征，样本共计 5413 人。全样本具体变量的描述性统计见表 8.4。

表 8.4　全样本具体变量的描述性统计

变量	样本量	均值	标准差	最小值	中位数	最大值
gender	76859	0. 67	0. 47	0	1	1
age	76859	36. 116	9. 1	0	35	119
max_v_time	76859	705. 275	618. 658	0	551. 091	11289. 5
pg_fastquote	76859	1. 018	1. 688	0	0. 5	49. 333
pg_fastbuy	76859	0. 002	0. 036	0	0	2
product_type	76859	1. 348	1. 614	0	1	13
pg_compare	76859	0. 013	0. 105	0	0	6. 667
pg_brand	76859	0. 038	0. 216	0	0	11
pg_prod	76859	1. 694	2. 127	0	1. 143	42. 5
pg_cs	76859	0. 086	0. 37	0	0	21. 5
pg_help	76859	0. 359	0. 941	0	0	42
search_num	76859	0. 395	0. 786	0	0. 05	22. 667
pg_dict	76859	0. 078	0. 308	0	0	15. 5
pg_huati	76859	0. 006	0. 058	0	0	3. 5
pg_study	76859	0. 023	0. 132	0	0	8. 5
pg_ask	76859	0. 023	0. 14	0	0	7
growth	76859	1163. 668	2574. 758	0	458	88951
visit_num	76859	11. 165	33. 933	1	4	1587
login_num	76859	16. 628	66. 591	0	4	9456
h_buy_num	76859	1. 285	19. 768	0	0	4686
h_single_amt	76859	151. 202	2381. 143	0	0	199000
collect_num	76859	0. 309	1. 699	0	0	78
share_num	76859	0. 77	33. 181	0	0	8404
pg_cart	76859	0. 289	1. 246	0	0	70. 5
h_prod_type	76859	4. 53	62. 242	0	0	7171
session_num	5413	2. 454	4. 722	1	1	95
avg_mesg_num	5413	12. 279	9. 912	1. 333	10	127
avg_cs_word	5413	355. 095	273. 535	42	289	5004
emoji	5413	0. 218	0. 161	0. 022	0. 184	0. 336

续表

变量	样本量	均值	标准差	最小值	中位数	最大值
interact	5413	0.539	0.859	0.071	0.605	1
auto_inter	5413	0.028	0.559	0	0	1
action_time	5413	0.03	0.036	0	0.019	1.3
link	5413	0.483	0.614	0	0.167	6

由变量的描述性统计可以看出，各个变量的分布差别较大。从用户的访问行为来看，用户平均访问次数为11次，其中大部分用户的访问次数都未超过5次，少部分用户的访问次数较多，最多达到1587次；用户的页面访问时间相差较大，最大页面浏览时间约为11.75分/页，其中浏览时长最长的用户达到了3.14小时的页面浏览时间。在单一页面浏览行为上，用户最常浏览的页面为产品详情页，平均用户每次访问会浏览1.69个产品详情页。值得注意的是，在该平台中，大部分用户都没有查看购物车的习惯，但有购物车查看习惯的用户会频繁查看购物车，查看次数最多的用户达到了每天访问70.5次。在购买行为方面，该平台的用户购买行为两极分化严重，即大部分用户不会产生购买行为，但有购买行为的用户会频繁购买，且购买金额较大。该数据也从侧面说明了电商平台引导用户产生首次购买行为的重要性，为在线售前客服的存在提供了数据上的支持。在咨询过客服的用户中，大部分用户会选择在注册后一天以内咨询客服人员，平均每次回话的消息数约为12条。由此可以看出，售前客服主要以客服人员答复用户咨询为主，在平均355字节的交流字数中占到了218字节，平均响应时间为0.03秒，最大值为1.3秒，说明该平台的售前客服回复较为迅速，基本可以做到及时回复。

此外，我们分析了使用客服与未使用客服人群的人口统计与行为特征各项变量的均值，并对其进行了平均数差异 t 检验，其描述性统计与差异检验结果见表8.5。

表8.5　使用与未使用客服用户的描述性统计与差异检验

变量	未使用客服（N=75470）		使用客服（N=1389）		差异
	均值	标准差	均值	标准差	
gender	0.672	0.47	0.588	0.492	0.084***
age	36.121	9.102	35.826	8.99	0.295

续表

变量	未使用客服（N=75470）		使用客服（N=1389）		差异
	均值	标准差	均值	标准差	
max_v_time	861.667	696.687	702.397	616.763	159.270***
pg_fastquote	0.971	1.708	1.682	2.45	−0.711***
pg_fastbuy	0.002	0.039	0.011	0.074	−0.009***
prod_type	0.248	0.363	0.247	0.326	0.001
pg_compare	0.012	0.102	0.005	0.039	0.007***
pg_brand	0.038	0.333	0.060	0.296	−0.022***
pg_prod	1.498	2.097	2.223	2.661	−0.725***
pg_cs	0.083	0.383	0.129	0.567	−0.046***
pg_help	0.382	1.084	0.312	0.928	0.071***
search_num	0.327	0.752	0.225	0.519	0.101***
pg_dict	0.087	0.338	0.068	0.295	0.020***
pg_huati	0.006	0.073	0.015	0.157	−0.009***
pg_study	0.023	0.194	0.028	0.14	−0.004
pg_ask	0.020	0.141	0.018	0.115	0.003
growth	746.789	2263.321	2060.349	7238.457	−1.3e+03***
visit_num	10.862	32.548	27.637	76.703	−16.775***
login_num	15.881	62.439	57.240	178.569	−41.360***
h_buy_num	1.176	7.973	7.235	134.708	−6.059***
h_single_amt	150.400	2385.601	194.789	2125.252	−44.389
collect_num	0.295	1.629	1.071	3.869	−0.776***
share_num	0.738	32.819	2.510	48.964	−1.773**
pg_cart	0.294	1.138	0.206	0.752	0.088***
h_prod_type	4.231	55.731	20.767	213.009	−16.535***

注：***、**分别表示在0.01、0.05的水平上结果显著。

通过差异检验可以直观地看出，使用客服人群与未使用客服人群的访问行为与购买行为存在显著差异。对比发现，在0.05的显著性水平上，相较于未使用客服的用户，使用客服群体中女性占比更高，且使用了在线售前客服的用户访问时间较短，对快速报价页、快速购买页、保险品牌页、保险产品页、在线服务页、保险话题页的浏览次数及商品的收藏、分享次数较多，历史购买次数与购买产品种类数也比未使用在线售前客服的用户多；而在浏览产品比较页、帮助中心页、保险字典页、购物车页以及产品搜索次数方面，则比未使用在线售前客服的用户少。

简单的均值比较只是粗略地反映了使用在线售前客服与未使用在线售前客服用户的性别、年龄与行为区别，在后续研究中，我们将进一步分析这两类用户的差异，以及这些差异对客服效果的影响程度。

8.1.2.4　指标构建

使用因子分析对用户在电商平台的历史访问行为变量与历史购买行为变量进行指标构建。因子分析的目的是使用少量的因子代替多个原始变量，适用于减少变量的维数。我们首先对变量进行标准化，以消除变量在水平和量纲上的影响。然后使用因子分析提取各指标的计算方式。

表 8.6 展示了因子指标对特征信息的提取情况。首先，绝大多数因子指标的 KMO 值都高于或者接近 0.7，说明相应的特征项适合做因子分析。其次，特征项对应的共同度值均高于或者接近 0.7，意味着研究指标和特征因子之间有着极强的关联性，因子可以有效地提取出信息。仅有 *max_v_time* 的因子载荷系数为 0.648，*pg_ask* 的共同度为 0.572，接近 0.6，由于样本量为 5413 个，这个数值也是可以接受的。因此，通过因子分析可获得需求紧迫性、需求不确定性、搜寻态度、既有知识、网站经验和产品经验六个指标的具体数值。

表 8.6　各因子指标的 KMO 值、共同度与因子载荷系数

因子指标	KMO	变量	共同度	因子载荷系数
需求紧迫性 (Urgency)	0.688	*max_v_time*	0.805	0.648
		pg_fastquote	0.923	0.852
		pg_fastbuy	0.925	0.856
需求不确定性 (Uncertain)	0.788	*prod_type*	0.847	0.920
		pg_compare	0.823	0.907
		pg_brand	0.786	0.887
		pg_prod	0.817	0.904
搜寻态度 (Attitude)	0.724	*pg_cs*	0.778	0.882
		pg_help	0.847	0.921
		search_num	0.888	0.942

续表

因子指标	KMO	变量	共同度	因子载荷系数
既有知识（Knowledge）	0.746	*pg_dict*	0.809	0.899
		pg_huati	0.729	0.854
		pg_study	0.694	0.833
		pg_ask	0.572	0.756
网站经验（Exp_web）	0.843	*growth*	0.648	0.805
		visit_num	0.852	0.923
		login_num	0.892	0.944
		h_buy_num	0.889	0.943
		h_single_amt	0.856	0.925
产品经验（Exp_prod）	0.717	collect_num	0.746	0.863
		share_num	0.718	0.847
		pg_cart	0.73	0.855
		h_prod_type	0.67	0.809

8.1.3 模型构建

8.1.3.1 建模方法——Heckman 两阶段法

本章中的客服效果，即客服满意度 $Satisfy_i=\beta x_i+\mu_i$ 仅在用户使用客服时才可以观测到，因此我们通过经典两阶段回归模型修正消费者自选择问题引起的样本偏差。模型原理如下：

第一阶段，选择层。用户是否愿意使用客服是一个复杂的决策过程，受多种因素影响，如使用客服造成的时间成本、带来的信息有用性等。假定用户追求收益（包括心理收益）最大化且风险中立，使用客服的潜在收益为 $USE\_CS_A^*$，不使用客服的预期收益为 $USE\_CS_N^*$。进一步假设用户会比较使用客服与不使用客服所带来的潜在净收益。作为理性经济人，只有当使用客服带来的潜在收益大于不使用客服的预期收益时，用户才会选择使用客服。也就是说，当且仅当 $USE\_CS_A^*-USE\_CS_N^*=USE\_CS_i^*>0$ 时，用户才会选择使用客服。由于现实中用户使用客服与不使用客服的预期收益都是主观的，因此，收益差值（$USE\_CS_i^*$）是无法预测的。但是，我们可以借助于如下潜变量模型来考察用户使用客服的选择行为：

$$USE\_CS_i^*=w_i\alpha+e_i,\ e_i\sim N(0,1) \tag{8.1}$$

$$USE\_CS_i=\begin{cases}1, & \text{if } CS_i^*>0\\0, & \text{if } CS_i^*\leqslant 0\end{cases} \tag{8.2}$$

式（8.1）、式（8.2）中，$USE\_CS_i^*$ 为不可观测的潜变量；w_i 为用户的人口统计特征与行为特征指标，α 为带估计系数向量；e_i 是误差项，代表无法观测的影响因素，假设 $e_i \sim N(0,1)$，客服效果模型误差项 $\mu_i \sim N(0,\sigma_\mu^2)$，其相关系数 $corr(\mu_i, e_i)=\rho$。在微观数据中，可以观测到用户的二元选择行为：若用户使用客服系统，则 $USE\_CS_i=1$，若用户不使用客服系统，则 $USE\_CS_i=0$。假设 e_i 服从正态分布，则 USE_CS 服从 Probit 模型，用户选择使用客服的概率可表示为

$$P(USE\_CS_i=1 \mid w_i)=P(USE\_CS_i^*>0)=P(e_i<w_i\alpha)=F_e(w_i\alpha) \tag{8.3}$$

其中，$F_e(\cdot)$ 是 e_i 的累积分布函数。根据式（8.3）可以得到估计值 $\hat{\alpha}$。可观测样本的条件期望为

$$\begin{aligned}E(Satisfy_i \mid Satisfy_i \text{ 可观测}) &= E(Satisfy_i \mid USE_{CS_i}^*>0)\\ &= E(\beta x_i+\mu_i \mid e_i>-w_i\alpha)\\ &= \beta x_i+E(\mu_i \mid e_i>-w_i\alpha)=\beta x_i+\rho\sigma_\mu\lambda(-w_i\alpha)\end{aligned} \tag{8.4}$$

其中，σ_μ 为 μ_i 的标准差，$\lambda(\cdot)$ 为逆米尔斯比率，$\lambda(c)\equiv\dfrac{\varphi(c)}{1-\varphi(c)}$。

从式（8.4）中可以看出，除非 $\rho=0$，否则直接进行 OLS 将导致不一样的估计结果。Heckman 两阶段法的核心思想是通过消除选择过程中产生的逆米尔斯比率来调节使用与未使用过在线售前客服的用户之间的差异，修正自选择带来的选择偏差。逆米尔斯比率计算公式如下：

$$\lambda_i=\frac{\varphi(-w_i\hat{\alpha})}{1-\Phi(-w_i\hat{\alpha})} \tag{8.5}$$

其中，$\varphi(w_i\hat{\alpha})$ 和 $\Phi(w_i\hat{\alpha})$ 分别表示以 w_i 为变量的标准正态分布的密度函数和标准正态分布的累积分布函数，w_i 为第一阶段模型中的解释变量。

第二阶段，结果层。利用选择性样本，在客服效果模型中加入逆米尔斯比率，将 $\rho\sigma_\mu$ 作为一个待估参数 β_λ，再对模型进行估计：

$$Satisfy_i=\beta_i x_i+\beta_\lambda\lambda_i+\mu_i,\ \mu_i \sim N(0,\sigma_\mu^2) \tag{8.6}$$

其中，$Satisfy_i$ 是第二阶段回归模型的被解释变量，也就是消费者使用客服后对客服的满意度打分，只有当 $USE\_CS_i=1$ 时，P_i 才可以被观测到，x_i 是第二阶段的解释变量，λ_i 是第一阶段所得的逆米尔斯比率，μ_i 是误差项。

不同于最小二乘法，Heckman 两阶段法在加入逆米尔斯比率 λ_i 后，样本的选择误差就可以避免，当 λ 回归系数显著、β_λ 不为 0 时，就说明 Heckman 两阶段法是合理的，也意味着消费者对客服系统的选择性是明显的。

Heckman 两阶段法通过客服使用行为模型对消费者客服自选择问题进行了剖析，并使用模型的逆米尔斯比率作为工具变量修正客服效果模型中样本选择的偏差。相较于其他方法，Heckman 两阶段法原理清晰、可执行性强、不依赖正态性假设，且可以同时分析影响的可能性及影响程度两个方面的内容，将研究问题拆解细化，便于后续分析讨论。因此，我们采用 Heckman 两阶段法分析客服使用可能性与客服的影响程度。

8.1.3.2 模型建立

基于上述指标，构建考虑自选择的满意度影响因素模型如下：

第一阶段，利用所有观测数据，分析上述指标是否对用户使用在线售前客服有影响，采用二值 Probit 模型进行分析：

$$Probit\ (USE\_CS_i) = \alpha_0 + \alpha_1 ender_i + \alpha_2 age_i + \alpha_3 Urgency_i + \alpha_4 Uncertain_i + \alpha_5 Attitude_i + \alpha_6 Knowledge_i + \alpha_7 Exp\_web_i + \alpha_8 Exp\_prod_i + e_i \quad (8.7)$$

其中，$Probit\ (USE\_CS_i)$ 用于考察用户的在线售前客服使用行为，如果用户使用了客服，则 $USE\_CS_i = 1$，否则，$USE\_CS_i = 0$；解释变量由前一小节所述指标构成，各变量的具体含义同前文所述；e_i 是误差项。

第二阶段，通过选择样本做回归估计，即利用 $USE\_CS_i = 1$ 的观测数据分析客服满意度的影响因素与影响程度。模型如下：

$$Satisfy_i = \beta_0 + \beta_1 gender_i + \beta_2 age_i + \beta_3 Knowledge_i + \beta_4 session\_num_i + \beta_5 avg\_mesg\_num_i + \beta_6 avg\_cs\_word_i + \beta_7 emoji_i + \beta_8 interact_i + \beta_9 auto\_inter_i + \beta_{10} action\_time_i + \beta_{11} link_i + \beta_\lambda \lambda_i + \mu_i \quad (8.8)$$

其中，被解释变量 $Satisfy_i$ 为客服满意度，测量方式为用户使用客服后进行的满意度打分，$Satisfy_i = -2$ 为非常不满意，$Satisfy_i = 2$ 为非常满意。解释变量中的既有知识（*Knowledge*）与第一阶段选择模型相同，并添加了表示客服服务质量的变量，包括：用户使用售前客服时的会话数（*session_num*）、每次会话平均消息类型数（*avg_mesg_num*）、平均客服发言字数（*avg_cs_word*）、平均发送表情数（*emoji*）、交互程度（*interact*）、自动问答机器人问答（*auto_inter*）、响应时间（*action_time*）、产品推荐（*link*）。λ_i 是第一阶段所得的逆米尔斯比率，μ_i 是误差项。与第一阶段模型相比，第二阶段模型未使用需求紧迫性

（*Urgency*）、需求不确定性（*Uncertain*）、搜寻态度（*Attitude*）、网站经验（*Exp_web*）和产品经验（*Exp_prod*）这几个指标，因为上述指标仅影响用户在信息搜寻过程中的渠道选择，对选择在线售前客服系统后的满意度评价影响甚微。

8.1.4　模型结果

8.1.4.1　客服使用可能性分析

表 8.7 为采用 Stata13.0 对上述特征采用 Heckman 两阶段法中的第一阶段的估计结果。考虑可能存在样本选择问题，并且逆米尔斯比率不等于 0，同时在 0.05 的水平下显著，说明确实存在样本选择偏误，所以采用 Heckman 两阶段法是合适的。

表 8.7　客服使用模型估计结果

	系数	标准误	*z* 值	*p* 值	显著性
gender	−0.1142105	0.0227855	−5.01	0.000	* * *
age	−0.0018825	0.0012265	−1.53	0.125	
Urgency	0.0000276	3.29e−06	8.39	0.000	* * *
Uncertain	0.0654227	0.0067148	9.74	0.000	* * *
Attitude	0.0589605	0.0073369	8.04	0.000	* * *
Knowledge	−0.0447017	0.0119948	−3.73	0.000	* * *
Exp_web	−0.0276042	0.0099968	−2.76	0.006	* * *
Exp_prod	0.062365	0.0065372	9.54	0.000	* * *
常数项	−2.007505	0.0476775	−42.11	0.000	

注：* * * 表示在 0.01 的水平上显著。

从模型估计结果可以看出，需求紧迫性（*Urgency*）与客服使用行为在 0.01 的显著性水平上呈正相关关系。需求的时间紧迫性越强，用户越倾向于使用客户服务系统这种更便捷的信息来源渠道。当用户因急于购买而进行信息搜寻时，由于时间与精力的不足，无法在平台的海量信息中进行信息过滤与查找。为尽快满足需求，这些用户会更倾向于使用在线售前客服进行产品信息的快速获取与选择。

需求不确定性（*Uncertain*）与用户使用客服行为呈正相关关系，且在 0.01 的水平上显著。在进行信息搜寻时，当发现非独立和非常规任务时，个体倾向于使用内部知识源，而面对复杂任务时，个体倾向于使用外部知识源。客户服务系统在信息搜寻渠道中属于快速获取信息的外部信息源。当用户无法明确自己的需求物品，即购买目标时，其自行搜索将会非常艰难，因此更倾向于寻求在线售前客服的帮助。

用户搜寻态度（*Attitude*）与用户使用客服行为在 0.01 的显著性水平上呈正相关关系，即用户具有的信息搜寻倾向越高，他们使用在线售前客服的可能性越大。这说明在线售前客服在用户的信息搜寻中起到了重要作用。

用户既有知识（*Knowledge*）与用户使用客服行为在 0.01 的显著性水平上呈负相关关系，用户具有的既有知识越丰富，他们使用在线售前客服的可能性越小。该结果可以理解为，当用户已经具备较丰富的保险知识时，他们对产品的了解程度较高，因此不需要通过在线售前客服了解产品知识。

网站经验（*Exp_web*）与用户使用客服行为呈负相关关系，且在 0.01 的水平上显著。消费者搜集信息的渠道有内、外两种，内部渠道是消费者在以往的购物经验中获取到的经验和信息，外部渠道是外界传播的信息。用户对平台的使用经验越多，他们对网站的功能布局越熟悉，自行查找产品信息的成本越低，越倾向于通过内部渠道进行信息搜寻，使用在线售前客服的可能性越小。

产品经验（*Exp_prod*）与用户使用客服行为呈正相关关系，且在 0.01 的水平上显著。对产品的兴趣越大、投入精力越多的用户，越倾向于通过售前客服进行产品信息咨询。

我们还以人口统计方面的性别与年龄作为控制变量进行研究，结果表明，用户性别与用户使用客服行为呈负相关关系，说明与男性相比，女性更容易使用在线售前客服。

8.1.4.2 客服满意度影响因素分析

在对第一阶段用户选择是否使用客服进行拟合后，得到客服满意度模型的估计结果，见表 8.8。

从表 8.8 中可以看出，样本的逆米尔斯比率在 0.05 的水平上显著为正，说明客服满意度测量样本存在选择性偏差。

用户的既有知识（*Knowledge*）与其客服满意度打分呈正相关关系，且在 0.1 的水平上显著。用户的既有知识越丰富，他们对客服满意度评价越高。结合上述选择模型中用户既有知识指标系数可以看出，用户对产品具有较强的

表 8.8　客服满意度模型的估计结果

变量	系数	标准误	*z* 值	*p* 值	显著性
gender	−0.0082425	0.0341774	−0.24	0.809	
age	0.0010902	0.0017807	0.61	0.540	
Knowledge	0.0009619	0.0025089	0.38	0.070	*
session_num	0.0431472	0.0157903	2.73	0.006	***
avg_mesg_num	0.0004461	0.0194212	0.02	0.982	
avg_cs_word	0.0300274	0.0166315	1.81	0.071	*
emoji	0.0091622	0.0109762	0.83	0.004	**
interact	0.0163978	0.0193501	0.85	0.097	*
auto_inter	−0.0410831	0.0380728	−1.08	0.281	
action_time	−0.0317508	0.0163874	−1.94	0.053	*
link	0.0276272	0.0183641	1.50	0.132	
常数项	1.434768	0.1599598	8.97	0.000	***
mills lambda	0.1324659	0.0641409	2.07	0.039	**

注：***、**、* 分别表示在 0.01、0.05、0.1 的水平上显著。

知识储备后，不倾向于使用在线售前客服系统进行咨询，而当用户选择使用在线售前客服咨询时，由于自身知识储备较为丰富，信息承载能力较强，更易于理解客服人员的建议，从而使沟通体验更好。

在客服咨询详细度上，客服会话次数（*session_num*）与用户的客服满意度在 0.01 的水平上呈正相关关系。用户使用客服咨询的次数越多，其获得的服务越全面，对客服的满意度越高。客服人员平均发言字数（*avg_cs_word*）与用户的客服满意度呈正相关关系，且在 0.1 的水平上显著。客服人员发言字数越多，对产品信息的解释越详细，用户的满意度越高。根据研究结果，建议客服人员在提供服务时应进行详细描述，以便于用户对产品有详尽了解，提升用户满意度。

在客服娱乐性方面，单会话平均表情数（*emoji*）与客服效果呈正相关关系，且在 0.05 的水平上显著，说明客服人员在与用户交流的过程中，使用丰富的表情会使用户感到心情愉悦，从而提高用户对客服的满意度。

客服交互程度方面（*interact*），交互程度与满意度在 0.1 的水平上呈正相关关系。用户在进行售前客服咨询时，与客服人员的交互程度越高，对客服的满意度越高。Kang 等认为互动过程增强了消费者的存在感，有助于减少产品的不确定性，提升用户体验。我们验证了这一观点。客服机器人交互程度（*auto_inter*）影响系数为负且不显著，说明在线客服机器人在交互性上的用户体验不如人工客服。

与以往研究相同，客服响应时间（*action_time*）与用户的客服满意度呈负相关关系。客服人员对用户的回复越慢，用户的客服满意度越低。根据研究结果，建议客服人员在提供服务时尽快回复用户咨询，以使用户感觉到被重视，从而提高满意度。

对考虑样本自选择的回归结果（Heck2s）与不考虑样本自选择的 OLS 结果进行对比，结果见表 8.9。

表 8.9　客服满意度模型对比结果

变量	OLS		Heck2s	
	系数	标准误	系数	标准误
Knowledge	-0.0006714	0.0023478	0.0009619*	0.0025089
session_num	0.0466706***	0.0157998	0.0431472***	0.0157903
avg_mesg_num	-0.0017878	0.0194975	0.0004461	0.0194212
avg_cs_word	0.0299195*	0.0167388	0.0300274*	0.0166315
emoji	0.0097609**	0.0110435	0.0091622**	0.0109762
interact	0.014389*	0.0194436	0.0163978*	0.0193501
auto_inter	-0.0450342	0.0382586	-0.0410831	0.0380728
action_time	-0.032286**	0.0164879	-0.0317508*	0.0163874
link	0.0220297	0.0182033	0.0276272	0.0183641
cons	1.733253***	0.0685888	1.434768***	0.1599598

注：***、**、*分别表示在 0.01、0.05、0.1 的水平上显著。

从表 8.9 中可以看出，当不考虑用户对在线售前客服系统的自选择行为时，既有知识属性结果为负且不显著，在进行了样本平衡后，既有知识指标属性显著为正。若未进行平衡处理，则很容易忽略用户既有知识对其满意度评价的影响。此外，进行了样本偏差平衡后的会话次数、单会话表情数与平均响应时间系数绝对值小于未进行样本偏差平衡的模型结果，进行了样本偏差平衡的客服人员发言字数变量系数绝对值大于未进行样本偏差平衡的模型结果。这表明，若未进行平衡处理，会夸大会话次数、单会话表情数与平均响应时间对用户满意度的影响程度，并弱化客服人员发言字数对用户满意度的影响。

8.2　考虑自选择的购买转化影响因素

从企业收益角度考虑，企业更多关心的是用户变现，即用户最终是否购买了商品。用户购买作为售前客服的最终目的，代表了企业售前客服的服务效果。保险为 Nelson 产品类别中的信任类商品（Credence good），消费者在购买保险前后无法对产品质量和属性做出准确的判断。购买前的信息搜索过程是消费者决策过程中较为关键、复杂的部分。在线售前客服作为获取保险商品信息的重要途径，是促进购买的一项服务体系。在线售前客服通过为潜在用户提供有针对性的帮助，可以在一定程度上提高客户满意度，建立企业与客户的关系，并最终获得更多利润。这使人们对在线售前客服是否真的会增加用户购买倾向产生怀疑。因此，为进一步分析在线售前客服在用户从进入网站到访问页面到购买中的作用，本章选取用户使用在线售前客服后的购买转化作为客服效果指标，在考虑用户使用客服意愿的情况下探究客服使用对购买行为的影响。

8.2.1　在线售前客服使用对购买行为的影响

我们选取用户购买行为作为客服效果指标，使用处理效应模型进行客服效果影响因素研究。本节使用的处理效应模型与 Heckman 的样本选择最大的区别在于：处理效应总样本的被解释变量，即购买行为，在用户使用客服或不使用客服时都可观测。

8.2.1.1　研究方法与模型构建

本节对用户使用客服对其购买行为的影响进行定量分析。假设用户购买行为 Y_i 是解释变量 X_i 和客服使用选择 USE_CS_i 的线性函数，则回归方程如下：

$$Purchase_i = \beta X_i + \gamma USE\_CS_i + \varepsilon_i \tag{8.9}$$

其中，被解释变量 $Purchase_i$ 表示用户购买行为；X_i 是衡量个人特征（如性别、年龄）、访问行为特征（如访问次数、访问时长等）、购买经验特征（历史购买次数、购买金额等）等的解释变量；USE_CS_i 是表征用户使用客服行为的二分类变量；β 和 γ 是带估计系数向量；ε_i 是随机误差项。

在式（8.9）中，如果反映用户是否使用在线售前客服的变量 USE_CS_i

是外生的，则可以直接使用普通最小二乘法（OLS）分析用户客服使用行为意愿对其最终购买的影响。然而，作为一种行为抉择，如前所述，用户是否使用客服系统是由需求紧迫性、网站经验、既有知识等多方面因素决定的，而不是随机选择的，即

$$USE\_CS_i = Z_i\delta + u_i \tag{8.10}$$

其中，Z_i 是影响用户是否使用客服的变量集，包括需求紧迫性、网站经验、既有知识等多方面指标，δ 是待估参数，u_i 是误差项。

在探究在线售前客服使用行为对其最终购买的影响时，依旧存在用户使用客服系统时的自选择行为。此外，客服使用选择模型中的误差项 e_i 包含的不可观测信息与式（8.9）中的误差项 ε_i 包含的不可观测信息可能同时影响用户的客服使用行为与最终购买，导致两个误差项存在相关性，即 $corr(u_i, \varepsilon_i) \neq 0$。在这种情况下，如果直接对模型进行估计，所得到的估计系数是有偏误的。比如，在有购买行为的用户中，一部分用户可能对商品本身就非常了解，因此不会拥有更强的获取信息的动机，从而不愿意使用在线售前客服。在这种情况下，在线售前客服使用对购买行为的影响将会被低估。另一种情况，在无购买行为的用户中，可能存在一部分想要了解保险知识的用户，他们在获取信息时可能会使用客服系统进行咨询。此时，在线售前客服使用对购买行为的影响将被高估。因此，选择合适的估计方法来克服选择性偏差带来的估计偏误问题，有助于更好地理解在线售前客服使用对购买行为的影响。

对于通过非试验研究得到的调查数据，为了解决选择性偏差带来的有偏估计问题，倾向得分匹配（Propensity Score Matching，PSM）方法被广泛采用。然而，PSM 方法在消除选择性偏差和处理变量的内生性等问题时，只考虑可观测因素对被解释变量的影响，而忽略了不可观测因素的作用。实际上，如上所述，不可观测因素（如用户的家庭环境、个人偏好等）也有可能影响用户的客服使用意愿和最终购买。这时，使用 PSM 方法分析承包地退出意愿对粮食产量的影响，将产生有偏误的估计系数。因此，我们使用处理效应模型来分析在线售前客服使用对购买行为的影响。与 PSM 方法相比，处理效应模型（Treat ment Effects Model，TEM）有三方面的优点：①在消除客服使用行为的选择性偏差和内生性问题时，同时考虑可观测因素和不可观测因素对在线售前客服使用行为和购买行为的影响；②可以直接估计在线售前客服使用对用户购买行为影响的边际效应；③可以进一步计算在线售前客服系统对用户购买行为影响的平均处理效应（Average Treatment Efect，ATE），更深入

地展现在线售前客服使用行为与购买行为之间的关系。

TEM 在模型形式上与 Heckman 两阶段法相似，均由两阶段组成：第一阶段是选择方程，考察用户是否使用在线售前客服系统的决定因素；第二阶段是购买方程，测度在线售前客服使用和其他因素对用户购买行为的影响。

在构建 TEM 时，为了模型识别（model identification），选择方程 $1(z'_i\delta+u_i)$ 至少需要一个有效的工具变量比如 z_{1i}，不在 x_i 中，且模型假设 $Cov(z_{1i}\delta, \varepsilon_i)=0$。该工具变量影响用户对在线售前客服系统的使用，而不影响其最终购买行为。在 TEM 估计中，$\rho_{u\varepsilon}$ 是选择方程误差项 u_i 和购买方程误差项 ε_i 的相关系数。$\rho_{u\varepsilon}\neq0$ 是内生性的来源。如果 $\rho_{u\varepsilon}$ 在统计学意义上显著，表明存在由不可观测因素导致的估计偏误问题，那么在估计在线售前客服使用对用户购买行为的影响时，TEM 模型优于 PSM 方法。此外，$\rho_{e\varepsilon}>0$，表明存在正的选择性偏差，购买行为高于平均水平的用户更倾向于使用在线售前客服；反之，若 $\rho_{e\varepsilon}<0$，则表明存在负的选择性偏差。

TEM 估计结果直接反映了用户使用行为对影响的边际效应，即用户的在线售前客服使用意愿从 0 变为 1 时，用户购买行为的变化情况。要考察在线售前客服使用意愿对购买行为的整体影响，可以利用 TEM 估计系数，计算在线售前客服使用意愿对购买行为影响的平均处理效应（ATE）。ATE 可由以下方程计算：

$$\text{ATE}=E(Y_i \mid CS_i=1)-E(Y_i \mid CS_i=0) \tag{8.11}$$

其中，$E(Y_i \mid CS_i=1)$ 表示用户使用在线售前客服时的购买行为，$Y=1$ 表示用户在观察期间有购买行为，$Y=0$ 表示用户在观察期间无购买行为；$E(Y_i \mid CS_i=0)$ 表示用户没有使用在线售前客服时的购买行为。根据式（8.11）计算获得的平均处理效应控制了可能由可观测因素和不可观测因素等引起的估计偏误问题。借助 ATE，可以从整体样本和不同类别子样本的角度，考察在线售前客服使用对用户购买行为的影响。

8.2.1.2　变量选择

为了研究用户的在线售前客服使用行为对其购买行为的具体影响，本节介绍了计量模型的变量选择。

（1）被解释变量。从企业获益的角度看，电商平台提供售前客服的最终目的是完成用户的购买转化，因此本节研究模型的被解释变量是用户购买行为（*Purchase*）。变量获取方式如下：对于无客服使用记录的用户，统计样本在观察期内是否产生购买行为，若有，则 *Purchase* = 1，若没有，则 *Purchase* = 0；对于有客服使用记录的用户，统计样本在使用客服后的购买行为，有购买记录，则 *Purchase* = 1，没有，则 *Purchase* = 0。

（2）内生解释变量。本节关注的是用户在线售前客服使用对其购买行为的影响，如模型构建时所指出的，用户客服使用意愿为内生性解释变量。我们以用户的在线售前客服使用行为作为其客服使用意愿的外在表示。

（3）控制变量。在处理效应模型中，控制变量的选取可以基于选择方程，也可以基于购买方程，前者更为常见。这里，我们把影响用户客服使用的变量同时作为购买行为模型的控制变量。前文已经分析了用户客服使用行为的影响因素，包括信息搜索中的需求紧迫性指标下的最大页面浏览时长、浏览快速报价页数和浏览快速选购页数，需求不确定性指标下的浏览产品种类数、浏览产品比较页数、浏览保险品牌页数和浏览保险产品页数，搜寻态度指标下的浏览在线服务页数、浏览帮助中心页数和搜索次数，既有知识指标下的用户浏览保险字典数、浏览保险话题数、浏览保险学堂数和浏览你问我答数，网站经验指标下的用户成长值、历史购买次数、平均单次购买金额、访问次数和登录次数，产品经验指标下的产品收藏次数、产品分享次数、查看购物车次数和历史购买产品种类数。

（4）工具变量。进行 TEM 估计，需要为用户“是否使用在线售前客服系统”找到合适的工具变量。在本节中，我们考虑了用户的网站经验，即用户是否熟悉电商网站的使用方式会影响用户对在线售前客服的使用，但用户对网站的熟悉程度不会直接影响用户的购买行为。因此，我们选择行为指标中的“网站经验”指标作为工具变量指标，具体包括：用户成长值（*growth*）、平台访问次数（*visit_num*）、登录次数（*login_num*）、历史购买次数（*h_buy_num*）和平均单次购买金额（*h_single_amt*）。

8.2.1.3 实证结果

本次实证研究的因变量为用户购买行为，考虑到用户咨询客服与购买行为之间的时间间隔，我们将购买行为特征的截止时间延后了一个月，提取时间跨度为 2017 年 1 月 1 日至 2019 年 4 月 30 日期间的用户购买行为记录。

首先，判断模型是否存在样本的自选择问题。根据估计结果，模型的 lambda 系数（hazard lambda）与瓦尔德（Wald）内生性检验值分别为 0.392 与 758.99，且在 0.01 的水平上显著，则拒绝两阶段的方程独立的结果，存在样本的自选择问题。对比进行样本偏差平衡的TEM估计结果与OLS估计结果可以看出，当平衡了用户使用在线售前客服系统的主观性后，模型对消费者使用在线售前客服系统行为（USE_CS）的估计系数大幅上升。这说明当未考虑用户的自选择行为时，模型结果会大大低估在线客服系统在用户购买中的作用。在历史行为方面，在平衡了用户使用在线售前客服系统的主观性后，用户最大页面浏览时长（*max_v_time*）、浏览快速报价页数（*pg_fastquote*）、浏览保险品牌页数（*pg_brand*）、浏览保险产品页数（*pg_prod*）、浏览在线服务页数（*pg_cs*）、浏览保险字典数（*pg_dict*）、浏览保险话题数（*pg_huati*）、浏览你问我答数（*pg_ask*）以及用户的搜索行为次数（*search_num*）、产品收藏次数（*collect_num*）、产品分享次数（*share_num*）、查看购物车次数（*pg_cart*）、历史购买产品种类数（*h_prod_type*）的估计系数绝对值更高，说明当未考虑用户的自选择行为时，模型结果会弱化上述特征对用户使用客服后的购买转化的影响程度。用户浏览快速选购页数（*pg_fastbuy*）、浏览产品种类数（*prod_type*）、浏览产品比较页数（*pg_compare*）、浏览保险学堂数（*pg_study*）四项特征的系数绝对值小于未进行样本偏差平衡的模型结果，说明当未考虑用户的自选择行为时，模型结果会高估上述特征对用户使用客服后的购买转化的影响程度。使用在线售前客服对购买行为影响的模型估计结果见表8.10。

表8.10　使用在线售前客服对购买行为影响的模型估计结果

	TEM				OLS	
	选择方程		购买方程			
	系数	标准误	系数	标准误	系数	标准误
gender	−0.101576***	0.0233967	−0.0540792***	0.005281	−0.0397796***	0.0033385
age	−0.0031005**	0.0012742	0.0046568***	0.0002783	0.0054199***	0.000176
max_v_time	−0.0247676	0.0191165	−0.0111534***	0.0025129	−0.0088851***	0.0015922
pg_fastquote	0.058521***	0.0070226	0.0243631***	0.0025912	0.0037045**	0.0016058
pg_fastbuy	0.113552***	0.0092707	−0.009888***	0.0028108	−0.0379109***	0.0017188
prod_type	0.013797	0.010364	−0.0423239***	0.0025482	−0.045803***	0.001614
pg_compare	0.0094339	0.0124201	−0.0158813***	0.0031093	−0.0183812***	0.0019714
pg_brand	−0.0265733*	0.0143081	−0.0242681***	0.0025272	−0.021214***	0.0016009
pg_prod	0.075883***	0.0147799	0.1207342***	0.0034999	0.1095769***	0.0022106
pg_cs	0.028283***	0.0060702	0.0372552***	0.0029103	0.0164128***	0.0018113

续表

	TEM				OLS	
	选择方程		购买方程			
	系数	标准误	系数	标准误	系数	标准误
pg_help	0.0176641**	0.0074722	0.0013924	0.0024997	-0.0032275**	0.0015823
search_num	0.0166019**	0.0073795	0.0108091***	0.0025116	0.0053035***	0.0015956
pg_dict	-0.0450279**	0.017696	-0.032309***	0.0041346	-0.0150876***	0.0026053
pg_huati	-0.0369916**	0.0155142	-0.0627392***	0.0025282	-0.0606592***	0.001602
pg_study	-0.075413***	0.0161439	0.0229514***	0.002966	0.0341949***	0.0018706
pg_ask	-0.149044***	0.0139038	0.1510285***	0.0041255	0.119849***	0.0025622
growth	-0.071777***	0.0218131	—	—	—	—
visit_num	-0.073609***	0.0157597	—	—	—	—
login_num	-0.0275307*	0.0145692	—	—	—	—
h_buy_num	0.0232692	0.017286	—	—	—	—
h_single_amt	-0.0445481*	0.024333	—	—	—	—
collect_num	0.0057483	0.0090054	0.010123***	0.0034888	-0.0041084*	0.0021983
share_num	0.052515***	0.0082241	0.1006878***	0.0029336	0.0799332***	0.0018266
pg_cart	0.050722***	0.006895	0.0505227***	0.002624	0.0314945***	0.0016323
h_prod_type	-0.029688***	0.0111861	-0.0130807***	0.0030127	0.0029872	0.0018904
USE_CS	—	—	4.022324***	0.1071195	0.0249078***	0.011814
常数项	0.050722***	0.006895	0.0505227***	0.002624	0.0314945***	0.0016323
hazard lambda	—	—	1.662557***	0.0437406	—	—
Wald test of indep. eqns.	—	—	758.99***	—	—	—
log likelihood	—	—	-6476.3648	—	—	—
样本数	76859	76859	76859	76859	76859	76859

注：***、**、*分别表示在0.01、0.05、0.1的水平上显著。

在TEM模型中，对客服使用行为（*USE_CS*）的估计结果表明，在其他条件不变时，与未使用在线售前客服的用户相比，使用在线售前客服用户的购买行为更多，且在0.01的水平上显著。这表明，在线售前客服使用会对购买行为产生积极的影响。在线客服的采用鼓励在线消费者的购买，并能帮助卖家提高销量。我们在考虑用户自主选择使用客服的情况下支持了这一观点。此外，结合以往研究深入分析影响机理，我们认为在线售前客服作为电商平台中的交互式渠道，有助于加快验证和协商过程，增强交互性，进而增强用户的社会存在感。较强的存在感会增加用户对网站的信任。存在感与信任都有助于消除产品不确定性。产品不确定性的程度与消费者的意愿和实际的在线购买行为呈负相关关系，因此在线售前客服的使用有助于促进用户的购买行为。

分析选择方程的估计结果可以发现：在需求紧迫性方面，用户浏览快速报价页数（*pg_fastquote*）和浏览快速选购页数（*pg_fastbuy*）在0.01的水平上与用户客服使用行为呈正相关关系。用户浏览快速报价页与快速选购页的次数越多，用户购买所需商品的时间越紧迫，越有可能使用在线售前客服进行快速商品咨询。在需求不确定性方面，用户浏览产品种类数（*prod_type*）与客服使用行为呈正相关关系，用户进行产品比较的次数越多，越有可能使用在线售前客服。浏览保险品牌页数（*pg_brand*）与客服使用行为呈负相关关系，当用户浏览品牌页面时，用户对商品信息搜索方式已经有了初步计划，因此使用客服的可能性较小。在搜寻态度方面，用户浏览在线服务页数（*pg_cs*）与浏览帮助中心页数（*pg_help*）在0.05的显著性水平上与在线客服使用行为呈正相关关系。在线服务页面与帮助中心页面都属于咨询页面，用户浏览上述页面说明其咨询意愿较强，使用客服的可能性也较大。用户搜索次数（*search_num*）也与客服使用行为正相关。用户搜索次数越多，使用客服的可能性越大。在既有知识方面，用户浏览保险字典数（*pg_dict*）、浏览保险话题数（*pg_huati*）、浏览保险学堂数（*pg_study*）与浏览你问我答数（*pg_ask*）均在0.01的显著性水平上与客服使用行为呈负相关关系。保险字典页面、保险话题页面、保险学堂页面、你问我答都属于知识介绍内容，当用户浏览这些内容时，会获取许多商品相关知识，因此使用在线售前客服进行咨询的概率变小。在网站经验方面，用户的成长值（*growth*）、访问次数（*visit_num*）、登录次数（*login_num*）与平均单次购买金额（*h_single_amt*）均与客服使用行为呈负相关关系。这表示用户在网站中进行的操作越多，对网站越熟悉，使用在线客服进行咨询的可能性越小。在产品经验方面，用户的分享次数（*share_num*）和查看购物车次数（*pg_cart*）在0.01的显著性水平上与在线客服使用呈正相关关系。用户分享产品次数越多、查看购物车次数越多，对商品的关注度越高，使用客服进行商品咨询的可能性越大。用户历史购买产品种类数（*h_prod_type*）与客服使用行为呈负相关关系，且在0.01的水平上显著。用户历史购买商品种类越多，对商品的了解程度越深，使用在线客服的可能性越小。

基于 TEM 估计，可以进一步计算在线售前客服使用的平均处理效应，并可用使用在线售前客服用户的平均购买概率与不使用在线售前客服用户的平均购买概率计算购买的边际概率，结果见表 8.11。

表 8.11　平均处理效应的计算

	在线售前客服		ATE	t 值	变化（%）
	使用	不使用			
购买概率	0.653	0.536	0.116***	8.60	17.9

注：***表示估计结果在 0.01 的水平上显著；变化=边际概率=（使用客服的平均购买概率-不使用客服的平均购买概率）/使用客服的平均购买概率×100%。

结果表明，使用在线售前客服对用户购买行为影响的 ATE 为 0.116，且在 0.01 的水平上显著。从购买概率的变化来看，在控制了可观测因素和不可观测因素的情况下，使用在线售前客服会导致购买概率提升 17.9%。

8.2.2　影响用户购买的客服因素

在发现在线售前客服系统对用户购买行为具有显著的积极影响后，我们进一步探究了在线售前客服中的客服质量对消费者购买行为的影响。本节使用逻辑回归进行建模，使用的特征包括客服平均响应时间、答复数量、表情数量、对话交互性与个性化推荐情况。

8.2.2.1　特征选择

（1）咨询详细度。客户服务过程中的详细答复可以帮助消费者更好地了解产品，从而提出后续问题。客服人员频繁答复许多与产品质量和服务有关的咨询信息，有助于减轻用户和企业之间的信息不对称，从而减少产品的不确定性，进而影响购买决策。因此，我们将在线售前客服总会话数、单会话内消息数、单会话客服发言平均字数变量纳入模型，探究答复详细度对用户购买行为的影响。

（2）娱乐性。符号（如笑脸、视频）的使用会影响亲密感。在电商平台中，相较于产品介绍内容中单向的信息提供，在线售前客服使用的幽默的语言或表情符号可以促进消费者和卖方之间的相互了解，使对话类似于传统的面对面交流，从而营造良好的社交氛围。我们使用在线聊天中的单会话平均消息类型数与单会话平均发送表情数这两个变量来反映在线客服交流中的娱乐程度。

（3）交互性。除了提供相关信息，卖方还可以通过增加与产品质量和装配相关内容的展示率来减弱产品不确定性。首先，当消费者将注意力集中在产品质量和合身性上时，他们会对卖方产生温暖和友善的印象，觉得卖方愿意提供帮助，从而缩小了双方之间的可感知距离。其次，这些内容与消费者个性化问题的相关性也会增加他们的感知互动性。产品不确定性的减弱会使消费者的购买意愿增强，进而增加实际购买。因此，我们以客服交互程度、客服人员与用户对话的交互程度作为自变量，探究其对用户购买转化的影响。

（4）客服响应时间。从产品信息的角度来看，卖方的迅速反应有助于信息寻求者立即解决其所遇到的具体问题并获得对产品的全面了解，这种及时性减小了不确定性的负面影响。交互性可以帮助用户对卖家产生信任，从而减少不确定性。相比之下，客服人员缓慢的回复会使用户感到不被重视，从而在一定程度上影响其购买行为。因此，我们使用客服响应时间变量来探究客服响应速度对用户购买行为的影响。

（5）个性化推荐程度。有关不确定性的研究表明，用户在网上购物时的不确定性主要表现在对产品质量和产品适合度的不确定。在线售前客服除了显示产品和反馈评分的网页中的信息外，还可以根据用户的个性化问题提供有关产品属性的详细信息，帮助他们了解产品质量，减少对产品的不确定性。消费者认为，客服人员作为专业咨询人士，应该就个性化问题提出建议。优秀的商家可以通过在线售前客服向用户推荐与他们偏好匹配的产品，并帮助用户确定产品属性和他们自己的偏好之间的契合度。因此，我们使用客服人员根据用户需求进行产品推荐次数这一变量，探究个性化对用户购买行为的影响。

8.2.2.2　建模方法——逻辑回归

普通的线性回归无法控制结果范围（可能出现预测值大于1的情况），因此这里采用二分类变量常用解释模型——逻辑回归（logistic regression）对用户属性进行建模分析。

逻辑回归模型在概念上很简单，并且经常用于市场营销和信息系统领域的消费者行为研究。这种模型通常用于需要根据预测变量的值预测代表成功和失败的两个可能值之一的情况。由于本章中的被解释变量——是否购买为二分类变量，因此我们使用逻辑回归模型来演示在线售前客服使用情况和卖家行为对消费者购买决策的影响。逻辑回归作为广义线性模型中的一种，属于概率性回归，通过sigmoid函数（如图8.3所示）对自变量进行非线性转换，从而将模型结果控制在（0，1）。

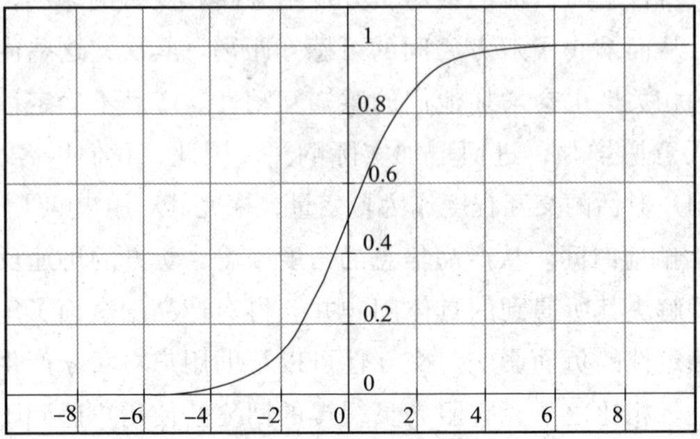

图 8.3　sigmoid 函数

设获得的样本数据为 $D=\{x_i, y\}$，这里 x_i 表示上述客服对话中的客服属性（如会话次数、平均消息数、交互程度等），y 表示用户最终的购买行为（是否购买，为二分类变量，1 表示购买，0 表示未购买）。根据逻辑回归模型的定义，用户购买概率为

$$P(y=1|X)=\frac{\exp(\alpha_0+\alpha^T X)}{1+\exp(\alpha_0+\alpha^T X)}=\frac{1}{1+\exp(-\alpha_0-\alpha^T X)} \tag{8.12}$$

其中，$X(x_1, x_2, x_3, \cdots, x_n)$ 表示客服属性集合，$y=1$ 表示用户产生购买行为，$P(y=1|X)$ 表示 X 条件下用户产生购买行为的可能性，α 表示预估计参数。由此可知，逻辑回归中参数间的关系仍是线性的，而自变量与因变量之间的关系是非线性的，由于这种非线性关系，OLS（最小二乘法）估计不再适用于逻辑回归模型，一般地，采用极大似然估计（Maximum Likelihood Estimation，MLE）对逻辑回归进行求解。与 OLS 直接计算出参数结果不同，逻辑回归模型先用一个暂定的答案，通过算法修正参数、重新估计并检查结果是否改善，不断重复该过程直至可以忽略两次结果之间的差异，即模型收敛（converge）。

基于上述模型，我们构建如下客服购买转化模型：

$$\begin{aligned}\text{logit}\ [P(Purchase=1|X_i)]=&\beta_0+\beta_1 session\_num_i+\beta_2 avg\_mesg\_num_i+\beta_3 avg\_cs\_word_i+\\&\beta_4 emoji_i+\beta_5 interact_i+\beta_6 auto\_inter_i+\beta_7 action\_time_i+\\&\beta_8 link_i+\mu_i\end{aligned} \tag{8.13}$$

其中，被解释变量 *Purchase* 为参与在线售前客服咨询的消费者是否购买了产品，变量获取方式为在用户使用在线售前客服后到样本观测时间节点（2019 年 5 月 30 日）这段时间内，如果用户购买了平台商品且成功付款，则值为 1，否则为 0；$P(Purchase=1 \mid X_i)$ 是消费者 i 购买的概率；X_i 表示解释变量和控制变量的集合向量。在解释变量中，$session\_num_i$ 指用户 i 咨询的总会话数，$avg\_mesg\_num_i$ 指用户 i 每次咨询的平均字数，$avg\_cs\_word_i$ 指每次会话中客服发言的平均字数，$emoji_i$ 指单会话平均发送表情数，$interact_i$ 指用户 i 在咨询过程中的客服交互程度，$auto\_inter_i$ 指客服机器人与用户 i 对话的交互程度，$action\_time_i$ 指用户 i 咨询过程中的平均客服响应时间，$link_i$ 表示客服人员根据用户 i 的需求进行产品推荐的次数。除了上述解释变量外，我们还控制了消费者的基本信息、访问行为与历史购买行为，并将其作为控制变量纳入模型，变量在第 3 章中已进行介绍。μ_i 是随机误差。

8.2.2.3　模型结果

我们以用户使用在线售前客服后的购买行为作为因变量，以上述在客服咨询过程中的咨询详细度、娱乐性、交互性、响应性与个性化程度为解释变量，以用户的人口统计学特征、访问行为特征、历史购买行为特征作为控制变量，进行逻辑回归模型拟合，结果见表 8.12。

表 8.12　客服购买转化模型估计结果

变量	系数	标准误	*z* 值	*p* 值	显著性
sesion_num	0.2638902	0.1174085	2.25	0.025	**
avg_mesg_num	2.753607	1.341135	2.05	0.040	**
avg_cs_word	0.0576793	0.1620604	0.36	0.722	
emoji	1.366663	0.2429645	5.62	0.000	**
interact	0.9765843	0.3545434	2.75	0.006	***
auto_inter	0.1299128	0.0498431	2.61	0.009	***
action_time	−0.0666009	0.0387541	−1.72	0.086	*
link	0.3106953	0.1018739	3.05	0.002	***
gender	−0.3753877	0.1514989	−2.48	0.013	**
age	−0.0016266	0.0087937	−0.18	0.853	
max_v_time	0.0072429	0.1325411	0.05	0.956	
pg_fastquote	−0.0486673	0.061718	−0.79	0.430	

续表

变量	系数	标准误	z 值	p 值	显著性
pg_fastbuy	-0.1230369	0.05783	-2.13	0.033	**
prod_type	-0.0765262	0.0467646	-1.64	0.102	
pg_compare	-0.1091995	0.0734599	-1.49	0.137	
pg_brand	-0.0746044	0.0838806	-0.89	0.374	
pg_prod	0.0509115	0.0841883	0.60	0.545	
pg_cs	-0.2929449	0.1545203	-1.90	0.058	*
pg_help	0.0423501	0.0505941	0.84	0.403	
search_num	-0.4878621	0.2871065	-1.70	0.089	*
pg_dict	0.1373611	0.1146221	1.20	0.231	
pg_huati	-0.2527944	0.106666	-2.37	0.018	**
pg_study	0.01798	0.0919182	0.20	0.845	
pg_ask	-0.0985778	0.055159	-1.79	0.074	*
collect_num	0.1614877	0.1326501	1.22	0.223	
share_num	1.507533	0.2534947	5.95	0.000	***
pg_cart	-0.0041025	0.0700723	-0.06	0.953	
h_prod_type	0.1859013	0.253583	0.73	0.463	
_cons	1.717125	0.4922256	3.49	0.000	***

注：***、**、*分别表示在0.01、0.05、0.1的水平上结果显著。

在客服娱乐性方面，单会话内表情数（*emoji*）与客服效果在0.05的显著性水平上呈正相关关系，且影响系数较大，说明在用户与客服人员交流的过程中，丰富的表情使用会使用户感到心情愉悦，在电商平台中进行购买的可能性也随之增大。

在客服交互程度方面（*interact*），交互程度与用户购买转化在0.01的水平上呈正相关关系。用户在进行售前客服咨询时，当与客服人员的交互程度较高时，对商品的不确定性会下降，在平台中进行购买的可能性就比较大。客服机器人交互程度（*auto_inter*）影响系数显著为正，但影响系数小于客服交互程度（*interact*），说明虽然在线客服机器人的自动回复有助于用户产生购买行为，但在交互性上对用户购买行为的促进作用仍不如人工客服。

客服响应时间（*action_time*）与用户在平台中的购买转化呈负相关关系。客服人员对用户的回复越慢，用户购买的可能性越小。根据研究结果，建议客服人员在进行服务时尽快回复用户咨询，以提升用户满意度，促进用户购买。

在个性化推荐程度上，客服个性化推荐程度（*link*）对用户购买转化起到显著的正向影响。客服人员针对用户需求进行个性化推荐的次数越多，用户越容易购买商品。根据研究结果，建议客服人员在进行服务时，听取用户需求后尽可能多地推荐符合用户需求的商品，以提升客户服务的购买转化。

对于控制变量，模型结果显示，用户性别（*gender*）与咨询客服后的购买转化在 0.05 的显著性水平上呈负相关关系，这表明女性人群更容易在使用客服后产生购买。用户浏览快速选购页数（*pg_fastbuy*）、在线服务页数（*pg_cs*）均与咨询客服后的购买转化呈负相关关系，即用户浏览快速选购页数与在线服务页数越多，其使用客服后购买的可能性越小。用户浏览保险话题数（*pg_huati*）及你问我答数（*pg_ask*）均与咨询客服后的购买转化呈负相关关系。我们在对页面进行分析后认为，保险话题与你问我答页面主要为保险产品相关知识，浏览这些页面的用户可能只是希望了解保险产品相关内容，当前购买需求并不大，因而购买转化率较低。用户搜索次数（*search_num*）与咨询客服后的购买转化呈负相关关系，这表明在用户进行多次搜索后，在线售前客服系统对其产生的影响很小，甚至会产生负面影响。产品分享次数（*share_num*）与咨询客服后进行购买转化的可能性呈正相关关系且系数较大，即当用户多次分享商品时，对商品的兴趣与卷入度升高，在进行客服咨询后也更易于购买。

8.3　本章小结

本章主要以用户使用售前客服后的购买行为来衡量在线售前客服的效果，并对其影响因素进行探究。我们采用可以消除内生性、同时考虑可观测和不可观测因素影响并能够估计在线售前客服使用边际效应和平均处理效应的处理效应模型，探究了在线售前客服系统对购买行为的影响。模型检验发现，如果不考虑在线售前客服使用的内生性，将会导致样本选择性偏差，低估在线售前客服对购买行为的影响。计量结果表明，在线售前客服使用对购买行为有显著的正向作用，使用过在线售前客服的用户，其购买概率会更大。具体来看，与未使用在线售前客服的用户相比，使用在线售前客服的用户的购买概率高了 17.9%。本章的研究结论有助于了解在线售前客户服务系统在电商平台中的作用，且为企业优化在线售前客服提供了理论依据。

本章验证了在线客服系统对用户购买的正向影响，并使用逻辑回归构建了客服购买转化模型，进一步探究了影响用户购买的客服特征。研究发现，客服总会话数、单会话内客服消息数、单会话平均发送表情数、客服交互程度会对用户在平台中的购买行为产生积极影响。客服人员响应时间与用户购买行为呈负相关关系，说明客服人员对用户的回复越慢，用户购买的可能性越小。该模型重新检验了用户与电商平台之间的售前咨询对消费者购买决策的影响，丰富了在线购买决策的前因研究，为企业提高自身客服质量提供了参考。

第 9 章 客服对消费者购买转化的影响研究

Chapter Nine

长期以来，消费者主要从认知因素和情感因素两方面对网络购买环境缺乏信任。在网络购物环境中，消费者与系统交互，面对的是一组静态的信息，会因为缺乏互动而降低购买意向。在线客服有可能解决上述问题，因为它通过同步对话来提高消费者的参与度，降低消费者面临的不确定性。优质的在线客服通过向用户提供适当的帮助，能够吸引并留住用户，为用户带来个性化及交互式的良好服务体验，满足用户的需求，提升用户的感知服务满意度，在很大程度上影响用户最终的购买决策，从而更好地将网站流量转化为订单量，提高企业收益。因此，越来越多的 B2C 企业将在线客服作为客户关系管理中的重要一环。随着人工智能、深度学习、自然语言处理在近几年取得突破性进展，机器人客服（也称智能客服）与消费者交互逐渐变得可行，电商企业也期望通过使用机器人客服来提高工作效率和服务质量，减轻人工客服的压力。

机器人客服是一种新型的客服系统，它通过使用多种人工智能技术（如自然语言处理、人机交互等），快速且准确地响应用户咨询的问题，从而为用户提供良好、便捷的使用体验。机器人客户系统开辟了一种新的客户服务模式，在很大程度上提高了客户服务的效率，降低了人工客服的工作压力，并使用户和企业之间的交流更加轻松与便捷。事实也证明，在电子商务领域，合理使用机器人客服能够提高客户体验。但是，目前商用的机器人客服大多数是基于常用问答对来向用户提供服务，因此系统存在“问答对数量有限”“对用户自然语言的理解能力差”等不够智能的问题。研究企业现有的机器人客服水平能否提高消费者的购买概率，可以帮助企业了解机器人客服的服务效果，以便进一步提高机器人客服的服务质量。

除了确定机器人客服的使用是否会影响消费者的购买决策，对企业来说，更重要的是如何使用机器人与人工混合客服来促进消费者后续的购买转化。与传统交易活动相比，在网络购物环境中，商家与消费者之间缺乏面对面沟通，因此在将消费者的购买意向转化为实际购买行为上，企业的在线客服发挥着重要的作用。具体来说，消费者与混合客服在实时聊天过程中产生的行为特征会影响消费者的后续购买决策。虽然使用混合客服的消费者在决定使用该工具时可能已经形成了合理的购买倾向，但仅在电商网站上加入实时聊天功能可能不会自动导致购买转化。因此，要想全面理解混合客服的效果，除了考虑是否使用了混合客服，也应该进一步探究消费者与销售者的交流特征对后续购买决策的影响，这有助于企业后续对混合客服系统（包括人工客服和机器人客服）交流策略的优化。

9.1 机器人客服对消费者购买转化的影响测评

本章基于企业数据进行分析，探究消费者在使用机器人客服后能否提高后续购买产品的概率，以帮助企业评估机器人客服的效果。考虑到在电子商务网站，用户是否使用机器人客服或者人工客服都不是随机的，而是受到其他因素（如对网站的熟悉程度、对之前使用客服系统的满意度等）的影响，如果不考虑这些因素，对主效应的估计可能产生偏差，我们使用工具变量和联立方程模型来控制以上问题造成的内生性。我们将机器人客服和人工客服看作两个阶段，机器人客服阶段的研究对象是使用保险代理平台浏览旅游险产品的消费者。

9.1.1 模型假设

实时聊天是指消费者与客服系统进行交互而发起的对话。实时聊天可以通过提供产品信息以及与客服系统进行交流来帮助消费者减少产品的不确定性。对于产品信息，消费者（信息搜索者）通过实时聊天与卖家进行交流来获取重要信息（如质量和适用性），从而将关于产品的大量可能的不确定减少到一小部分，最终减少了购买的不确定性。此外，实时聊天可以增加社会存在感：一方面，有效使用实时聊天（如使用幽默的语言、图片或表情符号）可以促进消费者和卖方之间的相互了解，使对话类似于传统的面对面交流，从而增加了社交氛围；另一方面，实时聊天启用了一个交互式渠道，这有助于加快验证和协商过程，从而增强了交互性。不断增加的社会存在感和买卖之间的互动，有助于消除消费者对产品的不确定感，增加其对企业的认同感。以往这些研究讨论的对象是人工客服，因此，我们提出以下假设：

H9.1：消费者使用人工客服后，会对后续的购买转化产生正向影响。

虽然以往的研究大多集中在机器人客服的优化方面，并未考虑在引入机器人客服后用户会受到怎样的影响，但是目前商用的机器人客服大多数是基于常用问答对来向用户提供服务，因此系统存在“问答对数量有限”“对用户自然语言的理解能力差”等不够智能的问题。所以，用户在与机器人客服交互后，常常不能得到满意的答案，虽然在机器人客服无法进行自动应答时，消费者可以选择转接人工客服，但是这将使用户咨询的时间更长，从而导致满意度降低。因此，我们提出以下假设：

H9.2：消费者使用机器人客服后，会对后续的购买转化产生负向影响。

9.1.2　数据处理

9.1.2.1　数据来源

本章数据来源于国内某线上B2C保险代理平台。在传统的线下保险中，消费者习惯于通过保险代理人来寻找保险产品的相关信息，但对线上保险，用户对网站的不熟悉以及缺乏直接沟通，会导致更高的感知风险和更低的购买意愿。所以，对保险产品而言，在线客服可以扮演“保险代理人”这一角色，这对用户最终的购买决策具有显著影响。同时，面对日益增长的咨询量，企业将机器人客服引入在线客服系统，以提供重复且简单的咨询服务。

我们对该在线平台进行分析后，发现该平台主要提供四种服务，即浏览产品、咨询信息、购买产品和理赔服务。在购买产品前后，用户可以咨询客服。本章将购买产品前进行的咨询称为“售前客服”，将购买产品后进行的咨询称为“售后客服”。本章主要对用户为了解产品信息而进行的“售前客服”进行研究。目前，用户可以通过电脑端（WEB）或手机端（APP）访问该平台，并且可以通过混合客服咨询产品的详细信息。我们将机器人客服和人工客服组成的客服系统称为“混合客服系统”。

9.1.2.2 数据提取及预处理

本章涉及以下四个方面的数据：用户浏览产品数据、用户购买产品数据、用户售前客服数据和用户人口统计学数据。通过调研得知，该网站在2018年11月引入机器人客服，且用户只有在咨询和浏览旅游险产品时，才可以触发由机器人客服与人工客服组成的混合客服系统，而在咨询其他险种时，只能触发人工客服。考虑到企业从引入机器人客服到建立较完善的混合客服系统需要一段时间，本章提取该平台2019年7月1日至2020年6月30日与旅游险相关的所有数据。从数据库获取原始数据后，将采用数据挖掘方法进行数据预处理，包括数据清洗和数据集成。

9.1.2.3 特征提取

这里主要介绍从上述预处理过的数据中提取特征的过程。我们从用户统计学数据中提取人口统计特征，从用户浏览产品数据中提取访问行为特征，从用户购买产品数据中提取购买行为特征，从用户售前客服数据中提取客服特征。变量说明见表9.1。

表9.1 机器人对购买转化的影响研究的变量说明

变量分类	变量代码	变量名称
被解释变量与关键解释变量	$Purchase_{ij}$	用户 i 当天是否购买产品 j 的虚拟变量
	$Arti\_Chat_{ij}$	用户 i 是否针对产品 j 咨询人工客服的虚拟变量
	Rob_Chat_{ij}	用户 i 是否针对产品 j 咨询机器人客服的虚拟变量
工具变量	$IVintensity_i$	用户 i 在前一天浏览非旅游险产品的次数
	$IVRob\_chat_i$	用户 i 在当天之前是否使用过机器人客服
控制变量	$Visit\_num_{ij}$	用户 i 在当天浏览产品 j 的次数
	$Visit\_time_{ij}$	用户 i 在当天浏览产品 j 的平均时长
	Buy_before_{ij}	用户 i 在当天之前是否购买过产品 j
	Buy_num_i	用户 i 在当天之前购买旅游险产品的次数
	Buy_amt_i	用户 i 在当天之前购买旅游险产品的平均金额
	$Gender_i$	用户 i 的性别：0—女；1—男
	$Sale_j$	产品 j 在当天的页面显示销量，即近一个月的历史销量
	$Price_j$	产品 j 在当天的页面显示价格
	$Ywsh_j$	产品 j 的意外伤害保额
	$Ywyl_j$	产品 j 的意外医疗保额

（1）被解释变量与关键解释变量。从企业的角度来看，电商平台提供客服的最终目的是帮助用户购买，完成用户的购买转化，因此本章研究模型的最终被解释变量为用户购买决定。由于用户从浏览产品到使用机器人客服到使用人工客服再到最终的购买产品，是一个不断选择的过程，所以对用户购买（$Purchase_{ij}$）这一最终解释变量来说，人工客服（$Arti\_Chat_{ij}$）和机器人客服（Rob_Chat_{ij}）是内生解释变量。对人工客服（$Arti\_Chat_{ij}$）这一变量来说，机器人客服（Rob_Chat_{ij}）也是内生解释变量。本章需要提取这三个变量：首先，在用户浏览产品数据中提取用户 i 每日访问的产品 j；其次，根据用户 ID 和产品 ID，到用户售前客服数据中匹配，如果用户 i 在同一天咨询了产品 j，产生会话，再判断会话中的消息流向是否存在“机器人→用户”，如果有，则 $Rob\_Chat_{ij}=1$，否则，$Rob\_Chat_{ij}=0$，再判断会话中的消息流向是否存在“人工→用户”，如果有，则 $Arti\_Chat_{ij}=1$，否则，$Arti\_Chat_{ij}=0$；最后，根据用户 ID 和产品 ID，到用户购买产品数据中匹配，如果用户 i 在同一天购买了产品 j，并成功付款，则 $Purchase_{ij}=1$，否则，$Purchase_{ij}=0$。

（2）工具变量。消费者使用机器人客服的决定是内生的，因为可能受到其他因素的影响，如对前一次使用机器人客服的满意度；同理，消费者使用人工客服的决定也是内生的，如消费者获取信息的能力。我们通过使用工具变量来解决内生性问题。本章为机器人客服的使用设计了一个工具变量：用户之前是否使用过机器人客服。用户之前是否使用过机器人客服与本次购买决策没有直接的关系，但如果用户之前使用过机器人客服，对机器人客服的水平有一定了解，可能会影响他本次是否使用机器人客服。考虑到用户通过网站获取保险产品相关信息的能力会影响他是否使用人工客服咨询产品信息，本章选取用户在前一天浏览非旅游险产品的数量作为工具变量，但是这一变量不会直接影响用户购买旅游险。当用户拥有较强的产品信息获取能力时，他不太可能与人工客服进行交流。

（3）控制变量。由于产品和消费者都存在异质性，因此要对产品特征和消费者特征进行控制。产品特征主要包括：产品页面显示销量、产品页面显示价格、产品的意外医疗保额与意外伤害保额等。消费者特征主要包括三部分：人口统计学特征，如性别；历史购买行为特征，如用户之前购买旅游险产品的次数、平均金额、用户之前是否购买过所浏览产品；浏览行为特征，如用户浏览该产品的次数及总时长等。

9.1.3 模型构建

考虑到消费者是否决定使用机器人客服或者人工客服受其他因素（如对网站的熟悉程度、对机器人客服的满意度等）的影响，进而影响消费者的购买决定，我们指定了一个带有二元结果变量（是否购买产品）、两个二元内生自变量（是否使用人工客服、是否使用机器人客服）的联立方程模型。此外，考虑到内生性，引入工具变量——用户之前是否使用过机器人客服、用户在前一天浏览非旅游险产品的数量。

由于混合客服包括机器人客服与人工客服两个阶段，所以在检验机器人客服的使用是否会影响消费者的购买决策时，需要在购买决策方程中加入两个解释变量—消费者是否使用机器人客服和消费者是否使用人工客服，被解释变量为消费者是否购买产品。由于消费者在点击混合客服系统后会首先和机器人客服交流，若机器人客服无法解决问题，消费者可以自行选择是否点击人工客服，因此用户是否使用人工客服受到前面机器人客服服务效果的影响。本章建立了消费者是否使用人工客服的方程，并引入用户在前一天浏览非旅游险产品的数量这一工具变量来纠正可能的内生性偏差，并可以确定影响消费者使用人工客服的因素。同理，机器人客服的使用也存在内生性问题，所以需要引入新的工具变量“用户之前是否使用过机器人客服”来进行回归。

对于这样一组相互联系的方程，其中一个方程的解释变量是另一个方程的被解释变量，可以称为联立方程（simultaneous equation）模型。式（9.1）展示了一个简单的三方程系统。

$$\begin{cases} y_1 = x'\beta_1 + \varepsilon_1 \\ y_2 = x'\beta_2 + \gamma_{12} y_1 + \varepsilon_2 \\ y_3 = x'\beta_3 + \gamma_{13} y_1 + \gamma_{23} y_2 + \varepsilon_3 \end{cases} \tag{9.1}$$

从式（9.1）可以看出，第一个方程（消费者的机器人客服使用决定方程）不含内生解释变量，第二个方程（消费者的人工客服使用决定方程）的内生解释变量为 y_1，第三个方程（消费者的购买决策方程）的内生解释变量为 y_1、y_2。x'为外生变量，ε_i 为随机扰动项。如果只使用 OLS 对第三个方程进行评估，而不考虑第一、第二个方程，很可能造成结果的偏差：使用机器人客服或者人工客服的消费者，可能已经具有较高的购买倾向，如果不进行纠正，很可能高估客服对购买决策的影响；当消费者对网站较为熟悉时，能够自主地获得产品信息，因而不选择咨询客服，那就可能低估客服对购买决策的影响。

估计这样一组联立方程时，常采用三阶段最小二乘法（3SLS）。在某种意义上，三阶段最小二乘法是将两阶段最小二乘法（2SLS）与似不相关回归法（SUR）相结合的一种估计方法，可以解决单一方程估计方法中忽略各方程之间的联系这一问题。在大样本下，三阶段最小二乘法估计结果的有效性要高于两阶段最小二乘法（2SLS）和有限信息极大似然法（LIML）。

3SLS 的基本步骤如下：首先，对三个方程进行 2SLS 估计；其次，根据前两步的估计，得到对整个系统的扰动项之协方差矩阵的估计；再次，对整个系统进行 GSL 估计。

基于以上分析，构建如下模型：

$$Purchase_{ij}=\theta_1+\varepsilon_1=\beta_0+\beta_1 Rob\_Chat_{ij}+\beta_2 Arti\_Chat_{ij}+\gamma_1 Prod\_Char+\gamma_2 Cons\_Char+\varepsilon_1 \tag{9.2}$$

$$Arti\_Chat_{ij}=\theta_2+\varepsilon_2=\alpha_{10}+\alpha_{11} IVintensity_i+\alpha_{12} Rob\_Chat_{ij}+\gamma_3 Prod\_Char+\gamma_4 Cons\_Char+\varepsilon_2 \tag{9.3}$$

$$Rob\_Chat_{ij}=\theta_3+\varepsilon_3=\alpha_{20}+\alpha_{21} IVRob\_chat_i+\gamma_5 Prod\_Char+\gamma_6 Cons\_Char+\varepsilon_3 \tag{9.4}$$

其中：$Purchase_{ij}$表示消费者 i 在浏览产品 j 后做出的购买决定，如果当天购买产品，则该值为 1，否则，为 0；$Arti_Chat_{ij}$表示消费者 i 在浏览产品 j 后是否使用了人工客服；Rob_Chat_{ij}表示消费者 i 在浏览产品 j 后是否使用了机器人客服。除了两个关键解释变量，产品的特征、消费者的特征都会影响消费者的购买决策，因此需在方程中加入一系列的控制变量。产品的特征 $Prod\_Char$ 主要包括页面显示的产品销量、价格、意外医疗保额与意外伤害保额等，消费者的特征 $Cons\_Char$ 主要包括个人特征（如性别）、历史购买行为特征（如用户之前购买旅游险产品的数量、平均金额、用户之前是否购买过所浏览产品）、浏览行为特征（如用户浏览该产品的次数及总时长）等。$IVintensity_i$ 表示用户 i 在前一天浏览非旅游险产品的数量，$IVRob\_chat_i$ 表示用户 i 之前是否使用过机器人客服，$\beta_0\sim\beta_2$、$\alpha_{10}\sim\alpha_{12}$、$\alpha_{20}\sim\alpha_{21}$、$\gamma_1\sim\gamma_6$ 分别为待估计参数或向量，$\varepsilon_1\sim\varepsilon_3$ 为随机扰动项。值得注意的是，由于本章对消费者的行为特征进行每日级别的统计，在机器人或者人工客服使用决定方程中，不探讨消费者的浏览行为与是否使用机器人或人工客服的关系，因为消费者在咨询客服后，仍然有可能继续浏览该产品。

9.1.4 模型结果

9.1.4.1 变量的描述性统计分析

本章从处理过的数据中提取了所有用户和产品的信息，并获取其访问行为变量、购买行为变量、咨询客服行为变量、人口统计学变量和产品特征，样本总量为66490。变量的描述性统计分析见表9.2。

表9.2 机器人对购买转化影响研究变量的描述性统计分析

变量	样本量	均值	标准差	最小值	中位数	最大值
$Purchase_{ij}$	66490	0.1214769	0.3266831	0	0	1
$Arti\_Chat_{ij}$	66490	0.0182885	0.1339935	0	0	1
Rob_Chat_{ij}	66490	0.009054	0.0947215	0	0	1
$IVintensity_{i}$	66490	0.9695443	2.932478	0	0	66
$IVRob\_before_{i}$	66490	0.0896225	0.2856423	0	0	1
$Visit\_num_{ij}$	66490	1.801534	1.64405	1	1	77
$Visit\_time_{ij}$	66490	79.04935	147.7981	1	28	3110
Buy_before_{ij}	66490	0.1033539	0.3044228	0	0	1
Buy_num_{i}	66490	5.144774	9.233056	0	2	129
Buy_amt_{i}	66490	390.999	809.9368	0	14.205	18320
$Gender_{i}$	66490	0.5352835	0.4987573	0	1	1
$Sale_{j}$	66490	1118.068	2251.122	0	189	23762
$Price_{j}$	66490	57.48738	177.2569	0.7	25	4300
$Ywsh_{j}$	66490	28.83823	18.72436	4.4	25	100
$Ywyl_{j}$	66490	18.75258	20.74682	0	5	100

从变量的描述性统计分析可以看到，各个变量的分布差别较大。从用户的访问行为来看，用户平均访问某个旅游险产品详情页的次数为1.8次，其中大部分用户的访问次数为1次，少部分用户访问某特定产品的次数较多，最多为77次；用户访问产品详情页的总时长相差较大，最大浏览详情页时长约为3110秒。在用户的购买行为方面，该平台的旅游险用户购买行为两极分化严重，即大部分用户浏览产品后不会产生购买行为，但有购买行为的用户会频繁购买，且购买金额较大。同时，在该网站，产品的销量差异较大，

50%的产品月销量在 200 以下，但产品销量最高的达到 23762，说明该网站存在热销产品。旅游险产品的平均价格约为57.49，最高价格能够达到4300，但50%的产品价格在 25 以下。

9.1.4.2　假设检验

为了验证模型的有效性，本章构建了两个模型：模型 1 不控制内生性，即只包括本章所提出模型中的消费者购买决定方程；模型 2 控制了消费者使用人工客服和机器人客服的内生性，即本章所提出的模型。两个模型中所有方程的估计结果见表 9.3。

表 9.3　机器人客服对购买转化的影响模型估计结果

变量	模型 1（不控制内生性）		模型 2（控制内生性）	
	系数	z 值	系数	z 值
方程 1（*Purchase*）				
$Arti\_Chat_{ij}$	0.1611253***	15.32	0.9740736***	2.89
Rob_Chat_{ij}	0.003537	0.24	0.3545863**	0.76
$Visit\_num_{ij}$	0.0397386***	48.78	0.0540745***	22.67
$Visit\_time_{ij}$	0.0001293***	14.38	0.0001819***	0.65
Buy_before_{ij}	0.2040813***	50.18	0.2056629***	43.70
Buy_num_{i}	0.0016555***	12.38	0.0016281***	10.60
Buy_amt_{i}	−0.000022*	−2.27	9.98e-6	0.80
$Gender_{i}$	−0.0193524***	−8.08	−0.022549***	−7.82
$Sale_{j}$	5.92e−06***	10.95	6.91e−06***	10.79
$Price_{j}$	−0.0000416***	−5.70	−0.0000483***	−5.70
$Ywyl_{j}$	−0.0001674	−1.77	0.0000744	0.64
$Ywsh_{j}$	0.0002157*	2.10	0.0001304	1.10
$\_cons$	0.0115187***	3.62	−0.0031215*	−0.71
方程 2（*Arti_Chat*）				
$IVintensity_{i}$			−0.0010616***	−7.85
Rob_Chat_{ij}			2.57318***	27.44
Buy_before_{ij}			−0.0026711	−1.46
Buy_num_{i}			0.0000863	1.44
Buy_amt_{i}			0.0000187	4.31
$Gender_{i}$			−0.0032911***	−2.98
$Sale_{j}$			−4.14e-07	−1.67

续表

变量	模型 1（不控制内生性）		模型 2（控制内生性）	
	系数	z 值	系数	z 值
$Price_j$			4.53e-06	1.37
$Ywyl_j$			0.0001143*	2.57
$Ywsh_j$			0.0000322	0.70
_cons			0.0048632***	2.97
方程 3（*Rob_Chat*）				
$IVRob\_before_i$			0.0116273***	10.50
Buy_before_{ij}			0.0020537	1.67
Buy_num_i			−0.0000699*	−1.72
Buy_amt_i			1.77e−07	−0.06
$Gender_i$			−0.0023544***	−3.24
$Sale_j$			5.53e-07***	3.38
$Price_j$			−4.85e−06*	−2.19
$Ywyl_j$			0.0001461***	5.09
$Ywsh_j$			−0.0000484	−1.56
_cons			−0.0108858***	−10.99

注：***、**、*分别表示在 0.001、0.01、0.05 的水平上结果显著。

在得到模型 1 和模型 2 的结果后，我们进行豪斯曼检验，Prob>Chi2 的值为 0.000，说明消费者的购买决策是具有内生性的，因此模型 2 的解释效果比模型 1 好。当不控制模型内生性（模型 1）时，用户人工客服的使用（*Arti_Chat*）与购买决定在 0.001 的显著性水平上正相关。用户机器人客服的使用（*Rob_Chat*）与购买决定无显著关系。在控制人工客服与机器人客服的内生性（模型 2）后，从购买决定方程（方程 1）来看，用户人工客服的使用（*Arti_Chat*）与购买决定在 0.001 的显著性水平上正相关。用户机器人客服的使用（*Rob_Chat*）与购买决定在 0.01 的显著性水平上正相关，说明消费者在使用机器人客服或者人工客服后，均能够提高后续购买转化的概率，支持 H9.1，拒绝 H9.2。由此可见，如果不控制内生性，会导致机器人客服对消费者购买转化的影响被忽略。

从其他控制变量来看，用户性别（*Gender*）与购买决定的负相关关系说明女性更容易购买旅游险产品。用户在浏览产品详情页时，浏览该产品的次数（*Visit_num*）越多，平均时长（*Visit_time*）越长，越能显示出较高的购买意向。如果用户以前购买过所浏览的产品（*Buy_before*），则更倾向于再次购买产品。用户历史购买旅游险产品的次数（*Buy_num*）也与后续的购买决定显著正相关。产品价格（*Price*）越低、销量（*Sale*）越高，用户越可能购买产品。

从使用人工客服决定方程（方程 2）来看，用户前一天浏览非旅游险产品的次数（*IVintensity*）与人工客服的使用显著负相关，说明用户对网站了解程度越高，自主在网站获取信息的能力越强，越会减少与人工客服的交流。用户性别（*Gender*）与人工客服使用呈负相关关系，说明女性更容易咨询人工客服。当意外医疗的保额（*Ywyl*）较高时，用户更可能与人工客服进行交流。此外，用户在使用机器人客服（*Rob_flag*）后，更容易使用人工客服，这说明在现阶段，消费者还是更习惯使用人工客服，即使机器人客服给出答案，消费者也可能再次与人工客服确认信息。

从使用机器人客服决定方程（方程 3）来看，用户之前使用过机器人客服（*IVRob_before*），会更倾向于再次使用机器人客服。当用户性别（*Gender*）为女时，更容易咨询机器人客服。用户历史购买旅游险产品的次数（*Buy_num*）越少，越容易使用机器人客服。产品价格（*Price*）越低、销量（*Sale*）越高、意外医疗的保额（*Ywyl*）越高，用户越可能使用机器人客服来咨询产品。

9.1.5　结果讨论

我们在 H9.1 和 H9.2 中提出：消费者使用人工客服后，会对后续的购买转化产生正向影响；消费者使用机器人客服后，会对后续的购买转化产生负向影响。本章在控制内生性后，建立联立方程模型。结果表明，消费者在使用机器人客服或者人工客服后，均能够提高后续购买转化的概率。这说明，机器人客服通过及时准确的回复，可以使消费者提升对客服系统的满意度，从而促进购买转化。在与人工客服交流的过程中，认知和情感的传递更能促使消费者完成购买转化。因此，模型结果支持 H9.1，拒绝 H9.2。

9.2　考虑信息线索调节的机器人与人工混合客服对购买转化的影响

消费者在进行网络购物时，会更多地依赖外部信息线索来评价产品质量，通过对产品信息的浏览，消费者会对产品质量形成一定的感知，并决定是否与混合客服进行交流，以了解更多的产品信息。机器人与人工混合客服的服务效果是否受到消费者已经观察到的信息的影响是本节研究的重点。我们将机器人客服与人工客服看作一个整体（混合客服），系统地考察混合客服对购买转化的影响是否受到信息线索的调节。本节的研究对象是使用保险代理平台浏览旅游险产品的消费者。

9.2.1 模型假设

电子商务网站为用户提供各种信息线索，包括产品的描述、图片、其他用户的评论等，还提供基于关键字的搜索引擎服务和基于页面显示的价格、销量和评级的产品排序功能，以方便用户找到合适的产品。这些信息线索能够帮助消费者感知产品质量，从而做出购买决定。混合客服系统可以与消费者进行实时的提问和回答，使消费者获得网站上没有显示的产品信息，以缓解信息不对称，使消费者更有信心地认为产品能够满足他们的需求，从而降低感知风险和对其他产品质量信号的需求。其中，产品价格和产品销量作为较强的质量信号，是否会对混合客服的效果产生影响是接下来我们探讨的重点。

该平台提供产品页面信息，帮助消费者做出决策。本节关注两个最明显的信息线索：①产品的页面销量（近一个月内的销量）；②产品的页面价格（保险期间最短时产品的价格）。

信息级联理论显示，消费者很可能根据他人的选择做出决定，使网上购买成为对产品的一种优先的依赖过程，因此销量越高的产品越能吸引用户。由此可以看出，过去的销量会带动更多的后续销量，从而形成一个循环。Zhu和Zhang比较了历史销量的信息线索的有效性，得出的结论是，许多人购买一种产品对转化率的影响较大。

销量是产品质量的较强信号，因为任何之前报道的不诚实行为或不令人满意的交货都会阻止产品获得高销量。如果产品有很高的销量，消费者可能认为卖方在产品信息披露和交付本产品承诺时是诚实的。过去的研究表明，人们倾向于在第一手经验或观察第三方的二手口碑后更新他们的感知风险。那么，用户在针对销量较高的产品进行咨询时，混合客服可能只需要花费较小的代价，就将用户转化为购买者。也就是说，混合客服对购买转化的影响可能受到销量的正向调节。因此，提出以下假设：

H9.3：混合客服对于消费者后续购买转化的影响，受到产品页面显示销量的正向调节。

价格往往也暗示着产品质量，是消费者购买决策过程中普遍会考虑的重要因素。消费者在搜索产品时，往往希望产品物美价廉。当某个产品价格较低时，消费者可能通过实时聊天来获得额外的信息，以验证这个报价是否意味着质量低劣。产品价格的质量信号可能会被聊天对话所替代，因为混合客服进行线上聊天时所付出的努力可能会带来更高的预期收益，他们可能会发现高质量产品的价格并不一定太高。所以，用户对价格较低的产品进行咨询后，更可能购买产品。因此，提出以下假设：

H9.4：混合客服对于消费者后续购买转化的影响，受到产品页面显示价格的负向调节。

9.2.2　数据处理

在9.1节中，我们对企业数据进行预处理及特征提取，包括前文提到的浏览行为特征、购买行为特征、客服特征、人口统计特征、产品特征等。具体的变量及其含义见表9.4。

表9.4　混合客服对购买转化的影响是否受信息线索调节研究的变量及其含义

变量		含义
被解释变量与关键解释变量	$Purchase_{ij}$	用户 i 当天是否购买产品 j 的虚拟变量
	$Chat_{ij}$	用户 i 是否针对产品 j 咨询混合客服的虚拟变量
	$Sale_j$	产品 j 在当天的页面显示销量，即近一个月的历史销量
	$Price_j$	产品 j 在当天的页面显示价格
工具变量	$IVintensity_i$	用户 i 在前一天浏览非旅游险产品的次数
	$IVRob\_chat_i$	用户 i 在当天之前是否使用过机器人客服
控制变量	$Visit\_num_{ij}$	用户 i 在当天浏览产品 j 的次数
	$Visit\_time_{ij}$	用户 i 在当天浏览产品 j 的平均时长
	Buy_before_{ij}	用户 i 在当天之前是否购买过产品 j
	Buy_num_i	用户 i 在当天之前购买旅游险产品的次数
	Buy_amt_i	用户 i 在当天之前购买旅游险产品的平均金额
	$Gender_i$	用户 i 的性别：0—女；1—男
	$Ywsh_j$	产品 j 的意外伤害保额
	$Ywyl_j$	产品 j 的意外医疗保额

（1）被解释变量。本节研究模型的被解释变量为用户购买决定。用户浏览产品后，如果在当天购买了产品，并成功付款，则 $Purchase_{ij}=1$，否则，$Purchase_{ij}=0$。

（2）关键解释变量。本节重点关注机器人与人工混合客服对购买的影响如何受到信息线索的调节，因此我们将混合客服看作一个整体，不再区分机器人客服和人工客服，而是系统地评估混合客服的效果。如果用户在浏览产品后对该产品进行了咨询，则 $Chat_{ij}=1$，否则，$Chat_{ij}=0$。产品页面显示的销量（近一个月前的销量）、产品页面显示的价格（产品的最低价格）、销量与混合客服以及价格与混合客服的交互项，也被纳入模型。

（3）工具变量。在 9.1 节，我们讨论过消费者使用混合客服的决定是内生的，受到其他因素（如对网站的熟悉程度、对以往使用网站客服的满意度）的影响。本部分通过引入工具变量来处理内生性问题。我们选取用户在前一天浏览非旅游险产品的次数、用户之前是否使用过机器人客服作为用户使用混合客服决定的一组工具变量，纳入模型。

（4）控制变量。由于产品和消费者都存在异质性，因此要对产品其他特征和消费者特征进行控制。产品其他特征主要包括产品的意外医疗保额与意外伤害保额等。消费者特征主要包括三部分：人口统计学特征，如性别；历史购买行为特征，如用户之前购买旅游险产品的数量、平均金额、用户之前是否购买过所浏览产品；浏览行为特征，如用户浏览该产品的次数及总时长等。

9.2.3 模型构建

为了研究混合客服对消费者后续购买转化的影响是否受到销量与价格因素的调节这一问题，我们以消费者最终购买行为作为因变量，以页面显示的产品销量、页面显示的产品价格、是否使用混合客服以及混合客服分别与两个信息线索的交互项作为关键解释变量，并对产品的其他特征和消费者的特征等进行控制。消费者使用混合客服的决定可能是内生的，比如用户如果具有较高的信息获取能力，可能不会使用混合客服，而如果用户以往对混合客服的满意度较高，很有可能再一次使用混合客服，从而对后续的购买转化产生影响。为了解决这一内生性问题，我们使用处理效应模型，在建立消费者是否最终购买的方程后，对消费者是否使用混合客服进行处理：引入工具变量（用户在前一天浏览非旅游险产品的次数、用户之前是否使用过机器人客服）来纠正可能的内生性偏差，并使用最大似然估计法（MLE）来估计模型参数。

处理效应模型由两阶段组成：第一阶段是选择方程（处理方程），考察用户是否使用混合客服系统的决定因素；第二阶段是购买方程，探究混合客服使用和其他因素对用户购买转化的影响。

假设用户购买行为 $Purchase_{ij}$ 是混合客服使用选择 $Chat_{ij}$ 和其他解释变量的线性函数，则回归方程可设置如下：

$$Purchase_{ij}=\theta_1+\varepsilon_1=\beta_0+\beta_1 Chat_{ij}+\beta_2 Sales_j+\beta_3 Price_j+\beta_4 Chat_{ij}\times Sales_j+ \beta_5 Chat_{ij}\times Price_j+\gamma_1 Prod\_Char+\gamma_2 Cons\_Char+\varepsilon_1 \quad (9.5)$$

其中，$Purchase_{ij}$ 表示消费者 i 在浏览产品 j 后做出的购买决定，如果当天购买产品，则该值为 1，否则，为 0；$Chat_{ij}$ 表示消费者 i 在浏览产品 j 后是否使用了混合客服，如果使用，则该值为 1，否则，为 0；$Sales_j$ 为产品的页面显示销量；$Price_j$ 为产品 j 的页面显示价格；$Chat_{ij}\times Sales_j$ 为混合客服与产品销量的交互项；$Chat_{ij}\times Price_j$ 为混合客服与产品价格的交互项；$Prod\_Char$ 是其他的产品特征，主要包括产品意外医疗保额与意外伤害保额等；消费者的特征 $Cons\_Char$ 包括个人特征（如性别）、历史购买行为特征（如用户之前购买旅游险产品的数量、平均金额、用户之前是否购买过所浏览产品）、浏览行为特征（如用户浏览该产品的次数以及总时长）等；$\beta_0\sim\beta_5$、$\gamma_1\sim\gamma_2$ 分别为待估计参数或向量；ε_1 为随机扰动项。

在式（9.5）中，如果反映用户是否使用混合客服的变量 $Chat_{ij}$ 是外生的，可以直接使用最小二乘法（OLS）对公式进行估计，分析用户混合客服使用决定对其最终购买转化的影响。但是，用户是否使用混合客服是由多方面因素决定的，如用户对网站的熟悉程度、用户以往对网站客服的满意度等，而不是随机选择的，因此需要引入工具变量来纠正内生偏误：

$$Chat_{ij}=\theta_2+\varepsilon_2=\alpha_0+\alpha_1 IVintensity_i+\alpha_2 IVRob\_Chat_i+ \gamma_3 Prod\_Char+\gamma_4 Cons\_Char+\varepsilon_2 \quad (9.6)$$

其中，$Chat_{ij}$、$Prod\_Char$、$Cons\_Char$ 的含义与式（9.5）相同；$IVintensity_i$ 表示用户在前一天浏览非旅游险产品的次数，$IVRob\_Chat_i$ 表示用户之前是否使用过机器人客服，是使用混合客服的一组工具变量。此外，在混合客服使用决定方程中，不探讨用户的浏览行为这一控制变量与是否使用客服的关系。$\alpha_0\sim\alpha_2$、$\gamma_3\sim\gamma_4$ 分别为待估计参数或向量，ε_2 为随机扰动项。

9.2.4　模型结果

9.2.4.1　变量的描述性统计分析

具体变量的描述性统计分析见表 9.5，从中可以看出，各变量的分布差别较大。

表 9.5 混合客服对购买转化的影响是否受信息线索调节研究各变量的描述性统计分析

变量	样本量	均值	标准差	最小值	中位数	最大值
$Purchase_{ij}$	66490	0.1214769	0.3266831	0	0	1
$Chat_{ij}$	66490	0.0213716	0.1421591	0	0	1
$Sale_j$	66490	1118.068	2251.122	0	189	23762
$Price_j$	66490	57.48738	177.2569	0.7	25	4300
$IVintensity_i$	66490	0.9695443	2.932478	0	0	66
$IVRob\_before_i$	66490	0.0896225	0.2856423	0	0	1
$Visit\_num_{ij}$	66490	1.801534	1.64405	1	1	77
$Visit\_time_{ij}$	66490	79.04935	147.7981	1	28	3110
Buy_before_{ij}	66490	0.1033539	0.3044228	0	0	1
Buy_num_i	66490	5.144774	9.233056	0	2	129
Buy_amt_i	66490	390.999	809.9368	0	14.205	18320
$Gender_i$	66490	0.5352835	0.4987573	0	1	1
$Ywsh_j$	66490	28.83823	18.72436	4.4	25	100
$Ywyl_j$	66490	18.75258	20.74682	0	5	100

9.2.4.2 假设检验

本节所提出模型中所有方程的估计结果见表 9.6。

表 9.6 混合客服对购买转化的影响——受信息线索调节的模型估计结果

变量	系数	标准误	z 值	p 值	显著性
方程 1（*Purchase*）					
$Chat_{ij}$	0.6637947	0.0109208	60.78	0.000	***
$Sale_j$	5.18e-06	5.60e-07	9.24	0.000	***
$Price_j$	-0.0000367	7.52e-06	-4.88	0.000	***
$Chat_{ij}\times Sale_j$	1.09e-06	2.89e-06	1.38	0.005	**
$Chat_{ij}\times Price_j$	0.000121	0.0000571	2.12	0.034	*
$Visit\_num_{ij}$	0.0359026	0.0007732	46.43	0.000	***

续表

变量	系数	标准误	z 值	p 值	显著性
$Visit\_time_{ij}$	0.0001178	8.51e-06	13.85	0.000	* * *
Buy_before_{ij}	0.2011897	0.0041787	48.15	0.000	* * *
Buy_num_i	0.0017183	0.0001374	12.50	0.000	* * *
Buy_amt_i	−0.0000345	9.97e-06	−3.47	0.001	* *
$Gender_i$	−0.016108	0.0024618	−6.54	0.000	* * *
$Ywyl_j$	−0.000335	0.0000974	−3.44	0.061	
$Ywsh_j$	0.0002589	0.0001055	2.45	0.014	*
$\_cons$	0.0099272	0.0032281	3.08	0.002	* *
方程 2（*Chat*）					
$IVintensity_i$	−0.0268283	0.0050714	−5.29	0.000	* * *
$IVRob\_before_i$	0.2731218	0.0263377	10.37	0.000	* * *
$Sale_j$	9.71e-06	4.12e-06	2.35	0.019	*
$Price_j$	−0.0003215	0.0001224	−2.63	0.009	* *
Buy_before_{ij}	−0.2022391	0.030035	−6.73	0.000	* * *
Buy_num_i	−0.0059612	0.0012291	−4.85	0.000	* * *
Buy_amt_i	0.0002483	0.000067	3.71	0.000	* * *
$Gender_i$	−0.0681529	0.0201543	−3.38	0.001	* *
$Ywsh_j$	−0.0020984	0.0009284	−2.26	0.124	
$Ywyl_j$	0.0060819	0.000838	7.26	0.000	* * *
$\_cons$	−1.795836	.0277845	−64.63	0.000	* * *
Wald test of indep. eqns. （rho=0）：chi2（1）= 2637.66　Prob>chi2=0.0000					

注：* * *、* *、* 分别表示在 0.001、0.01、0.05 的水平上结果显著。

表 9.6 底部的似然比检验结果的 p 值显示，模型是存在内生问题的，因此选择处理效应模型是合理的。从结果可以看出，当加入混合客服与销量（*Chat*×*Sale*）和混合客服与价格（*Chat*×*Price*）这两个交互项后，用户混合客服的使用（*Chat*）与购买决定在 0.001 的显著性水平上显著正相关，这说明混合客服系统对用户的后续购买转化行为具有显著的积极影响。产品销量（*Sale*）与用户购买决定在 0.001 的显著性水平上正相关，产品价格（*Price*）与用户购买决定在

0.001的显著性水平上负相关。对其他控制变量，用户浏览产品详情页的次数（*Visit_num*）及用户浏览产品详情页的平均时长（*Visit_time*）均与购买决定在0.001的显著性水平上正相关。用户以往购买所浏览产品（*Buy_before*）与本次购买决定在0.001的显著性水平上正相关。用户历史购买旅游险产品的次数（*Buy_num*）与购买决定在0.001的显著性水平上正相关。用户性别（*Gender*）与购买决定在0.001的显著性水平上负相关，说明女性更容易购买旅游险产品。

混合客服和销量的交互项（*Chat×Sale*）与购买决定在0.01的显著性水平上正相关，混合客服和价格的交互项（*Chat×Price*）与购买决定在0.05的水平上显著正相关，说明混合客服的效果受产品销量和价格这两个信息线索调节。考虑到在模型中直接解释交互项的困难程度，我们研究了混合客服在销量和价格取不同数值时的边际效应，以便验证H9.3和H9.4。

结果显示，当产品销量为50时，混合客服的边际效应为0.6708；当产品销量为1050时，混合客服的边际效应为0.6719；当产品销量为2550时，混合客服系统的边际效应为0.6735；当产品销量为4050时，混合客服的边际效应为0.6752；当产品销量为5050时，混合客服的边际效应为0.6763。我们在图9.1中绘制了混合客服在销量取不同数值时的边际效应，从中可以看出，随着销量的升高，混合客服的边际效应会不断提高，这说明受欢迎的产品在通过实时聊天将咨询者转化为购买者方面做得相对更好。总体而言，估计结果显示，混合客服的服务效果受到产品销量的正向调节，支持H9.3。

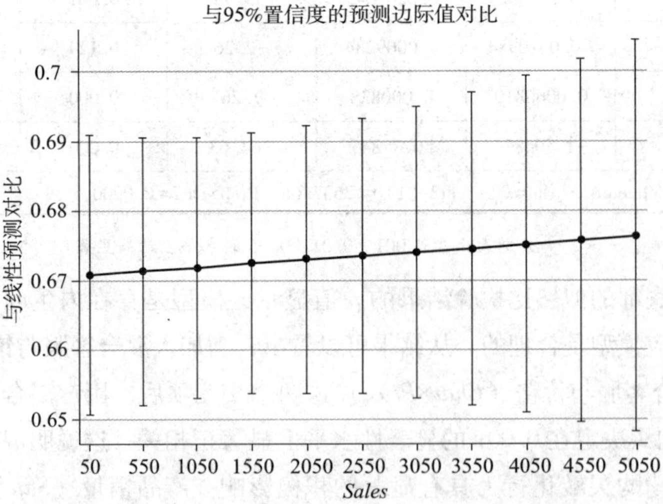

图9.1　混合客服在销量取不同数值时的边际效应

当产品价格为 1 时，混合客服的边际效应为 0. 6651；当产品价格为 41 时，混合客服的边际效应为 0. 6699；当产品价格为 81 时，混合客服的边际效应为 0. 6748；当产品价格为 121 时，混合客服的边际效应为 0. 6797；当产品价格为 161 时，混合客服的边际效应为 0. 6845。混合客服在不同价格下的边际效应如图 9. 2 所示，从中可以看出，随着价格的升高，混合客服的边际效应会不断提高，这说明用户在咨询价格较高的产品时，后续转化为购买者的概率更高。总体而言，估计结果显示，混合客服效果受到产品价格的正向调节，拒绝 H9. 4。

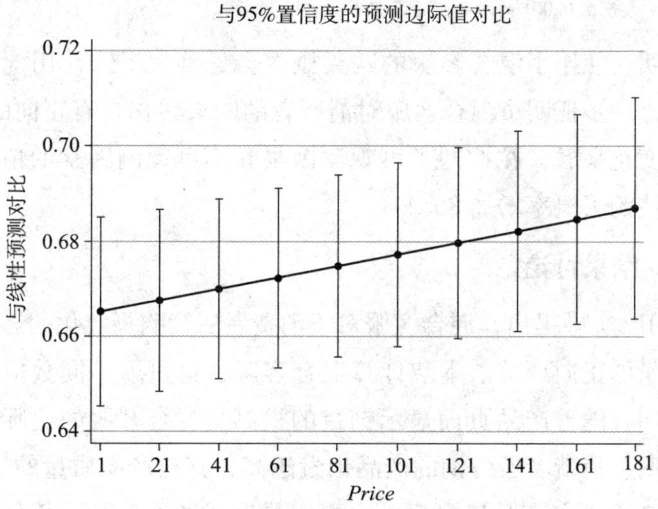

图 9. 2　混合客服在不同价格下的边际效应

此外，从模型的方程 2 中可以了解用户什么时候最有可能发起实时聊天对话。从工具变量可以看出，用户前一天浏览非旅游险产品的次数（*IVintensity*）与混合客服的使用显著负相关，说明用户对网站了解程度越高，自主从网站获取信息的能力越强，越会减少与客服的交流。用户如果之前使用过机器人客服（*IVRob_before*），更有可能再次使用混合客服。我们还发现，当产品价格（*Price*）较低、销量（*Sale*）较高时，用户可能使用客服来咨询产品。用户性别（*Gender*）与客服使用的负相关关系说明，女性更容易咨询客服。用户历史购买旅游险产品的次数（*Buy_num*）较少时，更容易发起实时聊天对话。当意外医疗的保额（*Ywyl*）较高时，用户更可能与客服进行交流。

为了进一步验证混合客服对消费者购买转化的影响，我们可以计算平均处理效应（ATE，即所有用户都使用混合客服时的平均购买概率减去所有用户都不使用混合客服时的平均购买概率的值），代表用户使用混合客服的效益，进而计算边际购买概率：（所有用户都使用客服的平均购买概率-所有用户都不使用客服的平均购买概率）/所有用户使用客服的平均购买概率×100%。结果见表9.7。

表9.7 平均处理效应及边际购买概率

	混合客服		ATE	z 值	边际购买概率（%）
	使用	不使用			
购买概率	0.7795	0.1076	0.6719***	70.51	86.2

注：***表示在0.001的水平上结果显著。

结果表明，使用了混合客服的购买概率会显著大于未使用混合客服的购买概率，这进一步证明了混合客服对消费者的购买转化具有正向的积极影响。从购买概率变化来看，在控制了可观测因素和不可观测因素的情况下，使用混合客服会使购买概率增加86.2%。

9.2.5 结果讨论

我们在H9.1中提出，混合客服对于消费者后续购买转化的影响受到产品页面显示销量的正向调节。本节计算混合客服在销量取不同数值时的边际效应。结果表明，随着产品页面显示销量的提高，混合客服的边际效应会不断提高。这说明，消费者所咨询的产品销量越高，其对产品质量的感知也越高，与混合客服交流更多产品信息后，也更容易完成购买转化。因此，模型结果支持H9.3。

我们在H9.4中提出，混合客服对于消费者后续购买转化的影响，受到产品页面显示价格的负向调节。本节计算混合客服在价格取不同数值时的边际效应。结果表明，随着产品页面显示价格的提高，混合客服的边际效应会不断提高。这说明，价格较低的产品会给消费者带来“低质量”的感知，在与混合客服进行交流后是难以改变的，即在与混合客服交流更多信息后，消费者更可能购买价格较高的产品。因此，模型结果拒绝H9.4。

9.3 机器人与人工混合客服和消费者的交流特征对购买转化的影响

通过9.1节和9.2节的研究，我们发现，机器人和人工混合客服对消费者的后续购买转化行为具有显著的积极影响。在本节，我们主要研究在线聊天中消费者和混合客服之间通过实时聊天进行的交流如何导致购买转化。具体而言，对以下两个问题进行研究：①在使用实时聊天进行交流的过程中，消费者表现出的哪些交流特征（如认知和/或情感上）会暴露出较高的购买转化趋势？②混合客服应如何进行这种对话，以通过使用实时聊天来促成购买转化？本节的研究对象是使用保险代理平台浏览旅游险产品后，进行了在线客服聊天（无论机器人客服还是人工客服）的消费者。

9.3.1　模型假设

消费者和混合客服之间的交流是双方认知和情感的传递。在认知方面，交流可以表示信息交换。消费者可以通过实时聊天功能获得量身定制的产品信息（如保险产品的免责条款、救援保障等），降低购买不确定性；混合客服可以通过实时聊天提高消费者对互动性、存在感和满意度的认识。在情感方面，消费者和混合客服之间的沟通过程的情感水平是业务关系的重要决定因素。消费者的情感表达代表他们进行交易的意愿。混合客服也可以通过展示预期的影响来促进任务有效性和自我表达。因此，交流可以通过两方（消费者和混合客服）之间对话的认知和情感的共存来表征，可能与后续和立即的购买转化有很大关系。

在消费者和混合客服之间的实时聊天对话中，包括消费者提出的一系列问题和混合客服提供的一系列答案。这些问题和答案以认知表达（消费者了解更多信息的意愿以及混合客服回答咨询的意愿）和情感表达（如情感词和表情符号的使用）来表示。

9.3.1.1　认知表达与购买转化

混合客服的认知表达会影响消费者对交易及其在线体验的评估，因为回答问题的积极性会影响消费者对混合客服满意度的看法。积极参与交流的消费者更有可能购买产品，因为这种行为表示消费者倾向于交易，并且享受交易中的定制服务。

综上所述，提出以下假设：

H9.5：混合客服认知表达程度与消费者的购买转化正相关。

H9.6：消费者的认知表达程度与其购买转化正相关。

9.3.1.2　情感表达和购买转化

混合客服的积极情感表达（如使用友好的词语和积极的表情符号）会增

加消费者对客服的满意度，进而促进后续的购买转化。反之，如果混合客服表现出负面情感，消费者可能会感到烦恼或不满，进而导致不利的结果。同时，消费者的积极情感表达能体现其对交易的积极态度。具体而言，它表示消费者对交易的正面评价，如对交易感到满意，这可能会导致随后的有利行为，如购买转化。积极的情感表达与在线购物中的购买转化呈正相关关系；反之，负面的情感表达可能会导致不利的结果，因为这暗示着消费者在购物中的不愉快经历。

综上所述，提出以下假设：

H9.7：混合客服积极情感表达的程度与消费者的购买转化正相关。

H9.8：混合客服消极情感表达的程度与消费者的购买转化负相关。

H9.9：消费者积极情感表达的程度与其购买转化正相关。

H9.10：消费者消极情感表达的程度与其购买转化负相关。

9.3.2 数据处理

前两小节仅从用户售前客服数据中提取用户是否使用混合客服，本小节将进一步处理有效实时聊天会话，提取认知表达、情感表达的相关特征。

9.3.2.1 认知表达

在交流过程中，用户与混合客服之间的信息交换体现了双方认知的传递。根据交流的认知—情感模型，交流者之间交换信息的强度表明了他们对交流的认知，而长消息表明交流者由于信息负荷高而具有较高的认知度。因此，我们将对话中的认知表达程度定义为信息处理活动的强度，由交流者表达的信息量来反映。信息量可以从两个角度来衡量：信息的数量和信息的词数。我们将会话中用户与客服各自发送的消息数量与发送的单词数纳入模型，探究认知表达对用户后续购买转化的影响。此外，由于在混合客服系统中用户可以咨询机器人客服与人工客服，因此我们统计会话中两种客服分别发送的消息数。

9.3.2.2 情感表达

在交流过程中，用户与混合客服之间的情感传递可以通过效价和强度两种形式反映。效价可以分为积极的（如幸福、快乐）和消极的（如愤怒、厌恶）。情感强度可通过消息中表情符号的数量和情感单词的数量来衡量。因此，我们将会话中用户与混合客服各自使用正负表情符号的数量与正负向情感单词的数量纳入模型，探究情感表达对用户后续购买转化的影响。在本小节的数据中，由于用户和混合客服发送负面表情符号的数量在所有会话数据中的出现次数均少于30，因此，我们只统计用户发送正向表情符号的数量和混合客服发送正面表情符号的数量。

9.3.2.3 客服响应时间

虽然混合客服响应时间并非本次假设检验的重点，但是客服的迅速反应有助于用户立即解决其所遇到的具体问题并获得对产品的全面了解。这种及时性减轻了不确定性的负面影响，进而会影响用户的购买转化。因此，我们将混合客服响应时间变量纳入混合客服相关模型，以便控制模型结果。

9.3.2.4 产品特征和消费者特征

用户与混合客服会针对某个产品展开交流，因此不同产品的价格、销量及保险产品的意外医疗保额、意外伤害保额也可能影响后续的购买转化。同理，不同用户的性别、历史购买产品的数量及平均金额等特征也可能影响后续的购买转化。因此，我们将这些变量纳入模型，以便控制模型效果。具体的变量及其含义见表9.8。

表9.8 交流特征对购买转化影响研究的变量说明

变量类型	变量代码	变量名称
被解释变量	*Purchase*	用户在咨询产品之后，当天是否购买该产品
关键解释变量	混合客服交流特征	
	Arti_num	会话过程中，人工客服回复的消息数
	Robot_num	会话过程中，机器人客服回复的消息数
	Words_kefu	会话过程中，混合客服发送的单词数
	Emoji_kefu	会话过程中，混合客服发送的正向表情符号数量
	Pos_kefu	会话过程中，混合客服使用正向情感词的数量
	Neg_kefu	会话过程中，混合客服使用负向情感词的数量
	用户交流特征	
	user_num	会话过程中，用户发送的信息数
	Words_user	会话过程中，用户发送的单词数
	Emoji_user	会话过程中，用户发送正向表情符号的数量
	Pos_user	会话过程中，用户使用正向情感词的数量
	Neg_user	会话过程中，用户使用负向情感词的数量

续表

变量类型	变量代码	变量名称
控制变量	*Action_time*	会话过程中，混合客服回答用户每个问题所需的时间的均值
	Buy_before	用户在会话之前是否购买过该产品
	Buy_num	用户在会话之前购买旅游险产品的次数
	Buy_amt	用户在会话之前购买旅游险产品的平均金额
	gender	用户的性别：0—女；1—男
	Sale	会话中，所咨询产品的页面显示销量
	Price	会话中，所咨询产品的页面显示价格
	Ywsh	会话中，所咨询产品的意外伤害保额
	Ywyl	会话中，所咨询产品的意外医疗保额

被解释变量：我们使用实时聊天交流后消费者的购买决定来测量购买转化。

关键解释变量：主要包括认知表达和情感表达两方面的特征。认知表达的测量使用了两类变量：消息数量和单词数。消息数量反映用户/混合客服在聊天会话中发送的消息数量；单词数则反映用户/混合客服在实时聊天会话中使用的单词数量，单词数量是在进行 jieba 分词后进行统计的。情感表达根据情感词和表情符号来衡量。情感词的分析从汉字的分词开始，然后采用基于情感词典的方法统计每个会话中正负向情感词的数量。由于对话是中文，所以使用知网词典作为情感词词典。

控制变量：主要包括混合客服响应时间、产品特征和用户特征。混合客服响应时间是指用户每提出一个问题的时间与混合客服给出具体答案的时间的差值。本小节对每个会话中所有客服响应时间取均值，作为会话的响应时间。产品特征包括页面显示的价格、销量、意外医疗保额及意外伤害保额等。用户特征包括性别、历史购买旅游险的数量、历史购买旅游险的平均金额及以往是否购买过所咨询的产品等。

9.3.3 模型构建

普通线性回归无法控制结果范围（预测值可能大于 1）。因此，本节使用二分类变量的常见解释模型逻辑回归（logistic regression）来建模。由于因变量——消费者是否购买产品为二分类变量，我们使用逻辑回归模型来解释用户和混合客服双方的交流特征将如何影响用户的后续购买转化。逻辑回归是广义的线性模型之一，通过用 sigmoid 函数（如图 9.3 所示）对自变量进行非线性变换，将模型结果控制在（0，1）区间。

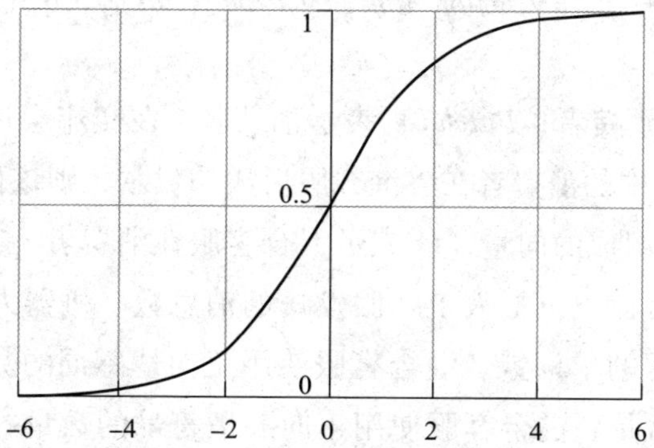

图 9.3 sigmoid 函数

设获得的样本数据为 $D=\{x_i, y\}$，这里 x_i 表示上述聊天对话中的交流特征（消息数量、总单词数、正向情感词数量等），y 表示消费者最终的购买决定（1 表示购买，0 表示未购买）。根据逻辑回归模型的定义，消费者的购买概率为

$$P(y=1|X)=\frac{\exp(\alpha_0+\alpha^T X)}{1+\exp(\alpha_0+\alpha^T X)}=\frac{1}{1+\exp(-\alpha_0-\alpha^T X)} \tag{9.7}$$

其中，$X(x_1, x_2, x_3, \cdots, x_n)$ 表示混合客服或消费者特征集合；$y=1$ 表示用户完成购买转化的事件；$P(y=1 | X)$ 表示 X 条件下用户购买成功的概率；α 表示待估计参数。逻辑回归中参数之间的关系是线性的，而自变量和因变量之间的关系是非线性的。通常逻辑回归使用最大似然估计法（MLE）来求解。

在交流过程中，消费者和混合客服（包括机器人与人工客服）的认知表达与情感表达特征都会影响后续的购买转化。基于上述模型，我们从混合客服和消费者两个角度，研究消费者与混合客服交互时的行为特征对购买决策的影响。

从混合客服角度来看，虽然混合客服响应时间、产品特征和消费者其他特征不是关键解释变量，但是这些因素在理论上可能会影响消费者的购买决策，因此我们在模型中加入了这些控制变量，以混合客服的认知表达特征、情感表达特征作为关键解释变量，以消费者的购买转化作为被解释变量。具体的模型如下：

$$\text{logit}[P(Purchase_{ij}=1|X_j)]=\frac{\exp(\alpha_0+\alpha_1 C_{ij}+\gamma_1 Action\_time_{ij}+\gamma_2 Prod\_Char+\gamma_3 Cons\_Char+\varepsilon_1)}{1+\exp(\alpha_0+\alpha_1 C_{ij}+\gamma_1 Action\_time_{ij}+\gamma_2 Prod\_Char+\gamma_3 Cons\_Char+\varepsilon_1)} \tag{9.8}$$

其中，i 表示消费者；$Purchase_{ij}$表示消费者 i 在交流会话 j 后做出的购买决策，如果会话 j 中的消费者在咨询客服后成功付款，则该值为 1，否则，为 0；X_j 表示自变量组成的向量；C_{ij}表示混合客服在消费者 i 参与的会话 j 中的认知和情感表达特征，包括人工客服发送的消息数、机器人客服发送的消息数、混合客服发送的单词数、混合客服使用正向情感词的数量、混合客服使用负向情感词的数量、混合客服使用正向表情符号的数量等；$Action_time_{ij}$表示混合客服的响应时间；$Prod\_Char$ 表示产品页面显示的价格、销量、意外医疗保额、意外伤害保额等；$Cons\_Char$ 表示消费者未被观察到的个人特征，包括性别、历史购买旅游险的次数、历史购买旅游险的平均金额及以往是否购买过会话中所咨询的产品等；α_0、α_1、γ_1 ~ γ_3 分别表示待估计参数或向量；ε_1 为随机误差。

从消费者角度来看，同样以产品特征和消费者其他特征作为控制变量，以消费者的认知表达特征、情感表达特征作为关键解释变量，以消费者的购买转化作为被解释变量，具体的模型如下：

$$\text{logit}[P(Purchase_{ij}=1|X_j)]=\frac{\exp(\beta_0+\beta_1 U_{ij}+\gamma_4 Prod\_Char+\gamma_5 Cons\_Char+\varepsilon_2)}{1+\exp(\beta_0+\beta_1 U_{ij}+\gamma_4 Prod_{Char}+\gamma_5 Cons\_Char+\varepsilon_2)} \tag{9.9}$$

其中，i 表示消费者；$Purchase_{ij}$表示消费者 i 在交流会话 j 后做出的购买决策，如果会话 j 中的消费者在咨询客服后成功付款，则该值为 1，否则，为 0；X_j 表示自变量组成的向量；U_{ij}表示消费者 i 在交流会话 j 中的认知与情感表达特征，主要包括消费者发送的消息数、发送的单词数、使用正向情感词的数量、使用负向情感词的数量，以及使用正向表情符号的数量等；$Prod_Char$表示产品页面显示的价格、销量、意外医疗保额及意外伤害保额等；$Cons\_Char$ 表示消费者未被观察到的个人特征，包括性别、历史购买旅游险的次数、历史购买旅游险的平均金额及以往是否购买过会话中所咨询的产品等；β_0、β_1、γ_4 ~ γ_5 分别表示待估计参数或向量；ε_3 为随机误差。

9.3.4　模型结果

9.3.4.1　变量的描述性统计分析

我们对 930 个用户的 1421 个聊天会话进行初步分析后发现，其中 610 个交流会话结束后，消费者成功完成了购买转化，811 个交流会话结束后，消费者没有购买所咨询产品。表 9.9 和表 9.10 分别从混合客服和消费者两个角度对变量进行描述性统计分析。

表 9.9　变量的描述性统计分析（混合客服角度）

变量	购买（N=610）		未购买（N=811）	
	均值	标准差	均值	标准差
Arti_num	14.01639	12.61686	11.4328	9.918998
Robot_num	0.9196721	1.528634	0.863319	1.338789
Words_kefu	158.3672	136.505	147.3613	117.3506
Emoji_kefu	0.204918	0.551733	0.1023428	0.3857101
Pos_kefu	4.654098	7.370114	4.293465	6.888186
Neg_kefu	2.832787	3.962663	3.125771	4.702924
Action_time	28.07377	29.0754	32.66584	44.90751
Buy_before	0.2180328	0.4132487	0.0900123	0.286376
Buy_num	5.290164	8.571504	4.750925	8.569951
Buy_amt	552.189	1128.509	482.8076	979.2639
gender	0.3967213	0.4896187	0.4796547	0.4998942
Sale	1607.385	2386.21	1320.295	2357.69
Price	53.18238	125.6908	60.121	132.3216
Ywsh	32.5318	16.31342	30.88829	18.796
Ywyl	25.89156	19.09977	22.66134	21.29384

由表 9.9 的描述性统计分析可知，与未完成购买转化的会话相比，人工客服回复的消息数量、机器人客服回复的平均消息数量、混合客服回复的单词数、混合客服使用正向情感词的数量和混合客服使用正向表情符号的数量的均值都小于完成购买转化的会话的均值；而混合客服使用负向情感词的数量以及混合客服响应时间的均值都大于完成购买转化的会话的均值。

由表 9.10 的描述性统计分析可知，与未完成购买转化的会话相比，消费者发送的消息数量、消费者发送的单词数、消费者使用正向情感词的数量以及消费者使用正向情感词的数量的均值都小于完成购买转化的会话的均值；

而消费者使用正向表情符号的数量的均值大于完成购买转化的会话的均值。此外，可以看出，在会话中人工客服回复的消息数远大于机器人客服回复的消息数，说明在现阶段，消费者仍然倾向于使用人工客服。在完成购买转化的会话中，消费者历史购买旅游险的次数、平均金额、产品销量、意外医疗保额及意外伤害保额的均值都大于未完成购买转化的会话的均值，而产品的价格则小于未完成购买转化的会话的均值。

表 9.10　变量的描述性统计分析（消费者角度）

变量	购买（*N*=610）		未购买（*N*=811）	
	均值	标准差	均值	标准差
user_num	11.02295	11.21207	8.355117	8.053504
Words_user	75.43443	77.91012	60.13564	70.81144
Emoji_user	0.0934426	0.3837285	0.0949445	0.4495392
Pos_user	2.504918	3.971674	1.953144	2.891499
Neg_user	1.980328	3.019848	1.885327	3.297274
Buy_before	0.2180328	0.4132487	0.0900123	0.286376
Buy_num	5.290164	8.571504	4.750925	8.569951
Buy_amt	552.189	1128.509	482.8076	979.2639
gender	0.3967213	0.4896187	0.4796547	0.4998942
Sale	1607.385	2386.21	1320.295	2357.69
Price	53.18238	125.6908	60.121	132.3216
Ywsh	32.5318	16.31342	30.88829	18.796
Ywyl	25.89156	19.09977	22.66134	21.29384

上述均值比较只是大致地反映了完成购买转化与未完成购买转化的混合客服与消费者在交流特征上的差异。在后续研究中，我们将进一步分析这些差异对购买转化的影响。

9.3.4.2　假设检验

- 购买转化模型（混合客服角度）

我们以使用实时聊天交流后消费者的购买决定作为被解释变量，以咨询过程中混合客服的认知表达特征、情感表达特征为关键解释变量，以混合客服响应时间、产品特征和消费者的历史购买行为特征及人口统计学特征作为控制变量，进行逻辑回归模型的拟合，结果见表 9.11。

表9.11　交流特征对购买转化的影响模型估计结果（混合客服角度）

变量	系数	标准误	z 值	p 值	显著性
Arti_num	0.0561001	0.0110316	5.09	0.000	***
Robot_num	0.1097338	0.0541597	2.03	0.043	*
Words_kefu	-0.0020493	0.0011501	-1.78	0.075	
Emoji_kefu	0.3231522	0.1326445	2.44	0.015	*
Pos_kefu	0.0010799	0.0109116	0.10	0.921	
Neg_kefu	-0.064976	0.0202657	-3.21	0.001	***
Action_time	-0.0049002	0.0021654	-2.26	0.024	*
Buy_before	1.000015	0.1681048	5.95	0.000	***
Buy_num	0.0021514	0.0066152	0.33	0.745	
Buy_amt	-8.75e-6	0.0003703	-0.02	0.981	
Gender	-0.3072727	0.1148811	-2.67	0.007	***
Sale	0.0743402	0.0294092	2.53	0.011	**
Price	-0.0005361	0.0005587	-0.96	0.337	
Ywsh	-0.0000181	0.0057062	-0.00	0.997	
Ywyl	0.0074681	0.0050458	1.48	0.139	
_cons	-1.089667	0.2556857	-4.26	0.000	***

注：***、**、*分别表示在0.001、0.01、0.05的水平上结果显著。

从模型结果可以看出，在认知表达上，人工客服回复的消息数量（*Arti_num*）与用户购买正相关，且在0.001的水平上显著。机器人客服回复的消息数量（*Robot_num*）与用户购买正相关，且在0.05的水平上显著。这说明当消费者使用客服咨询产品信息时，无论是人工还是机器人，混合客服回复消息的数量越多，消费者购买的可能性越大。描述性统计数据表明，平均而言，最终完成购买转化的客服在对话中使用的单词多于未完成购买转化的客服（158.3672 *vs*. 147.3613），但是模型结果显示，混合客服回复的单词数量（*Words_kefu*）对用户购买决定并无显著影响。这说明当消费者接收过多单词时，可能其中无关紧要的词语也较多，从而会影响消费者对产品信息的接收。因此，模型结果部分支持假设H9.5。综上所述，我们建议客服人员在回复用户问题时，适当提高发送消息的数量，并且尽可能使用简洁且准确的词语。

在情感表达上，混合客服使用正向表情符号的数量（*Emoji_kefu*）与用户购买正相关，且在 0.05 的水平上显著。混合客服使用负向情感词的数量（*Neg_kefu*）与用户购买负相关，且在 0.001 的水平上显著。尽管描述性统计数据表明，最终完成购买转化的混合客服在对话中使用的正向情感词的数量多于未完成购买转化的客服（4.654098 vs. 4.293465），但是模型结果显示，混合客服使用正向情感词的数量（*Pos_kefu*）对用户购买决定并无显著影响。此外，在处理会话数据的过程中，我们发现客服往往回复积极表情符号，这样会提高用户后续的购买转化。综上所述，模型结果部分支持 H9.7，支持 H9.8。我们建议，客服人员在回复用户问题时，可以多使用正向表情符号，减少使用负面情感词。

对于控制变量，混合客服响应时间（*Action_time*）与用户后续购买转化负相关，且在 0.05 的水平上显著。这说明客服人员回答消费者提出的问题所需的时间越长，用户购买的可能性越小。根据以上研究结果，建议客服人员在与用户交流的过程中，尽快回复用户咨询，以提升用户对客服的满意度，促进用户购买。此外，用户性别（*Gender*）与会话结束后的购买转化在 0.001 的水平上负相关，表示女性人群更容易在使用客服后产生购买转化。用户之前是否购买过所咨询产品（*Buy_before*）与后续的购买转化正相关，且在 0.001 的水平上显著。这说明，如果用户在咨询会话之前购买过所咨询的产品，那么在咨询客服后，重复购买的可能性更大。交流过程中所涉及产品的销量（*Sale*）与用户购买正相关，且在 0.01 的水平上显著。产品页面显示销量越高，用户在会话结束后越有可能购买该产品。

- 购买转化模型（消费者角度）

我们以使用实时聊天交流后消费者的购买决定作为被解释变量，以在咨询过程中消费者的认知表达特征、情感表达特征作为关键解释变量，以产品特征和消费者的历史购买行为特征及人口统计学特征作为控制变量，进行逻辑回归模型的拟合，结果见表 9.12。

从模型结果可以看出，在认知表达上，用户发送的信息数（*User_num*）与用户购买正相关，且在 0.001 的水平上显著。这说明当消费者使用混合客服咨询产品信息时，咨询的问题越多，其购买概率越大。描述性统计数据表明，平均而言，最终完成购买转化的用户在对话中发送的单词多于未完成购买转化的用户（75.43443 vs. 60.13564），但模型结果显示，用户发送的单词数（*Words_kefu*）对用户购买决定并无显著影响。因此，模型结果部分支持 H9.6。

表 9.12　交流特征对购买转化的影响模型估计结果（消费者角度）

变量	系数	标准误	z 值	p 值	显著性
User_num	0.0505382	0.165886	3.05	0.002	* * *
Words_user	0.0006044	0.0030344	0.20	0.842	
Emoji_user	0.2206522	0.1481783	−1.49	0.136	
Pos_user	0.0230686	0.0229023	1.01	0.314	
Neg_user	−0.0962182	0.0314021	−3.06	0.002	* * *
Buy_before	1.035449	0.1701904	6.08	0.000	* * *
Buy_num	0.0013854	0.0066598	0.21	0.835	
Buy_amt	−0.0001377	0.0004349	−0.32	0.751	
gender	−0.3495432	0.1232327	−2.84	0.005	* * *
Sale	0.0642623	0.0299558	2.15	0.032	*
Price	−0.0006786	0.0006554	−1.04	0.301	
Ywsh	−0.000545	0.0056955	−0.01	0.992	
Ywyl	0.0071721	0.0051212	1.40	0.161	
_cons	−1.143178	0.2647972	−4.32	0.000	* * *

注：* * *、* 分别表示在 0.001、0.05 的水平上结果显著。

在情感表达上，用户使用负向情感词的数量（*Neg_user*）与后续购买负相关，且在 0.001 的水平上显著。这说明当用户在交流过程中表现出厌恶等负面情绪时，会降低用户后续购买产品的概率。用户使用正向情感词的数量（*Pos_user*）和使用正向表情符号的数量（*Emoji_user*）与后续购买无显著关系。因此，模型结果拒绝 H9.9、支持 H9.10。

对于控制变量，模型结果与客服角度的模型结果相似，用户性别（*Gender*）与会话结束后的购买转化在 0.001 的水平上负相关，表示女性人群更容易在使用客服后产生购买转化行为。用户之前是否购买过所咨询产品（*Buy_before*）与后续购买转化正相关，且在 0.001 的水平上显著。这说明如果用户在咨询会话之前购买过所咨询的产品，那么在咨询客服后，重复购买的可能性更大。交流过程中所涉及产品的销量（*Sale*）与用户购买正相关，且在 0.05 的水平上显著。产品页面显示的销量越多，用户在会话结束后越有可能购买所咨询的产品。

9.3.5 结果讨论

我们在 H9.5 和 H9.6 中提出，在交流过程中，混合客服和消费者的认知表达程度会正向影响消费者的购买转化。本章利用会话中双方发送消息数和单词数对认知表达程度进行表征，结果表明，无论是混合客服还是消费者，在会话中发送的消息数量越多，消费者购买的概率越大；但是，双方使用单词的数量与后续的购买转化没有显著关系。这说明，混合客服与消费者通过频繁地发送消息，更能够帮助消费者完成购买转化，但是可能由于消费者语言习惯的不同，有的消费者更习惯简洁有力的回答，因此双方使用单词的数量对购买转化没有显著的正向影响。模型结果部分支持 H9.5，部分支持 H9.6。

我们在 H9.7 和 H9.8 中提出，在交流过程中，混合客服的积极情感表达程度会正向影响消费者的购买转化，消极情感表达程度会负向影响消费者的购买转化。本章利用会话中混合客服使用正向情感词的数量和正向表情符号的数量对积极情感表达程度进行表征，利用会话中混合客服使用负向情感词的数量对消极情感表达程度进行表征。结果表明：混合客服使用正向情感词的数量对用户购买转化并无显著影响，而混合客服使用正向表情符号的数量越多，越能够帮助消费者完成购买转化；混合客服使用负向情感词的数量与消费者购买转化负相关。这说明：混合客服在回复问题时，如果表现出厌烦的情绪，在很大程度上会导致购买转化的失败；而混合客服在回复时多使用正向表情符号会增加会话的趣味性，并向消费者发送更多善意的信号，这比使用正向情感词更加有用。模型结果部分支持 H9.7，支持 H9.8。

我们在 H9.9 和 H9.10 中提出，在交流过程中，消费者的积极情感表达程度会正向影响消费者的购买转化，消极情感表达程度会负向影响消费者的购买转化。本章利用会话中消费者使用正向情感词的数量和正向表情符号的数量对积极情感表达程度进行表征，利用会话中消费者使用负向情感词的数量对消极情感表达程度进行表征。结果表明：消费者使用正向情感词的数量和使用正向表情符号的数量对其购买转化并无显著影响，消费者使用负向情感词的数量与消费者购买转化负相关。这说明，消费者在交流过程中表现出厌恶等负面情绪时，会降低用户后续购买产品的概率，即使消费者表现出正向的情绪，也并不代表其有较高的购买意向。模型结果拒绝 H9.9，支持 H9.10。

9.4　本章小结

本章分别从机器人客服对购买转化的影响和信息线索调节的混合客服效果两方面对客服系统的服务效果进行评估，并从认知表达和情感表达两方面探讨影响客服服务效果的因素。考虑到消费者使用混合客服系统的自选择问题，根据用户在所研究电商平台的访问流程，我们划分了机器人客服使用决策、人工客服使用决策和购买决策三个模型阶段，有效地控制了因自选择问题造成的内生性。

本章以国内某 B2C 保险电商平台的混合客服为研究对象，从企业实际业务数据视角，依照 Web 数据挖掘的流程，对企业数据库中的原始数据进行了处理，包括数据提取、数据预处理和特征提取。我们提取了用户人口统计特征、访问行为特征、购买行为特征、客服特征及产品特征，还对用户的会话进行文本处理，提取用户和混合客服的认知表达特征与情感表达特征，以期为后续研究提供数据。

在机器人客服对消费者购买转化的影响研究中，用户的购买决策受到机器人客服效果和人工客服效果的影响，而人工客服使用决策受到机器人客服效果的影响，因此我们使用联立方程模型来研究该问题。在控制内生性后，模型的结果显示，机器人客服与用户的后续购买转化有显著正向影响，且人工客服的使用对购买有显著的正向影响。当用户为女性时，浏览某产品详情页次数越多，时间越长，所浏览产品的价格越低，销量越高，有过购买该产品的历史且在该网站购买旅游险的次数较多时，更可能转化为购买者。此外，从模型结果还可以看出，当用户为女性时，所浏览产品的价格越低，销量越多，意外医疗保额越高，且如果用户以往使用过机器人客服，则更有可能使用机器人客服。当用户为女性时，以往浏览非旅游险产品的次数越少，所浏览产品的意外医疗保额越高，用户使用了机器人客服后，越有可能使用人工客服。

在机器人与人工混合客服对消费者购买转化的影响是否受到信息线索调节的研究中，我们将机器人客服与人工客服看作一个整体，并将混合客服分别与产品页面显示销量和价格的交互项考虑到模型中，且在考虑用户使用混合客服决定的内生性问题后，使用处理效应模型研究该问题。为了更好地解释交互项的系数，我们计算了混合客服在销量和价格取不同数值时的边际效应。结果进一步验证了混合客服能够正向影响消费者的购买决策，显著提高消费者的购买概率。混合客服系统的服务效果受到产品销量的正向调节，与销量低的产品相比，销量高的产品更容易在买卖双方沟通后被购买。混合客服系统的服务效果也受到产品价格的正向调节，在与混合客服交流后，价格较高的产品更容易被消费者购买。此外，我们还发现，以往浏览非旅游险产品的次数越少，历史购买旅游险产品的次数较少，且所咨询产品的保额、意外医疗的保额较高时，用户更可能与混合客服进行交流。

在机器人与人工混合客服和消费者的交流特征对购买转化的影响研究中，我们在对用户的会话进行文本处理和特征提取后，对用户和混合客服在会话中的交流特征分别构建逻辑回归模型。结果显示，在会话过程中，混合客服（不论是机器人还是人工）发送的消息越多，使用的正向表情符号越多，越少地使用负向情感词，且能够迅速回复用户问题时，越能引导用户完成购买转化。同时在会话中，用户发送消息越多，使用负向情感词越少，越能显示出较高的购买意愿。我们还发现，当用户为女性时，产品销量越高，且有过以往购买所咨询产品的经历时，用户在咨询客服后，越容易购买产品。

第 10 章 体验型商品在线评论对购买决策的影响

Chapter Ten

随着互联网的普及和信息技术的发展，在线评论在用户购买决策的制定过程中发挥着越来越关键的作用，已经成为用户进行消费的有效依据之一，尤其对于体验型商品。相对于搜索型商品，体验型商品的质量信息很难从电子商务网站上准确获取，因此用户往往依据商品的在线评论做出购买决策。本章采用实证分析方法，研究某电商服装网站的在线评论对用户购买决策的有效性影响。

10.1 相关理论及方法

10.1.1 在线评论

在线评论作为在线口碑的主要表现形式，已经成为用户了解商品有效信息的主要途径。在电子商务环境下，在线评论加强了用户与商家的紧密性，增加了用户与用户之间的信息交流，可为商家进行商品的完善和改进提供依据。多年来，相关学者均对在线评论提出了自己的看法。2001 年，Chatterjee 首次将在线评论引入营销学科，促进了营销领域研究的发展。在此之后，学者们纷纷提出对“在线评论”的见解。Bickart 和 Schindler 认为，在线评论是指在 B2C 购物网站、第三方点评网站及个人主页上发表关于相关商品或者服务的意见和看法。Mudambi 和 Schuff 研究表明，在线评论是指用户创造的商品评价信息，通常粘贴在零售商或者第三方网站上，这些信息往往以文字形式表示。可见，在线评论记录着大量用户所关注的文本信息，包括结构化数据和非结构化数据，这类信息包含了用户关注的商品或者服务的质量、性能及自身体验等，有助于用户做出购买决策。

本章以在线评论作为研究对象，对其进行了有效量化，有助于后续研究的进行。电子商务网站提供了大量的在线评论信息，为探讨在线评论对用户购买决策的有效性影响提供了数据支持。

10.1.2 用户购买决策模型

购买决策在用户消费行为的各个阶段都有着至关重要的作用，因此本章对用户购买决策模型的研究就显得尤为重要。通过研究消费者购买决策模型，可以有效了解用户如何依据外部信息进行决策。在消费者购买决策模型中，应用比较广泛的主要有 S-O-R（Stimulus-Organism-Response Model）模型、Kotler 模型、Nicosia 模型、EKB 模型和 Howard-Sheth 模型。

（1）S-O-R 模型。该模型源于行为心理学创始人 Waston 提出的“刺激—反应”模型。Russell 和 Mehrabian 在“刺激—反应”模型的基础上进行改进，并基于体验的消费者行为提出了 S-O-R 模型。消费者行为学认为，用户进行购买决策时会受到动机、信念、态度以及意向的影响。用户对需求的认识主要受用户动机的影响，收集商品信息时主要受信念和态度的影响，消费时受意向的影响最大。用户在各种影响因素的刺激下产生消费的动机，经过复杂的“内在思维”过程之后会产生一定的心理活动，这一活动会支配着用户做出购买商品的决策，进而实施购买举动或者做出逃避的行为。如果用户产生购买行为，消费者之后会对商品或者用户体验做出评价，从而完成一次购买决策过程。

（2）Kotler 模型。该模型是科特勒（Kotler）在“刺激—反应”模型的基础上提出的一种强调社会两方面消费行为的简单模型，也叫科特勒行为选择模型。该模型强调两点：①消费者进行消费时受到的刺激是多方面的，包括内部因素（心理、生理）、外部因素（如市场营销手段）和其他刺激因素（文化、社会及经济因素等）；②这些刺激能否引起用户的购买动机——这些刺激必须与消费者的需求相吻合，才能引起消费者的购买动机。该模型强调消费者自身的“黑箱”作用对购买决策的影响，不同的消费者会有不同的生理和心理活动，因此会产生不同的购买选择。

（3）Nicosia 模型。Nicosia 模型是 Nicosia 于 1966 年提出的一种消费者决

策模型。该模型主要由四部分组成：第一部分是从信息发布到消费者的态度，信息的发布者以某种手段将发布的商品及服务的信息传递给消费者，在理解的基础上，消费者会形成对该商品或服务的态度；第二部分是调查和评价，消费者会以某种形式搜集相关的信息，从而有助于自身评价和决策；第三部分是决策行为，在购买动机的驱使下，消费者会在价格和促销等的影响下做出决策行为；第四部分是信息反馈，消费者在消费过程中会将购买的经验和教训反馈给大脑，指导以后的购买行为。该模型的重点在于，消费者不是以转卖商品为目的，而是出于购买目的来购买商品。

（4）EKB 模型。EKB 模型又称恩格尔模型，是由 Engel、Kollatl 和 Blackwel 于 1968 年提出的。该模型基于用户的购买决策过程分析消费者行为，主要分为四部分，即中央控制系统、信息加工、决策过程和环境。在社会压力、外界刺激物等无形或者有形因素的作用下，信息会被输入中央控制系统，引起消费者的注意、记忆和知觉，用户会将信息和经验储存起来。消费者对自身需求有了一定认识之后，会去搜寻相关的信息，并根据自身个性、经验及态度等因素对信息进行加工，最终形成购买决策。消费者实施购买行为会得到用户体验结果，这些结果会反馈到中枢控制系统，形成消费者的体验和个人信息，这会对以后的购买行为产生影响。该模型突出了消费者购买决策的形成过程，认为消费者购买商品的过程是连续的，并非单一的行为。

（5）Howard-Sheth 模型。Howard-Sheth 模型是由 Howard 和 Sheth 于 1974 年提出的一种用户购买决策模型，从四个方面考虑了消费者的购买行为，包括输入变量、外在变量、内在过程和结果变量。该模型将输入变量和外在变量作为用户购买的刺激因素，并由这两个因素引发消费者的购买动机，消费者会因为以往的消费经验产生一系列的反应，最终得出购买结果。

以上五个消费者购买决策模型都阐释了用户进行消费时的心理过程，其各自的特点如下：①S-O-R 作为基础的购买决策模型，是其他模型进行优化和改进的基础；②Kotler 模型强调在“黑箱”作用下，消费者购买过程的心理变化；③Nicosia 模型认为消费者在信息的影响下会形成一定的态度，从而会有搜索信息的举措，并产生购买动机；④EKB 模型主要阐述消费者的态度是如何生成的，并表明这些态度和购买意愿之间的关系；⑤Howard-Sheth 模型则强调消费者的早期购买行为。这五个模型都建立在消费者的假设基础上，消费者会对外界刺激做出反应，并对获取的信息进行深度加工，在比较之后做出购买决策。

这里的外界刺激是指在线评论。网络用户在做出购买决策时，会尽可能地搜集商品的相关信息，这部分信息主要包括商品质量属性信息及外部在线评论信息。在线评论记录了消费者的使用感受和评价信息，会引起消费者的心理变化，该变化会影响用户制定购买决策。基于此，本章将探究在线评论对用户购买决策的影响。

10.1.3 在线评论对用户购买决策的影响分析

有效的评论能够对用户的购买决策产生极大的影响。评论的内容包括：评论的基本要素、评论的文本信息以及其他相关因素。本章通过对评论的有效性因素进行分析，得出用户在消费时主要关心的评论特征。

在评论的相关研究中，学者们很早就关注评论的基本要素对用户购买决策的影响，主要包括：评论数量、评论文本长度及评论的时效性等因素。除了基本要素，在线评论所蕴含的文本信息对用户的购买决策也能产生巨大的影响。这类信息包含评论情感极性及评论差异性等文本内容。诸多文献表明：评论极性是影响用户购买决策的主要在线评论因素。张磊在一致性理论的基础上提出，正向评论的有用性远高于负面在线评论，然而这一观点受到了多数学者的质疑。金立印在研究正面评论和负面评论对用户购买决策影响的过程中，得出了与张磊不一致的结论。他通过实验指出：在消费者制定购买决策的过程中，负面评论比正面评论的影响要大得多。Zhang 从评论的差异程度出发，研究了在线评论对商品销量的影响，发现商品的评论差异越大，商品的销量越低。严建援和张丽等从在线评论文本内容的角度出发，深入研究在线评论内容对评论有效性的影响，指出评论深度及评论表述的客观性与评论的有用性正相关。他们的研究弥补了以往研究中对评论内容研究的不足，但是该方法也仅限于对评论文本内容进行量化表示，未能深入挖掘文本中所包含的信息。本章将对研究评论的情感极性、评论的差异性对用户购买决策的有效性影响进行验证和论证。同时，由于用户制定购买决策时更为关注商品的负面评论，本章将对其进行深入探究，对负面评论包含的属性特征进行甄别，了解评论中用户所关注的重点，力图识别影响用户购买决策的文本信息要素。

除了以上提到的各个因素，有些研究还进一步区分了在线评论在不同情况下对用户购买决策的影响。在线评论对用户购买决策的影响会受商品因素及评论者因素等的影响。张耕和郭宁对负面在线评论的商品价格及评论者的专业度进行分析后指出，评论者的专业度和商品销量具有显著的负相关关系。然而，李健得出了相反的结论。李健以手机在线评论作为研究对象，研究了手机价格、评论者的威望及其他相关评论因素对商品销量的影响。结果表明，商品价格和评论者威望与商品销量的相关性较差，这说明顾客的消费日益趋向理性化，价格不再是影响用户消费的关键性因素。在研究在线评论对用户购买决策的影响过程中，在线评论的影响因素是很复杂的，可能会因为产品属性的差异而有所不同。本章将对影响在线评论的相关因素进行处理，在设计过程中引入具体商品类型、商品价格及商品销售季节等因素，并根据商品生命周期阶段差异，探究商品因素及评论因素对于在线评论对用户购买决策的有效性影响。

10.2　假设提出和模型构建

10.2.1　研究对象

本章以某电商网站的在线评论作为研究对象。该平台的商品主要为时尚女装，销售群体为 18~30 岁追求时尚的女性。女装作为一种时尚商品，具有以下四个特点：①商品生命周期短。时尚女装要求时尚性强，新颖多变。为满足用户对时尚的追求，该平台每隔两周就会推出新的款式、材料、品类等。短周期的特性导致商品的市场需求区别于一般的体验型商品。②季节周期性。不同的季节，用户对服装的追求不一样，商品的销量也会受到影响。在冬季和春季，用户对羽绒服需求更多；在夏季时，用户对 T 恤的需求会明显增多。③需求无规律性。时尚服装的设计往往根据时代的变化而变化。在不同的时代，用户对时尚服装的需求存在差异，需求的不同会影响在线评论对用户购买决策的有效性。④在线评论效应显著。时尚服装作为典型的体验型商品，其销量易受在线评论的影响。

10.2.2　研究假设

由于时尚女装是短周期的体验型商品，消费者很难进行预先的用户体验，从而很难准确了解商品的质量信息。在获取商品信息的途径中，在线评论作为商品的用户体验感悟，直接影响到用户的购买决策。我们对相关文献进行了回顾，提出在线评论影响用户购买决策的相关假设，即分别假设评论情感极性、评论差异性、评论文本内容、评论数量及评论文本长度等变量对用户购买决策具有显著影响。

10.2.2.1 评论情感极性

评论的情感极性表现出用户对商品的态度，主要分为正面评论和负面评论。Chevalier 等研究发现，正面评论对消费者具有显著的正向影响，而负面评论的影响不显著。Park 等关于服务业的实证研究表明，负面评论会对消费者产生显著的负向影响，而且负面评论对消费者的影响更为明显。对于情感极性，本章用比率表示，以正面评论占比表示评论的正面情感，以负面评论占比表示负面情感，由于负面评论占比与正面评论占比呈现出负相关关系，提出以下假设：

H10.1：正面评论占比会对用户购买决策产生显著的正向影响。

10.2.2.2 评论差异性

评论差异性是指评论情感极性的差异，主要表现为商品情感倾向是否趋向一致，即商品总体评论的稳定性。国外学者 Quaschning 研究表明，评论情感极性对用户购买决策的影响大小取决于评论情感倾向的差异性。当商品的正面评论居多时，正面评论对用户购买决策的影响较为显著；当负面评论居多时，负面评论更能影响用户的购买决策。评论的差异性越小，商品的评论情感越趋于一致，商品评论也就越能影响用户购买决策。本章以方差来表示评论的差异性，反映评论情感极性的稳定性。对于评论差异性对用户购买决策的影响，我们提出以下假设：

H10.2：评论差异性会对用户购买决策产生显著的负向影响。

10.2.2.3 评论文本内容

一般来说，在线评论如果包含商品或者服务存在的问题，消费者会更为关注。评论中包含的商品信息和服务信息越丰富，越能体现商品的真实质量。对于服装商品的在线评论，评论中包含商品信息词汇的正面评论数量极少，更多地出现在负面评论中，这类负面评论将极大地影响用户购买决策。通过对文本中所展示的内容进行分析可以得出，负面在线评论的属性特征可以分为五类：商品质量问题、页面描述问题、发货速度问题、客服态度问题以及买家主观问题。商品质量问题是指评论文本中出现衣服褶皱、衣服掉毛等一系列表示商品在质量属性上存在误差的问题；页面描述问题是指实际商品与网站页面描述存在不符合的情况；发货速度问题是指文本体现用户在物流服务方面存在的不满；客服态度问题是指文本中反映出用户认为客服态度不好；买家主观问题是指用户主观上对自身体验不满意。对于这五类负面在线评论属性特征，本章以比率的形式表示，分别为质量问题占比、页面问题占比、发货问题占比、客服问题占比和主观问题占比，进而提出以下假设：

H10.3：质量问题占比会对用户购买决策产生显著的负向影响。

H10.4：页面问题占比会对用户购买决策产生显著的负向影响。

H10.5：发货问题占比会对用户购买决策产生显著的负向影响。

H10.6：客服问题占比会对用户购买决策产生显著的负向影响。

H10.7：主观问题占比会对用户购买决策产生显著的负向影响。

10.2.2.4　评论时效性

评论时效性是指评论发表时间的更新性，能够反映商品的最新状态。研究表明，最近的评论能够显著影响用户的购买决策。用户进行消费时，习惯浏览最近发表的商品评论信息。时装商品具有显著的时尚特点，用户会更加关注商品的实时动态，因此我们提出以下假设：

H10.8：评论时效性会对用户购买决策产生显著的正向影响。

10.2.2.5　评论数量

在线评论数量对用户购买决策的影响一直受到广大学者的关注，主要是因为该指标能够从一定程度上反映在线评论的传播效应，评论数量越多，用户对商品的关注度越高。由于从众效应，很多用户成为该商品的潜在消费者，从而引起消费行为。国内外很多学者的研究都表明，在线评论数量对用户购买决策具有显著的正向影响。依据相关学者的研究经验，本章预测体验型商品在线评论数量对用户购买决策具有显著的正向影响，所以提出以下假设：

H10.9：评论数量会对用户购买决策产生显著的正向影响。

10.2.2.6　评论文本长度

评论文本长度可以提高用户对评论的认知程度。对消费者而言，文本越长，则评论包含的信息量越大，只有长文本信息才能够包含更多服务质量、商品性能等信息，这些信息有助于消费者降低对风险的感知、减少信息的不对称性。然而，评论文本长度如果到达某个阈值，用户很有可能对该评论产生厌烦心理，从而不去浏览该评论，这会导致评论文本越长，用户越没有购买的欲望。因此，我们提出以下假设：

H10.10：评论文本长度会对用户购买决策产生显著的负向影响。

10.2.2.7 商品价格

在经济学领域，商品价格是影响用户需求的主要因素。商品价格的高低一部分取决于商品的客观价值，另一部分受到销售者和购买者主观认知的影响。需求理论指出，商品价格波动在一定程度上影响着用户的购买决策，用户对商品的需求会受到商品价格的影响，且呈现出负向线性相关的趋势。然而，本章研究对象是时尚服装，该类商品往往具有较高价格，人们对该类商品的需求会更加趋向于对时尚的追求。该类商品的价格往往意味着商品的高质量和时尚感，因此区别于普通体验型商品，提出以下假设：

H10.11：商品价格会对用户购买决策产生显著的正向影响。

10.2.2.8 商品类型和商品季节

时尚女装的销售具有明显的周期性。对电商平台来说，不同季节往往销售不同商品，电商平台所展示的商品类型也存在差异。羽绒服等商品主要集中在每年的 11 月、12 月以及 1 月销售，而短裙的市场需求主要存在于夏季。对于时尚服装电商平台，商品的销量受到商品类型和商品季节的影响。在建模过程中，由于商品类型和商品季节属于分类变量，因此本章随后还采用了虚拟变量的处理方法，将分类变量转化为虚拟变量进行处理，在此基础上提出以下假设：

H10.12：商品类型会对用户购买决策产生显著影响。

H10.13：商品季节会对用户购买决策产生显著影响。

10.2.2.9 商品生命周期

商品生命周期是指商品从投入市场到更新换代，最终退出市场所经历的整个过程。一般而言，商品生命周期主要分为四个阶段，即投入期、成长期、饱和期和衰退期。本章研究时尚女装商品，该类商品时尚感较强，投入期往往特别短，该阶段评论也会比较少，在后续阶段，评论会越来越多，后期的在线评论会对用户购买决策产生有效影响，因此在不同生命周期阶段，在线评论对用户购买决策的影响是不一致的。本章通过销售增长率比值法，将生命周期划分为投入期、成长期、饱和期和衰退期。在商品投入期，商品增长率不稳定；在商品成长期，商品增长趋势比较稳定，增长率为 0.1%～10%；在商品饱和期，商品的增长率从 10%迅速下降到 0；在此之后，商品进入衰退期。本章以 7 天为界限进行研究，即当商品连续 7 天增长率位于某一阶段时，视为商品处于生命周期的相应阶段，并以商品的生命周期作为调节变量，提出以下假设：

H10.14：商品生命周期会对在线评论的有效性产生显著影响。

10.2.3　研究模型构建

国内外学者大多采用多元线性回归模型研究在线评论对用户购买决策的有效性影响，该模型能够直观简明地呈现因变量随自变量的变化趋势。参照相关学者的方法，结合前文提出的假设，本章基于在线评论数据进行截面数据建模和面板数据建模。

10.2.3.1　基于截面数据建模

本章以月为时间段，获取了 2017 年 2 月、5 月、8 月和 11 月的评论数据和销量数据，对相关的数值数据和类型数据进行归一化处理，对截面数据进行分析，构建了多元线性回归模型，基本的模型为

$$\log(CS/STL)=\alpha+a_1\times PRR+a_2\times RD+a_3\times QPR+a_4\times PPR+a_5\times DDR+ a_6\times CSR+a_7\times SPR+a_8\times\log(RT)+a_9\times\log(NR)+a_{10}\times \log(ARL)+a_{11}\times\log(CP)+a_{12}\times CT+a_{13}\times CS \tag{10.1}$$

用户的购买决策无法获取，而该产品的销量是可以统计的，因此采用该产品特定月份的销量作为用户消费行为的指标。由于该数据是每个月份的销售结果，因此直接将该数据作为截面数据的目标变量。在正面评论占比、质量问题占比及页面问题占比等指标上，本章采用了比率型变量。对于评论数量、评论文本长度及商品价格等数值型变量，以自然对数对原数据进行交换，以缩小数据量级。对于商品类型和商品季节这两个分类变量，本章以虚拟变量来表示。式（10.1）中，α 表示模型的随机扰动，a_i 表示不同变量对产品销量的影响系数。模型中各变量的解释说明见表 10.1。由于商品类型和商品季节属于分类变量，无法用数值表示，所以在截面数据建模过程中，本章分两部分对数值型变量和分类变量进行建模，进而探索截面数据下不同变量对用户购买决策的影响。

在对分类变量进行建模的过程中，本章采用了虚拟变量的处理方法。对分类数据处理过程，通常以“1”和“0”进行赋值，若取值为 0，该类别被称为基础类别，若取值为 1，则表示该类别为基础类别的互斥类别。本章的分类变量包括商品类型和商品季节。商品类型包括上衣、裤子、裙子、头饰、首饰、鞋袜及其他，商品季节包括春、夏、秋、冬。对于商品类型，以“其他”为基础类别，对上衣、裤子、裙子、头饰、首饰以及鞋袜六个商品类别

取 1，对于商品季节，以“冬”作为基础类别，春、夏和秋分别取 1，从而对商品类别和商品季节进行虚拟变量处理，对分类变量进行量化，为后期截面数据建模提供数据支持。

表 10.1　截面数据模型中各变量的解释说明

变量代码	变量名称
CS/STL（Commodity Sales/Stage Time Length）	商品 i 的平均日销量
PRR（Positive Reviews Ratio）	商品 i 的正面评论占比
RD（Review Difference）	商品 i 的评论差异性
QPR（Quality Problem Ratio）	商品 i 的质量问题占比
PPR（Page Problem Ratio）	商品 i 的页面问题占比
DDR（Delivery Problem Ratio）	商品 i 的发货问题占比
CSR（Customer Sercive Ratio）	商品 i 的客服问题占比
SPR（Subjective Problem Ratio）	商品 i 的主观问题占比
RT（Review Timeliness）	商品 i 的评论时效性
NR（Number of Review）	商品 i 的评论数量
ARL（Average Text Length）	商品 i 的平均文本长度
CP（Commodity Price）	商品 i 的价格
CT（Commodity Type）	商品 i 的类型
CS（Commodity Season）	商品 i 的季节

10.2.3.2　基于面板数据建模

面板数据是指在时间序列上取多个截面，在截面上选取样本观测值构成的样本数据。与截面数据建模相似，面板数据建模也是使用多元线性回归方法，区别于截面数据建模，该模型在构建过程中，放弃了商品类型、商品季节等分类数据，同时引入商品周期作为自变量，研究不同生命周期阶段，在线评论对用户购买决策的影响。模型的公式如下：

$$\begin{aligned}\log(\mathrm{CS/STL}) = {} & \alpha + a_1\times\mathrm{PRR} + a_2\times\mathrm{RD} + a_3\times\mathrm{QPR} + a_4\times\mathrm{PPR} + a_5\times\mathrm{DDR} + a_6\times\mathrm{CSR} + \\ & a_7\times\mathrm{SPR} + a_8\times\log\mathrm{RT} + a_9\times\log\mathrm{NR} + a_{10}\times\log\mathrm{ARL} + \\ & a_{11}\times\log\mathrm{CP} + a_{12}\times\mathrm{LCL}\end{aligned} \tag{10.2}$$

面板数据模型中各变量的名称及含义见表 10.2。表中，每条数据表示不同商品在不同生命周期阶段的样本数据，相对于截面数据，该面板数据建模研究了生命周期不同阶段在线评论对用户购买决策的影响。

表 10.2　面板数据模型中各变量的名称及含义

变量代码	变量名称
CS/STL（Commodity Sales/Stage Time Length）	商品 i 生命周期 j 阶段的商品平均日销量
PRR（Positive Reviews Ratio）	商品 i 生命周期 j 阶段的正面评论占比
RD（Review Difference）	商品 i 生命周期 j 阶段的评论差异性
QPR（Quality Problem Ratio）	商品 i 生命周期 j 阶段的质量问题占比
PPR（Page Problem Ratio）	商品 i 生命周期 j 阶段的页面问题占比
DDR（Delivery Problem Ratio）	商品 i 生命周期 j 阶段的发货问题占比
CSR（Customer Sercive Ratio）	商品 i 生命周期 j 阶段的客服问题占比
SPR（Subjective Problem Ratio）	商品 i 生命周期 j 阶段的主观问题占比
RT（Review Timeliness）	商品 i 生命周期 j 阶段的评论时效性
NR（Number of Review）	商品 i 生命周期 j 阶段的评论数量
ARL（Average Text Length）	商品 i 生命周期 j 阶段的平均文本长度
CP（Commodity Price）	商品 i 生命周期 j 阶段的价格
LCL（Life Cycle Level）	商品 i 的具体周期阶段

10.3　体验型商品在线评论对用户购买决策的有效性

基于前文分析，本章针对体验型商品的在线评论，从多个角度研究在线评论信息对用户购买决策的影响。在特征预处理时，利用 LSTM 模型进行在线评论情感极性特征抽取以及负面在线评论属性特征抽取。在此基础上，我们还考虑了其他变量，比如在线评论属性特征和商品特征，同时商品生命周期的差异也会造成不同的影响。本章以在线评论属性特征、负面在线评论属性特征、在线评论情感极性特征以及商品特征作为自变量，以产品的日销量作为因变量，以产品的生命周期作为调节变量，构建了多元线性回归模型。

我们分别采用截面数据和面板数据分析方法，并使用数据分析软件 SPSS 对模型中的样本数据进行描述性统计与相关性分析，以便对在线评论的分布有一个整体性的了解。在此基础上，通过截面数据模型和面板数据模型探索在线评论对用户购买决策的影响，并从理论角度和现实角度出发，对研究结果的成因进行分析和解释。

10.3.1 数据说明与预处理

本次实验的数据来源于某电子商务时尚女装网站，主要包括评论数据和订单数据，其中语料数据包括 2014 年 1 月 1 日至 2017 年 12 月 31 日为期四年的订单数据和网上评论数据。由于语料数据复杂冗长，需要对数据进行预处理。在模型中，主要的数据包括目标变量和 14 个自变量，分别为评论属性特征、负面评论属性特征、评论情感极性特征和商品特征四大类。

在线评论情感极性和负面在线评论属性特征以比率表示，分别用正面评论占比、质量问题占比、页面问题占比、发货问题占比、客服问题占比和主观问题占比表示。

评论数量、评论的文本长度、商品价格三个自变量及商品日销量等数据以数值表示，一般数值较大，变化也较大，因此对原数据加 1，然后取自然对数。

评论的时效性及评论的差异性在数值上以方差表示，评论的时效性主要表现为近期评论对用户购买决策的影响。如果一个产品的评论时间比较集中，可认为该产品在时效性上表现良好。在数据处理过程中，我们对产品的评论时间列表取方差，并以方差结果表示评论时效性。时效性在时间上以天为基点，方差比较大，同样对原数据加 1，取自然对数。

商品类型和商品季节都是类型数据。实验以虚拟变量表示商品类型和商品季节数据。

对于获取的产品数据和评论数据，以截面数据作为主要表现形式，进行截面数据分析。在此基础上，实验根据销售增长率判断法，将商品的销售区间划分为投入期、成长期、成熟期和衰退期，并以商品不同生命周期阶段的平均日销量数据作为目标变量，进行截面数据分析和面板数据分析。

10.3.2 基于 LSTM 的在线评论情感极性和负面在线评论属性特征抽取

10.3.2.1 数据说明

根据变量模型构建过程中提出的相关假设以及特征变量的筛选结果，本章对数据来源进行了甄别，最终数据来源于一家知名电子商务网站。该网站为年轻女性提供了大量的服装产品，通过用户反馈形成了海量的评论信息。用于实验的数据主要包括产品订单数据、产品评论数据和产品信息数据。

由于2018年的商品绝大多数处于生命周期的成长期和饱和期，未能经历完整的产品生命周期，为避免因商品生命周期不同阶段造成的销量差异，本章主要对已下架的服装产品进行分析，并获取该公司从2014年1月1日到2017年12月31日为期四年的订单信息和产生的评论记录。经过统计可知，这四年，公司销售的已下架商品共有10105种，涉及的商品有68类。实验将商品具体分为七类，分别为上衣、头饰、首饰、裙子、裤子、鞋袜、其他，不同类型商品销量以及评论数量也存在显著的差异。

由于商品的正面评论数量往往高于负面评论数量，因此在评论的情感极性占比上，正面评论具有显著优势。在线评论情感极性统计如图10.1所示，从图中可以看出，正面评论占比远高于负面评论占比，高达85∶15。对负面评论而言，大多数用户更加关注商品的质量问题，对于用户体验的其他问题关注相对较少。负面在线评论属性特征分布如图10.2所示，从图中可以看出，商品质量问题数量占比最多，远高于其他问题，买家主观问题和页面描述问题相对较少，发货速度问题和客服态度问题最少。

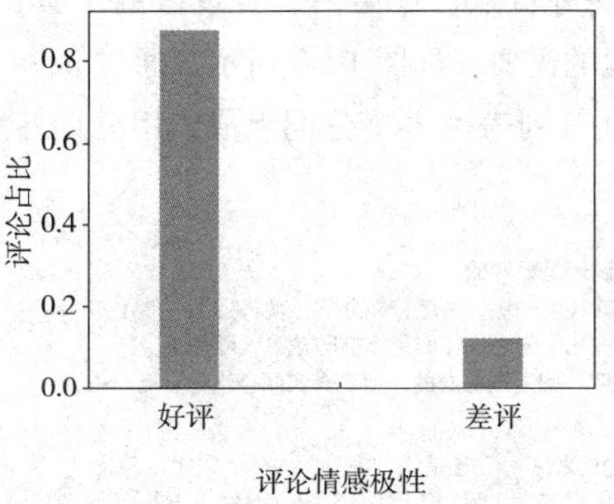

图10.1　在线评论情感极性统计

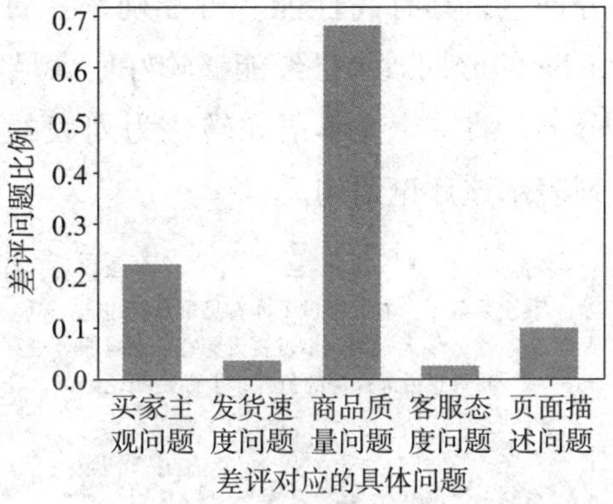

图10.2　负面在线评论属性特征分布

我们通过对上述数据进行获取，并进行在线评论情感极性特征抽取和负面在线评论属性特征抽取，为后期截面数据模型和面板数据模型提供数据支持。

10.3.2.2　实验过程

本章主要对评论文本进行文本预处理及模型构建，得出LSTM模型在本实验中的优势。实验处理主要分为文本预处理和模型构建两大部分。在文本预处理中，主要进行了特征预处理和特征序列的转化。在特征预处理过程中，实验采用了 jieba 分词，将评论语句转化为词序列，在此基础上，采用了 TF-IDF 算法对词汇进行过滤，筛选词汇列表中的重要词汇，去除重要性比较低的词汇；之后，采用 Word2vec 模型，将词汇转化为词向量形式，并结合文本语料，采用词嵌入方式，将文本语句转为矩阵形式，从而完成文本预处理。在模型构建阶段，主要对 LSTM 模型的神经元和相关超参数进行设计，构建 LSTM 模型，抽取在线评论情感极性特征及负面在线评论属性特征，并得出两个分类模型的准确率、召回率、*F* 值结果，证明了 LSTM 模型的有效性。

10.3.2.3 文本预处理

评论文本语料中包含大量无用的信息，为了简化后续处理步骤，提高情感极性的二分类以及负面评论的多标签分类效果，在对在线评论语料进行分类模型构建之前，要先对语料进行文本预处理。文本预处理包括文本分词、TF-IDF 过滤、词向量构建等。

- 数据预处理

首先对评论文本进行分词，然后采用 TF-IDF 算法对词汇进行过滤。本章采用的分词工具主要是 python 自带的 jieba 分词工具。jieba 分词是开源的中文分词包，具有高性能、可准确率、可扩展等特点。作为一个轻量级的工具，jieba 的分词效果已经能够较好地满足实验的需要。如图 10.3 所示，通过 jieba 分词，将一个文本语句转化为列表的形式，列表由多个分词组成，用分词序列表示该评论语句。

1 有点褶皱。总的来说还是很好的。
2 我也是醉了，衣服穿过了才看见聚划算也有一模一样的款式才99块，本想分钱分货，就再买了一件才知……
3 偏大一码，不过夏天穿宽松点舒服。刚穿上就被儿子的小伙伴们集体抠印花，太可爱了。
4 我只想说赤裸裸的色差，上面是颜色偏黄，下面偏蓝。图上挺好看的，但是真实颜色感觉有点……

1 [' 有点, ' 褶皱' ; ' 。; ' 总的来说' , ' 还是' , ' 很' , ' 好' , ' 的' , ' 。']
2 [' 我' , ' 也' , ' 是' , ' 醉' , ' 了' , ' , ' ' , ' ' 衣服' , ' 穿过' , ' 了' , ' 才' , ' 看见' , ' 聚' , ' 划算' ...
3 [' 偏大' , ' 一码' , ' , ' 不过' , ' 夏天' , ' 穿' , ' 宽松' , ' 点' , ' 舒服' , ' 。' , ' 刚' , ' 穿' ...
4 [' 我' , ' 只' , ' 想' , ' 说' , ' 赤裸裸' , ' 的' , ' 色差' , ' , ' 上面' , ' 是' , ' 颜色' , ' 偏黄' , ...

图 10.3 jieba 分词

TF-IDF 是一种用于数据挖掘和信息检索的加权技术，其中 TF 表示词汇的频次，IDF 表示逆文本频率指数，不同词汇的重要性与该词汇在文件中出现的次数成正比，也与词汇在语料库中出现的频次成反比。TF-IDF 的公式如下：

$$tf_{i,j}=\frac{n_{i,j}}{\sum_k n_{k,j}} \tag{10.3}$$

$$idf_i=\log\frac{|D|}{|\{j:t_i\in d_j\}|} \tag{10.4}$$

$$Tfidf_{i,j}=tf_{i,j}\times idf_i \tag{10.5}$$

本章通过 TF-IDF 处理，对重要性比较低的词汇进行过滤。实验采用 sklearn 工具包得出不同在线评论中不同词汇的 TF-IDF 值，并以 matplotlab 工具包构建了不同词汇的 TF-IDF 分布图，如图 10.4 所示。其中，x 轴表示不同的词汇，分布的顺序以该词汇的 TF-IDF 值的大小，y 轴表示该词汇的 TF-IDF 结果。从图 10.4（a）和图 10.4（b）中可以看出，词汇的 TF-IDF 值在 0.2 左右存在拐点，实验将 0.2 作为 TF-IDF 的阈值，如果一个词汇在某条在线评论中的 TF-IDF 值小于 0.2，那么该词汇将会被过滤，如果该词汇的 TF-IDF 值大于 0.2，那么该词汇将会被保留，从而实现词汇过滤，完成特征预处理。

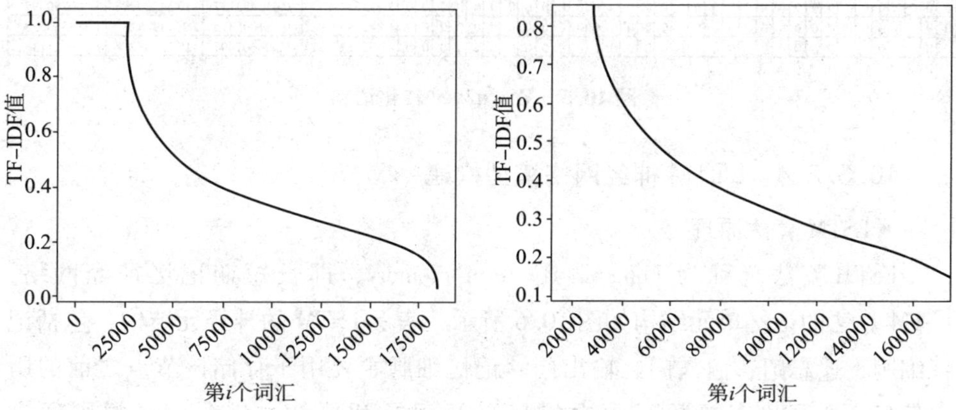

（a）　　　　　　　　　　　　（b）

图 10.4　TF-IDF 折线图

- 文本表示模型

本章以向量空间模型和 Word2vec 模型作为文本的表示模型，以区分不同文本并尽可能反映文本内容，形成一种合适的文本量化表示方法，从而使计算机能够有效地对文本进行处理。

在文本表示过程中，我们依据 Word2vec 原理，结合空间向量模型，将特征权重以词向量形式表示，得出不同文本句子对应的词矩阵。Word2vec 以向量的形式表示词，通过余弦相似度来表示词与词之间的关系，该种词表示方法主要用于处理传统文本分析中常见的同义词、多义词等问题。本章调用 gensim 工具包的 Word2vec 模型，实现对分词的词向量构建。在实现过程中，我们将 Word2vec 的词向量的长度限定为 5，因为传统的研究发现，虽然在 Word2vec 进行模型构建过程中，词向量越长，该向量越能表示该词汇，但当词向量长度大于 5 时，词向量的表示准确度增幅不明显，因此，词向量的长度为 5 比较合适，每个词汇以长度为 5 的词向量表示。由于预处理之后的词汇长度是不一样的，需要采用 embeding 词嵌入方法，将词汇矩阵限制为一个统一长度。本小节将评论文本分词长度阈值设定为 50，在大于阈值的情况下，截取后半部分阈值长度的文本矩阵，当文本长度小于阈值时，则在文本矩阵前半部分进行补零操作，通过嵌入的方法将文本矩阵转化为 5×50 的矩阵。如图 10.5 所示，一条评论进行 Word2vec 转化后进行 embeding 处理，可为后续模型构建提供训练语料。

0	0	0	0	0	0	0	0	0	0	0	0	0	0	0	0	0	0	0	0	0	0	0	0	0	0	0	0	0	0	0	0	0	–1.293919086	–0.322931468	–1.931284785	–9.357984543
0	0	0	0	0	0	0	0	0	0	0	0	0	0	0	0	0	0	0	0	0	0	0	0	0	0	0	0	0	0	0	0	0	0.463474423	–0.238971576	2.026781321	–12.42285442
0	0	0	0	0	0	0	0	0	0	0	0	0	0	0	0	0	0	0	0	0	0	0	0	0	0	0	0	0	0	0	0	0	3.133522987	–0.413453132	–10.54320908	3.469790697
0	0	0	0	0	0	0	0	0	0	0	0	0	0	0	0	0	0	0	0	0	0	0	0	0	0	0	0	0	0	0	0	0	1.842159033	–0.031005375	2.251492023	1.313353658
0	0	0	0	0	0	0	0	0	0	0	0	0	0	0	0	0	0	0	0	0	0	0	0	0	0	0	0	0	0	0	0	0	–1.725823522	–0.606607497	–10.28643227	1.310351133

图 10.5　Word2vec 转化语料

10.3.2.4　LSTM 神经网络模型构建

- LSTM 算法原理

LSTM 算法全称为 Long short-term memory，即长短期记忆神经网络。LSTM 算法的记忆单元结构如图 10.6 所示，表示 LSTM 的神经元结构，包括记忆细胞、遗忘门、输入门、输出门。记忆细胞主要用于存储该节点之前的历史信息，通过状态参数对历史信息进行记录和更新，三个记忆门则通过 sigmoid 函数来确定历史信息的取舍，从而更好地作用于记忆细胞。

LSTM 模型主要包括式（10.6）至式（10.11）。其中，式（10.6）、式（10.7）、式（10.10）分别表示遗忘门、输入门和输出门，这三个公式表示在 t 时刻，记忆门接受当前时期记忆单元的输入 x_t 和上一时刻记忆单元的输出 h_{t-1}，通过矩阵相乘并和偏置变量相加，最后通过 sigmoid 函数变化，得到一个 0 到 1 之间的数值，该数值可以筛选信息。式（10.8）和式（10.9）对记忆细胞状态进行更新，通过 tanh 函数对当前时刻的输入值 x_t 与上一时刻的输出值 h_{t-1} 进行计算得出候选值。式（10.9）结合遗忘门和输入门的输入结果与

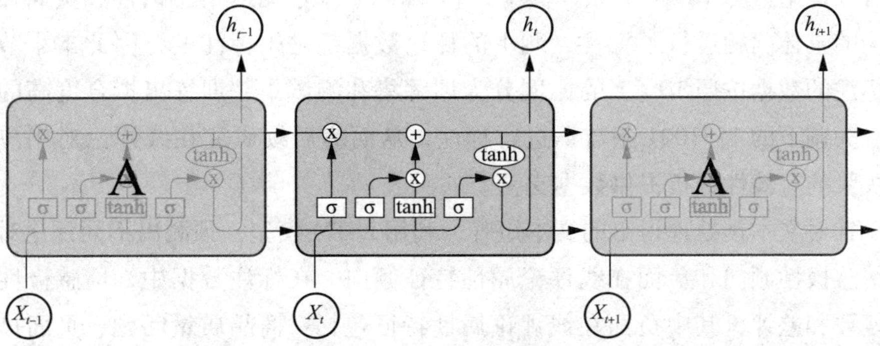

图 10.6　LSTM 模型原理

式（10.5）的候选信息得出当前时刻的记忆细胞状态。式（10.11）对记忆细胞状态进行输出，通过 tanh 对当前时刻的细胞状态进行非线性变化，并由输出门计算得出哪些信息会被输出。

$$f_t=\sigma(W_f\times[h_{t-1},x_t]+b_f) \tag{10.6}$$

$$i_t=\sigma(W_i\times[h_{t-1},x_t]+b_i) \tag{10.7}$$

$$\tilde{C}_t=\tanh(W_C\times[h_{t-1},x_t]+b_C) \tag{10.8}$$

$$C_t=f_t\times C_{t-1}+i_t\times\tilde{C}_t \tag{10.9}$$

$$O_t=\sigma(W_o\times[h_{t-1},x_t]+b_o) \tag{10.10}$$

$$h_t=O_t\times\tanh(C_t) \tag{10.11}$$

LSTM 模型采用上述累加的线性形式对序列化的信息进行处理，能够有效避免梯度消失问题。与其他机器学习相比，LSTM 模型更适用于有语序关系的文本。

在线评论是按时间语序排列的分词集合，词汇语境下会呈现出一定的语序关系，因此 LSTM 能够有效地拟合，从而验证 LSTM 模型的有效性。在本章的实验中，在线评论包含用户对商品、订单的评价信息，这些信息表现出了用户的体验感悟，包括用户对该次体验的情感倾向和用户反馈的商品问题。对在线评论进行 LSTM 建模能够对用户的情感极性特征进行抽取，同时也能分析出负面在线评论中用户反馈的商品问题。因此，本章在进行在线评论属性特征抽取和负面在线评论属性特征抽取的过程中采用 LSTM 模型进行拟合。

- LSTM 实验设计

在进行实验前，本章进行了训练集、验证集和测试集的划分。本章选取的有效评论数为 1834824 条，其中只有 243823 条数据对情感极性和负面在线评论的具体问题进行了标注，剩下的评论数据都是未标注的，因此本小节将已标注的数据按照 10∶1 的比例分为训练集和测试集，训练出拟合度高的模型，为剩下的 1591001 条数据进行标注，从而为后续研究在线评论对用户购买决策的有效性分析提供数据支持。

针对文本预处理得出的文本矩阵，利用 LSTM 模型，预测出不同评论对应的情感极性倾向和负面在线评论属性特征倾向。在标注数据中，情感极性包括好评和差评，其中负面在线评论属性特征包括：商品质量问题、页面描述问题、发货速度问题、客服态度问题和买家主观问题。LSTM 在特征抽取过程中的主要区别在于损失函数设计的不同，在线评论特征抽取和负面在线评论属性抽取在实验设计上趋于一致。

实验以 python 作为编程语言，以 Tensorflow 作为深度学习框架。在实验设计过程中，本小节对神经网络的相关参数进行设计和调整。模型采用批量梯度下降的方法，每次获取小批量的数据作为样本数据，模型设计过程中总共迭代了 10000 次。其中，每次迭代都选取 16 个样本数据，这些样本数据都由 5 行 50 列的矩阵构成。在训练过程中，采用 Adam 作为优化器，并以 0.001 作为学习的步长。

对情感极性特征进行抽取，我们以交叉熵作为损失函数，公式如下：

$$loss = -\sum_{j=1}^{m}\sum_{i=1}^{n} y_{ij} \times \log(\hat{y}_i) \qquad (10.12)$$

其中，y_i 表示该评论的情感极性标签；$\hat{y}_i$ 表示该评论的情感进行的预测结果；i 表示评论的次序；m 表示标签的数量；n 表示评论的数量，通过对数量为 n 的评论预测误差进行汇总，可得出该模型的整体误差值。在训练过程中，$loss$ 值越小越好，整个神经网络训练过程主要通过降低 $loss$ 值来进行迭代。

同理，对负面在线评论的属性特征进行抽取，损失函数采用类似情感极性特征抽取的损失函数形式。多标签分类损失函数如式（10.13）所示。式（10.13）以 m 表示标签的数量，也就是说，通过对 m 个标签的损失函数误差进行汇总，得出总体误差值，从而进行迭代。

$$loss = -\sum_{m}\sum_{i=1}^{n} y_i^m \times \log(\hat{y}_i^n) \qquad (10.13)$$

- LSTM 实验调参

Dropout 是指在深度学习训练过程中，模型以一定的概率随机舍弃网络中的神经元节点。对于随机梯度下降而言，神经元随机舍弃会导致每一次训练出的神经网络模型存在差异。这里主要探索 LSTM 模型中 Dropout 参数是否有助于模型性能提升，以及最适合的 Dropout 参数值。

实验以 Tensorflow 深度学习框架进行设计，在设计过程中，Dropout 以 *keep_prob* 参数值来表示。*keep_drop* 参数值为 1.0，表示模型未舍弃模型中的神经元节点；*keep_drop* 值为 0.1，表示该模型保留了模型中 10%的神经元节点数。实验设计 *keep_drop* 值分别为 0.1~1.0，即间隔为 0.1 的值，探索不同 Dropout 参数值对 LSTM 模型性能的影响。实验结果如图 10.7 所示，在 Dropout 参数调整过程中，准确率随着 *keep_drop* 值的增大呈现出先递增再递减的趋势。当 *keep_drop* 参数值为 0.1~0.3 时，LSTM 模型准确率略低；当 *keep_drop* 参数值为 0.4~0.7 时，模型效果比较好，特别是当该参数值为 0.6 时，模型效果最好；当 *keep_drop* 参数值大于 0.7 时，模型性能又开始降低。因此，*keep_prob* 参数值过低，会导致模型舍弃过多的神经元节点，结构过于简单，从而降低学习能力，而 *keep_drop* 参数值过高，则会导致模型保留过多的神经元节点，对噪声数据进行拟合，产生过拟合现象。设置 Dropout 参数有助于模型性能的提升，减少模型的过拟合现象。实验得出结论，保留 60%的神经元节点数时，模型效果最好。

神经元节点表示神经层中节点的数量，该参数也会对模型性能产生影响。当神经元节点过多时，模型不仅训练速度变慢，也会出现过拟合现象；当神经元节点过低时，会导致模型训练过程不充分，不能充分拟合模型结果。

实验将神经元节点数作为参数，通过对不同神经元节点数模型进行训练，得到不同模型的拟合效果。实验以 50~230 作为神经元节点数的区间，以 20 为间隔，训练了 10 个神经元参数值的拟合效果，如图 10.8 所示。当神经元节点数少于 130 时，模型的拟合效果较差。随着神经元节点数的增加，模型拟合效果提升得比较明显。当神经元节点数大于 130 时，模型受神经元节点数的影响比较小，准确率的变化幅度不明显。但是，由于神经元节点数不仅影响模型性能，还影响模型的训练效率，神经元节点数越少，训练时间越少，因此，实验取 130 作为神经元节点数。

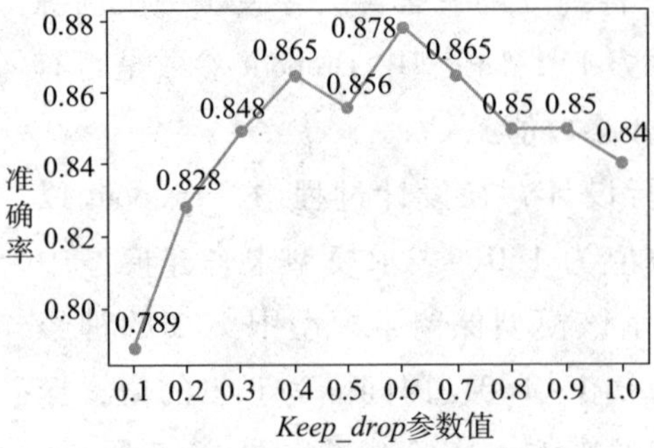

图 10.7　Dropout 性能趋势

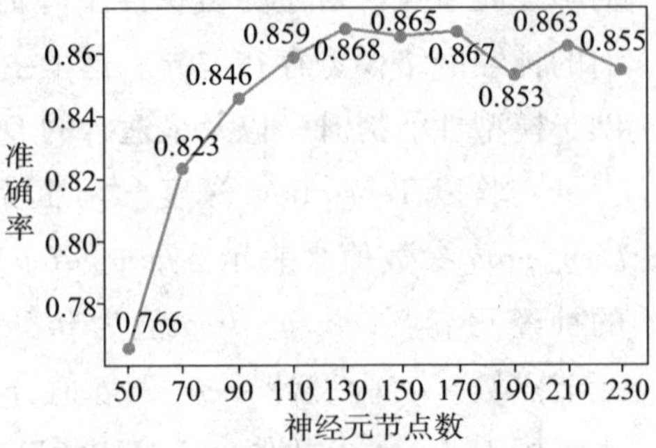

图 10.8　神经元数性能趋势

- LSTM 分类结果

本小节利用 LSTM 模型对评论数据进行实验，包括情感极性特征抽取以及负面在线评论属性特征抽取。此外，基于评论数据，采用其他相关的机器学习算法，包括朴素贝叶斯以及支持向量机，对不同算法的拟合结果进行了比较，通过准确率、召回率及 F 值等多个指标，拟合出评论情感极性特征和负面在线评论属性特征。

这里，应用 tensorboard 对 LSTM 模型进行可视化处理。LSTM 模型流程如图 10.9 所示。其中，*inputs* 作为训练样本，通过 LSTM 模型对权重和偏置进行迭代训练，并将预测结果与实际结果进行比较；利用梯度下降，对训练误差 *loss* 进行训练，当 *loss* 值越来越低时，准确率越来越高。在迭代过程中，准确率和训练误差结果如图 10.10、图 10.11 所示。在 10000 次迭代之后，模型拟合效果良好。在图 10.10 的预测准确性上，模型前期的拟合速度提升相当明显，模型迭代到 2000 次时，出现拐点，提升开始变缓；当模型迭代到 8000 次左右，增长趋势趋于平缓。最终，当模型迭代到 10000 次时，训练集的准确率达到 0.879。训练过程的损失误差也有类似的趋势（如图 10.11 所示），但由于数据的随机性，模型的误差会出现波动，呈现出周期性递减的趋势。最后，应用测试集对模型进行测试，正确率达到 0.877，与训练集的准确率基本一致，因此不存在过拟合和欠拟合问题，模型效果良好。

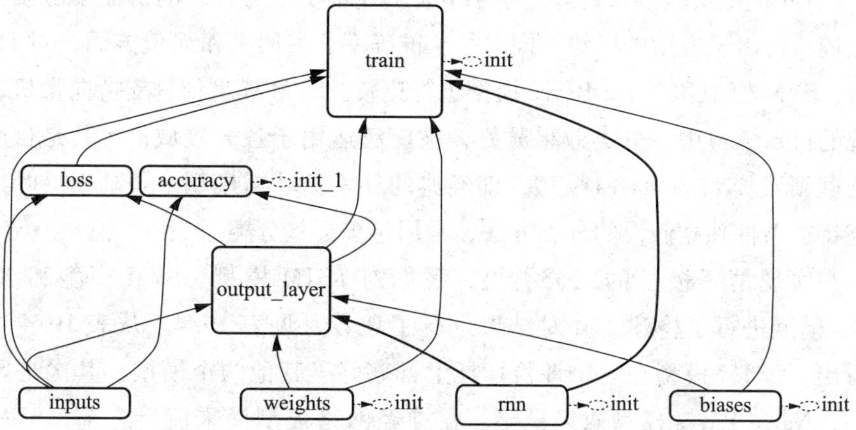

图 10.9　LSTM 模型流程

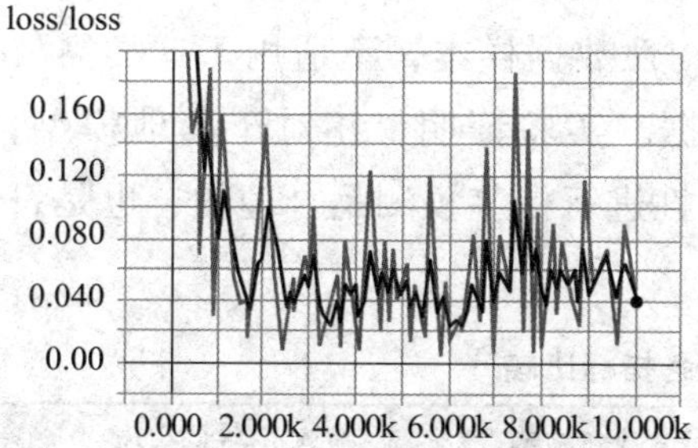

图 10.10　模型准确率趋势

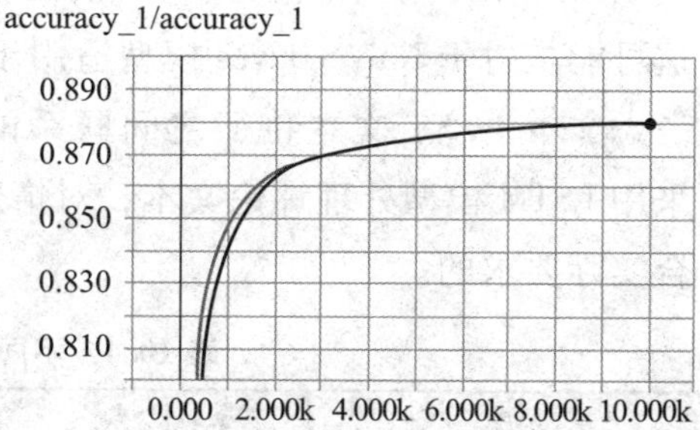

图 10.11　模型训练误差

我们通过准确率、召回率和 F 值对在线评论情感极性和负面在线评论属性特征两个实验的结果进行比较，见表 10.3。

表 10.3　情感极性抽取和负面在线评论属性特征抽取评价指标

指标	情感极性抽取×100	负面在线评论特征抽取×100
准确率	87.9	89.5
召回率	84.6	83.9
F 值	86.2	86.6

在情感极性二分类过程中，准确率为 87.9，召回率为 84.6，F 值为 86.2；在负面在线评论多标签分类过程中，其准确率略高于情感极性二分类，而召回率略低于情感极性二分类，在综合指标 F 值上，两种分类结果差距不大。

LSTM 模型实验效果良好。本小节将 LSTM 模型与传统的机器学习模型进行比较，得出该模型的优势。同时，从准确率、召回率和 F 值方面，对 LSTM 模型、SVM 模型和 Naive Bayes 模型进行比较。SVM 模型俗称支持向量机，在传统的机器学习中，分类效果颇好，被广泛运用于各大领域，尤其是自然语言处理领域。Naive Bayes 模型，即经典的朴素贝叶斯模型，是基于贝叶斯定理与特征条件独立假设的分类方法，常用于多标签分类。

在实现情感极性的二分类上，我们对 LSTM 模型、SVM 模型和 Naive Bayes 模型进行了构建，并对结果进行了比较，见表 10.4。从表 10.4 中可以看出，LSTM 模型在三个评价指标上都略好于其他两个模型，其次是 SVM 模型，Naive Bayes 模型效果最差。在神经网络模型尚未流行之前，SVM 模型在自然语言处理上独占优势，拟合效果尤为突出。就本实验而言，LSTM 模型效果更好，而 Naive Bayes 模型在评价指标效果方面并不是非常理想，这可能是由于 Naive Bayes 模型适用于结构性数据样本，不适用于这类需要考虑文本语境、文本特征之间联系的数据。实验证明，相对于其他模型，采用 LSTM 模型处理评论文本，对情感极性进行标签预测是合理的，也是符合实际要求的。

表 10.4　不同模型各指标比较

指标	LSTM 模型	SVM 模型	Naive Bayes 模型
准确率	87.9	82.34	78.56
召回率	84.6	79.63	77.48
F 值	86.2	79.97	78.01

10.3.3　样本的描述性分析

通过截面数据分析和面板数据分析两种方法获取的样本在描述性统计分析上具有类似的分布趋势。我们主要对 2014 年 1 月 1 日至 2017 年 12 月 31 日的样本数据进行统计和分析。

表 10.5 对不同产品的评论特征和商品特征等数值型特征变量进行了描述性统计分析，统计了 10106 个有效商品样本的评论特征及商品特征。由于对这些特征都进行了数据预处理及取对数操作，因此表中出现的产品特征标准化值相对较小。

表 10.5　数值型特征变量的描述性统计分析

变量	商品数	平均值	标准差	最小值	最大值
正面评论占比	10106	0.876367	0.095549	0	1
质量问题占比	10106	0.60476	0.310419	0	1
页面问题占比	10106	0.091436	0.155309	0	1
发货问题占比	10106	0.027567	0.085443	0	1
客服问题占比	10106	0.020099	0.067733	0	1
主观问题占比	10106	0.207329	0.214655	0	1
评论数量	10106	3.978407	1.483873	0	9.3299
平均文本长度	10106	2.463618	0.359427	1.098612	4.488636
评论差异性	10106	0.099219	0.053309	0	0.25
评论时效性	10106	8.47697	1.702415	0.059423	12.0486
商品价格	10106	5.151027	0.482372	0	9.21024
商品日销量	10106	1.941454	4.683729	0.000701	141.666667

对评论的情感极性而言，正面评论所占的比例平均值为 0.88，说明大部分评论都为正面评论；在负面评论中，质量问题是用户最为关注的问题，平均值达到了 0.6，质量问题的分布相对不太稳定，标准差达到了 0.3，其次是主观问题、页面问题、发货问题和客服问题。

评论数量、平均文本长度、评论时效性和商品价格四个变量分布类似。经过取对数操作之后，四个变量的平均值都为个位数，其分布的标准差值也在 10 以内，比较稳定。四个变量的最大值也比较接近，均为 9~13。这四个变量说明，取对数操作不仅缩小了变量的变化范围，稳定了变量的分布区间，也减小了不同变量在量纲上的差异，较好地调整了不同变量对因变量的影响。

评论差异性表示评论情感极性的差异程度。评论差异性反映评论情感极性的分布稳定性，其值为 0 或者 1，因此在取方差时会显得比较小。从表 10.5 中可以看出，不管是平均值还是标准差，评论差异性的值都远远小于其他特征。

商品日销量即商品平均每天的销量，该值的变化幅度比较大。从表 10.5

中可以看出，商品的平均日销量将近 2 件，分布的标准差较大，分布不平衡。

10. 3. 4 截面数据模型结果分析

10. 3. 4. 1 截面样本选取

在选取截面数据时，我们以一个月作为一个阶段，分别获取了 2017 年 2 月、5 月、8 月及 11 月作为春季、夏季、秋季及冬季的截面样本。在不同的季节，商品类型需求会有所差异，商品的销售情况会受到极大影响。因此，在截面样本的选取过程中，实验获取了不同季节不同商品类型的样本数据。

10. 3. 4. 2 截面数据相关性分析

我们对获取的截面样本数据进行了相关性分析，结果见表 10. 6。从表 10. 6 中可以看出，不同变量之间的相关性较低，除了正面评论占比与评论差异性，其他变量的相关性都低于 0. 5，变量之间不存在相关性。从正面评论占比和评论差异性来看，如果一种产品的评论中好评居多，那么评论的差异性将会比较小。从理论上看，正面评论占比与评论差异性存在明显的负相关关系。因此，对于截面数据，本章将评论差异性去除，留下正面评论占比，其他变量已经全部通过截面数据的相关性分析，以避免产生多重共线性问题，进而拒绝 H10. 2，同时将符合相关性要求的变量作为自变量。

10. 3. 4. 3 模型评估与结果分析

我们对截面数据进行建模，通过回归分析确定自变量与因变量之间的关系。将截面数据作为样本，确定不同变量之间的数学关系式，通过对式子的可信度进行统计学检验，确定影响目标变量的自变量中哪些变量的影响是显著的，哪些是不显著的。最终利用 SPSS 软件，对多元线性回归结果进行显著性分析，研究在线评论对销量的拟合结果，得出在线评论对用户购买决策的有效性影响。

- 在线评论数值特征建模

在截面数据相关性分析过程中，由于评论差异性与正面评论占比具有多重共线性问题，因此在建模过程中未引入评论差异性特征。该部分的自变量包括：正面评论占比、评论数量、评论文本长度、评论时效性以及商品价格，因变量为商品日销量。在线评论对购买决策的回归拟合结果显示，拟合优度检验 R^2 值为 0. 345，F 值为 771. 603，$p<0.01$，回归方程的整体拟合程度较高。回归系数见表 10. 7。

表 10.6　截面数据相关性分析

变量	正面评论占比	质量问题占比	页面问题占比	发货问题占比	客服问题占比	主观问题占比	评论数量	评论文本长度	评论差异性	评论时效性	商品价格
正面评论占比	1	-0.253**	-0.063**	0.004	-0.026*	0.005	0.005	-0.427**	-0.951**	-0.072**	-0.136**
质量问题占比		1	-0.295**	-0.136**	-0.111**	-0.423**	0.184**	0.132**	0.295**	0.003	0.086**
页面问题占比			1	-0.022	0.015	-0.078**	0.035**	0.042**	0.077**	0.046**	0.025*
发货问题占比				1	0.074**	-0.042**	0.059**	0.053**	0.005	-0.003	0.001
客服问题占比					1	-0.008	0.049**	0.111**	0.036**	0.038**	0.046**
主观问题占比						1	0.067**	-0.024*	0.014	-0.047**	0.040**
评论数量							1	0.072**	0.075**	-0.044**	0.095**
评论文本长度								1	0.421**	-0.021	0.231**
评论差异性									1	0.085**	0.151**
评论时效性										1	-0.035**
商品价格											1

注：**、*分别表示在 0.01、0.05 的水平上结果显著。

表 10.7　在线评论的截面数值模型回归分析

	非标准化系数		t	*Sig.*
	β	标准误差		
常数项	-1.585	0.350	-4.531	0.000
正面评论占比	0.345	0.248	1.391	0.164
评论数量	0.708	0.013	55.380	0.000
评论文本长度	-0.421	0.064	-6.626	0.000
评论时效性	-0.069	0.008	-8.695	0.000
商品价格	0.726	0.031	23.247	0.000

在表 10.7 中，只有正面评论占比 $p>0.05$，其他特征都远小于 0.05，这些特征才与用户购买决策显著相关。正面评论占比的 *Sig.* 值远大于 0.05，假设性检验不通过，拒绝 H10.1。在评论数量和商品价格上，β 值分别为 0.708 和 0.726，与用户购买决策显著正相关，支持 H10.9、H10.11。评论文本长度的 β 值为-0.421，与用户购买决策显著负相关，支持 H10.6。评论时效性的 β 值为-0.069，由于该值趋近于 0，与用户购买决策的相关性较低，因此拒绝 H10.4。

• 在线评论分类特征建模

这里我们主要针对在线评论中的分类特征进行建模，包括商品类型和商品季节，实验采用虚拟变量的方法。虚拟变量线性回归是一种处理分类数据的方法，主要是将不能定量处理的特征进行量化，以便更好地进行回归分析。该方法通过设计分类数减 1 的虚拟变量数来分析各个分类的效用，并在所属类型上设置为 1，其他类型上设置为 0。

商品类型和商品季节作为虚拟变量的回归结果见表 10.8。对商品类型和商品季节进行分析，可以得出结论，相对于其他商品类型，上衣、裤子、裙子、首饰、头饰和鞋袜在显著性水平上都大于 0.5，这说明商品类型在模型表现上是不显著的，因此拒绝 H10.12，这可能是由于获取的商品品牌过于单一，用户对该品牌的追求远超过商品类型的影响。在商品季节表现上，相对于冬季商品，春季和秋季模型的显著性远低于 0.05，通过显著性检验，而夏季模型则未通过显著性检验。可见，不同商品季节对用户购买决策的影响存在差异，因此接受 H10.13。

表 10.8　在线评论的截面分类模型回归分析

	非标准化系数		标准系数（试用版）	t	*Sig.*
	β	标准误差			
常数项	0.209	0.933		0.224	0.823
正面评论占比	0.338	0.248	0.015	1.391	0.154
评论数量	0.708	0.013	0.523	55.380	0.000
评论文本长度	-0.421	0.064	-0.072	-6.626	0.000
评论时效性	-0.069	0.008	-0.082	-8.695	0.000
商品价格	0.726	0.031	0.232	23.247	0.000
上衣	-1.655	1.151	-0.535	-1.438	0.151
裤子	-1.633	1.152	-0.350	-1.418	0.156
裙子	-1.683	1.151	-0.478	-1.462	0.144
首饰	-2.062	1.164	-0.105	-1.772	0.076
头饰	-1.065	1.168	-0.046	-0.912	0.362
鞋袜	-1.125	1.161	-0.063	-0.969	0.333
春季	0.395	0.040	0.100	9.767	0.000
夏季	0.016	0.035	0.005	0.472	0.637
秋季	0.232	0.040	0.059	5.856	0.000

- 负面在线评论特征建模

负面在线评论建模是指在数值型特征模型基础上加入负面在线评论特征变量，包括质量问题占比、页面问题占比、发货问题占比、客服问题占比和主观问题占比。负面在线评论对购买决策的回归拟合结果显示，拟合优度检验 R^2 值为 0.346，F 值为 360.863，$p<0.01$，回归方程的整体拟合程度较高。回归系数见表 10.9。

表 10.9　负面在线评论截面模型回归分析

	非标准化系数		标准系数（试用版）	t	*Sig.*
	β	标准误差			
常数项	0.209	0.933		0.224	0.823
正面评论占比	-1.706	0.904	-0.072	-1.887	0.059
质量问题占比	0.244	0.080	0.040	3.059	0.002
页面问题占比	-0.013	0.110	0.001	0.117	0.907

续表

	非标准化系数		标准系数（试用版）	t	Sig.
	β	标准误差			
发货问题占比	-0.038	0.202	-0.002	-0.187	0.852
客服问题占比	-1.675	0.246	-0.065	-6.809	0.000
主观问题占比	-0.247	0.088	0.032	2.807	0.005
评论数量	0.709	0.014	0.523	51.932	0.000
评论文本长度	-0.363	0.064	-0.062	-5.688	0.000
评论时效性	-0.064	0.008	-0.076	-8.053	0.000
商品价格	0.728	0.031	0.232	23.341	0.000

在表 10.9 中，除了数值特征的显著性提高，正面评论占比的显著性 *Sig.* 值明显降低，模型结果更加显著。此外，在负面在线评论特征的显著性水平上，质量问题占比、客服问题占比以及主观问题占比的显著性也通过检验，这说明负面在线评论的这三个属性特征会对用户购买决策产生显著影响，支持 H10.3、H10.6、H10.7。页面问题占比和发货问题占比这两个变量均未通过显著性检验，这可能是由于页面问题占比和客服问题占比的在线评论数量较少，未能对用户购买决策产生显著影响，拒绝 H10.4、H10.5。在引入了负面在线评论属性特征之后，模型的结果更为显著，说明负面在线评论属性特征会对用户购买决策产生显著影响，也说明在线评论的有效性。

10.3.5 面板数据模型结果分析

10.3.5.1 面板样本选取

我们基于 2014 年 1 月 1 日至 2017 年 12 月 31 日共四年的产品订单数据和评论数据，采用销量增长率比值法，对商品不同订单划分了生命周期阶段，研究在不同生命周期阶段，不同商品在线评论对用户购买决策的影响。

10.3.5.2 面板数据相关性分析

在进行面板数据相关性分析过程中，对商品不同生命周期层次进行统一处理。区别于截面数据分析，面板数据模型以不同商品不同生命周期阶段作为研究对象，构建了线性回归模型，并分别探索了在商品投入期、成长期、成熟期和饱和期，在线评论对用户购买决策的影响。在进行回归分析之前，同样进行了面板数据的相关性分析，见表 10.10。

表 10. 10 列示了不同生命周期阶段自变量之间的相关性，与表 10. 6 类似，除了正面评论占比与评论差异性之间相关性大于 0. 7，其他变量之间的相关性都小于 0. 5，很多变量的相关性小于 0. 1，因此进行类似处理，将评论差异性去除，拒绝 H10. 2，从而避免多重共线性问题。由于在截面数据分析期间已经对商品类型和商品季节两个分类数据进行了实验，因此面板数据不引入这两个变量，拒绝 H10. 8a，接受 H10. 8b。

10. 3. 5. 3　模型估计与结果分析

在不同的生命周期阶段，在线评论对用户购买决策的影响可能不一致，因此我们分两部分对不同生命周期阶段的数据进行建模。

- 面板数据多元线性回归

基于面板数据的在线评论对购买决策的回归拟合结果显示，R^2 值为 0. 131，F 值为 623. 658，$p<0.01$，回归方程的整体拟合程度较高，回归系数见表 10. 11。在表 10. 11 中，所有变量的 *Sig.* 值均小于 0. 05，说明所有变量与销量显著相关，在线评论显著影响用户的购买决策。面板数据模型和截面数据模型在结果上显著不同，说明商品生命周期确实影响在线评论对用户购买决策的有效性。

对于正面评论占比，β 值为-1. 333，标准化之后为-0. 9，正面评论占比与销量存在显著负相关关系，表明正面在线评论会对用户购买决策产生负向影响，这可能是由于评论过程中出现了大量的水军，也可能是由于系统自动给出了好评，该结果影响了在线评论的情感极性标准，因此拒绝 H10. 1。

对于负面在线评论的具体问题，质量问题占比、页面问题占比、发货问题占比、客服问题占比、主观问题占比的 β 值都为负值，说明这些评论信息都会对用户购买决策产生显著的负向影响，因此接受 H10. 3 至 H10. 7。

在评论数量和评论时效性方面，评论数量越多，评论越具有时效性，产品的销量越多，这说明用户更加关注近期其他用户关注的问题，与截面数据分析略有差异，因此接受 H10. 8 和 H10. 9。

在平均文本长度这一维度上，β 值为-0. 246，说明评论中存在评论过长的情况，在不同生命周期阶段，用户会对文本过长的评论产生厌烦心理，因此接受 H10. 10。

表 10.10　面板数据模型相关性分析

变量	正面评论占比	质量问题占比	页面问题占比	发货问题占比	客服问题占比	主观问题占比	评论数量	评论文本长度	评论差异性	评论时效性	商品价格
正面评论占比	1	-0.334**	-0.092**	-0.039**	-0.011*	-0.067**	-0.007	-0.393**	-0.714**	0.002	-0.110**
质量问题占比		1	-0.165**	-0.094**	-0.065**	-0.217**	0.377**	0.278**	0.476**	-0.046**	0.096**
页面问题占比			1	-0.024**	0.025**	-0.029**	0.125**	0.090**	0.129**	-0.010*	0.020**
发货问题占比				1	0.068**	-0.035**	0.060**	0.078**	0.044**	-0.004	0.014**
客服问题占比					1	-0.003	0.073**	0.089**	0.045**	-0.004	0.068**
主观问题占比						1	0.225**	0.075**	0.135**	-0.041**	0.036**
评论数量							1	0.238**	0.264**	-0.119**	0.086**
评论文本长度								1	0.435**	-0.049**	0.220**
评论差异性									1	-0.021**	0.171**
评论时效性										1	-0.246**
商品价格											1

注：**、*分别表示在0.01、0.05的水平上结果显著。

商品价格对用户购买决策影响的结论与截面数据相似，因此接受 H10. 11。

表 10. 11　面板数据模型回归分析

	非标准化系数		标准系数（试用版）	*t*	*Sig.*
	β	标准误差			
常数项	3. 596	0. 124		28. 890	0. 000
正面评论占比	−1. 333	0. 084	−0. 090	−15. 845	0. 000
质量问题占比	−0. 770	0. 030	−0. 168	−25. 858	0. 000
页面问题占比	−0. 838	0. 047	−0. 091	−17. 839	0. 000
发货问题占比	−0. 445	0. 081	−0. 027	−5. 527	0. 000
客服问题占比	−0. 559	0. 100	−0. 027	−5. 606	0. 000
主观问题占比	−0. 774	0. 036	−0. 116	−21. 391	0. 000
评论数量	0. 444	0. 006	0. 465	78. 003	0. 000
评论文本长度	−0. 246	0. 022	−0. 062	−11. 381	0. 000
评论时效性	0. 109	0. 003	0. 207	42. 313	0. 000
商品价格	0. 155	0. 014	0. 056	11. 242	0. 000

- 不同商品周期层次的多元线性回归

采用面板数据，未能探索出不同生命周期阶段在线评论对用户购买决策的实际影响。本小节根据商品投入期、成长期、成熟期和衰退期四个生命周期阶段构建了回归模型，结果见表 10. 12。在生命周期不同阶段，在线评论对用户购买决策的影响存在细微差别。

表 10. 12　商品四个生命周期阶段的回归分析

	投入期	成长期	成熟期	衰退期
常数项	7. 541***	6. 123***	6. 287***	3. 536***
正面评论占比	−1. 857***	−1. 776***	−1. 479***	−0. 724***
质量问题占比	−0. 841***	−0. 943***	−0. 816***	−0. 461***
页面问题占比	−0. 935***	−0. 943***	−0. 945***	−0. 541***
发货问题占比	−0. 724***	−0. 581***	−0. 394***	−0. 182*
客服问题占比	−0. 692***	−0. 308**	−0. 448***	−0. 093
主观问题占比	−0. 773***	−0. 935***	−0. 862***	−0. 580***
评论数量	0. 501***	0. 575***	0. 428***	0. 247***

续表

	投入期	成长期	成熟期	衰退期
评论文本长度	-0.246***	-0.261***	-0.175***	0-.005
评论时效性	-0.036***	0.148***	0.046***	0.020***
商品价格	-0.553***	-0.140***	-0.201***	-0.122***

注：***、**、*分别表示在0.001、0.01、0.05的水平上结果显著。

10.3.6 实证结果分析

我们通过截面数据模型和面板数据模型对样本数据进行实证，对相关假设进行探讨和验证，结论见表10.13。

在截面数据中，分别对数值型数据和分类数据进行探讨，从而完成大部分假设的验证。对于H10.14，由于截面数据是获取某段时间的数据，该区间内商品很难经历完整的生命周期，因此未设计实验。将生命周期阶段引入面板数据模型，探索不同生命周期阶段在线评论对用户购买决策的影响，结果发现，划分生命周期阶段后，不同变量对用户购买决策的影响更为显著，支持H10.14。

商品类型和商品季节属于分类变量，实验在截面数据模型中发现，商品类型在显著性水平上都未通过显著性检验，而商品季节在春和秋两个季节上都通过显著性检验，在不同的商品季节，结果存在差异，因此支持H10.12，拒绝H10.13。

对于H10.1、H10.2、H10.3、H10.6、H10.10、H10.11、H10.12，假设中的变量对用户购买决策的影响在截面数据模型中和面板数据模型中得出相同的结论，说明这几个变量对用户购买决策的影响受到生命周期的影响较小。

对于H10.4、H10.5、H10.8，假设中的变量在截面数据模型和面板数据模型中对用户购买决策的影响呈现出不一致的结论。在截面数据模型中，这几个变量极大部分不拟合，有小部分的相关系数值很小，说明这三个变量在生命周期不同阶段对用户购买决策的影响存在差异。

表10.13　假设检验结果统计

假设	截面数据模型结果	面板数据模型结果
H10.1：正面评论占比会对用户购买决策产生显著的正向影响	拒绝	拒绝
H10.2：评论差异性会对用户购买决策产生显著的负向影响	拒绝	拒绝

续表

假设	截面数据模型结果	面板数据模型结果
H10.3：质量问题占比会对用户购买决策产生显著的负向影响	接受	接受
H10.4：页面问题占比会对用户购买决策产生显著的负向影响	拒绝	接受
H10.5：发货问题占比会对用户购买决策产生显著的负向影响	拒绝	接受
H10.6：客服问题占比会对用户购买决策产生显著的负向影响	接受	接受
H10.7：主观问题占比会对用户购买决策产生显著的负向影响	接受	接受
H10.8：评论时效性会对用户购买决策产生显著的正向影响	拒绝	接受
H10.9：评论数量会对用户购买决策产生显著的正向影响	接受	接受
H10.10：评论文本长度会对用户购买决策产生显著的负向影响	接受	接受
H10.11：商品价格会对用户购买决策产生显著的正向影响	接受	接受
H10.12：商品类型会对用户购买决策产生显著影响	拒绝	无
H10.13：商品季节会对用户购买决策产生显著影响	接受	无
H10.14：商品生命周期会对在线评论的有效性产生显著影响	接受	接受

10.4　本章小结

本章以某电商平台的在线评论作为研究对象，以时尚女装作为体验型商品代表，通过建立截面数据模型和面板数据模型实证分析女装商品在线评论对用户购买决策的影响。

在引入研究变量的过程中，由于特征预处理的需要，本章采用分词、TF-IDF 词汇过滤、Word2vec 转化等多种自然语言处理手段，并采用 LSTM 神经网络模型进行在线评论情感极性特征抽取和负面在线评论属性特征抽取，为后期模型构建提供数据支持。

截面数据模型和面板数据模型的实证结果表明：商品的在线评论会对用户的购买决策产生影响。具体结论如下：

（1）商品生命周期阶段会影响在线评论对用户购买决策的有效性。区别于以往研究，本章在探索在线评论有效性影响因素的过程中，引入了产品生命周期阶段。研究表明：在商品不同生命周期阶段，在线评论对用户购买决策的影响存在显著差异。

（2）负面在线评论的质量问题占比、页面问题占比、发货问题占比、客服问题占比、主观问题占比会对用户购买决策产生显著的负面影响。从截面数据可以看出，页面问题占比、发货问题占比与用户购买决策不存在显著的相关关系，而质量问题占比、客服问题占比和主观问题占比与用户购买决策显著正相关；但是，将商品生命周期引入面板数据分析，可以明显看出负面在线评论的具体问题会对用户购买决策产生显著的负面影响。

（3）在研究时尚女装在线评论的过程中，采用自然语言处理方法对评论内容进行过滤和提炼，抽取出在线评论情感极性特征和负面在线评论属性特征，同时将采集的原始数据和文本分析量化的数据相结合作为评价在线评论的指标，更全面、更准确地诠释了在线评论的文本特性，可为相关研究提供参考。

参考文献

[1] GROSSMAN G M, SHAPIRO C. Informative advertising with differentiated products [J]. Review of Economic Studies, 1984, 51 (1): 63–81.

[2] KIM J. Evaluation of internet advertising research: a bibliometric analysis of citations from key sources [J]. Journal of Advertising, 2008, 37 (1): 99–112.

[3] RUTZ O J, BUCKLIN R E. From generic to branded: a model of spillover in paid search advertising [J]. Journal of Marketing Research, 2011, 48 (1): 87–102.

[4] BREUER R, BRETTEL M. Short–and long–term effects of online advertising: differences between new and existing customers [J]. Journal of Interactive Marketing, 2012, 26 (3): 155–166.

[5] MATTMANN C A. Computing: a vision for data science [J]. Nature, 2013, 7433 (493): 473–475

[6] EINAV L, LEVIN J. Economics in the age of big data [J]. Science, 2014, 346 (6210): 1–6.

[7] AKERLOF A. The market for lemons: quality uncertainty and the market mechanism [J]. The Quarterly Journal of Economics, 1970, 84 (3): 488–500

[8] NARASIMHAN C A. Price discrimination theory of coupons [J]. Marketing Science, 1984, 3 (2): 128–147.

[9] ROSE S, HAIR N, CLARK M. Online customer experience: a review of the business–to–consumer online purchase context [J]. International Journal of Management Reviews, 2011, 13 (1): 24–39.

[10] PARK J, LENNON S J, STOEL L. On–line product presentation: effects on mood, perceived risk, and purchase intention [J]. Psychology and Marketing, 2005, 22 (9): 695–719.

[11] KANG L, WANG X, TAN C H, et al. Understanding the antecedents and

consequences of live chat use in electronic markets [J]. Journal of Organizational Computing and Electronic Commerce, 2015, 25 (2): 117-139.

[12] YE Q, CHENG Z, FANG B. Learning from other buyers: the effect of purchase history records in online marketplaces [J]. Decision Support Systems, 2013 (56): 502-512.

[13] CHRISTIANSEN T, TAX S. Measuring word of mouth: the questions of who and when? [J]. Journal of Marketing Communications, 2000, 6 (3): 185-199.

[14] CHEVALIER J A, MAYZLIN D. The effect of word of mouth on sales: online book reviews [J]. Journal of Marketing Research, 2006, 43 (3): 345-354.

[15] DUAN W, GU B, WHINSTON A B. The dynamics of online word-of-mouth and product sales: an empirical investigation of the movie industry [J]. Journal of Retailing, 2008, 84 (2): 233-242.

[16] NELSON P. Information and consumer behavior [J]. Journal of Political Economy, 1970, 78 (2): 311-329.

[17] DANAHER P J, RUST R T. Determining the optimal return on investment for an advertising campaign [J]. European Journal of Operational Research, 1996, 95 (3): 511-521.

[18] LI, KANNAN P K. Attributing conversions in a multichannel online marketing environment: an empirical model and a field experiment [J]. Journal of Marketing Research, 2014, 51 (1): 40-56.

[19] CHATTERJEE P, HOFFMAN D L, NOVAK T P. Modeling the clickstream: implications for web-based advertising efforts [J]. Marketing Science, 2003, 22 (4): 520-541.

[20] NOTTORF F. Modeling the clickstream across multiple online advertising channels using a binary logit with Bayesian mixture of normals [J]. Electronic Commerce Research & Applications, 2014, 13 (1): 45-55.

[21] JORDAN P, MAHDIAN M, VASSILVITSKII S, et al. The multiple attribution problem in pay-per-conversion advertising [J]. Rroceedings of the 4th international conference on algorithmic game theory, October 2011: 31-43.

[22] MOE W W, FADER P S. Dynamic conversion behavior at E-commerce sites [J]. Management Science, 2004, 50 (3): 326-335.

[23] MANCHANDA P, DUBÉ J P, GOH K Y, et al. The effect of banner

advertising on internet purchasing [J]. Journal of Marketing Research, 2002, 43 (1): 98-108.

[24] RUTZ O J, TRUSOV M. Zooming in on paid search Ads—a consumer-level model calibrated on aggregated data [J]. Marketing Science, 2011, 30 (5): 789-800.

[25] MONTGOMERY A L, LI S, SRINIVASAN K, et al. Modeling online browsing and path analysis using click stream data [J]. Marketing Science, 2004, 23 (4): 579-595.

[26] BASS F M, CLARKE D G. Testing distributed lag models of advertising effect [J]. Journal of Marketing Research, 1972, 9 (3): 298-308.

[27] GIVON M, HORSKY D. Untangling the effects of purchase reinforcement and advertising carryover [J]. Marketing Science, 1990, 9 (2): 171-187.

[28] BREUER R, BRETTEL M, ENGELEN A. Incorporating long-term effects in determining the effectiveness of different types of online advertising [J]. Marketing Letters, 2011, 22 (4): 327-340.

[29] BRIGGS R. Advertising on the web: is there any response before click-through [J]. Journal of Advertising Research, 1997, 5 (3): 265-267.

[30] KIM C, KWON K, CHANG W. How to measure the effectiveness of online advertising in online marketplaces? [J]. Expert Systems with Applications, 2011, 38 (4): 4234-4243.

[31] BARAJAS J, AKELLA R, HOLTAN M., et al. Experimental designs and estimation for online display advertising attribution in marketplaces [J]. Marketing Science, 2016, 35 (3): 465-483.

[32] XU L, DUAN J A, WHINSTON A. Path to purchase: a mutually exciting point process model for online advertising and conversion [J]. Management Science, 2012, 60 (6): 1393-1412.

[33] KIREYEV P, PAUWELS K, GUPTA S. Do display ads influence search? Attribution and dynamics in online advertising [J]. International Journal of Research in Marketing, 2015, 33 (3): 475-490.

[34] RUTZ O J, BUCKLIN R E. Does banner advertising affect browsing for brands? Clickstream choice model says yes, for some [J]. Quantitative Marketing and Economics, 2012, 10 (2): 231-257.

[35] LAMBRECHT A, TUCKER C. When does retargeting work? Information specificity in online advertising [J]. Journal of Marketing Research, 2013, 50 (5): 561-576.

[36] AGARWAL A, HOSANAGAR K, SMITH M D. Location, location, location: an analysis of profitability of position in online advertising markets [J]. Journal of Marketing Research, 2011, 48 (6): 1057-1073.

[37] SKIERA B, NABOUT N A. PROSAD: a bidding decision support system for profit optimizing search engine advertising [J]. Marketing Science, 2013, 32 (2): 213-220.

[38] BLAKE T, NOSKO C, TADELIS S. Consumer heterogeneity and paid search effectiveness: a large-scale field experiment [J]. Econometrica, 2015, 83 (1): 155-174.

[39] ASHWORTH L, DARKE P R, SCHALLER M. No one wants to look cheap: trade-offs between social disincentives and the economic and psychological incentives to redeem coupons [J]. Journal of Consumer Psychology, 2005, 15 (4): 295-306.

[40] HAMERI A P, NIHTILÄ J. Product data management exploratory study on state of the art in one of a kind industry [J]. Computers in Industry, 1998, 3 (1): 195-206.

[41] NAKHATA C, KUO H C. Consumer avoidance of specially priced items during social coupon redemption [J]. Journal of Retailing and Consumer Services, 2017, 34 (1): 287-293.

[42] BANERJEE S, YANCEY S. Enhancing mobile coupon redemption in fast food campaigns [J]. Journal of Research in Interactive Marketing, 2010, 4 (2): 97-110.

[43] NOBLE, S M, LEE K B, ZARETZKI R, AUTRY C. Coupon clipping by impoverished consumers: linking demographics, basket size, and coupon redemption rates [J]. International Journal of Research in Marketing, 2017, 34 (2): 553-571.

[44] KANG H, HAHN M, FORTIN D R. Effects of perceived behavioral control on the consumer usage intention of e-coupons [J]. Psychology & Marketing, 2006, 23 (10): 841-864.

[45] BAWA K, SHOEMAKER R W. The coupon-prone consumer: some find-

ings based on purchase behavior across product classes [J]. Journal of Marketing, 1987, 51 (4): 99-110.

[46] IM H, HA Y. Is this mobile coupon worth my private information? [J]. Journal of Research in Interactive Marketing, 2015, 9 (2): 92-109.

[47] TANG Q, ZHAO X F, LIU S. The effect of intrinsic and extrinsic motivations on mobile coupon sharing in social network sites [J]. Internet Research, 2016, 26 (1): 101-119.

[48] LEE H S, YEU M S. Factors influencing the intention to redeem coffee shop coupons in Korea [J]. International Journal of Business & Management, 2010, 5 (7): 61-69.

[49] WIERICH R, ZIELKE S. How retailer coupons increase attitudinal loyalty the impact of three coupon design elements [J]. European Journal of Marketing, 2014, 48 (3/4): 699-721.

[50] VENKATESAN R, FARRIS P W. Measuring and managing returns from retailer-customized coupon campaigns [J]. Journal of Marketing, 2012, 76 (1): 76-94.

[51] HARMON S K, HILL C J. Gender and coupon [J]. Journal of Product & Brand Management, 2003, 12 (3): 166-179.

[52] KITCHEN P J, ALWI S S, CHE-HA N, LIM P Y. Coupon redemption behavior: a Malaysian cross-segment investigation [J]. Marketing Intelligence & Planning, 2014, 32 (1): 66-88.

[53] SWAMINATHAN S, BAWA K. Category-specific coupon proneness: the impact of individual characteristics and category-specific variables [J]. Journal of Retailing, 2005, 81 (3): 205-214.

[54] DICKINGER A, KLEIJNEN M. Coupons going wireless: determinants of consumer intentions to mobile coupons [J]. Journal of Interactive Marketing, 2008, 22 (3): 23-39.

[55] CHEN M F, LU T Y. Modeling e-coupon proneness as a mediator in the extended TPB model to predict consumers' usage intentions [J]. Internet Research, 2011, 21 (5): 508-526.

[56] CLARK R A, ZBOJA J J, Goldsmith R E. Antecedents of coupon proneness: a key mediator of coupon redemption [J]. Journal of Promotion Management,

2013, 19 (2): 18-210.

[57] ACHADINHA N M, JAMA L, Nel P. The drivers of consumers' intention to redeem a push mobile coupon [J]. Behaviour & Information Technology, 2014, 33 (12): 1306-1316.

[58] ZHAO X F, TANG Q, LIU S, LIU F. Social capital, motivations, and mobile coupon sharing [J]. Industrial Management & Data Systems, 2016, 116 (1): 188-206.

[59] NEVO A, WOLFRAM C. Why do manufacturers issue coupons? An empirical analysis of breakfast cereals [J]. Journal of Economics, 2002, 33 (2): 319-339.

[60] BARAT S, PASWAN A K. Do higher face-value coupons cost more than they are worth in increased sales? [J]. Journal of Product & Brand Management, 2005, 14 (6): 379-386.

[61] SHOR M, OLIVER R L. Price discrimination through online couponing: impact on likelihood of purchase and profitability [J]. Journal of Economic Psychology, 2006, 27 (3): 423-440.

[62] REIBSTEIN D J, TRAVER PA. Factors affecting coupon redemption rates [J]. Journal of Marketing, 1982, 46 (4): 102-113.

[63] INMAN J J, MCALISTER L. Do coupon expiration dates affect consumer behavior? [J]. Journal of Marketing Research, 1994, 31 (3): 423-428.

[64] LEONE R P, SRINIVASAN S S. Coupon face value: its impact on coupon redemptions, brand sales, and brand profitability [J]. Journal of Retailing, 1996, 72 (3): 273-289.

[65] JUNG K, LEE BY. Online vs offline coupon redemption behaviors [J]. International Business & Economics Research Journal, 2010, 9 (12): 23-36.

[66] CHIANGJ. Competing coupon promotions and category sales [J]. Marketing Science, 1995, 14 (1): 105-122.

[67] CHIOU-WEI S, INMAN J. Do shoppers like electronic coupons? A panel data analysis [J]. Journal of Retailing, 2008, 84 (3): 297-307.

[68] SPIEKERMANN S, ROTHENSEE M, KLAFFT M. Street marketing: how proximity and context drive coupon redemption [J]. Journal of Consumer Marketing, 2011, 28 (4): 280-289.

[69] PAVLOU P A, XUE L Y. Understanding and mitigating uncertainty in online exchange relationships: a principal-agent perspective [J]. MIS Quarterly, 2007, 31 (1): 105-136.

[70] MUDAMBI S M, SCHUFF D. What makes a helpful online review? A study of customer reviews on Amazon. com [J]. MIS Quarterly, 2010, 34 (1): 185-200.

[71] WEISS A M, LURIE N H, MACINNIS D J. Listening to strangers: whose responses are valuable, how valuable are they, and why? [J]. Journal of Marketing Research, 2008, 45 (4): 425-436.

[72] JIANG Z, CHAN J, TAN B C Y, et al. Effects of interactivity on website involvement and purchase intention [J]. Journal of the Association for Information Systems, 2010, 11 (1): 34-59.

[73] KRAWCZYK S I, ZIOŁKOWSKA B. Computer-aided and web-based tools in customer relationship management [J]. Acta Electrotechnica et Informatica, 2013, 13 (4): 13-19.

[74] ANNABELL H, JEFF H, MINER A S. Psychological, relational, and emotional effects of self-disclosure after conversations with a chatbot [J]. Journal of Communication, 2018, 68 (4): 712-733.

[75] BASSO A, GOLDBERG D, GREENSPAN S, et al. First impressions: emotional and cognitive factors underlying judgments of trust E-commerce [C]. Proceedings 3rd ACM Conference on Electronic Commerce, Tampa, Florida, USA, October 14-17, 2001: 137-143.

[76] CRAWFORD G, MELEW T C. The importance of impulse purchase behavior in the international airport environment [J]. Journal of Consumer Behavior, 2003, 3 (1): 85-89.

[77] SONG J H, ZINKHAN G M. Determinants of perceived web site interactivity [J]. Journal of Marketing, 2008, 72 (2): 99-113.

[78] LU B, FAN W, ZHOU M. Social presence, trust, and social commerce purchase intention: an empirical research [J]. Computers in Human Behavior, 2016, 56: 225-237.

[79] TAN X, WANG Y, TAN Y. The value of live chat on online purchase [C]. The 37th International Conference on Information Systems, Dublin, Ireland, 2016.

[80] XU X, MUNSON C L, ZENG S. The impact of e-service offerings on the demand of online customers [J]. International Journal of Production Economics, 2017, 184: 231-244.

[81] OU C X, PAVLOU P A, DAVISON R M. Swift GuanXi in online marketplaces: the role of computer-mediated communication technologies [J]. MIS Quarterly, 2014, 38 (1): 209-230.

[82] PARASURAMAN A, ZEITHAML V A, Malhotra A. ES-QUAL: a multiple-item scale for assessing electronic service quality [J]. Journal of Service Research, 2005, 7 (3): 213-233.

[83] JEONG M, OH H. Quality function deployment: a multiple-item scale for measuring consumer perceptions of service quality [J]. International Journal of Hospitality Management, 1998, 17 (4): 375-390.

[84] ARNDT J. Role of product-related conversations in the diffusion of a new product [J]. Journal of Marketing Research, 1967, 4 (3): 291-295.

[85] HENNIG-THURAU T, GWINNER K P, WALSH G, et al. Electronic word-of-mouth via consumer-opinion platforms: what motivates consumers to articulate themselves on the internet? [J]. Journal of Interactive Marketing, 2004, 18 (1): 38-52.

[86] KIM E, LEE B. E-CRM and digitization of word of mouth [J]. International Journal of Management Science, 2005, 11 (3): 47-60.

[87] DECKER R, TRUSOV M. Estimating aggregate consumer preferences from online product reviews [J]. International Journal of Research in Marketing, 2010, 27 (4): 293-307.

[88] CHATTERJEE P . Online reviews: do consumers use them? [J]. Advances in Consumer Research, 2001, 28: 129-133.

[89] LIU Y. Word of mouth for movies: its dynamics and impact on box office revenue [J]. Journal of Marketing, 2006, 70 (3): 74-89.

[90] ZHU F, ZHANG X. Impact of online consumer reviews on sales: the moderating role of product and consumer characteristics [J]. Journal of Marketing, 2010, 74 (2): 133-148.

[91] ZHANG M. Tapping into the pulse of the market: essays on marketing implications of information flows [D]. Massachusetts Institute of Technology, 2006.

［92］KENSHOO. 2019 年第一季度网络广告报告［EB/OL］. http：//www. 199it. com/archives/872442. html.

［93］KATONA Z，SARVARY M. The race for sponsored links：bidding patterns for search advertising［J］. Marketing Science，2010，29（2）：199-215.

［94］YAO S，MELA C F. A dynamic model of sponsored search advertising［J］. Marketing Science，2011，30（3）：447-468.

［95］RUTZ O J，BUCKLIN R E. A model of individual keyword performance in paid search advertising［EB/OL］. Available at SSRN：https：//ssrn. com/abstract=1024765 or http：//dx. doi. org/10. 2139/ssrn. 1024765，2007.

［96］PALDA K S. The measurement of cumulative advertising effects［J］. The Journal of Business，1965，38（2）：162-179.

［97］BRAUN M，MOE W W. Online display advertising：modeling the effects of multiple creatives and individual impression histories［J］. Marketing Science，2013，32（5）：753-767.

［98］DE HAAN E，WIESEL T，PAUWELS K. The effectiveness of different forms of online advertising for purchase conversion in a multiple-channel attribution framework［J］. International Journal of Research in Marketing，2016，33（3）：491-507.

［99］GHOSE A，YANG S. Modeling cross-category purchases in sponsored search advertising［EB/OL］. Available at SSRN：https：//ssrn. com/abstract=1312864 or http：//dx. doi. org/10. 2139/ssrn. 1312864，2010.

［100］GHOSE A，YANG S. An empirical analysis of search engine advertising：sponsored search in electronic markets［J］. Management Science，2009，55（10）：1605-1622.

［101］RAJ S P. The effects of advertising on high and low loyalty consumer segments［J］. Journal of Consumer Research，1982，9（1）：77-89.

［102］MCCANN J M. Market segment response to the marketing decision variables［J］. Journal of Marketing Research，1974，11（4）：399-412.

［103］TELLIS G J. Advertising exposure，loyalty，and brand purchase：a two-stage model of choice［J］. Journal of Marketing Research，1988，25（2）：134-144.

［104］RUST R T，VERHOEF P C. Optimizing the marketing interventions mix in intermediate-term CRM［J］. Marketing Science，2005，24（3）：477-489.

[105] GRIFFIN J. Winning customers back [J]. Business & Economic Review, 2001, 48 (1): 8.

[106] LEE M, CUNNINGHAM L F. A cost/benefit approach to understanding service loyalty [J]. Journal of Services Marketing, 2001, 15 (2): 113-130.

[107] VAKRATSAS D, AMBLER T. How advertising works: what do we really know? [J]. Journal of Marketing, 1999, 63 (1): 26-43.

[108] SRINIVASAN V, WEIR H A. A direct aggregation approach to inferring microparameters of the Koyck advertising-sales relationship from macro data [J]. Journal of Marketing Research, 1988, 25 (2): 145-156.

[109] BASS F M, LEONE R P. Temporal aggregation, the data interval bias, and empirical estimation of bimonthly relations from annual data [J]. Management Science, 1983, 29 (1): 1-11.

[110] ZELLNER A, GEISEL M S. Analysis of distributed lag models with applications to consumption function estimation [J]. Econometrica (pre-1986), 1970, 38 (6): 865-888.

[111] ENGEL J F, KOLLAT D T, BLACKWELL R D. Personality measures and market segmentation: evidence favors interaction view [J]. Business Horizons, 1969, 12 (3): 61-70.

[112] DAVIES M A P. Journal of current issues and research in advertising [J]. Journal of Current Issues & Research in Advertising, 2010, 32 (1): 13-32.

[113] JANISZEWSKI C. Preattentive mere exposure effects [J]. Journal of Consumer Research, 1993, 20 (3): 376-392.

[114] HOFFMAN D L, NOVAK T P, PERALTA M. Building consumer trust in online environments: the case for information privacy [J]. Communications of the Acm, 1998, 42 (4): 80-85.

[115] MACINNIS D J, JAWORSKI B J. Information processing from advertisements: toward an integrative framework [J]. Journal of Marketing, 1989, 53 (4): 1-23.

[116] PETTY R E, CACIOPPO J T, SCHUMANN D W, et al. Central and peripheral routes to advertising effectiveness: the moderating role of involvement [J]. Journal of Consumer Research, 1983, 10 (2): 135-146.

[117] VAKRATSAS D, MA Z. A look at the long-run effectiveness of multi-

media advertising and its implications for budget allocation decisions [J]. Journal of Advertising Research, 2005, 45 (2): 241-254.

[118] KELLER K L. Memory factors in advertising: the effect of advertising retrieval cues on brand evaluations [J]. Journal of Consumer Research, 1987, 14 (3): 316-333.

[119] DOMINIQUE M HANSSENS, LEONARD J PARSONS, RANDALL L. SCHULTZ. Market response models: econometric and time series analysis [J]. International Journal of Research in Marketing, 1991, 8 (2): 156-158.

[120] LEONE R P. Generalizing what is known about temporal aggregation and advertising carryover [J]. Marketing Science, 1995, 14 (3): 141-150.

[121] GREENE W H. Econometric analysis [M]. 6th ed. 北京：中国人民大学出版社，2009.

[122] WIESEL T, PAUWELS K, ARTS J, et al. Marketing's profit impact: quantifying online and off-line funnel progression [J]. Marketing Science, 2011, 30 (4): 604-611.

[123] BOWMAN D, NARAYANDAS D. Managing customer-initiated contacts with manufacturers: the impact on share of category requirements and word-of-mouth behavior [J]. Journal of Marketing Research, 2001, 38 (3): 281-297.

[124] VALENTINI S, MONTAGUTI E, NESLIN S A, et al. Decision process evolution in customer channel choice [J]. Journal of Marketing, 2011, 75 (6): 72-86.

[125] GOLDFARB A, TUCKER C E. Online display advertising: targeting and obtrusiveness [J]. Marketing Science, 2011, 30 (3): 389-404.

[126] SHUGAN S M. The cost of thinking [J]. Journal of Consumer Research, 1980, 7 (2): 99-111.

[127] KIM J B, ALBUQUERQUE P, BRONNENBERG B J, et al. Online demand under limited consumer search [J]. Marketing Science, 2010, 29 (6): 1001-1023.

[128] JOHNSON E J, BELLMAN S, LOHSE G L, et al. Cognitive lock-in and the power law of practice [J]. Journal of Marketing, 2003, 67 (2): 62-75.

[129] BUCKLIN R E, SISMEIRO C. A model of web site browsing behavior estimated on clickstream data [J]. Journal of Marketing Research, 2003,

40 (3): 249-267.

[130] SONG J, ZAHEDI F M. A theoretical approach to web design in E-commerce: a belief reinforcement model [J]. Management Science, 2005, 51 (8): 1219-1235.

[131] TERUI N, BAN M, ALLENBY G M, et al. The effect of media advertising on brand consideration andchoice [J]. Marketing Science, 2011, 30 (1): 74-91.

[132] ZUKERMAN I, ALBRECHT D W, NICHOLSON A E, et al. Predicting users' requests on the WWW [J]. Courses & Lectures - International Centre for Mechanical Sciences, 1999, 1 (407): 275-284.

[133] SARUKKAI R R. Link prediction and path analysis using Markov chains [J]. Computer Networks, 2000, 33 (1-6): 377-386.

[134] BORGES J, LEVENE M. Data mining of user navigation patterns [C]. Knowledge Discovery and Data Mining, 1999: 92-111.

[135] CADEZ I V, HECKERMAN D, MEEK C, et al. Model-based clustering and visualization of vavigation patterns on a web site [J]. Data Mining and Knowledge Discovery, 2003, 7 (4): 399-424.

[136] HOFFMAN D R, KETCHAM A F, III F A T. Electronic coupons: a double-barreled sales promotion technique [J]. American Business Law Journal, 1992, 7 (1): 42-48.

[137] ANTIL J H. Couponing as a promotional tool: consumers do benefit [J]. Journal of Consumer Affairs, 1985, 19 (2): 316-327.

[138] BABAKUS E, TAT P, et al. Coupon redemption: a motivational perspective [J]. Journal of Consumer Marketing, 1988, 5 (2): 37-43.

[139] BELCH G E, BELCH M A. Advertising and promotion: an integrated marketing communications perspective [M]. New York: Mcgraw-Hill Irwin, 2001.

[140] FORTIN D R. Clipping coupons in cyberspace: a proposed model of behavior for deal-prone consumers [J]. Psychology & Marketing, 2000, 17 (6): 515-534.

[141] CHOW J Y J. Policy analysis of third party electronic coupons for public transit fares [J]. Transportation Research Part A Policy & Practice, 2014 (66): 238-250.

[142] KONDO F N, UWADAIRA Y, NAKAHARA M. Stimulating customer response to promotions: the case of mobile phone coupons [J]. Journal of Targeting, Measurement and Analysis for Marketing, 2007, 16 (1): 57-67.

[143] NESLIN S A, SHOEMAKER R W. A model for evaluating the profitability of coupon promotions [J]. Marketing Science, 1983, 2 (4): 361-388.

[144] AILAWADI K L, NESLIN S A, GEDENK K. Pursuing the value conscious consumer: store brands versus national brand promotions [J]. Journal of Marketing, 2001, 65 (1): 71-89.

[145] BUCKLIN R E, SISMEIRO C. Click here for internet insight: advances in clickstream data analysis in marketing [J]. Journal of Interactive Marketing, 2009 (23): 35-48.

[146] NELSON P. Advertising as information [J]. Journal of Political Economy, 1974, 82 (4): 729-754.

[147] ADJEI M T, NOBLE S M, NOBLE C H. The influence of C2C communications in online brand communities on customer purchase behavior [J]. Journal of the Academy of Marketing Science, 2010, 38 (5): 634-653.

[148] OLBRICH R, HOLSING C. Modeling consumer purchasing behavior in social shopping communities with clickstream data [J]. International Journal of Electronic Commerce, 2011, 16 (2): 15-40.

[149] FLANAGIN A J. Commercial markets as communication markets: uncertainty reduction through mediated information exchange in online auctions [J]. New Media & Society, 2007, 9 (3): 401-423.

[150] DUAN W, GU B, WHINSTON A B. Informational cascades and software adoption on the internet: an empirical investigation [J]. MIS Quarterly, 2009, 33 (1): 23-48.

[151] BHATTACHERJEE A, PREMKUMAR G. Understanding changes in belief and attitude toward information technology usage: a theoretical model and longitudinal test [J]. MIS Quarterly, 2004, 28 (2): 229-254.

[152] MONROE K B, KRISHNAN R. The effect of price on subjective product evaluation [M]. //Jacoby J and Olson J C, Eds. Perceived Quality: How Consumers View Stores and Merchandise, Lexington Books, Lexington, 1985: 209-232.

[153] TE'ENI D. Review: a cognitive-affective model of organizational com-

munication for designing IT [J]. MIS Quarterly, 2001, 25 (2): 251-312.

[154] BYRON K. Carrying too heavy a load? The communication and miscommunication of emotion by email [J]. Academy of Management Review, 2008, 33 (2): 309-327.

[155] CHATTERJEE P . Online reviews: do consumers use them? [J]. Advances in Consumer Research, 2001, 28: 129-133.

[156] BICKART B, SCHINDLER R M. Internet forums as influential sources of consumer information [J]. Journal of Interactive Marketing, 2001, 15 (3): 31-40.

[157] MEHRABIAN A, RUSSELL J A. An approach to environmental psychology [M]. Cambridge, MA, US: The MIT Press, 1974.

[158] KOTLER P, SALIBA S, WRENN B. Marketing management, analysis, planning, and control: instructor's manual [M]. Englewood Cliffs, NJ: Prentice-hall, 1991.

[159] NICOSIA F M. Consumer decision processes: marketing and advertising implications [J]. Journal of Marketing Research, 1966, 5 (3): 334.

[160] ENGEL J F, BLACKWELL R D, MINIARD P W. Consumer behavior [M]. Fort Worth, Tex: Dryden Press, 1995.

[161] FARLEY J U, RING L W. An empirical test of the Howard-Sheth model of buyer behavior [J]. Journal of Marketing Research, 1970, 7 (4): 427.

[162] WATSON J B. Psychology as the behaviorist views it [J]. Psychological Review, 1913, 20 (2): 248-253.

[163] LIU Y. Word of mouth for movies: its dynamics and impact on box office revenue [J]. Journal of Marketing, 2006, 70 (3): 74-89.

[164] PARK D H, LEE J, HAN I. The effect of online consumer reviews on consumer purchasing intention: the moderating role of involvement [J]. International Journal of Electronic Commerce, 2007, 11 (4): 125-148.

[165] QUASCHNING S, PANDELAERE M, VERMEIR I. When consistency matters: the effect of valence consistency on review helpfulness [J]. Journal of Computer-mediated Communication, 2015, 20 (2): 136-152.

[166] 郭其鑫，于卫红，李朝辉. 面向客户服务的聊天机器人系统设计 [J]. 软件，2019，40 (9): 84-86.

[167] 张瑞，潘鑫，杨艳妮，等. 情感介入式智能客户服务系统 [J]. 情

报理论与实践，2016，39（8）：39，70-74.

［168］杨燕．面向电商领域的智能问答系统若干关键技术研究［D］．华东师范大学，2016.

［169］徐理军．基于语义的智能客户服务系统的研究与设计［D］．扬州大学，2012.

［170］王丽芳．论信息不对称下产品外部线索对消费者购买意愿的影响［J］．消费经济，2005（1）：41-42.

［171］中国互联网络信息中心．中国互联网络发展状况统计报告［R］．中国互联网络信息中心，2018.

［172］林宏伟，邵培基．基于混合多属性决策的网络广告投放媒体的评价与应用［J］．管理评论，2012，24（12）：53-63.

［173］卢向华．竞价排名广告的关键词投放策略及其绩效研究［J］．管理科学学报，2013，16（6）：1-9.

［174］罗美玲，李刚，张文杰．基于电子优惠券的多渠道整合策略研究［J］．运筹与管理，2017，26（2）：192-199.

［175］汪明远，赵学锋．消费者调节定向和从众行为对移动优惠券使用意愿的影响研究［J］．管理学报，2015，12（7）：1045-1050.

［176］刘芬，赵学锋，张金隆，汤庆．移动优惠券的消费者使用意愿研究：基于个人特征和动机的视角［J］．管理评论，2016，28（2）：93-102.

［177］张建同，方陈承．顾客历史行为和优惠券对其购买决定的影响：基于一项实验研究［J］．软科学，2017，31（2）：109-112.

［178］卢云帆，鲁耀斌，林家宝．在线沟通对顾客网上购买决策影响的实证研究［J］．图书情报工作，2012，56（12）：130-137.

［179］阎巧丽．消费者冲动性购买行为实证研究［D］．西南交通大学，2008.

［180］王谢宁．消费者在线购物行为影响因素的实证研究［J］．大连理工大学学报（社会科学版），2009，30（4）：23-27.

［181］孙林辉，吴旷，林瑞丰，等．基于情绪劳动理论的电商客服语音与客户满意度的影响关系研究［J］．数学的实践与认识，2018，48（19）：80-92.

［182］王浩畅，李斌．聊天机器人系统研究进展［J］．计算机应用与软件，2018，35（12）：1-6，89.

［183］蔡志文，林建宗．基于购买意向的移动电子商务智能客服系统［J］.

科技管理研究，2015，35（18）：179-183.

［184］朱旺南，李玲．客户服务系统研究现状与发展趋势［J］．电脑知识与技术，2012，8（35）：8586-8588.

［185］马晓凯．基于日志挖掘的智能客服系统设计［J］．通讯世界，2019（6）：13-14.

［186］盘英芝，崔金红，王欢．在线评论对不同热门程度体验型商品销售收入影响的实证研究［J］．图书情报工作，2011，55（24）：126-131.

［187］闫强，孟跃．在线评论的感知有用性影响因素：基于在线影评的实证研究［J］．中国管理科学，2013（S1）：126-131.

［188］郝媛媛，叶强，李一军．基于影评数据的在线评论有用性影响因素研究［J］．管理科学学报，2010，13（8）：78-88.

［189］周新玉．不同卷入度商品在线评论对商品销量的影响研究［J］．经营与管理，2016（9）：130-133.

［190］任庆伟，戴春林．在线口碑对消费者购买决策影响探讨［J］．现代商贸工业，2008（13）：131-133.

［191］付建坤，侯伦，方佳明．考虑品牌声誉影响下的在线评论有用性研究［J］．软科学，2014，28（3）：97-100.

［192］王君珺，闫强．不同热度搜索型商品的在线评论对销量影响的实证研究［J］．中国管理科学，2013，21（S2）：406-411

［193］金立印．网络口碑信息对消费者购买决策的影响：一个实验研究［J］．市场营销，2007（22）：36-42.

［194］龚诗阳，刘霞，赵平．线上消费者评论如何影响商品销量？——基于在线图书评论的实证研究［J］．中国软科学，2013（6）：171-183.

［195］严建援，张丽，张蕾．电子商务中在线评论内容对评论有用性影响的实证研究［J］．情报科学，2012，30（5）：713-716，719.

［196］喻亦爽．负面在线评论内容对服装销量的影响研究［J］．对外经贸，2016（4）：124-126.

［197］陈磊，刘奕群，茹立云，等．基于用户日志挖掘的搜索引擎广告效果分析［J］．中文信息学报，2008，22（6）：92-97.

［198］王家卓，刘奕群，马少平，等．基于用户行为的竞价广告效果分析［J］．计算机研究与发展，2011，48（1）：133-138.

［199］吴禄慎，常参参，王晓辉，等．基于局部调节卷积神经网络的图

像识别方法［J］. 计算机工程，2018（12）：240-246.

［200］郑细书 . 从电子优惠券谈网络促销手段的发展与创新［J］. 现代商贸工业，2010，22（6）：269-270.

［201］卢长宝 . 销售促进强度与效用研究［M］. 长春：吉林人民出版社，2004.

［202］都凌霄，张垠洁，吴雅菲 . 优惠券：怎么发放才有效？［J］. 销售与市场（管理版），2010（7）：59-62.

［203］卢长宝，陈兰兰，等 . 营销理念的新突破：电子优惠券形式创新的内在动因及理论模型［J］. 天津商业大学学报，2015，35（4）：23-30.

［204］陈章 . 电子优惠券促销影响因素分析［J］. 财政监督，2010（8）：79-80.

［205］刘念念 . B2C 环境下消费者购买决策影响因素研究［D］. 重庆：重庆师范大学，2016.

［206］唐晓莉 . 价格和评价因素对消费者网络购买决策的影响研究［D］. 秦皇岛：燕山大学，2016.

［207］张耕，郭宁 . 负面在线评论对商品销量的影响：基于淘宝网的实证研究［J］. 消费经济，2012，28（6）：86-89.

［208］李健 . 在线商品评论对商品销量影响研究［J］. 现代情报，2012，32（1）：164-167.

［209］王以哲 . 服装行业线上商品生命周期模型的探索与应用［D］. 云南大学，2016.

学术术语索引